# R

부커진 **R** NO.1, 2007

**매번 새로 시작되지 않는 혁명은 더 이상 혁명일 수 없다.**

THE POLITICS OF MINORITY

R NO.1

BOOKAZINE R no.1, 2007

부커진 R 2007 NO.1



R
NO.1


부커진 R(창간호) 초판 1쇄 인쇄_2007년 4월 20일 / 초판 1쇄 발행_2007년 4월 30일
편집인_고병권 / 편집위원_고미숙, 신지영, 이진경, 정정훈, 조원광, 현민, 황희선
펴낸이_유재건 / 주간_김현경 / 편집장_이재원 / 편집_박순기, 주승일, 홍원기 / 마케팅_김하늘 / 영업관리_노수준
/ 경영지원_인현주 / 유통지원_고균석
펴낸곳_도서출판 그린비 / 등록번호 제10-425호 / 주소_서울시 마포구 신수동 115-10 / 전화_(대표) 702-2717 /
팩스_703-0272 / E-MAIL_EDITOR@GREENBEE.CO.KR
책값은 뒤표지에 있습니다. / © 2007 도서출판 그린비 / 잘못 만들어진 책은 구입하신 서점에서 바꿔드립니다.
ISBN 978-89-7682-980-1 / 978-89-7682-979-5 (세트)
크리에이티브 디렉팅 & 북 디자인_樹流山房FOREST.CAMP(박상일=朴宰成, 02-735-1085)

| 창간사 |

# R을 쓴다

## EDITORIAL LET US WRITE "R"

BY GOH, BYEONG-GWON

### 1. 혁명의 첫 글자

모든 혁명은 첫 글자 R만을 필요로 한다. 혁명이란 완성할 수 없는 것이어서가 아니라, 매번 새로 쓰지 않는 혁명은 혁명이 아니기에 그렇다. 우리는 과거 혁명이 제 자신의 철자를 계속 이어가려 할 때마다 단호하게 미래 혁명의 첫 글자 R을 쓴다.

과거를 연장할 것인가, 미래를 시작할 것인가. 로자 룩셈부르크는 그것이 개량과 혁명의 문제라고 했다. 항상 우리는 과거와 미래, '이미'와 '아직' 사이에 있다. 맑스가 프로이센에서 느꼈던 시간의 격차, 과거와 미래의 공존이 과연 19세기 프로이센만의 문제일까. 프로이센의 특수성이 모두의 일반성은 아닐까. 지금 우리 사회를 보자. 대중들은 이미 탈근대적 폭력에 노출되어 있고 그에 맞서 싸우지만, 우리 사회를 지배하는 것은 여전히 좋은 근대에 대한 낡은 꿈이다.

한국의 민주주의가 '미완'이어서, 우리의 근대가 '저발전'이어서 문제인가. 많은 진보주의자들과 보수주의자들이 한 목소리로 '네'라고 답하는 것 같다. 모두가 '완성'에 목을 매고, 모두가 '선진'에 목을 매고 있다. 하지만 정작 우리를 수렁으로 밀어 넣고 있는 것은 저발전이 아니라 발전이다. 우리의 제도와 관습, 말들은 낡은 채로 너무 발전해버렸다. '저발전'이라고 떠들어대는 자들의 호들갑 속에서, '미완'이라고 한숨짓는 자들의 깊은 상심 속에서, 우리 사회는 너무 많이, 너무 오래 발전하고 말았다. '발전'은 '아직도 저발전이다'고 믿는 자의 마음속에서 가장 발전하며, '완성'은 '여전히 미완이다'고 믿는 자의 마음속에서 최고로 완성되는 법이다. 근대는 그런 결핍감을 양식 삼아 그 흉측한 몸뚱이를 키워왔다.

그래서 우리는 이제 R을 쓴다. 너무나 오랫동안 발전해온 '발전'과 결별하기 위해, 너무나 선진화된 '선진'과 결별하기 위해 R이라고 쓴다. 우리는 과거를 연장하지 않고 미래를 시작할 것이다. 그러나 이는 발전론자들이 미개라 칭했던 과거를 떠나는 일도, 그들이 선진이라 부르는 미래를 향하는 일도 아니다. 우리에게는 발전론 자체가 낡은 과거이다. 아니 반대로 말해도 좋다. 발전론과 결별한 우리에게는 어떤 과거도 충분히 미래적이다.

한편으로 미래는 아직 오지 않았지만, 다른 한편으로 어떤 과거보다도 오래되었다. 모든 역사 곁에 머물던 비역사로서, 모든 표상 곁에 있던 비표상으로서 우리의 미래가 이미 존재하고 있다. 지금 이 순간에도 그것은 역사를 갖지 않은 채, 대의되지 않은 채, 표상되지 않은 채, 이해할 수 없는 '타자'로서 우리 곁에 존재하고 있다.

이제 혁명은 정치와 경제, 사회, 문화, 역사 등에서 당파를 이루고 있는 이 시대의 공신들이 아니라, 일찌감치 황야로 추방되어 거기서 악착같이 살고 있는 자들의 것이 될 것이다. 역사의 기록 곳곳에, 문학적 상상 곳곳에, 정치적 권력 곳곳에, 경제적 부 곳곳에 황야가 있어 왔고 또 새롭게 생겨나고 있다. 지금도 무수히 많은 존재들이 황야로 내쫓기고 있다. 지금 성 안에서 아옹다옹하는 자들은 그곳에서 들려오는, 울음과 웃음이 범벅된 웅성거림을 듣지 못한다. 그러나 그곳에서 우리의 미래는 벌써 자기 선언문의 첫 구절, 첫 단어, 첫 글자를 쓰고 있다. R이라고.

## 2. 소수성 : 한국사회의 R을 말하다

들뢰즈와 가타리가 잘 정의한 것처럼, 소수성(MINORITY)이란 숫자가 아니라 척도의 문제이다. 서구사회에서 백인, 남성, 기독교도에 해당하는 이들은 그 숫자가 얼마 되지 않음에도 불구하고 다수적 지위를 차지한다. 그 이유는 그들이 사회의 가치척도를 쥐고 있기 때문이다. 반면 그 척도에서 벗어나 있는 자들은 수가 셀 수 없이 많음에도 불구하고 비주류, 즉 소수자의 자리를 차지한다. 소수자들은 그 척도에 의해 억압받고 차별받는 자들이다.

하지만 엄밀히 말해 억압과 차별은 소수성을 정의하는 데 적합한 말들이 아니다. 보통 척도에 의해 억압받고 차별받는 사람들, 사회의 주변으로 내몰린 많은 사람들은 그런 억압과 차별 때문에라도 중심에 진입하려고 더 노력하기 마련이다. 이른바 주변인들(MARGINALS)이 더 애국적이고 보수적이다. 사람들은 삶이 불안정할수록 더 안정을 희구하고 삶이 불확실할수록 더 강한 질서를 요구하는 법이다.

그러나 예외적인 자들이 존재한다. 척도에 의해 차별받는 자들이 아니라 척도로부터 탈주하는 자들 말이다. 우리는 소수성이라는 말의 적절한 자리가 여기라고 생각한다. 물론 이때에도 우리는 소수성이라는 말로 어떤 사람들의 본성을 지칭하지는 않는다. 우리가 주목하는 것은 그들의 탈주 자체 혹은 그 탈주가 나타내는 척도와의 거리(DISTANCE)이다. 소수성이란 '지배적 척도로부터의 탈주' 혹은 '지배적 척도와의 거리'의 다른 이름이다.

지금 한국사회에서는 이런 소수성들이 다양한 형태로 양산되고 있다. 사람부터 살고 봐야 한다는 미명 아래 새만금의 무수한 생명들이 희생되었다. 또 무역으로 먹고 사는 나라를 위해 농민들이, 기업하기 좋은 나라를 위해 비정규직 노동자들이 희생이 불가피한 '일부'라는 판정을 받았다. 어디 그뿐인가. 평택 대추리의 주민들은 나라 전체의 안보를 위해 자기 삶의 안보를 포기해야 하는 '일부'가 되었다. 장애인들도 마찬가지다. 정부가 하는 말은 항상 똑같다. '당신들의 요구는 정당하지만 우리에게는 돈이 없다.' 그러나 지금 한국사회를 솔직한 눈으로 바라보자. '전체'를 위해 희생해야 할 '부분들'이 사실상 전체이고, '정상'에서 벗어난 '예외'가 정상을 이룬다.

여기에 글을 쓴 우리들은 작년부터 올해까지 여러 대중들을 만났고 여러 투쟁들에 참가했다. 우리는 한국사회에서 권력과 자본이 자행하는 대중들의 폭력적 추방을 곳곳에서 목격했다. 대중들은 권력과 부의 영역에서 점차 주변으로 내몰리고 있다. 한편으로 그들은 좋은 직장, 좋은 교육, 좋은 의료 등으로부터 완전히 멀어졌고, 다른 한편으로 그들의 목소리를 드러내줄 표상장치들은 사실상 사라져버렸다. 그들은 정치가들에 의해 대의되지 않고, 언론에 의해 보도되지 않는다. 그들은 다만 '이해할 수 없는 폭동'의 당사자들, 혹은 '자기 이익에만 눈 먼' 이해집단들로만 나타날 뿐이다.

하지만 우리는 좌절보다 몇 백 배 더 큰 희망을 보았다. 권력과 자본은 대중들을 추방하고 주변화하지만, 대중들은 그만큼 더 권력과 자본으로부터 탈주하고 소수화하는 경향을 보이고 있다. 권력과 자본은 추방을 명령했지만, 대중들은 그 명령을 거부하고 다른 삶을 실험하고 있다. 우리는 그것을 보았기에 거기에 몇 퍼센트의 가능성이 있냐고 묻는 사람들에게 웃음으로 답한다. 투쟁은 길을 묻지 가능성을 묻지 않는다.

재밌는 것은 현재 대중들의 삶이 권력과 자본의 금지 이전에 그런 금지를 위반하고 있다는 사실이다. 가령 새만금에 대한 대법원의 판결은 많은 환경운동가들을 좌절시켰지만, 그곳에서 살아가야 하는 여러 생명체들에게 갯벌은 여전한 투쟁의 현장이다. 삶을 멈출 수 없다면 투쟁을 멈출 수도 없는 것이다. 추방명령을 받은 계화도의 한 어민은 우리에게 이렇게 말했다. "조개와 게들과 함께 싸우며 계속 살아가겠다." 삶의 다짐이 투쟁의 다짐이다.

평택 대추리에서 그 다짐은 "올해도 농사짓자"라는 말로 표현되었다. 새만금의 거대 제방처럼 대추리의 들에도 긴 철조망이 둘러졌지만, 농민들은 그들 곡식과 더불어 그 금지선을 넘어선다. 씨를 계속 뿌리고 논에 계속 물을 대는 것이 그들의 투쟁이었다. 중증장애인들의 투쟁 또한 그랬다. 때로는 철도에 몸을 묶고, 때로는 한강대교를 기어가며, 말 그대로 목숨을 건 투쟁을 벌이던 그들은 우리에게 이렇게 말했다. "이것은 우리의 삶입니다. 지금 우리가 그렇게 살아가고 있습니다." 투쟁은 삶의 중단이 아니라 삶의 지속이다.

이들은 우리 사회의 지배적 척도를 근본에서 다시 문제삼는다. 새만금의 어민들은 근대적 소유권, 즉 '타자 추방의 권리', '자유로운 처분의 권리'를 이미 넘어서 있다. 새만금 개발은 자연을 타자화하고 그 타자를 추방해버린, 근대적 삶의 생생한 예이다. 그러나 그곳 어민들은 조개와 갯벌, 바다와 바람과 분리되지 않았기에, 즉 그것들을 타자화한다거나 소유(=처분)한다는 생각을 한 번도 하지 않았다. 그들은 갯벌 삶의 공동 구성원이었으며, 그들의 권리란 그런 공동의 삶을 구성할 수 있는 능력이었다. 아마 자신이 살지도 않는 땅을 소유한 처분권자들은 이 권리를 도저히 이해할 수 없을 것이다.

국가가 추방을 명하고 고립시킨 마을 대추리에서도 우리는 똑같은 것을 본다. 그곳 사람들은 철조망 너머로 자라는 곡식들을 동지로 삼았고, 철조망을 넘어 들어온 사람들을 주민으로 받아들였다. 국가가 일부 주민들을 소개시킨 뒤 생겨난 빈집들은 오히려 마을을 찾는 모두의 집이 되었고, 외부인을 차단하고 마을을 고립시키기 위해 행해진 경찰의 검문은 외부인들을 마을 사람들의 '친척'으로 만들고 말았다. 국가의 회유와 협박 아래서 결국 집단 이주가 이루어지고 있지만, 우리는 촛불집회에서 밝게 빛났던, 그리고 앞으로도 영원히 남을 대추리 코뮌을 기억한다.

이주노동자들 역시 권력에 의한 폭력적 추방을 겪는 사람들이다. 특히 미등록 이주노동자들은 언제 들이닥칠지 모를 단속추방의 공포 속에서 하루하루를 살아가고 있다. 권력과 자본은 이들의 신분을 불법화함으로써 많은 이득을 누렸지만, 동시에 법으로 통제하기 힘든 외부지대로 이동한 이들에게 큰 불안감을 느끼고 있다. 국가의 제약을 받지 않는 초국적 자본의 반대편에 국가의 보호조차 받을 수 없는 미등록 이주노동자들이 서 있다. 우리는 이들의 탈주를 통해 근대 국민국가의 틀 아래서 만들어진 모든 권리와 제도들을 의심하게 된다.

이주노동자들만이 자유로운 이동권을 요구하는 것은 아니다. 최근 한국사회에서 대중의 자유로운 이동권을 강하게 제기한 이들은 중증장애인들이다. 이들은 그동안 물리적 공간에서는 물론, 지식과 정보, 교육 등 거의 모든 서비스 영역에서 이동과 접근을 차단당해왔다. 우리는 이들의 '이동권'과 '활동보조인제도'에 대한 요구에서 권력과 부에 대한 접근을 차단당해온 대중들, 서로의 소통과 연대를 차단당해온 대중들의 보편 요구를 발견한다.

최근 한국사회 대중들은 권력과 자본에 의해 추방되는 만큼, 아니 그보다 더 빠르게 그것들로부터 탈주하고 있다. 뒤쳐진 것은 말들이다. 우리는 '민주항쟁 20주년'을 기념하며 나오는 일부 말들이 그 시간만큼이나 뒤쳐졌음을 발견한다. 우리는 '진정한 인민주권을 위한 개헌'이나 '정치적 민주화 이후의 사회경제적 민주화'를 주장하는 이들이 공유한 인식, 이른바 '미완의 1987년'에 공감하지 않는다. '1987년'에 대해 느끼는 이들의 '결핍감'이나 '상심'이 지금 벌어지고 있는 새로운 사태에 대한 인식을 오히려 방해하고 있다.

우리는 인민의 진정한 주권을 생각하기 이전에 인민의 구성 자체가 달라지고 있음에 주목한다. 우리는 진정한 권리를 생각하기 이전에 권리 자체가 다시 정의되어야 한다고 생각한다. 우리는 '정치적 민주화 이후 사회경제적 민주화'라는 단계론적 사고가 어떻게 가능한지 이해할 수 없다. 1987년의 부활과 완성을 꿈꾼다면 제발 그것과 결별해야 한다. 성취와 희망만이 아니라 좌절과 회한까지도 결별해야 한다. 우리는 지금 우리 사회의 성숙을 위해 싸울 때가 아니라 우리 사회의 낡은 성숙과 싸울 때이다. 이미 바람이고 물이고 흙인 우리, 이미 이주노동자이고, 중증장애인이고, 농민이고, 비정규직 노동자인 우리는!

2007년 4월
고병권, 편집자들 중의 한 사람으로서 쓰다

010 R NO.1

R

ISSUE

THE POLITICS OF MINORITY
소수성의 정치학

# 주변화 대 소수화 : 국가의 추방과 대중의 탈주

## 2006년, '연구공간 수유+너머'의 행진을 통해 만난 대중들

고병권(高秉權) ‖ '연구공간 수유+너머' 추장

UNZEIT@GMAIL.COM

# MARGINALIZATION AND MINORITIZATION
BY GOH, BYEONG-GWON

'연구공간 수유+너머' 대장정의 마지막 날, 서울 광화문 집회(2006년 5월 22일)

NEOLIBERAL REORGANIZATION OF KOREAN SOCIETY HAS HAPPENED FOR A DECADE. FOR THE PAST TEN YEARS MASSES HAVE BEEN EXPELLED AND MARGINALIZED FROM SPHERE OF POWER AND WEALTH. I WILL CALL THIS PHENOMENA 'MARGINALIZATION.' MARGIN IN THIS CONTEXT HAS FOUR MEANINGS. FIRST, IT REFERS TO SITUATION OF MASSES WHO ARE TRIVIALIZED IN PRODUCTION AND CONSUMPTION PROCESS. SECOND, IT REFERS TO LIMIT AREA OF LIFE WHICH IS EXPOSED TO PERPETUAL INSECURITY AND DANGER. AT THE SAME TIME, COMMAND OF POWER IS MOST STRONGLY EXECUTED IN THIS AREA. THIRD, IT POINTS TO INTERESTS THAT POWER AND CAPITAL GAIN BY EXPELLING MASSES TO THE LIMIT AREA. LASTLY, IT POINTS TO BLANK OF POLITICS THAT IS INCAPABLE OF CONSIDERING THAT KIND OF SITUATION. POWER AND CAPITAL GAIN HUGE POLITICAL AND ECONOMIC INTERESTS BY MAGINALIZING MASSES. HOWEVER, THE EXPULSION OF MASSES BY POWER AND CAPITAL IRONICALLY PRODUCES THE 'FLIGHT' OF MASSES. IN THIS PAPER, I CALL THIS 'MINORITIZATION' IN OPPOSITION TO 'MARGINALIZATION.' WHILE MARGINALIZATION SIGNIFIES DEGRADATION OF MASSES BY THE MEASURE OF MAJORITY, MINORITIZATION IS THE FLIGHT FROM THE MEASURE ITSELF. I SAW THE MARGINAL AREA THAT WAS ONCE ABANDONED BECOME 'MINOR AREA' WHICH CAN NOT BE DISCERNED OR CONTROLLED. THROUGH THE CONCEPTS OF 'MARGINALIZATION' AND 'MINORITIZATION,' I EXAMINED NEW MODE OF MASS MOVEMENTS IN KOREAN SOCIETY.

# 1. 대중의 추방

한국사회의 신자유주의적 재편이 분명해진 것은 1990년대 후반에 들어서였다. 정부의 신자유주의적 여망은 물론 더 오래된 것이겠지만, 그때까지는 사회를 그렇게 재편할 힘이 모자랐다. 가령 정리해고를 법제화하려 했던 1996년의 정부 시도는 대규모 총파업에 의해 좌절되었다. 파업에 참여한 노조수가 3천 개가 넘었고, 참가한 노동자수는 4백만 명에 육박했다. 1996년 겨울은 한국의 노동자들에게 대단히 뜨거운 계절이었다.

그러나 모두가 알고 있듯이 1997년의 겨울은 1996년의 겨울과는 완전히 달랐다. 1996년에 불가능한 것은 신자유주의였지만, 1997년에 불가능한 것은 신자유주의에 대한 이의제기였다. 누구도 국제통화기금(IMF)이 내린 신자유주의적 구조조정 프로그램에 이의를 달 수 없었다. 모든 대선 후보들이 IMF의 구조조정 프로그램을 준수하겠다는 서약을 했고, 그 프로그램이 너무 가혹하다며 재협상을 운운한 사람들은 역적 취급을 받았다.

결과적으로 보면 신자유주의적 구조조정을 추진했던 한국의 권력과 자본은 '위기' 덕분에 '기회'를 잡은 셈이다. 1997년의 외환위기는 당시 집권당과 일부 대기업을 무너뜨렸지만, 새로운 집권당과 살아남은 기업들에게 막대한 권력과 이익을 제공했다. 그 권력과 이익은 1996년 겨울에 패배한 자들이 본래 노렸던 것보다 훨씬 큰 것이었다. 국내 권력과 자본은 스스로 신자유주의적 명령을 내리는 데는 실패했지만, 초국적 기구의 명령에 편승함으로써 자신들이 얻고자 했던 바를 모두 얻었다고 할 수 있다.

이제 그로부터 십 년이 흘렀다. 한국사회의 신자유주의적 재편은 여전히 진행형이다. 아니 진행형으로 정의되는 게 신자유주의가 아닌가 싶다. 구조조정은 사회구조를 재편하기 위해 한 번 필요한 것이 아니었다. 오히려 매번의 구조조정이 이제 하나의 사회구조가 되었다. 위기는 전환의 순간에 한 번 찾아오는 것이 아니었다. 대중들은 이제 영속적

위기 속에서 사는 법을 배워야 한다. 대중들의 삶은 지난 십 년간 정말로 많이 변화했다.

작년 5월 나는 '연구공간 수유+너머'의 동료들과 함께 한국사회의 신자유주의적 재편에 반대하는 행진을 벌였다. 우리가 행진을 결심하게 된 데는 작년 봄에 있었던 세 개의 사건이 큰 영향을 미쳤다. 하나는 개발 목적조차 불분명한 새만금 간척사업을 대법원이 추인해준 판결이었고, 다른 하나는 미군기지 건설을 위해 정부가 벌인 평택 대추리 주민들의 폭력적 추방이었다. 그리고 마지막 하나는 '한미 자유무역협정(FTA)'을 체결하겠다는 정부의 급작스런 선언이었다.

정부는 이들 국책사업에 막대한 '국익'이 달려 있다는 이유로 사업 추진을 정당화했다. '전체'를 위해 '일부'의 희생이 불가피하다는 논리가 시종일관 따라다녔다. 그러나 이제 희생이 불가피한 그 '일부'는 셀 수 없을 만큼 많아졌다. 지역 개발을 위해 불가피하게 희생된 자연, 무역해야 먹고 살 수 있다는 나라에서 희생이 불가피한 농민, 기업하기 좋은 나라를 위해 불가피하게 희생된 노동자(특히 비정규직과 이주노동자), 국가 안보를 위해 자기 안보를 희생해야 하는 대추리 주민들. 신자유주의가 본격화된 지난 십 년간 대중들의 삶은 이 '불가피하다'는 희생 속에 존재하고 있다. '전체'를 위해 희생된 '일부', 결과적으로 '전체'에 포함되지 못하는 '일부'. 그것이 한국사회 대다수 '대중'의 형상이 되었다.[1]

NOTE [1] 이에 대해서는 다음을 참조하리. 이진경·고병권, 「제국의 시대인가, 세국의 황혼인가 : 한미FTA를 둘러싼 정세에 관하여」, 『시민과 세계』(제9호/하반기), 참여사회연구소, 2006 ; 고병권, 「소수자 투쟁 선언」(WWW.TRANSS.PE.KR).

우리는 전라도에서 서울까지 매일 10시간 정도를 걸었다. 하루의 행진이 끝나면 그 지역의 대중들을 만났고 그들과 함께 이야기를 나누었다. 새만금 갯벌에서는 무수히 많은 조개들의 시체를 보았고, 전라도·충청도·경기도를 거치면서는 삶의 위기를 겪고 있는 어민과 농민들을 만났다. 우리가 만난 사람들 중에는 가난한 아이들의 미래를 걱정하던 교사도 있었고, 환경 재앙을 경고하던 환경운동가도 있었다. 단속추방에 쫓기던 이주노동자도 있었고 활동보조인제도 시행을 요구하던 중증장애인도 있었다. 그리고 자신들의 마을을 지키기 위해 매일 저녁 촛불을 밝히는 대추리의 주민도 있었다.

권력과 자본에 의해 추방된 사람들은 그야말로 곳곳에 있었다. 지난 십 년간 권력과 부의 영역에서 대중들은 지속적으로 추방되어왔다. 각종 양극화 지표들이 잘 보여주고 있듯이, 1997년 이후 한국사회는 권력과 자본의 핵심을 장악한 소수의 세력과 그렇지 못한 대중들로 뚜렷하게 구분되고 있다.[2] 사실 '양극화'라는 말 자체는 최근 일어나고 있는 분화에 대한 적절한 표현이 아니다. 두 집단은 결코 대칭적이지 않기 때문이다. 체제의 핵심에서 추방된 사람들은 뚜렷한 정체성을 갖고 있지 않는 사실상의 '비가산집합'(非可算集合)이다. 이는 자본과 권력의 핵심에 있는 집단과 그렇지 못한 집단, 즉 한 집단과 그것의 여집합으로 존재하는 집단의 분화에 가깝다.

NOTE [2] 고병권, 「한미FTA와 한국사회의 양극화」, 『한미FTA 국민보고서』, 그린비, 2006.

# 2. 주변의 생산

지난 십 년간 자행된 대중의 추방현상을 나는 '주변화'(MARGINALIZATION)
라는 말을 통해 이해한다. '마진'(MARGIN)이라는 외국어는 현재 우리나
라 대중들의 사회적 처지를 사고하는 데 아주 적합하다. '마진'은 주변,
한계, 이익, 여백 등의 사전적 의미를 갖고 있다. 그런데 최근 한국사회
에서 이 사전적 의미들은 다음과 같은 현실적 의미들로 전화한다.

'마진'의 첫번째 의미인 '주변'은 권력과 부의 영역에서 부차화된 대중의 지위를 나타낸다.
가령 전체 노동자의 과반수인 비정규직 노동자들은 가치생산에 참여하지만 적극적 주체로
서의 역할을 인정받지 못하거나 평가절하된 형태로만 인정받는다. 새로 생겨난 일자리들은
대부분 불안정한 형태의 질 낮은 것들이다. 생산의 부차화는 결국 소비의 부차화로 이어지
는데, 가령 교육비나 의료비 지출의 경우 저소득층은 고소득층의 1/4에도 못 미친다.[3] 이 비
율은 1997년 이후 지속적으로 확대되어왔다. 쏟아 부은 돈이 다르기 때문에 당연히 차별적
결과가 나타날 수밖에 없다. 교육비 지출은 계층상승에 결정적 영향을 미치는 유력 대학들
의 신입생 비율 차이로 나타나고, 의료비 지출은 계층별 사망률 같은 지표에 큰 차이를 가져
온 것으로 조사됐다.[4] 대중들은 생산에 있어서도, 소비에 있어서도 부차적인 지위로 점차
밀려나고 있다.

NOTE [3] 사교육비의 경우 정확한 집계가 어렵다. 한국은행은 2000년 기준으로 상위
10%의 사교육비 지출이 하위 10%에 비해 9배 정도인 것으로 추정했다(한국은행, 「경제
양극화의 원인과 정책과제」, 2004년 7월 22일).

NOTE [4] 이태수, 「양극화 해소를 위한 사회안전망 확충의 방향 및 복지재정의 과제」,
토론회 자료(2005년 11월 16일), 사회양극화해소국민연대. 2005.

'마진'의 두번째 의미인 '한계'는 대중들의 삶이 처한 상황을 나타낸다. 대중들은 지난 십 년
간 삶의 한계지대로 추방되어왔다. 이때의 추방은 '바깥'으로가 아니라 '한계'지대로 행해졌
다. 한계는 척도가 부재한 곳이 아니라 척도가 가장 강하게 관철되는 곳이다. 권력과 자본의
명령을 그 어느 곳보다 강하게 체험하는 곳이라고 할 수 있다. 그런 점에서 대중들이 내몰린
한계지대는 척도의 바깥이 아니라 척도의 내부, 그것도 어떤 내부보다 더 내적인 장소다. 이
처럼 대중들을 한계 바깥으로 몰아내기보다는 한계지대에 매달리도록 하는 것. 그것이 신자
유주의적 추방의 특징이다. 불안정과 위기는 대중들 삶의 기본 조건이 되었다.

이 추방은 어떤 의미에서는 '적극적'인 '방치'(ABANDONMENT)를 뜻한다. '방치한다'는 말은 보통 적극적 행위를 하지 않는다는 뜻이지만, 신자유주의적 추방에서는 적극적인 행위로서 나타난다. 아감벤은 '법의 힘'에 대해 이런 말을 한 적이 있다. "그것은 삶을 추방함에 있어 삶을 방치함으로써 삶을 붙든다."[5] 즉 추방은 권력에 더욱 매달리게 하는 하나의 통치기술(技術)이다. 대중들을 삶의 한계지대에 방치함으로써 더 큰 지배력을 얻을 수가 있다. 한계지대의 대중들은 살기 위해 필사적으로 국가와 자본에 매달리게 되고, 국가와 자본은 이런 '공포에서 나온 이익'[6]을 챙긴다.

NOTE [5] Giorgio Agamben, *Homo Sacer*, trans. Daniel Heller-Roazen, Stanford, Calif.: Stanford University Press, 1998, p.29.

NOTE [6] 나는 이 표현을 윌버트의 글에서 빌려왔다. Chris Wilbert, "Profit, Plague and Poultry", *Radical Philosophy*, no.139, September/October, 2006.

이러한 '이익'이 '마진'이라는 말의 세번째 의미다. 권력과 자본은 '주변화'(MARGINALIZATION)를 통해서 막대한 이익, 즉 '마진'을 챙기고 있다. 이들은 '주변'을 생산하고 관리하고 활용한다. 현재 노동자의 과반수를 차지하는 비정규직들은 삶의 한계지대에 내몰려 있기 때문에, 저임금은 물론이고 아주 열악한 노동조건을 감내하고 있다. 이들의 임금은 2005년 현재 정규직의 60% 대에 머물고 있다. 보험 가입률도 정규직의 1/10 정도에 달할 뿐이다.

우리가 행진 중에 만난 이주노동자 중의 한 사람은 이렇게 말했다. "합법적 체류 기간인 3년이 지났을 때 사장이 와서 말했다. '내일부터 너는 불법이니까 임금을 깎겠다.'" 현재 한국의 이주노동자 중 절반 정도가 불법체류자 신분인 것으로 추정되고 있다. 현행 제도 아래서는 이주노동자가 3년이 지나도 계속 체류를 하게 되면, 범죄 행위를 범했느냐에 상관없이 불법신분이 된다. 그런데 자본은 이 '불법'을 적극 활용하고 있다. '불법'이라는 규정은 추방의 근거라기보다는 착취의 근거가 되고 있다. 정부의 단속추방이 추구하는 바는 수십만 명에 이르는 불법체류 이주노동자들을 모두 추방하는 데 있다기보다 그들을 극도의 불안정한

지대로 내모는 데 있어 보인다. 단속추방은 사망 사고를 불러올 정도로 가혹하게 이루어지고 있지만, 그것은 항상적 공포를 조장하기 위한 스펙터클로서 기능할 뿐이다. 누구에게나 저런 단속추방이 일어날 수 있다는 사실을 이주노동자들 모두에게 각인시킴으로써, '공포에서 나온 이익'을 얻을 수 있는 환경이 조성된다.

새만금 개발에서도 우리는 비슷한 것을 목격했다. 새만금 개발은 한계상황에 내몰려 있는 한국의 농촌과 깊이 연관된다. 연이은 개방과 농업정책의 실패로 농촌은 이미 경제적 파산상태에 빠져 있다. 게다가 최근에는 농촌의 교육과 의료체계가 붕괴되고 마을 공동체가 깨지면서 사회적으로도 파산했다. 우리는 어느 농민으로부터 자신이 살고 있는 지역의 인근 군(郡)들에 산부인과나 소아과가 하나도 없다는 말을 들었다. 일반 병원을 가려고 해도 한 시간 이상 차를 타고 나가야 한다고 했다. 뿐만 아니라 많은 초등학교들이 폐교되어 아이들의 통학거리가 두 시간 가까이 된다고 했다. 결국 이런 환경은 농촌의 생물학적 파산으로 이어지고 있다. 우리가 방문했던 곳은 150가구가 넘는 제법 큰 마을이었는데도 지난 2년간 아이가 태어나지 않았다고 한다. 마을의 청년부장은 60대 노인이었다. 경제학적으로, 사회학적으로, 생물학적으로 모두 한계상황에 직면한 농민들은 뭔가 '일'을 벌이려고 했다. 이대로 있다가는 사라질지 모른다고 하는 절망감이 그들을 지배하고 있었다. 자본과 지방의 권력은 그 절망감을 활용했다. 농민들은 대규모 간척사업을 벌이면 공사비 중 일부가 자신들에게 오지 않을까 기대했고, 돈이 아니라면 사람들이라도 모이지 않을까 기대했다. 그러나 그 기대는 농촌공사와 대형 건설회사에 막대한 마진을 제공하는 데 이용되었을 뿐이다.

불행한 것은 이런 끔찍한 상황이 정치권에서 전혀 논의되지 않고 있다는 사실이다. '마진'의 네번째 의미가 여기에 있다. 지난 십 년간 '정치'의 핵심 영역이 된 '주변'이 '정치권'에서는 사고되지 않는다는 것, 즉 '마진'은 정치의 '여백'을 의미한다. 우리가 행진하는 동안 전국이 '지방자치단체장 선거'로 시끄러웠다. 그러나 이 선거에서 '새만금 판결'이나 '평택 미군기지', '한미FTA' 등은 전혀 쟁점이 되지 못했다. 그 어느 때보다 여야 갈등이 극심한 선거였지만 이런 문제들에 대해서는 입장 차이가 없었다. 아니, 입장 자체가 없었다. 어느 시사 프로그램이 폭로했듯이 의원들은 정부가 작년 초 전격 선언한 '한미FTA 추진'과 관련된 기초적 사실들조차 모르고 있었다. 대중들의 시위가 대규모로 일어나는데도 '선거' 때문에 바빠서 내용을 알 수 없었다는 변명을 늘어놓는 의원도 있었다. 얼마 전에는 평택 대추리에 1만 명이 넘는 전투경찰을 투입해서 주민들의 저항을 물리치고 마을의 빈집을 철거한 일이 있었다. 기자들로부터 논평을 요청받은 여당의 대변인은 "빈집을 철거했을 뿐인데 논평할 게 뭐 있느냐"고 했다. 엄청난 경찰력이 투입되고 그에 맞선 대중들의 극렬한 시위가 있었는데도 그 '사태'가 전혀 사고되지 않는 것이다.

'마진'이라는 외국어가 갖고 있는 이상의 네 가지 의미를 함께 고려하며 나는 이 글에서 '주변'이라는 말을 사용하고자 한다. 즉 내가 '주변'이라는 말을 사용할 때 그것은 주변, 한계, 이익, 여백을 동시에 의미한다.

# 3. 새로운 인클로저

지난 십 년간 두드러진 대중들의 추방은 자본주의 초창기에 대대적으로 일어났던 '공유지의 사유화'를 떠올리게 한다. 우리가 경기도 화성에서 만난 어민에게 들은 이야기는 공공재의 사유화 메커니즘 속에서 대중들이 어떻게 추방되는지를 잘 보여준다. 대부분의 어민들은 농민들과 달리 바다나 갯벌에 대한 소유권을 가지고 있지 않다. 바다와 갯벌은 '공유수면'(公有水面)[7]이라고 해서 국가가 소유한다. 원래 '공유수면' 개념의 취지는 '소유'보다는 '관리' 쪽에 있었다. 즉 공적인 이용을 위해 국가가 바다나 하천을 '관리'하는 것이다. 그런데 공유수면을 간척하는 순간 국가는 관리자가 아닌 소유자로 나타난다.

NOTE [7] 공유수면은 바다, 하천, 호수, 갯벌 등 공용으로 사용되는 국가 소유의 수면을 가리킨다.

4년 전에 경기도 화성 앞바다에서 그와 같은 간척사업이 이루어졌다. 이로 인해 화성의 어민들은 더 이상 고기잡이나 조개채취를 할 수 없게 되었다. 국가는 어민들에게 일정한 보상금을 지급했는데, 그것은 소유권에 대한 것이 아니라 이용권에 대한 것이었으므로 그 액수가 미미했다. 국가가 일정액의 보상금을 내밀며 바다로부터 떠날 것을 요구했을 때, 우리가 만난 어민은 마치 자신이 국가 바깥에 존재한다는 느낌을 받았다고 한다. "우리는 우리가 국가에 빌붙어 먹었던 거지였음을 깨달았다. '바다와 갯벌은 너희 것이 아니라 국가의 것이다. 그동안 그렇게 먹고 살게 해주었으면 된 것 아닌가.' 그리고는 시혜 차원에서 거주지 이전이나 직업전환 비용이라며 돈을 조금 던져주었다. 그때 깨달았다. 아, 우리는 국가의 주인이라기보다는 국가에 빌붙어서 생계를 꾸렸던 거지였구나. 우리는 국민이 아니었구나."[8]

NOTE [8] 우리는 행진 중에 나눈 대화를 녹화하거나 녹음했다. 이 글에 직접 인용된 발언들은 여기에 근거한 것이다.

공유(公有)란 사적 소유권에 대한 부정이다. 그것은 누군가의 배타적 독점을 허용치 않는다. 그러나 공유가 국유(國有)를 의미할 때, 즉 국가에 의한 배타적 독점을 의미할 때, 그 독점은 사적인 독점의 형태로 쉽게 전화될 수 있다. 국유에서 드러나는 국가권력의 독점성은 사적 소유권에 대한 부정이라기보다는 사적 소유권의 기반이라고 말하는 편이 사실에 가깝다. 우리가 목격한 대규모 간척사업들은 그 사실을 명백하게 보여주었다. 새로 생겨난 막대한 토

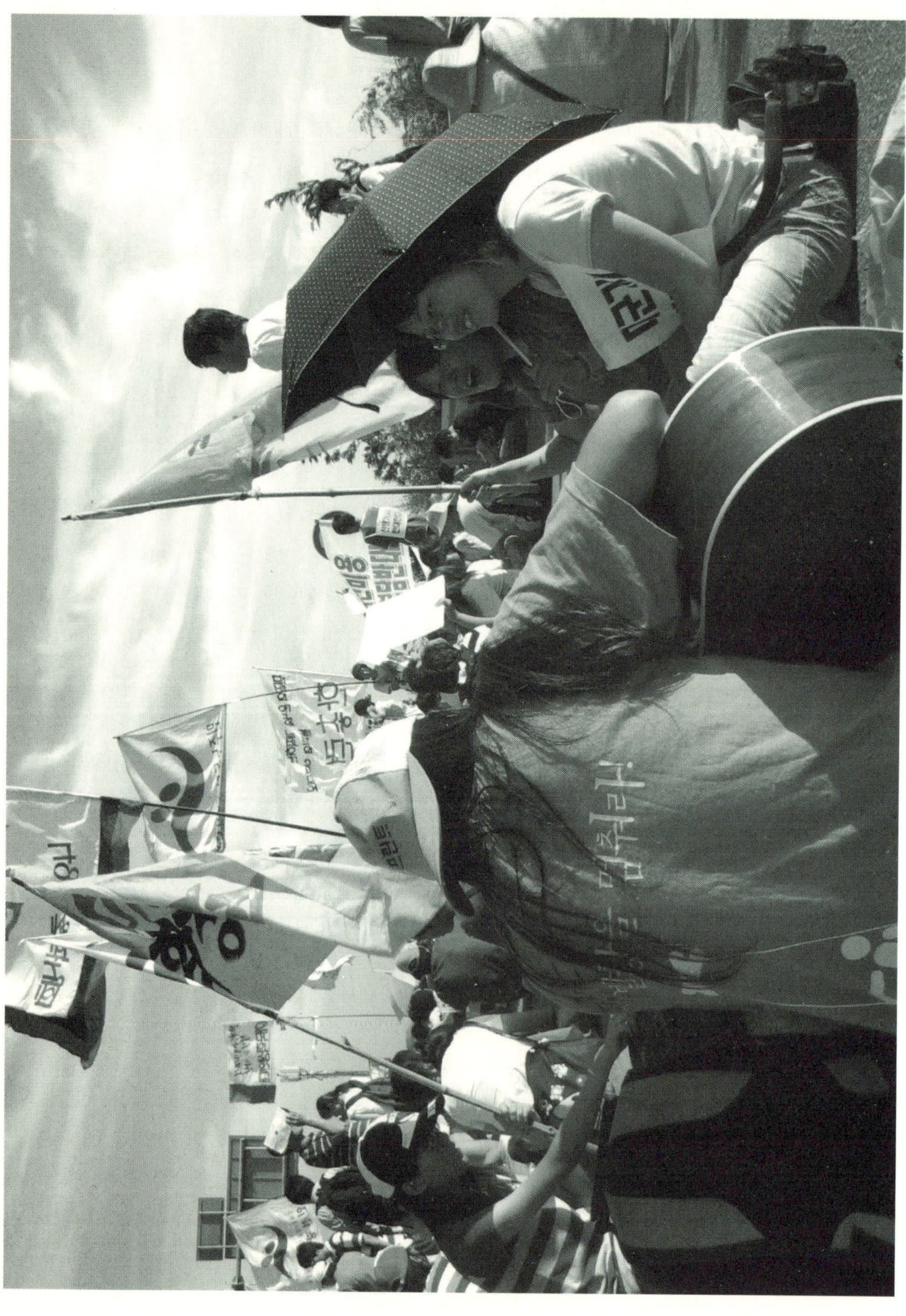

지는 개발면허를 가진 민간업자에게 돌아간다. 국가권력이 그들을 선택하고 그들에게 그러한 권리를 허용한다. 매립면허 소지자는 총사업비에 준하는 면적의 매립지를 가질 수 있다. 국가가 공유지에 대한 독점적인 처분권을 행사해서 사적 소유권을 발생시킨 것이다. 전체 행위자가 아닌 특수 행위자로서, 국가는 상인처럼 행동한다.

신자유주의가 본격화된 이래 정부는 여러 공공재들을 그렇게 팔아넘겼다. 'IMF 사태' 이후 한국정부가 공공부문 구조조정을 하겠다고 했을 때 그 핵심 내용은 공기업을 사적 자본에게 매각하는 것이었다. 정부의 '공기업 민영화 계획'에 따라 전력산업은 현재 발전부문 분할매각이 추진 중이고, 가스산업은 사기업에 가스의 직도입을 허용하고 신규물량을 넘기는 방식으로 사유화가 진행되고 있다. 상수도의 경우에는 민간 위탁 방식으로, 철도의 경우 기능별·노선별 분할매각 방식으로 사유화 움직임이 감지되고 있다.[9]

NOTE [9] 송유나, 「한미FTA와 공공서비스 : 에너지를 중심으로 한 민영화 정책의 현실과 문제점」, 『한미FTA 국민보고서』, 그린비, 2006.

최근에는 대중들의 공적 소통마저도 판매하는 일이 벌어지고 있다. 가령 서울시는 월드컵 기간 중 시청 앞 광장 이용권을 사적 기업에 매각했다. 시청 앞 광장은 2002년 월드컵 기간 중 수십만의 대중들이 자발적으로 모여 열광적인 응원을 벌인 곳이다. 기업들은 수십만 대중들의 집단적 소통을 어떻게든 활용하고자 했다. 2006년 서울시는 월드컵 기간 중 광장에서 일어나는 대중들의 집단적 소통을 활용할 수 있도록 사적 기업에게 광장 이용권을 매각했다. 광장에는 새로운 울타리가 쳐졌고, 대중들이 공유했던 소통(소통이야말로 공유이다!)은 사유화되었다. 소통의 구성자였던 대중들은 시청 앞 광장에서 기업이 마련한 프로그램에 따라 반응하는 단순 관람자로, 소비자로 전락했다.

공공부문의 사유화는 국가에 의한 사적 소유권의 발생이자, 소유권 없는 대중들에 대한 추방이라고 할 수 있다. 그런데 소유권을 발생시킬 수 있는 힘은 소유권을 박탈할 수 있는 힘이

기도 하다. 가령 평택 대추리에서 이루어진 대중들의 추방은 소유권 박탈의 형식을 띠었다. 대추리 주민들의 토지는 국가에 의해 모두 강제수용되었다. 자본주의에서 모든 상품들은 그 소유자가 판매할 때만 구매될 수 있다. 그러나 국가는 팔지 않은 것을 살 수가 있다. 미군기지 건설을 위해 한국정부는 수십 년간 살아온 농민들의 땅, 나아가 그들의 공동체를 강제로 구매했다. 가격은 중앙토지수용위원회가 정했다. 토지는 소유자의 의사와 상관없이 팔렸고, 강제매매가 이루어진 이후에도 그곳에 거주하며 저항하는 농민들은 범법자가 된다. 맑스는 인클로저에 대해 이렇게 조롱한 적이 있다. "자본주의적 생산양식의 토대를 축성하기 위해서라면 신성한 소유권에 대한 파렴치한 침해조차 태연자약하게 자행했다."[10] 평택에서 이루어진 일이 바로 그랬다. 차이가 있다면 안보가 명분으로 걸렸다는 것, 대중을 추방한 땅에 양(羊)이 아닌 미군이 살게 되었다는 것 정도가 아닐까.

NOTE [10] 칼 맑스, 김수행 옮김, 『자본론』 I(하), 비봉출판사, 1994, 915~916쪽.

추방된 대중들은 주변화된 삶을 살아가고 있다. 간척사업 이후 화성의 매향리 어민들 중 일부는 수산시장에서 해산물을 사온 뒤, 관광객을 상대로 포장마차 영업을 하고 있었다. 또 다른 어민들은 근처의 자동차 공장에서 청소용역을 하고 있었다. 정부 보상을 받고 대추리를 떠난 농민들 중 계속 농사를 짓는 사람은 10%도 되지 않았다. 일부 취업자를 제외하고는 실업상태에 있거나 날품팔이 노동자가 되었다.[11] 공동체가 깨진 후 이들은 개인들로서 낯선 환경 속에 내던져졌다. 생존이라는 측면에서만 본다면 정부 보상금이나 청소용역의 벌이로도 가능할지 모른다. 그러나 삶이라는 측면에서는 그렇지 않다. 어민이 포장마차를 하고 농민이 날품팔이 노동을 하게 되는 것, 그들의 활동이 무가치해지는 것, 더 나아가 그들 존재 자체가 불안한 상황 속에 내던져진 것은 아주 심각한 문제이다.

NOTE [11] 전종휘 외, 「"배신자 낙인 찍히고, 정착은 막막"」, 『한겨레』, 2006년 6월 13일자.

# 4. 치외법권 지대에서의 폭력

신자유주의 이후 서구에서는 국가 영향력이 크게 줄었다는 주장이 많았다. 케인스주의적 복지국가가 후퇴하고 시장 영향력이 대폭 증대되었다는 것이다. 지난 십 년간을 돌이켜 볼 때 한국의 국가권력은 어떻게 되었는가.

우선 한국에서 복지국가의 후퇴 같은 것은 일어나지 않았다. 복지국가라는 것이 애당초 존재하지 않았기 때문이다. 그 대신 자유주의세력에 의한 '탈권위화'가 이루어졌다. 외견상으로는 군사정부 시절에 비해 국가의 강권이 축소되고 기업과 언론, 시민운동세력이 크게 성장했다. 현재 한국의 언론은 과거에는 상상할 수 없었던 정부 비판의 자유를 누리고 있고, 2004년에는 국회가 대통령에 대한 탄핵발의를 통과시키기도 했다.

그러나 국가권력은 주류 세력들, 즉 통치블록을 구성하는 세력들한테만 탈권위적으로 나타난다. 우리가 주목하고 있는 '주변' 영역에서 국가권력은 결코 나약하지가 않다. 아마 국가의 강력한 개입이 없었다면 사회의 신자유주의적 재편은 실현될 수 없었을 것이다. 국가의 '시장에 대한 개입'은 줄어들었을지 모르나 '시장을 위한 개입'은 훨씬 강화되었다(그리고 이 개입은 최근 초국적 명령의 형식마저 취하고 있다.[12]) 따라서 '주변'은 국가권력으로부터 멀리 떨어진 공간이기보다 그것이 가장 선명하게 관철되는 공간이다. 우리는 '주권'이 '주변'에서 작동한다고도 말할 수 있을 것이다.

NOTE [12] 한국사회의 신자유주의적 재편에 대한 주권의 결정은 초국적 수준에서도 내려졌다. 일반적으로 주권은 근대 국민국가와 그 외연을 함께 했다. 주권은 대내적 차원에서는 수직적 명령권이며, 대외적 차원에서는 수평적 자주권이다. 그러나 한국사회의 신자유주의적 재편과정에서 우리가 목격한 것은 주권의 수직적 명령이 대외적 차원에서도 행사된다는 것이다. 이 글의 서두에서 밝힌 것처럼 신자유주의적 재편을 위한 한국정부의 시도는 처음에 실패했다. 그러나 '외환위기'라는 일종의 '비상사태(예외상태)'에 처하면서, IMF가 차관을 제공하는 조건으로 제시한 구조조정 프로그램이 하나의 명령으로 부과되었다. '비상사태'라는 규정이 신자유주의에 반대하는 목소리를 완전히 잠재웠다. 1996년 신자유주의적 재편을 저지했던 한국의 대중들은 1997년 IMF를 통해 하달된 초국적 명령을 그대로 따를 수밖에 없었다.

최근의 국책사업들은 이 점을 잘 보여준다. 우리 '행진'의 계기가 되었

던 새만금 개발, 평택 미군기지 건설, 한미FTA 추진 등은 모두 '국책사업'들이다. 국책사업이란 국가가 전체 이익을 위해 반드시 필요하다고 판단하는 사업을 대규모 사업비를 들여 추진하는 것이다. 판단은 국가가 한다. 니체는 '국가의 설립자'들을 어느 날 갑자기 들이닥친 야수들이라고 말했다.[13] 그들이 언제 오는지, 왜 오는지는 알 수 없다. 그들은 어떤 면에서 아주 예외적인 존재이다. 내 생각에는 이런 국가창설 시기의 폭력들이, 내가 앞서 '주변'이라 명명한 곳에서 끊임없이 반복되고 있다. 대중들이 추방된 '주변'에서 국가는 그 창설적 행위를 반복함으로써 자기 자신을 재생산한다.

NOTE [13] 프리드리히 니체, 김정현 옮김, 『선악의 저편/도덕의 계보』, 책세상, 2002, 434쪽.

잘 알려진 것처럼 칼 슈미트는 '주권'을 '예외상태(비상사태)에 대한 결정권'으로 이해했다. 그에 따르면 주권자란 합법적으로 법을 중지시킬 수 있는 권리를 가진 자이다. 그는 합법과 불법의 기준을 정할 수 있는 유일한 합법적 존재이다. 그렇기 때문에 그는 법 안에 있으면서 동시에 법 바깥에 있다. "주권자인 나, 법의 바깥에 있는 나는 법의 바깥에 아무것도 없음을 선포한다."[14] 주권자로서의 국가권력은 이 점에서 합법적으로 치외법권 지대에 존재한다고 할 수 있다. 주권의 이름 아래서는 어떤 끔찍한 폭력도 적법하게 행사될 수 있다.[15]

NOTE [14] Agamben, *Homo Sacer*, p.15.; 칼 슈미트, 김효전 옮김, 『정치신학』, 법문사, 1988, 17~18쪽

NOTE [15] 지난 2006년 5월 4일, 평택 대추리에서 목격된 국가의 폭력은 끔찍했다. 1만 명이 넘는 경찰과 군이 투입된 유혈 강경 진압이었다. 주민들이 농성하던 초등학교는 파괴되어 아예 흔적도 없이 사라졌다.

그러나 주권자만이 치외법권 지대에 서 있는 것은 아니다. 주변으로 추방된 대중들도 이런 치외법권 지대에 서는 경우가 있다. 물론 그 성격은 아주 다르다. 주권자는 합법적 신분으로 거기에 서 있는 것이고, 대중은 불법적 신분으로서 거기에 서 있는 것이다. 전자가 법의 지배를 받지 않는다는 점에서 치외법권 지대에 서 있다면, 후자는 법의 보호를 받을 수 없다는 점에서 거기에 서 있다고 할 수 있다.

우리가 행진 중 만난 이들 중에 불법체류 이주노동자들이 대표적인 예이다. 체류기간이 3년이 넘어 자동으로 불법적 신분이 된 이주노동자들은 현재 2십만 명 가까이 되는 것으로 추정되고 있다. 정부는 산업적 필요성 때문에 이들의 취업을 사실상 용인하고 있고, 강제추방도 제한적으로만 실시하고 있다. 그러나 이들이 산업적 필요성을 인정받는다고 해서 법적 보호까지 받고 있는 것은 아니다. 이들은 언제든 법의 이름으로 추방될 수 있다. 이들은 한편으로 존재의 필요성을 인정받지만, 다른 한편으로는 존재 파괴의 위협에 시달린다. 이들에게 폭력을 사용하는 것은 금지되지만, 폭력을 사용해도 합당한 처벌이 이루어지는 경우는 드물다.[16]

NOTE [16] 우리가 만난 한 이주노동자는 이런 사례를 들려주었다. 사장의 폭력을 견딜 수 없었던 어느 이주노동자가 경찰서에 뛰어들었다고 한다. 경찰서를 피난처로 생각했던 것이다. 경찰은 그 이주노동자와 함께 사장을 찾아갔으나, 사장이 그 이주노동자가 불법체류자임을 밝히자, 곧바로 이주노동자를 체포해서 출입국관리사무소에 넘겼고, 사장은 어떤 처벌도 받지 않았다. 이들은 아감벤이 말한 '호모 사케르'(HOMO SACER)와 같은 존재다.

치외법권 지대에서 이루어지는 행위를 두고 합법과 불법을 논하는 것은 별 의미가 없다. 한쪽은 법을 넘어설 수 있는 존재이고, 다른 한쪽은 법의 보호를 받을 수 없는 존재이다. 전자에게는 폭력이 합법적이고, 후자에게는 법 자체가 폭력적이다. 정부의 단속반이 뜨면 이주노동자들은 사냥꾼에게 쫓기는 동물들처럼 도망다녀야 한다. 실제로 불법체류자 체포를 위해 단속반들은 그물총을 사용하기도 했다. 인권단체와 이주노동자 지원단체의 항의가 있은 후 방법이 일부 개선됐지만, 정부의 단속추방을 피하는 과정에서 추락사 하는 이주노동자들은 여전히 생겨나고 있고[17], 우리와 대화를 나눈 어느 이주노동자에 따르면, 단속추방 공무원이 왔다는 말에 심장마비를 일으켜 죽은 경우도 있다고 한다.

NOTE [17] 2006년에도 두 명의 이주노동자가 단속추방 과정에서 숨졌다.

# 5. 대중의 탈주

한편으로 '주변'은 예외적 공간, 치외법권 지대 같은 성격을 갖고 있다. 국가는 그곳에서 예외적 존재로서의 자기 자신을 드러내며, 대중들은 '전체'를 위해 희생될 수밖에 없는 '일부', '전체'에 포함되지 못하는 예외적 존재들로서 나타난다. 그러나 다른 한편으로 '주변'은 지극히 정상적인 상례적 공간이다. 국가의 주권이 가장 선명하게 자신의 메시지를 전달하는 공간이며 우리가 '정상성'에 대한 정의를 발견할 수 있는 공간이기 때문이다. 나는 신자유주의 이후 십 년간 한국사회의 대중들 중 많은 수가 '전체에 포함되지 않는 일부'의 형상을 취하고 있다고 말했다. 그리고 '주변'이라는 예외적이고 부차적인 공간이 정상적이고 핵심적인 공간으로 떠올랐다고 말했다. 그러나 상례가 된 예외가 더 이상 예외일 수 있을까.

> 발터 벤야민은 칼 슈미트의 '예외상태'에 대한 논의에 화답하며 이렇게 말했다. "억눌린 자들의 전통이 우리들에게 가르치는 교훈은, 우리들이 오늘날 그 속에서 살고 있는 예외상태(비상사태)라는 것이 예외가 아니라 상례라는 점이다. 우리는 이러한 인식에 상응하는 역사의 개념에 도달하지 않으면 안 된다." 그리고는 다음과 같은 흥미로운 말을 덧붙였다. "그렇게 되면 진정한(실질적, WIRKLICH) 예외상태를 도래시키는 것이 우리의 임무라는 사실이 명약관화해질 것이고, 이를 통해 파시즘에 대한 투쟁에서 우리가 갖는 입장도 나아질 것이다."[18]
>
> NOTE [18] 발터 벤야민, 반성완 옮김, 「역사철학테제」, 『발터 벤야민의 문예이론』, 문예출판사, 2005, 347쪽. 강조는 인용자.

상례가 된 예외상태와 진정한 예외상태의 구별. 우리가 임무로 삼아야 할 '진정한' 예외상태란 도대체 무엇인가. 벤야민이 「폭력의 비판을 위하여」에서 행한 '법적 폭력'과 '혁명적 폭력', '신화적 폭력'과 '신적 폭력'에 대한 구별을 참조할 수 있을 것 같다.[19] 벤야민에 따르면 예외적 존재인 주권자가 새로운 법을 정립하기 위해 행사하는 폭력(법정립적 폭력), 그리고 법을 지키기 위해 행사하는 폭력(법보존적 폭력)은 모두 수단적 폭력이다. 권력은 수단으로서의 폭력을 정당화해줄 목적, 법을 통해 지키고자 하는 목적을 정립할 수 있지만, 오히려 그때 드러나는 것은 목적 자체의 폭력성이다. 법을 위한 폭력과 법 자체의 폭력은 내밀하게 서로 연결되어 있다. 폭력에 정당성을 부여해줄 수 있는 목적은 권력에 의해 신화적으로 정립된다. 왜 그 목적들이 그렇게 결정되어야 하는지를 묻는 것은 우매한 일이다. 그것을 결정하

는 것은 이성이 아니기 때문이다. 앞서 니체가 '국가창설자'에 대해 말했듯이 그것은 번개처럼 다가온 운명이다. '왜'라는 의문부호 이전에 '권력'이 있다.

NOTE [19] 발터 벤야민, 진태원 옮김, 「폭력의 비판을 위하여」, 자크 데리다, 『법의 힘』, 문학과 지성사, 2004.

초월적 목적을 떠벌리는 신화적 폭력과 달리 신적 폭력은 존재를 위한 목적론을 필요로 하지 않는다. 스피노자의 말처럼 나약한 인간에게 '신의 의지'란 '무지의 피난처'에 다름 아니다.[20] 신은 존재하는 것 이외의 별도 의지를 갖지 않는다. 신의 폭력이란 신의 존재에 다름 아니고, 세계의 존재에 다름 아니다. 감당할 수 없는 사건을 만나면 나약한 인간은 '신의 뜻'을 떠올리고 '인간의 죄'를 상상해낸다. 그는 그런 사건 (폭력)을 통해 신이 자기 의지를 드러내고 싶어한다고 믿기 때문이다. 그러나 그 폭력은 어떤 것을 드러내기 위한 수단도 기능도 아니다. 세계가, 신이 그렇게 존재할 따름이다. 신적 폭력이란 예측할 수 없는 특이적 사건의 출현에 다름 아니다. 혁명이 바로 그렇다. 그것은 예기치 않는 사건으로 나타나고, 그런 의미에서 폭력적이라고 할 수 있다. 하지만 그것은 법적 폭력과는 아주 다른 것이다. 신은 신화의 '외부'이고, 혁명은 법의 '외부'이다.[21] 나는 벤야민이 '진정한' 예외상태를 도래케 하는 것을 혁명가의 임무로 삼았을 때, 그가 국가와 법의 진정한 외부를 생각했다고 믿는다.[22]

NOTE [20] 베네딕트 데 스피노자, 강영계 옮김, 『에티카』, 서광사, 1990. 특히 제1부의 부록을 참조하라.

NOTE [21] 맑스 역시 혁명적 지반과 법적 지반(반혁명적 지반)의 차이를 선명하게 대비시킨 바 있다. 칼 맑스, 최인호 옮김, 「부르주아지와 반혁명」, 『칼 맑스/프리드리히 엥겔스 저작 선집』 1권, 박종철출판사, 1998.

NOTE [22] 나는 벤야민의 '진정한' 예외상태에 대한 아감벤의 해석에 동의하지 않는다. 나는 진정한 예외상태에 대한 두 사람의 입장이 아주 다르다고 생각한다. 아감벤에게 잠재적 예외상태란, 순수형식으로서의 법과 그 법 앞에 선 '헐벗은 삶'이 대면하는 상태이고, 진정한 예외상태란 이 구분이 소멸되어 삶이 완전히 법적인 것으로 변형된 것을 나타낸다(Agamben, Homo Sacer, p.55). 벤야민에게 진정한 예외상태는 무엇보다 '법의 외부'로 받아들여진다. 그는 법의 외부, 법의 바깥에 자신이 긍정적으로 개념화한 '혁명적 폭력'을 두었고, 법 자체가 갖고 있는 예외성과는 다른 진정한 예외상태를 그것과 관련시켰다. 아감벤의 '진정한 예외상태'가 허무주의의 냄새를 풍기는 것과 달리, 벤야민의 '진정한 예외상태'는 하나의 적극적 지향, 그의 표현을 빌리면 파시즘에 맞서기 위한 '임무'의 성격을 갖는다.

주권자는 예외적 존재이고, 법을 정립하는 그의 명령은 예외상태에서 기능하지만, 엄밀히 말해 그것은 진정한 예외상태가 아니다. 예외상태에서도, 아니 예외상태에서야말로 그것은 정상적으로 작동하기 때문이다. 따라서 그런 예외상태는 정상상태인 셈이다. 푸코는 '홉스의 전쟁 상태'를 '실질적인 전쟁'이 아니라, '표상들의 게임'이라고 했는데[23], 주권자로서 국가권력이 갖는 예외상태도 실질적이라기보다는 표상적(재현적)인 게 아닐까.

NOTE [23] 미셸 푸코, 박정자 옮김, 『"사회를 보호해야 한다": 1976 콜레주 드 프랑스에서의 강의』, 동문선, 1998, 115~116쪽.

진정한 예외상태, 실질적인 예외상태는 어디서 발견되는가. 권력도, 권력에 의해 방치되는 삶도 진정한 예외상태를 구축하지 못한다. 진정한 예외는 권력으로부터, 법으로부터 탈주하는 운동에서 나온다. 법에 의해 방치된 삶만 있는 게 아니라, 법 바깥으로 탈주하는 삶도 존재한다. 실제로 우리는 행진 중에 국가의 추방이 야기한 대중의 탈주를 여러 번 목격했다. 내가 만난 대중은 아감벤이 말한 것처럼 그렇게 '헐벗지' 않았다. 그들은 혼자 내던져져 있지도 않았다. 그들은 항상 무리를 구성하고 있었으며 국가로부터 추방당하는 만큼이나 적극적으로 탈주하고 있었다.

나는 대중들의 탈주 현상을 '주변화'(MARGINALIZATION)와 대비해서 '소수화'(MINORITIZATION)라고 부르고자 한다. 주변화가 척도에 의한 부차화를 가리킨다면, 소수화는 척도로부터의 탈주를 가리킨다. 주변인으로서의 대중이 지배적 척도에 의해 인정받기를 꿈꾼다면, 소수자로서의 대중은 척도로부터 탈주한다.[24] 그런데 최근 국가의 추방이 역설적이게도 이러한 소수자 대중을 양산하고 있다.

NOTE [24] '주변화'와 '소수화'의 차이를 명확히 한 것은 들뢰즈와 가타리였다. 질 들뢰즈·펠릭스 가타리, 이진경·권혜원 옮김, 『천의 고원』 II, 연구공간 수유+너머, 2000, 259~263쪽.

최근 한국정부에 의해 방치된 '주변'지대는 점차 지각불가능한 '소수'지대가 되어가고 있다. 권력에게 통제의 편익을 제공했던 '주변'으로의 추방은 새로운 통제불가능성을 낳고 있다. 가령 비정규직에게는 노동조합이 없기 때문에 그들의 임금과 권익을 빼앗긴 쉽지만, 동시에 그들의 저항에 대한 통제수단도 사라졌다. 불법체류 이주노동자들은 보장된 직장생활을 하지 못하지만, 거꾸로 합법적 이주노동자들처럼 작업장 이동의 제한을 받지 않는다. 따라서 그들의 이동성에 대한 권력의 통제는 제한적일 수밖에 없다. 권력은 대중의 삶을 불안정하게 만듦으로써 공포와 불안을 통한 지배를 할 수 있었다. 그러나 역설적이게도 지각불가능한 지대로 탈주하고 있는 대중들에 대한 통제불가능성의 문제가 새롭게 생겨났다. 스피노자가 말했던 것처럼, 공포를 통한 통치가 실패한 곳에서 공포를 잃은 대중에 대한 공포가 시작되는 것이다. [25]

NOTE [25] "대중이 두려움을 갖지 않은 경우 대중은 두려운 존재가 된다." 스피노자, 『에티카』, 제4부 정리54의 주석.

우리가 행진 중에 만난 대중들은 국가의 추방에 대해 자기 삶의 평면에 악착같이 머무르는 것을 투쟁 전략으로 삼고 있었다. '계속 살아가겠다'는 것이야말로 그들의 최대 투쟁 목표이다. 그들은 강제이주를 거부했다. 우리가 만난 새만금 지역 계화도의 어부는 정부 보상금을 받은 후에도 이주를 거부하고 거기서 삶을 꾸리며 바다와 함께 투쟁하겠다고 밝혔다. 평택 대추리 주민들의 최고의 투쟁은 논에 볍씨를 뿌리고 수확을 시도하는 것이다. "올해도 농사짓자"가 그들의 대표적인 투쟁 구호이다. 국가는 그들을 몰아내기 위해 중장비를 동원해 논을 파내고 농수로에 콘크리트를 부었다. 그에 맞서 그들은 콘크리트를 들어내고 다시 물을 끌어들였다.

법에 의해 보호된 삶, 법에 의해 추방된 삶만 있는 것이 아니다. 법으로부터 떨어져 있는 삶도 존재한다. 그러나 법으로부터 멀리 떨어진 삶은 카프카가 말하는 저 '법의 성'처럼 어딘가에 고고하게 서 있는 게 아니다. 어쩌면 그것은 바이러스처럼 법의 가장 내밀한 곳까지 파고

들 수도 있다. 그것은 법을 자주 어기므로 법에 의해 자주 처벌받는다. 법에 저항해서가 아니라 법과 관계하지 않기 때문에, 그들은 자주 법을 어긴다. 평택 대추리의 주민들도, 불법체류 이주노동자들도 '앉은 채'로 범법자가 되었다. 그들이 법적 명령에도 불구하고 계속 살아가려고 하기 때문이다. '멀리 떨어져 있다'는 것, '탈주한다는 것'은 이처럼 악착같이 달라붙는 것이기도 하다.[26] 그럼으로써 그들은 권력의 가장 바깥에 위치한다. 그들은 떠나지 않고 머무른다. 그들은 앉은 채로 유목하고 있다.

NOTE [26] 단순히 '떠난다'는 사실로는 노마드를 정의할 수 없다. 오히려 노마드는 이주민과는 다르다. 들뢰즈와 가타리는 이 둘을 다음과 같이 구분했다. "이주민이 무정형 혹은 적대적으로 된 환경을 놔두고 떠나는 반면, 노마드는 떠나지 않고, 떠나지 않으려 하며, 숲이 후퇴하면서 남겨놓은 매끄러운 공간에 달라붙는다. …… 노마드는 움직이지만, 앉아 있으면서 움직이고, 움직일 때만 앉아 있는다"(들뢰즈·가타리, 『천의 고원』 II, 165쪽). 이진경은 '앉아서 하는 유목'을 '떠돌며 하는 정착'과 대비시키며, 노마디즘에 대해 이렇게 설명했다. "정말로 중요한 것은 어디서든 새로 시작할 수 있고, 어디서든 변이할 수 있는 것이며, 새로운 삶을 생성할 수 있는 능력이다"(이진경, 「유목주의란 무엇이며, 무엇이 아닌가」, 『철학의 외부』, 그린비, 2002, 268쪽).

악착같이 머물러 있는 그들이야말로 국가의 추방에 대해 가장 멀리 탈주하는 자들이다. 경기도 화성의 한 어민은 우리에게 이렇게 말했다. "우리는 대한민국 국민이 아니다. …… 우리에게 법을 들이대는 것을 보고 육법전서를 불태워야겠다는 생각을 했다." 평택의 대추리에서는 주민들이 주민등록증을 반납했다. 파올로 비르노의 표현을 빌리자면 이것은 일종의 '탈퇴'(DEFECTION)이다.[27] 대중들이 국민으로부터 탈퇴를 선언한 것이다.

NOTE [27] "우리가 '탈퇴'라고 부르는 집단적 상상행위는 이러한 (일반지성의 공공성에 내포된 지식, 소통, 협력적 행위의) 풍부함에 독립적이고 긍정적이며 고결한 표현을 제공하며, 따라서 이러한 행위가 국가의 행정권력에게 양도되는 것을 멈추게 한다"(파올로 비르노, 김상운 옮김, 『다중』, 갈무리, 2004, 219~220쪽).

최근 한국사회의 운동은 아주 흥미로운 양상을 띠고 있다. 가령 한미FTA 체결저지 시위의 경우 모든 문제들이 모든 문제들과 연결되고, 모든 운동들이 모든 운동들과 결합되는 느낌을 준다. 농민과 노동자, 학생, 예술인 등이 자연스럽게 묶이고 있다. 여기에는 물론 우리가 만난 비정규직 노동자도 있고, 이주노동자도 있으며, 대추리의 농민도 있고, 중증장애인도 있다. 이들을 연결하기 위해 어떤 선험적인 보편 토대가 발견되어야 하는 것은 아니다. 모두가 자기 자신이 부딪힌 문제를 드러내는 것만으로도 동맹의 충분조건이 확보된다. 인식은 심층으로 내려가는 게 아니라 표면에서 번식한다. 마치 고구마 줄기가 엮이듯 한 문제는 곧바로 다음 문제와 연결되어 있음이 드러난다. 우리가 행진 중에 만난 대중들 역시 서로에 대해 잘 알고 있었으며, 서로의 투쟁에 결합 의사를 피력하고 있었다.

한국정부나 주류 언론은 오랫동안 대중들의 운동을 고의적으로 외면해왔다. 그것은 운동이 전파되지 않게 만드는 중요한 방법이었다. 그들은 운동을 추방했고 방치했다. 그러나 그 과정에서 그들은 대중을 점차 이해할 수 없게 되었다. 내가 만난 여당의 한 국회의원 보좌관은 지방자치단체장 선거에서 여당이 참패한 것을 대중들의 보수화로 해석했다. 열린우리당과 민주노동당이 패배한 것은 대중들이 보수화되었다는 것이고, 따라서 대중적 지지를 받기 위해 당의 정체성을 지금보다 더 보수 쪽으로 이동시켜야 한다고 말했다. 그는 주변에 몰려 삶의 위기에 처한 대중들의 움직임을 전혀 읽어내지 못했다. 아마도 위기는 더욱 가속화될 것이고 대중들은 더욱 주변화될 것 같다. 그러나 또 하나 알아야 할 것이 있다. 지금 대중들은 다수자의 척도에 의해 차별받고 착취되는 지대로부터, 점차 그 척도로는 도저히 이해할 수 없는 지대로 이행하고 있다. 그들은 주변화되지 않고 점차 소수화되고 있다. 그들은 '진정한' 예외상태로 이동하고 있다. R NO.1

R NO.1 ISSUE 02 새만금의 노모스 | 황희선

황희선(黃 喜善) ‖ '연구공간 수유+너머' 연구원. 서울대학교 인류학과 석사과정.
REDSCALED@NAVER.COM

# The Nomos of Saemangeum
by Hwang, Hee-sun

This paper discusses the concept of ownership, and criticizes the logic of 'development' in national projects of Korea(especially, Saemangeum Reclamation Project). I frame the problem of development in regards with the modes of ownership and the forms of life entailed in them, not with the equality of distribution. Inspired by Karl Marx's critique on private property and the concept of inalienable property, I conceptualize two different logics of ownership; 'transcendental ownership' that relies on legal justification, alienation, and authority, and 'immanent ownership' that relies on inalienability, and ability for collective action. When ownership is related to space, it becomes a matter of drawing a firm boundary, or of successful belonging. The state has exclusive rights to own some public areas, and expels people out with legal procedure called 'development'. It transforms public domain to private domain. This is due to the fact that private and state's ownership are interchangeable; both are kinds of transcendental ownership. The nature of power-relations are clear in that lives are criminalized overnight. And fishery forms of life and ecological entities are degraded to social and ecological wastes as they are alienated from the intertidal area ecology. They lose their productive power. The immanent nature of ownership of fishers and other nonhuman beings is discussed in subsequence. For example, local invention 'gre', a tool for catching shellfish, enables the fishers to belong successfully to the tidal flat commune. The ownership depends on the extent of experiences and the intensity of connection.

# 1. 새만금, 최대의 공사

새만금 간척사업은 "단군 이래 최대 공사"라는 수식어를 단다. 4만 1백 헥타르에 달하는 전체 사업면적은 근대 간척사업이 시작된 1910년부터 해방 전까지 매립된 총면적(178지구)의 크기와 맞먹으며, 해방 후인 1946년부터 2001년까지 매립이 완료된 7만 6천여 헥타르(1628지구)의 절반을 넘는다.[1] 크기를 가늠할 수 있게 해주는 통계수치 역시 다양하다. 33㎞의 방조제는 세계 최대이고, 사업 구역면적이 여의도의 140배에 달하며, 남산 150개 분량의 매립자재가 필요하다고 한다. 발로 걸어 본 사람들은 내륙 외곽을 따라 걷는 데만도 6박 7일이 걸린다는 말을 보탠다. 사업과 더불어 발생한 사건들도 큰 숫자를 통해 기록되는 일이 많았다. 끝물막이 공사 후 갯벌을 수습하기 위해 정부가 수거한 패각이 거전 갯벌에서만 43톤에 달했다는 보도가 있었다. 3만에서 5만에 이르렀던 도요·물떼새 무리가 100마리도 채 안 남고 모두 사라졌으며, 수십억에 달하는 공사자금이 횡령되었다는 기사도 볼 수 있다.[2]

NOTE [1] 농업기반공사, 『간척사업추진현황』, 2002.

NOTE [2] 각각 순서대로 다음을 참조하라. 『새전북신문』, 2006년 8월 1일자 ; 『한겨레』, 2006년 9월 29일자 ; 『프레시안』, 2006년 9월 28일자.

하지만 이 규모는 어떤 이들에게는 사업이 당연히 추진되어야 할 이유가 되는 반면 다른 이들에게는 결단코 중단되어야 할 이유가 된다. '국토' 확장 기술력의 성장에 감탄하는 이들의 반대편에, 8,000년에 걸쳐 생성된 무수한 삶을 '하루아침'에 생매장한다는 이유로 몸서리치는 사람들이 있기 때문이다. 새만금은 서남해안 일대에 이웃한 다른 갯벌들과 함께 세계 5대 갯벌로 손꼽힌다. 하지만 이 사실은 공사가 중단되지 않는 이상 과거의 일로 기록될 것이고, 대신에 우리는 세계 최대 규모[3]의 간척지를 갖게 될 것이다.

NOTE [3] 새만금 사업의 규모는 1932년 네덜란드의 춘티제 사업을 제외하면 세계 간척사상 최대 규모에 해당한다.

규모를 채우기 위한 환상 역시 그에 걸맞은 규모여야 했다. 사실 터무니없어도 클수록 좋았던 모양이다. 사업타당성이 없다는 이유로 중도하차한 해발고도 330m의 세계 최고(最高) 타워 건설안은 바다 건너 중국 땅을 육안으로 볼 수 있다는 약속을 제시했고, 자기부상 열차를 개통하겠다는 계획에다 우주센터를 건설하겠다는 발언까지 등장했다. 예로부터 전해져 내려오는 비서(秘書)에 군산이 한반도의 중심이 될 것이라는 예언이 실려 있다는 소문까지 돌았다.[4] 그곳에서는 골프장마저 세계 최대가 되어야 했다. 건설 예정 중인 540홀 골프장은 현재 세계 최대 규모인 중국 미션힐스 골프장의 3배 규모다.

NOTE [4] 2006년 8월 참가했던 환경과생명을지키는 교사모임 주최 '새만금 바닷길 걷기 행사' 과정에서 인터뷰한 내용에 의한 것이다. 별도의 언급이 없는 한 동일 시기에 채록된 내용임을 밝혀 둔다.

면적만큼이나 큰 환상의 규모는 민심이 내몰려 있던 한계의 극단성을 보여주는 듯하다. 소외의 심리는 중심에 대한 강한 열망을 낳았고, 새만금 지역이 21세기 황해 시대의 중심으로 자리잡게 될 것이라는 장밋빛 약속이 남발했다. 급기야는 어느 순간부터 정치인이 사업에 반대하려면 정치생명을 걸어야 할 지경에 이르렀다. 당선을 위해 키워놓은 환상이 정치가들을 구속하기에 이른 것이다. 사실 부실사업으로 유명한[5] 새만금 간척사업은 전북도의 개발소외 심리를 이용한 정치인들의 작품이라는 비판을 받아왔다.

NOTE [5] 새만금 간척사업은 시화호 수질 문제 이후 본격적인 논란의 대상으로 부각되었다. 하지만 이의제기를 시작한 것은 지역주민이나 환경단체가 아닌 정부 부처들이다. 경제기획원은 사업타당성이 없다고 발표했고(1987년) 1998년 대통령직 인수위원회는 3대 부실사업 중 하나로 규정했으며, 같은 해 감사원은 농경지보다 사업용지가 경제적 타당성이 크다고 평가했다. 2001년 국무조정실 지속가능위원회 역시 동일한 판단을 내렸다. 환경부는 2004년 환경피해와 경제적 손해가 따를 것이라며 사업에 대한 반대의사를 표명했다. 해양수산부도 꾸준히 반대의사를 밝혀온 것은 마찬가지다.

이 사업은 애당초 비합리적이었기에 비합리성을 따져 물어 사업을 중단시킬 수 없는 극단적인 아이러니를 연출하게 되었다.[6] 하지만 그 비합리성은 법과 자본주의의 논리에 비춰보면 오히려 합리적일 수 있다. 국가는 '공익'을 위해 법적 절차를 밟아 처분권을 행사했고 피해를 본 사람들에게 보상금을 지급했다. 협소한 국토는 국제 분쟁 없이 '평화적으로' 확장될 것이다. 투자한 자들은 노력의 대가로 개발의 이익을 가져가게 될 것이며, 생겨난 공간은 미래지향적 사업을 위해 이용될 것이다. 간척으로 확보될 농지는 미래의 식량 안보를 위해 반드시 필요하고, 물부족 국가인 대한민국은 담수 자원을 다량 확보하게 될 것이며, 군산과 부안 간의 교통거리는 66KM가 단축될 것이다.

NOTE [6] 장재연, 「새만금, 이렇게 풀자」, 환경운동연합 주최 토론회("위기의 새만금, 희망은 없는가?"), 2006년 3월 8일.

그러나 전혀 다른 이야기도 있다. 시화호의 불길한 기운을 타고 수질 문제가 쟁점으로 부상했고 어민들은 삶의 터전을 잃었으며 수를 헤아릴 수 없는 조개들과 게들, 뭇 생명이 몰살당했다. 갯벌 근처에서는 수많은 산들이 흔적도 없이 사라졌다. 생명을 죽여 생명을 메우는 공사가 진행되고 있는 것이다. 일부 학자들이 주장했던 것과 달리 수십만의 새들은 장항갯벌로 옮겨 가지 않았고, 장항갯벌에서는 또 다른 매립사업이 추진되고 있다. 갯벌이 말라감과 더불어 발생하는 소금폭풍이 인근 농경지를 덮치고 있다. 60여 일에 걸쳐 삼보일배를 하여 사업 중지를 촉구하느라 무릎을 못 쓰게 된 스님이 있는 반면, 행사를 중단시키기 위해 동행했을 뿐이라고 말을 바꾼 정치인도 있다. 대법원은 거듭된 비판 내용에 대해 바로 그 비판의 대상이 되는 내용을 근거로 들어 '이유 없다'고 판단하며 공사 진행을 승인했다. 전북도민들은 논쟁과정에서 어느 때보다도 더 큰 개발소외 감정을 느꼈다. 방조제는 다 지어졌지만 해수 유통은 계속되고 있다. 정부는 땅이 될 그곳의 '어족

보호'를 위해 어민들에게 어업중지 명령을 내렸다. 살기 위해 단속을 감수하고 조업을 나서는 어민들의 행방은 인공위성으로 추적된다. 농업공사에서는 토지의 용도가 농지라고 주장하지만 전북도는 산업단지가 되어야 한다고 주장한다. 준공일자가 계속해서 늦춰지고 있다. 내부이용계획안 고시도 미뤄지고 있다. 용지를 실제 이용하기 위해서는 50년은 더 기다려야 할 것이라는 예상도 나온다.

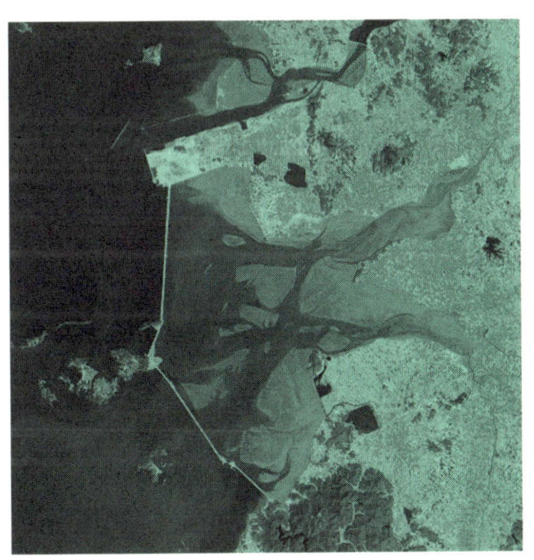

<2006년에 찍은 새만금 지역의 인공위성 사진> 33킬로미터에 달하는 방조제를 자를 대고 그은 듯 반듯하게 설계할 수 있는 능력은 일대를 한눈에 볼 수 있게 해주는 인공위성의 초월적 시선 없이는 불가능하다. 프랑스어로 '보다'를 뜻하는 단어 VOIR에 접두사 A를 붙여 만들어지는 단어 AVOIR는 '갖다'를 뜻한다. 두 단어 사이의 '혈연'관계는 이런 기술의 배후에 있는 근대의 시각을 특징적으로 드러낸다. 이 그림을 뒤에 나오는 <어민들이 만든 새만금 갯벌 생태지도>와 비교해보라. 인공위성의 시각으로는 볼 수 없는 갯벌생물들이 갯벌의 어디에서 사는지를 보여준다.

# 2. 법적 권리와 법의 논리

하지만 대법원은 공사로 생겨난 문제들이 기획 시점에서 이미 예상되었던 것이며, 진행을 중단할 만큼 심각하지 않다고 판단했다. 이득이 손실보다 크면 된다는 매립사업의 추진 조건에 대한 반박 근거가 확실하지 않다는 것이다. 무주신도시특별법이나 장항갯벌 매립사업 등 현재 추진되고 있는 국책사업들 모두 같은 논리를 따르고 있다.

2006년 한 해 국책사업과 관련하여 최종 판결이 내려진 소송들 중 세간의 이목을 집중시켰던 소송은 두 개였다. 각각 3월과 6월에 마감된 새만금 소송과 '도롱뇽 소송'으로 알려진 천성산 원효터널 착공금지 가처분 소송이다. 국내 최초의 '자연물 권리소송'이었던 도롱뇽 소송에서는 원고인 도롱뇽이 '당사자 능력'이 없기 때문에 소송을 청구할 권리가 없다는 판정을 받았다. 새만금 소송에서는 '환경영향평가' 지역 내에 거주하는 주민에게만 원고가 될 권리가 인정되었고, 헌법 제35조 등에서 제시된 환경권에 근거한 권리주장은 법률이 명시한 권리 근거가 없다는 점에서 기각되었다. 다시 말해, 권리를 정량적으로 계산하지 않았다는 것이다. 결국 두 소송 모두 패했다. 그리고 그 결과는 우리에게 법의 '권리'란 무엇인가를 질문하게 만든다.

사실 어떤 소송에도 새만금이 어민들과 갯벌 생물들과 미래 세대의 것이고, 천성산이 도롱뇽의 것이라는 주장은 없었다. 무슨 권리로 그들을 그들의 공간으로부터 내치냐는 질문은 없었다. 현행법이 보호하는 소유의 '권리'가 그들에게 없었기 때문이다. 현행법상 '공유수면관리법'의 적용 대상이었던 새만금은 국가에 의해 독점적으로 소유될 수 있는 공간이었다. 어민이나 조개는 '자신들의 것'이 아닌 공간에서 살고 있었던 셈이다. 결국 소송은 생존의 권리나 행복 추구의 권리에 호소하는 방식으로 우회할 수밖에 없었다.

그래서 결과는 어떻게 되었는가? 국가는 자신이 소유한 공간에서 대규모 이윤을 창출하는 사업을 진행한 반면, 권리 없는 비인간들은 죽을 수밖에 없었고, 보상금을 받은 '권리' 있는 인간인 어민 역시 사실상 생존권을 포기해야 했다. 한 어민은 "어업권을 포기하는 대가로 받았다고 생각한 보상금이 어업권 포기가 아니고 생존권을 포기한 대가라는 것을 깨닫는 데에는 그리 오래 걸리지 않았다"고 이야기한다.[7] 법이 보호하는 것과 내치는 것의 구분이 이들 공간만큼 선명하게 드러나는 곳도 없을 것이다.

NOTE [7] 허정균, 『새만금, 새만금』. 그물코, 2003.

**2-1. 노모스** 그렇다면 법이란 무엇인가? 또 법이 말하는 권리란 무엇인가? 가장 기본적인 의미에서 법은 규범, 혹은 따라야 할 질서를 뜻한다. 그것이 전제하는 질서에 맞춰 삶을 생산해내는 상징적 구축물인 것이다. 어원으로부터 출발해 법이 생산해내려는 삶의 형상을 살펴보도록 하자. '법'을 뜻하는 그리스어는 노모스(NOMOS)다. 보통은 퓌지스(PHYSIS), 즉 '자연'과 대비되는 개념으로 사용되며, 인간 사이의 규약으로부터 비롯된 질서라는 함의를 갖는다. 독일의 법학자 칼 슈미트는 법 일반을 의미하게 된 이 말에 대해 '공간의 질서'라는 본래 뜻을 회복시킬 필요가 있다고 주장했다.[8] 어원도 그런 뜻을 담고 있거니와 모든 법의 뿌리에 공간의 질서 문제가 잠재되어 있다고 보았기 때문이다.

**NOTE** [8] 칼 슈미트, 최재훈 옮김, 『대지의 노모스』, 민음사, 1995.

노모스의 어원이 된 '네메인'(NEMEIN)이라는 말은 분할과 목양(牧養)이라는 뜻을 담고 있다. 공간을 분할하고 그 안에서 가축을 놓아 먹이는 것, 일종의 인클로저다. 시원적인 의미에서의 법이 인클로저의 개념을 담고 있다는 점은 시사적이다. 울타리를 두르고 그 안의 존재들을 추방하는 사건이 법의 기원이라는 것이다. 굶주리면 담을 넘어야 한다는 사실, 자연의 필요가 경계를 모른다는 사실, 그러므로 규범이 필요하다는 발상, 그것이 노모스다. 즉, 노모스는 타인의 침범을 방지하는 배타적 경계의 형성을 의미한다. 노모스는 자신이 만들어낸 배고픔을, 자신을 근거 삼아 부당한 것으로 만든다.

공간에 대한 법적 소유권은 그곳에 자신의 삶을 의존하는 사람들이 있었는가의 문제와는 별도로 발생한다는 사실을 지적해야 한다. 어떤 공간에서 살아간다는 사실은 공간의 소유권을 주장하기 위한 근거가 되지 못한다.[9] 노모스는 스스로의 권리를 정초할 뿐이다. 한편 근거 없는 정초는 초월적 권력의 존재를 의미한다. 따라서 슈미트는 공간의 소유에서 가장 근본적인 문제는 살아가는 사람들의 소유권을 보증할 수 있는 힘, 즉 주권이 존재하는가의 문제라고 보았다. 비주권적 공간, 즉 '자연상태'에서는 소유권이 사실상 없는 것이나 다름없기 때문이다. 국가는 규범의 세계, 문화의 상태에 반하는 자연상태에서는 힘의 논리가 지배한다고 말한다. 즉, 법을 가능케 하는 국가는 신민을 보호하기 위해 존재한다는 것이다.

<어민들이 만든 새만금 갯벌 생태지도> 특정한 지도 표상은 항상 지도를 그리는 사람과 그려진 지도가 지시하는 공간이 맺고 있는 관계를 드러낸다. 어민이 그린 것이기에 '해산물'로 간주할 수 있는 생물들이 '생태' 지도에 등장한다는 사실이 재미있다.

사람들은 보통 '객관적' 측량에 의해 만들어진 지도를 갖고 있는 것이 아니라 자신의 삶의 형태에 따른 지도를 갖는다. 자신이 주로 이용하는 장소, 그리고 길을 찾기 위해 사용하는 이정표 등이 지도를 그리는 요소로 등장한다. 그런 의미에서 삶의 맥락에서 그려진 지도들은 항상 부분적일 수밖에 없다. 그렇다면 특정한 삶의 맥락을 떠나 객관적 측량에 따라 그려진, 그것도 전체를 대상으로 하는 지도는 어떤 의미를 갖게 될까? 제국주의 시대 서구 열강

**NOTE** [9] 국내 현행법은 어떤 공간을 20년 이상 점유해온 사람이 적절한 근거를 제시할 수 있으면 소유권을 획득할 수 있다고 규정한다. 하지만 그 절차가 까다롭기 때문에 실제 소유권을 획득하는 사람은 드물다.

하지만 그런 의미에서 진정한 '자연상태'에 있는 것은 국가다. 국가는 소유권을 계약에 의하지 않고 이전시킬 수 있는 유일한 주체이며[10], 특정 지역에 대한 소유권을 주장할 수 있는 유일한 주체이고, 땅에 대한 소유권을 발생시킬 수 있는 유일한 주체이기 때문이다[11]. 상호 승인된 주권은 서로의 영토에 대한 상호 불가침의 권리를 인정한다. 서구인들이 아메리카 대륙을 '발견'했을 때, 그들은 소유의 권리를 선주민으로부터 빼앗아 간 것이 아니었다. 오히려 소유권이 없던 곳에 소유권을 발생시켰다고 보는 것이 타당할 듯하다. 그곳에는 국가도, 법도 없었고, 선주민들은 그저 땅을 점유하고 있었을 뿐이기 때문이다. 이처럼 소유와 점유의 구분을 발생시키고 소유의 권리를 보증하는 힘으로 주권

이 등장한다는 슈미트의 분석은 흥미롭다.

**NOTE** [10] 땅의 소유와 관련하여 전쟁이 국제법적 맥락에서의 예외상태를 나타낸다면, 국내법적 맥락에서의 예외상태를 나타내는 것은 '공익사업을 위한 토지 등의 취득 및 보상에 관한 법률'이다. 국가는 이 법을 통해 사적 개인의 소유권을 박탈할 수 있는 합법적인 권한을 갖는다. 국가는 일차적으로 공시의 의무를 지고, 본래 소유주인 개인과 의사조정을 할 기간을 갖게끔 되어 있다. 하지만 타협이 이루어지지 않을 경우 우선적인 소유권한을 갖게 되는 것은 국가다. 평택 팽성읍의 대추리·도두리에서는 이 법안에 따른 개인 소유 토지의 수용이 문제가 되고 있다.

**NOTE** [11] "총괄청 또는 관리청은 무주의 부동산을 국유재산으로 취득한다"('국유재산법' 제1장 제8조).

점유와 소유의 구분과 관련해서 맑스가 제시한 명제를 떠올려 볼 수 있다.[12] 점유란 생산수단을 작동시킬 수 있는 실제적 능력을 의미한다. 반면 소유는 생산수단에 대한 실제적 통제, 생산수단을 특정 목적으로 사용하고 생산물을 처분할 수 있는 권력을 의미한다. 점유와 소유를 구분하는 힘의 원리로서 능력과 권력을, 그리고 차이를 산출하는 원리로서 결합과 분리를 대비시킨 의미를 생

이 작성했던 지도는 식민지 선점과 깊은 연관을 맺고 있었다. 그 지도 속에서 세계의 공간은 어떤 국가에 귀속된 공간이거나 어떤 국가에도 귀속되지 않은 공간으로 드러난다. 일반적으로 접할 수 있는 국내 지도에서도 사적 소유의 대상이 아닌 공용지는 텅 빈 곳처럼 드러나는 경우가 많다.

사실 전체에 대한 지도는 소유권의 문제와 깊은 연관을 맺는 듯 보인다. 21세기로 넘어오면서 가장 큰 화제가 된 지도는 아마 유전체지도일 것이다. 유전체지도 제작은 새로운 육지취득을 위해 노력을 경주했던 과거 제국들의 노력을 상기시킨다. 국민국가의 이익을 넘어 '인류'의 이익을 주장하며 추진되었던 이 사업은 실질적으로는 사적 소유를 발생시키는 장치로 작동하고 있다.

각해볼 필요가 있다. 점유와 대비되는 것으로서 소유는 무엇보다 처분의 권리를 뜻한다.[13] 처분을 위해 나는 그것을 손에서 놓아야 한다. 즉, 나는 어떤 것을 소유하기 위해 그것으로부터 분리되어야 할 필요가 있다.[14] 소유하기 위해서는 분리되어야만 한다는 반직관적 아이러니는 '소유권'의 본성을 명확하게 드러내는 지점이다. 그것은 반드시 결합해야만 대상과 관계를 맺을 수 있는 점유와는 다르다.

**NOTE** [12] 칼 맑스, 김수행 옮김, 「자본주의적 지대의 기원」, 『자본론』 III(하), 비봉출판사, 2004.

**NOTE** [13] 여기서 소유물의 실제적 향유는 당사자의 의지에 달린 문제에 불과하며, 소유권의 성립을 위해 필수적인 요건은 아니다.

**NOTE** [14] 고병권, 「코뮨주의와 소유」, 제9회 비판사회학대회("경제위기 이후 10년, 한국사회의 변동과 전망") 발표문, 2006년 11월 4일.

법은 바로 이러한 소유권의 논리가 작동하는 기초를 형성한다. 나는 분리와 권력을 바탕으로 작동하는 법적 소유를 '초월적 소유'로, 그리고 결합과 능력을 바탕으로 작동하는 비(非)법적 소유를 '내재적 소유'로 부르고자 한다. 초월적 소유는 법적 정당화라는 초월적 준거, 분리(혹은 소외와 추방), 그리고 권력의 행사를 특징으로 하는 반면 내재적 소유는 분리불가능성과 집합적 생산능력을 특징으로 한다. 두 개념에서 나타나는 소유의 '권리'는 어떤 삶들을 만들어내는가?

# 3. 초월적 소유

**3-1. 권력** 법적 소유권은 최고 권력인 주권을 필요로 한다. 하지만 주권은 이중적이다. 주권은 한편으로 사람들을 힘으로써 보호하지만, 다른 한편으로는 자신이 독점하고 있는 힘과 폭력에 그들을 노출시킨다. 슈미트는 어떤 공간에서 살아간다는 것은 그 공간을 소유하는 주권자에 대한 예속을 의미한다고 주장했다. 공간을 지배하는 자가 삶을 지배하는 자로서 출현하게 되는 것이다. 새만금은 소유권의 관점에서 보면 공유수면, 즉 국유재산이었다. 국가만이 공공용으로 규정된 공간에서 처분권을 행사할 수 있다. 국가가 갯벌에 대해 갖는 소유권의 진정한 형태는 변경과 매각의 권리로서 처분권이다. 국가는 매립사업을 직접 추진하여 얻어진 땅을 분할해 팔아치우거나, 사적인 매립사업을 승인하며 그 대가로 돈을 받는다. 다시 말해, 국가가 갖는 공유수면에 대한 독점적 소유권은 사적 소유의 발생장치이며 갯벌의 파괴장치다.

'공유수면매립법'은 국유공간인 공유수면에 대한 소유권이 사업준공 인가와 더불어 이전되는 절차를 규정하고 있다. 매립면허 소지자는 일차적으로 총사업비(조사비·설계비·순공사비·보상비 및 기타 비용)에 준하는 면적의 매립지에 대한 소유권을 획득할 수 있으며, 본래 국가 소유의 땅이 되어야 하는 매립지에 대해서도 '실수요자'인 경우 국가보다 우선하는 취득권을 보장받는다. 예컨대 간척사업 완공지 중 서산간척지는 현대건설 소유의 땅이 되었고, 인천의 동아매립지 역시 동아건설의 땅이 되었다.

매립과 매각은 일부 갯벌에서만 진행되는 일이 아니다. 농업진흥공사에서 1996년 발간한

<서남해안 간척자원도>를 보면[15] 갯벌을 '관리'하는 법안은 사실상 '공유수면관리법'이기보다는 '공유수면매립법'이라는 사실을 알 수 있다. 이 무시무시한 지도에는 모든 만(灣)과 갯벌 지역이 매립사업의 완공지, 시행지, 예정지 중 하나로 등록되어 있다. 사업이 근거할 수 있는 법률 또한 다양해서, '중소기업창업지원법', '공업배치 및 공장설립에 관한 법률', '택지개발촉진법', '농어촌정비법', '관광진흥법', '지역균형개발 및 중소기업육성법', '주택건설촉진법', '전원개발에 관한 특례법' 등 27개에 달한다. 그러나 갯벌의 보전 및 관리에 대한 내용을 직접적으로 담고 있는 법률은 현행법체계에는 없다.[16]

NOTE [15] 농어촌진흥공사, 『한국의 간척』, 농어촌진

홍공사, 1995, 30쪽.
**NOTE** |16 전재경, 「갯벌보전의 법리」, 『한국의 갯벌』, 서울대학교출판부, 2001, 956쪽.

권력은 삶에 대해 불법을 선언하는 형태로 나타나기도 한다. 공유수면에 대한 독점적 처분권을 갖는 국가는 간척사업을 개시하며 보상받기를 강요하고, 자신이 권리를 인정하던 삶을 불법적인 것으로 만든다. 새만금 어민들은 보상을 받으면서 어업권을 잃었기 때문에 고기잡이는 불법이 되었다. 문제는 여기서 그치지 않는다. 이주할 수도 없고 어업을 계속할 수도 없는 주민들은 생계를 위해 또 다른 불법을 감행해야 하기 때문이다. 어민들은 고기잡이 나갈 일이 없는 형편에서도 배를 팔지 않는다. 어업용 선박에 면세가로 판매되는 기름을 사서 약간의 이윤을 붙여 업자들에게 팔기 위해서다. "바다도 아니고 들녘도 아니고, 농부도 아니고 어민도 아닌" 그곳에서[17] 어민 아닌 어민은 배로 고기잡이를 하는 것이 아니라 기름 장사를 한다.
**NOTE** |17 김준, 『새만금은 갯벌이다』, 한얼미디어, 2006, 211쪽.

더불어 권력은 그것이 양허하는 '권리'를 유명무실한 것으로 만든다. 새만금 지역의 주민들은 '나라'가 진행하는 사업에 대해 감히 반대할 수 있다는 생각조차 하지 못했다고 술회한다. '공유수면매립법'이 매립면허의 요건으로 명시하는 사업지역 내 권리자들의

동의서는 사업추진에 대한 의견제시의 수단으로가 아니라, 국가가 지급하는 보상금을 받을 것인가 말 것인가의 문제로 다가왔던 것 같다.

사실 국가가 새만금에 대해 갖는 소유권은 등기부상의 권리일 뿐이다. 국가는 주민들과 달리 그곳에서 삶을 꾸리지 않는다. 맑스는 법적 소유의 문제에 대하여 "어떤 사람이 어떤 물건을 현실적으로 가지지 않은 채 그 물

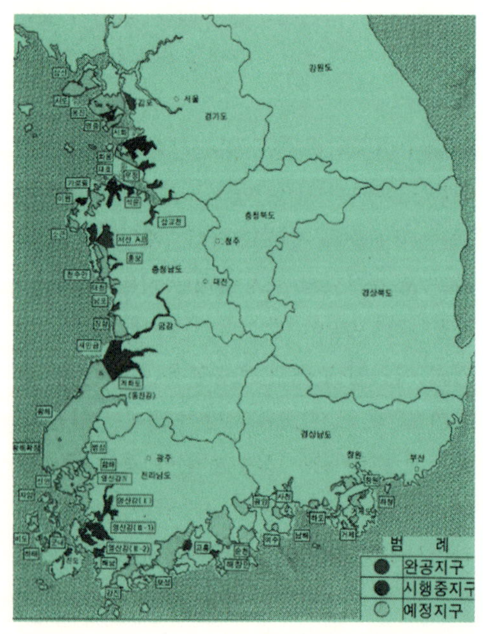

<서남해안 간척자원도> 모든 갯벌은 간척사업이 완공되었거나 시행중이거나 예정된 지역으로 표시되어 있다. 해안 지역인 갯벌을 관리하는 지도를 '농촌'공사에서 제작한다는 사실도 눈여겨 볼 필요가 있다.

건에 대한 법률적 권원을 가질 수 있게 되는 지경에 이른다"고 꼬집었다.[18] 물건이 소유주의 의지와만 관계되는 대상일 때 물건은 사실상 "전혀 물건이 아니다". 국가의 소유 속에서 갯벌은 갯벌이 아니다. 갯벌은 처분의 권리, 처분의 권력과 관련하여 소외된 '사물'의 형태로 나타난다. 보다 일반적으로 소유의 대상, 처분하기 위한 대상으로서 토지는 민법 제4장에 쓰여 있는 것처럼 '물건'으로 정의된다. 보다 정확히는 하나의 '상품'이다.

NOTE [18] 칼 맑스·프리드리히 엥겔스, 최인호 옮김, 「독일 이데올로기」, 『칼 맑스/프리드리히 엥겔스 저작선집』 1권, 박종철출판사, 1991, 261쪽.

적어도 한국사회에서 땅이 삶의 근거지가 아니라 하나의 상품이라는 사실은 소유와 점유가 일치하는 경우가 예외적이라는 점만 살펴보아도 쉽게 알 수 있다. 최근의 기사에 따르면[19] 2005년 말 한국에서 개인 소유 토지의 98.3%는 땅 소유자 상위 10%가 가지고 있으며, 상위 1%의 땅 소유자가 전체의 57%를 소유하고 있다. 이를테면 '소유권'은 개개인이 삶을 영위하기 위해 소유하는 대상에 대한 권리를 법적으로 보호하는 것이 아니라, 소유와 점유의 권리를 분별하기 위해 도입된 개념이다.

NOTE [19] 이상호, 「땅부자 10%가 개인 토지 98.3% 소유」, 『경향신문』, 2006년 10월 6일자.

많은 국책사업들, 특히 택지개발과 관련된 사업들은 국가가 주도하는 경제적 이득 창출과 밀접한 연관을 맺는다. 최근 판교신도시 개발과 관련해 토지공사와 주택공사, 성남시 등이 얻은 개발차익이 무려 1조 100억 원에 달한다는 문제제기가 있었다. 건설업체에 대한 매각가격이 수용가와 10배까지도 차이가 났다고 한다.[20] 간척지의 경우에도 개발차익이 발생하는 것은 마찬가지다.[21] 서산간척지는 일부 농지로 분양매각되었고, 2006년 9월 현재 원래 매립지의 1/4 정도에 해당하는 잔여지 1,098만 평을 시공자인 현대건설이 보유 중이다. 그 중 B지구에 위치한 473만 평은 기업도시 개발 예정지로 지정되어 땅값이 폭등하였다. 결과적으로 현대건설이 현재 보유 중인 매립지는 시가 2조 9천억 원에 달한다고 한다.[22] 국가는 형평성 차원에서 개발차익도 국고에 환수해야 한다고 이야기한다. 하지만 소유권 취득자의 자산증식 규모와 삶의 근거지로부터 분리된 사람들이 처한 여건을 생각해보면 그 환수액이 어디로 갔는지 알 수 없을 지경이다.

NOTE [20] 최종훈, 「공공택지 값 10배 '뻥튀기'」, 『한겨레』, 2006년 10월 4일자.

NOTE [21] 경제차관 역시 1960년대부터 1980년대에 이르는 간척사업 추진의 동인 중 하나였던 것 같다. 금강·평택지구 간척을 위해 들여왔던 IBRD 차관 4천 5백만 달러를 시작으로, 간척의 역사에서 외자유치는 중요한 실적으로 간주된다.

NOTE [22] 이세경, 「현대건설, 건설 名家 명성 회복 역량 집중」, 『파이낸셜뉴스』 2006년 5월 29일자.

**3-2. 분리**  삶의 근거지로부터의 분리는 삶을 생산하는 능력을 무능력으로 뒤바꾼다는 데 가장 큰 문제가 있다. 국가는 피해를 입은 삶에 보상을 할 수 있다고 주장하지만, 국책사업에 관련된 법률들은 별도의 이유가 없는 한 모든 보상이 화폐의 형태로 지급되어야 한다고 명시하고 있다. 화폐는 자본이 되지 않는 이상 생산보다는 소비를 위한 수단에 머무른다. 생계의 측면에서 볼 때 안정적인 삶을 지속할 수 있는 유일한 방법은 그 보상금이 자본화되는 것이다. 하지만 보상금은 때로 다른 곳에서 집조차 마련할 수 없는 수준에 머무른다. 주민들은 보상금이 처음에는 목돈처럼 보였지만 낯선 곳으로 이주해 생활 터전을 마련하려고 하면 그 돈이 얼마나 적은 것인지 알게 된다고 한다. 삶의 터전의 시장가격은 다시 쉽게 삶으로 변환되지 않는다. 게다가 모든 돈을 털어 집을 마련한다 하더라도 생계는 또 다른 방식으로 꾸려가야 한다. 한 어민의 말대로, "집을 지니고 있다고 밥이 나와요? 당장 먹고 살 것이 없는데". [23]

**NOTE [23]** 시화호 지역 어도 주민의 말(한경구, 「시화호 조성의 사회문화적 영향」, 『한국의 갯벌』, 서울대학교출판부, 2001년, 853쪽).

상황이 이런데도 국가는 권리를 부여하는 주체가 자신이며, 스스로가 주인이라고 인식하는 순간 보상금이 너무 많다는 생각까지 한다. 사적 소유를 수용하기 위해서는 값을 지불하여 (형식적으로나마) 사들여야 하지만, 어업권에 대해서는 자신이 베푼 '특혜'인 만큼 다시 가져간다고 하여 돈을 지불하는 것이 아깝게 느껴지는 것이다. 농촌공사는 어업권 보상이 간척사업의 비용을 증가시킨다고 불평하며, "어업권은 …… 국유인 공유수면의 이용에 대하여 국가가 부여한 권리임에도 불구하고, 개인 소유의 토지가 공공용지에 편입된 경우의 토지 보상과 비교할 때 단위면적당 손실 보상의 결과는 어업권 보상금액이 상대적으로 과다하게 책정되고 있는 실정이다"[24]고 말한다.

**NOTE [24]** 농어촌진흥공사, 『한국의 간척』, 263쪽.

실제 지급된 보상금액은 얼마나 될까? 새만금의 경우 선박 소유자들은 평균 4~5천만 원의 보상금만을 받았고, 갯벌채취를 주로 했던 맨손어업자 7천여 명은 평균 700만 원에 못 미치는 금액만을 받았다. 더구나 맨손어업의 권리에 대해서는 가구당 2명 이하의 사람만이 보상의 대상이 되었고, 그나마 전연

받지 못한 사람들도 많다.[25] 하지만 이 금액은 사업 이전 맨손어업자들이 벌어들이던 금액과 비교해보면 터무니없이 적은 돈일 뿐더러 생계의 관점에서 보면 더더욱 부족하다.

NOTE [25] 윤박경, 「새만금 갯벌이 살아야 우리가 산다: 새만금 소동으로 무너진 공동체 문화」, 『새만금, 네가 아프니 나도 아프다』, 돌베개, 2004, 75~76쪽.

이런 현상은 적절한 어업권 보상이 생활 대책의 관점에서가 아니라 생산의 시장가격 환산에 준해 설정되기 때문에 발생한다. 보상금액은 어획물의 생산량을 산정하고 그 생산을 위한 인건비와 판매단가를 계상하는 방식으로 책정되며, 생활의 지속성 문제는 산정 기준에 포함되지 않는다.[26] 즉, 보상은 시장 메커니즘을 기초로 이루어지는 것이다.[27]

NOTE [26] 국가는 어업권 보상에 대한 현재의 정책이 진보라고 평가한다. 시행 초기에는 일종의 '시혜적 차원'에서 보상이 이루어졌지만, 그 후 "침해되는 재산의 객관적 시장가치"에 보상금을 지급해야 한다는 의미로 그 뜻이 변경되었다. 최근에는 생활권 보상의 형태로 보상이 이루어져야 한다는 견해가 등장했다. 이 견해는 국가가 소유권의 여부와는 상관없이 사람들의 삶을 일정 정도 보장해야 한다는 복지 이념에 따른 것이다. 이주대책이나 영업손실 보상 등이 여기에 해당한다(농어촌진흥공사, 『한국의 간척』, 257쪽). 하지만 앞에서 언급했던 것처럼 주민들은 실제 자신들의 생존권이 박탈당했다고 느낀다. 보상비 산정 기준에 대해서는 다음을 참조하라. 농어촌진흥공사, 『한국의 간척』, 264쪽.

NOTE [27] 국가는 화폐 보상의 대안으로 이주대책을 마련하기도 한다. 새만금 사업지역 중 하제를 예로 들어 살펴보면, 국가는 비응도 지역으로의 이주를 제시하고 있다. 하지만 그곳은 간척사업 진행과 더불어 이미

한 번의 '추방'이 이루어진 곳이다. 방조제 건설로 어획고가 크게 감소했기 때문이다. 더구나 근근이 조업을 하더라도 외해에서 작업하기 위한 더 큰 배를 새로 마련해야 한다. 새로 조성된 택지에서 깨끗한 집을 얻을 수 있을지는 모르겠지만 어민의 삶을 계속하기는 힘든 실정인 것이다. 그리고 어민의 삶을 계속할 수 있다 하더라도 사람들을 계속해서 이주시키는 국가의 권력 행사는 그냥 수긍할 문제가 아니다. 하제는 새만금 사업 구역 중에서도 독특한 입지를 갖는 지역이다. 인근에 미군기지를 두고 있는 이 마을은 기지확장 계획과 더불어 2008년까지 이주를 완료하라는 국가의 명령을 받았다. 현재 군시설로 사용되고 있는 군산공항에서는 전투기들의 비행연습이 계속되기 때문에, 5분마다 한 번씩 찢어질 듯 들려오는 굉음으로 주민들이 큰 고통을 받아왔다. 마을에서는 대책위원회를 마련해 소송을 제기하여 승소했지만 한 주민 당 한 달에 5만 원의 보상금을 지급받았을 뿐이다. 비행기 소리는 여전하다. 한 주민은 이렇게 말했다. "하늘에서는 비행기가, 바다에서는 새만금 사업이, 육지에서는 국방부가 압박하는 이곳은 사면초가"라고. 비행기 소리는 컸지만 풍요로운 생산으로 새만금 지역 일대에서 가장 흥했던 곳 중 하나였던 이곳에서 마을 사람들이 받은 보상금액은 대개 1~2천만 원 수준이었다고 한다.

어민으로서 삶의 방식은 다른 삶의 방식으로 쉽게 변경되지 못한다. 바닷일은 고생스럽지만 "그 일 밖에는 다른 할 일이 없어요. 할 수 있는 일이 그것밖에 더 있습니까"라는 계화 어민의 말[28], 그리고 "30년 동안 매일같이 배를 탔는데, 내가 할 수 있는 일이 고기잡이 밖에 더 있나"라는 안하마을 어민의 말을 굳이 빌릴 필요도 없어 보인다. 보상금은 최대한 쳐 봐야 지급 기준이 되는 8년간의 살림에 쓰일 수 있는 것이지, 새로운 삶의 근거와 삶을 꾸리는 방식을 생산해내는 데 기여하지

R NO. 1 ISSUE 02  새만금의 노모스  황희선

못한다. 단적으로 말해 삶은 돈으로 환산될 수 없다. 어민으로서 삶의 방식은 수십 년에 걸쳐 생산되었고, 그 삶이 갖는 생산능력은 보상의 대상이 되지 않는다.
NOTE [28] 문경민, 『새만금 리포트』, 랜덤하우스코리아, 2000, 456쪽.

생산수단으로부터 유리된 어민들은 생계를 유지하기 위해 특별한 능력과 기술을 요구하지 않는 저임금 노동을 할 수밖에 없다. 끝물막이 공사 이후에 보도된 한 기사 내용에 따르면 지역 주민들은 하루 종일 노동을 하며 나문재나 칠면초 같은 염습지 식물을 심고 있다. 주민들은 한 달 전까지도 백합조개를 캤었기에 살아 있는 갯벌에 대한 기억이 생생해 더 고통스럽다. 어떤 주민의 표현에 따르면 "산 사람 생매장해놓고 그 봉분에다 잔디 까는 기분"이라 한다.[29] 다른 주민은 이렇게 말한다. "아침 7시 30분부터 나와서 오후 5시까지 하루 종일 이 짓을 해도 버는 건 고작 4만 원이야. 예전에는 4~5시간만 일해도 10만 원은 거뜬했는데. 여기 말로 '뻘짓(허튼짓)' 하는 거야." 개발사업이 만들어내는 '고용창출' 효과는 간접적으로 '생존권'을 보장한다고 할 수 있겠지만, 삶의 형태라는 관점에서 볼 때에는 엄청난 차이가 있다. 어민들은 더 이상 어민일 수 없다. 어민은 사라지고 대신 저임금 서비스직 종사자가 급증할 것이다.

NOTE [29] 강양구, 「"산 사람 매장하고 봉분에 잔디 까는 기분이야"」, 『프레시안』, 2006년 5월 29일자.

고유한 삶의 형태에 의해 스스로 생계를 유지할 수 있던 사람들은 이제 사회가 부담해야 할 짐이 된다. 그들이 살면서 발전시켜온 기술은 무가치한 것이 된다. 여든 살 할머니도 갈쿠리 하나, 그레 하나면 조개를 채취해서 생계를 유지하고, 아주머니 혼자서 여덟 자식을 길러낼 수 있었던 삶들은 사라진다. '복지'는 이런 삶들이 사라졌음을 의미할 뿐이다. 지난 여름 새만금을 찾았을 때 군산 내초도에서 난데없는 도심형 공원을 본 적이 있다. 마을 주민들의 복지를 신경쓰는 정부가 만든 것일까? 하지만 동네 노인들은 예전과는 달리 일거리가 없어 정부가 만들어준 이런 공원에서 잡초 뽑는 일을 하면서 돈을 번다고 했다. 국가의 복지 이념은 극단적인 상황에서 최저생계비 지급, 최저임금 보장이라는 형태로 실현될 수 있지만, 그러한 삶에서는 '생존'이 관건일 뿐 어떤 삶을 사느냐는 고려되지 않는다.

기존의 '삶'에서 분리되어 짐짝이 되는 것은 사람뿐만은 아니다. 만경강, 동진강으로부터 흘러 내려오던 영양염류들은 각종 미생물과 김, 조개, 어류 등을 키워내는 자원의 역할을 담당했지만, 기존의 순환에서 유리됨에 따라 정화해야 할 오염물질이 된다. 안하마을에서 만난 한 어민은 이렇게 말했다. "모든 생활하수 똥물이 만경강으로 싹 내려옵니다. …… 오히려 그런 물들이 갯벌로 흐르면서 조개한테는 영양분이 되어서 조개가 더 잘 커부러. 고기들도 더 많아져. 우리는 더 좋다 이 말이여." 너무 많아지면 파괴적 효과가 생기겠지만, 조개와 물고기를 키우지 못하는 염류는 전부 오염물질에 불과하다.

근근이 지역에 머물러 살 수 있더라도 개발 그 자체가 원주민에게 득이 되는 경우는 별로 없다. "개발이 되면 주민들은 접시 닦고 쓰레기 청소하고 …… 외지에서 좋은 옷을 입고 온 사람들을 보면서 심정적으로 위축되고 이혼 가정도 늘어난다."[30] 새만금 지역의 한 주민은 공사가 완료되면 고향을 등지고 떠날 수밖에 없으며, 갈 곳은 빈민촌밖에 없고, 그곳에서도 개발이라는 이유로 다시금 쫓겨나게 될 것이라고 말한다.[31]

NOTE [30] 지리산권시민사회단체협의회 공동대표 우두성 씨의 말(이주빈, 「골프장 막고, 신불자 구제하고. 지리산에 움트는 '희망의 씨앗'」, 『오마이뉴스』, 2006년 7월 3일자).

NOTE [31] 윤박경, 「새만금 갯벌이 살아야 우리가 산다」, 90~91쪽.

사실 경제적 발전의 혜택이라는 것은 더 많은 노동을 의미할 뿐이다. 계화 조포리의 한 농민은 이런 말을 들려주었다. "저 같은 경우는 발전이나 그런 거 별로 잘 안 좋아하는 성격이거든요. 저도 핸드폰 들고 다니면 이런 것이 생기면 생길수록 편하긴 한데 그만큼 또 노동의 대가를 지불해야 하잖아요. 그만큼 또 노동을 많이 해야 하고, 이런 부분이 있기 때문에 발전을 별로 안 좋아하고."

# 4. 내재적 소유

문제는 사업개발로 얻어진 이익을 더 공평하게 분배한다고 하여 사라지지 않는다. 아무리 많은 돈이라도 삶의 형태라는 측면에서 보면 상실을 의미하며, 보상금으로 해결할 수 없는 존재들의 운명 또한 소외되기 때문이다. 그리고 국가가 수호하고자 하는 '공익'이라는 개념은 최선의 경우에도 서로 간의 구획, 즉 삶의 소외에 근거한다. 따라서 우리는 다른 소유의 개념, 다른 연결의 원리가 필요한 것은 아닌지 질문해보아야 한다. 분리와 권력이 아닌, 결합과 능력을 바탕으로 하는 소유의 개념을 생각해볼 수 있지 않을까? 나는 이런 소유의 개념을 '내재적 소유'라고 부르고자 한다. 특히 공간과 관련해 생각해볼 때, 초월적 소유의 권리는 공간에 법적으로 정당화되는 경계를 긋고 소유자가 아닌 존재를 추방하는 권리를 갖는다는 것을 뜻한다. 반면 내재적 소유의 권리는 공간에 성공적으로 속할 수 있는 능력을 의미한다. 즉, 그것은 결합을 통해 삶을 구성할 수 있는 권리다.

**4-1. 결합**  어떤 토지가 상품이 되는 과정을 살펴보면, 자본주의적 시장경제의 소유 개념이 분리를 핵심으로 한다는 점을 알 수 있다. 여기에서 인류학자들이 이야기하는 '증여경제'(GIFT ECONOMY)는 많은 시사점을 제공한다. 증여의 경제에서 소유는 분리보다 결합을 원리로 삼는 것처럼 보이기 때문이다.

결합은 일차적으로 물리적 접촉을 의미한다. 이를테면 고대 로마법에 포함된 증여 원리는 구입-매도의 법인 만키파티오(MANCIPATIO)[32]에서도 드러난다. 매도자가 구매자에게 물건을 증여하는 절차를 규정하는 이 법은 받는 사람이 물건을 반드시 손으로 잡아야 한다고 규정한다. 손으로 만지는 행위가 물건에 대한 실제적 점유, 실제적 교류를 의미하지는 않을 것이다. 하지만 점유권 이전의 과도기적 단계에서 신체적 접촉이 반드시 요구된다는 사실은 당시의 소유 개념에서 물리적 접촉이 중요한 문제였다는 사실을 보여주는 듯하다. 법이 보증하는 초월적 소유의 개념 속에서 소유권 이전의 첫 단계가 법이 사물화된 형태인 계약서에 서명하는 형태로 나타나는 반면, 증여에 의한 소유의 이전은 손으로 만지는 형태로 시작되는 것이다.

NOTE [32] 마르셀 모스는 만키파티오를 물건이 증여된 이후에도 증여자와 분리되지 않는다는 '분리불가능한 소유'(INALIENABLE PROPERTY)의 사례로서 제시한다(마르셀 모스, 이상률·류정아 옮김, 『증여론』, 한길사, 2002, 212쪽).

결합은 물건과 사람 사이, 그리고 사람들 사이의 결합 역시 뜻한다. 근대법과는 달리 사람에 대한 법과 물건에 대한 법이 구분되어 있지 않은 법체계 또는 관습체계를 가진 사회에서는, 어떤 물건이 다른 이에게로 양도되었을 때조차 그 물건이 본래 소유자의 '일부'라고 간주된다. 그렇기 때문에 받는 행위의 의미는 대상을 획득하는 것에 한정되지 않는다. 주는 사람과 받는 사람은 그 물건을 매개로 하여 연장되는 관계를 맺게 되는 것이다. 교환이 완료되면 잠재적으로 끝나는 시장경제적 관계와는 달리[33] 증여의 관계는 사람들을 지속적인 거래에 참여시켜 하나로 통합된 삶의 영유 단위로 만들어 주는 경향이 있다.

NOTE [33] 증여의 경제 속에서는 노동자 자신에 의한 처분권 행사의 대상으로서 '노동력'이라는 개념 자체가 낯선 것이다. 그의 노동에 의해 만들어진 물건은 여전히 그의 일부이며, 물건을 가져가기 위해서는 그의 빈 곳을 매울 수 있는 등가물 또는 대체물의 증여가 요구된다. 이는 상품으로서 노동력을 판매에 의해 처분할 수 있다는 견해와는 무척 다르다. 시장의 힘은 복잡하고 까다로운 증여의 조건들로부터 사람과 사물들을 해방시키는 데 있다고 이야기되기도 한다. 그 속에서 사람들은 고립된 삶의 개별적 영유 단위가 된다.

이런 차이는 보상금과 관련해서도 생각해볼 수 있다. 국가가 주민들에게 지급하는 보상금은 관계의 끝을 의미하기 때문이다. 국가는 지급 이후 그곳에서 살던 사람들에게 의무를 지게 되기보다는 져야 할 의무가 말소되었다고 간주한다. 사업이 설령 잘못되었다 하더라도 보상금을 받은 사람들에 대한 국가의 책임은 없다. 더구나 보상금 지급은 주민들을 갯벌로부터 유리시킬 뿐 아니라 국가와 주민들의 관계, 주민들 사이의 관계 역시 단절시킨다. 어민들이 공통으로 소유해온 갯벌과 달리 배타적 소유가 가능한 화폐라는 초월적 소유의 대상인 보상금을 둘러싸고 주민들이 내분을 겪는 일은 흔하며, 받은 이후에는 각자의 삶을 위해 뿔뿔이 흩어지게 된다.

증여경제의 대표적 모델이 되는 서태평양 트로브리안드 제도의 쿨라 교역을 소유방식이라는 관점에서 살펴보는 것도 흥미로울 듯하다.[34] 쿨라 교역에서 증여되는 가치재인 바이구아(VAYGU'A)는 어느 누구도 독자적인 처분권을 행사할 수 없으며 소유하기 위해서는 거래의 네트워크 속에 들어가야 한다. 가치 증가는 '처분'이 아닌 성공적인 '증여'를 통해 발생하며 누구도 증가된 가치를 독점할 수 없다. 반면 초월적 소유에서 잘 소유하기 위한 관건은 배타적 소유의 경계를 얼마나 잘 형성할 것인가, 처분을 통해 얼마나 많은 이익을 자신의 것으로 할 수 있는가의 여부다. 또한 쿨라 교역의 성공적인 수행은 증여의 네트워크에 보다 잘 결합할 수 있는 능력을 필요로 한다는 점도 눈여겨볼 수 있다.

NOTE [34] Bronislow Malinowski, *The Argonauts of the Western Pacific*, New York : E. P. Dutton, 1922.

내 소유의 경계를 긋고 그에 대한 배타적 권리를 주장하는 것이 아니라, 다른 사람들과의 관계 속에 들어감으로써 함께 소유하는 이 방식은 초월적 소유와 내재적 소유의 대비를 명확하게 드러낸다. 소유의 방식이라는 관점에서 볼 때 얼마나 많은 사람들이 소유자가 되는가, 그리고 그것을 균등하게 '나눌 수 있는가'의 문제는 특정한 소유방식을 이미 전제하고 있다. 우리는 이 점을 국가체계 내에서의 '공공적 소유'와 내재적 소유를 대조해봄으로써 확인할 수 있다.

'공유수면관리법'은 제정 이유를 공유수면의 "효율적인 관리와 이용에 이바지하기 위한" 것이라고 밝히고 있다. 공공의 이익을 수호한다는 명분으로 국가가 독점적 소유권을 주장하는 배후에는 '공공의 비극'이라는 개념이 있다. 이 개념은 소유자가 없는 공간은 관리되지 않기 때문에 쉽게 황폐화된다는 것을 뜻한다. 너무 많이 퍼가거나, 그대로 방치하거나 둘 중의 하나라는 것이다. 따라서 어업에 대한 권리는 스스로가 중립적인 위치에 있다고 주장하는 국가만이 부여하고 통제할 수 있다. 하지만 앞에서 살펴보았듯이 국가는 사고파는 개인처럼 행세할 뿐만 아니라 수산 자원에 관한 한 실제 관리를 어촌의 주민들에게 떠맡겨 두고 있는 것 같다. 입어의 권리는 국가가 승인하는 권리뿐만 아니라 어촌계에서 부여하는 권리에도 의존하기 때문이다. 어촌의 주민들은 갯벌과 분리될 수 없는 삶을 살기 때문에 바다를 황폐화시키는 조업을 막기 위해 온갖 노력을 기울인다. 이를테면 지역의 어촌계는 전체 채취량을 결정하는 입어자수를 조절하기 위해 까다로운 입회 기준을 만들어 둘 뿐 아니라[35] 시기에 따라 조업일수, 채취 대상을 규제하는 규칙들을 만들어둔다. 또한 자연에 살아가는 것을 단순히 채취하는 듯 보이는 경우에도 그들의 근해를 '가꿔놓은 바다'라고 이야기한다.[36] 다시 말해 공공의 비극은 공공의 영역이 초월적 권력에 의해 관리되거나 소유되어야 한다는 점을 증명하지 않는다. 공공의 비극은 초월적 소유를 성립시키기 위해 가정하는 환상이거나 그것이 지배하는 원리가 된 결과로 나타난 현상에 불과하다.

NOTE [35] 가장 중요한 기준 중 하나는 그곳에서 얼마나 지속적으로 살아갈 수 있는가, 그 마을의 구성원이 되었는가의 여부다.

NOTE [36] 안미정, 「바다밭을 둘러싼 사회적 갈등과 전통의 정치 : 제주도 잠수마을의 나잠과 의례」, 『한국문화인류학』(제39집/2호), 소화, 2006, 312쪽. 더불어 다음 내용도 참고할 수 있다. 김준, 『새만금은 갯벌이다』, 183~184쪽.

'모두가' 이용할 수 있는 공간이라 하여 그곳이 곧 내재적 소유의 대상이 되는 것은 아니다. 이를테면 공공의 공간으로 간주되는 공원에서 사람들은 타인의 경계, 타인의 자유를 침해하지 않는 범위 내에서 공간을 개인적으로 향유할 수 있다. 따라서 공공질서는 서로에 대한 완벽한 소외에 근거한다고 말할 수 있을지도 모른다. 더불어 그런 의미에서 사적 소유를 수용하여 공원이라는 공공 공간을 만드는 도시재개발 계획은 공공적 소유와 내재적 소유의 차이를 뚜렷이 드러내준다. 초월적 소유의 견지에서 볼 때 개인 소유가 공공의 소유로 전환되는 국면에 해당하지만, 내재적 소유의 견지에서 볼 때 그곳에 거주하던 사람들이 형성하고 있던 '동네'라는 소유의 영역은 망실되기 때문이다.

**4-2. 능력**  권력은 외부로부터 행사되는 반면 능력은 안으로부터 행사된다. 어업권은 국가가 인정하는 만큼 획득되지만, 채취능력은 채취행위 그 자체에 의해 발생하며 갯벌과의 꾸준한 접촉을 통해 신장된다. 이를테면 새만금 지역의 주산물인 백합조개(지역에서는 '생합'이라고 부름)의 채취를 하나의 사례로 생각해볼 수 있다. 오랫동안 어로활동을 해온 사람일수록 채취할 수 있는 백합의 질과 양에서 이득을 본다. 능력만큼 갯벌이라는 공간의 소유가 가능해지는 것이다.

<그레 사진> 단순하지만 파워풀한 그레는 새만금 지역 여성 어민들에게 "남편 없이는 살아도" 그것 없이는 못 사는 도구다. 그레는 모든 것을 매립 대상으로만 만들어버리는 인공위성이라는 도구와는 달리 아주 세밀한 차이까지 변별해 일부만 채취할 수 있게 해줌으로써 지속적인 갯벌의 삶을 가능케 해준다.

새만금 어민들의 채취능력은 그 지역에서 백합채취를 위해 사용되는 독특한 도구인 그레를 통해 신장된다. 그레는 어민과 갯벌을 결합시키는 도구이며, 그것을 다룰 수 있는 지식은 분리되거나 처분될 수 없는 능력의 형태로 어민들의 신체에 각인된다. 그레를 끄는 기술은 계절별로 다르고 백합의 크기별로도 다르다고 한다. 이를테면 여름에는 얕게, 겨울에는 깊게 끌어야 하며, 큰 백합은 주로 물밑에 있기 때문에 깊이 끌어야 하지만 작은 백합은 주로 갯등에 있기 때문에 얕게 끌어야 한다. 닿는 감촉과 소리에 따라 껍데기만 있는 것인지 살아 있는 백합인지를 분간해낼 수 있으며, 조개의 종류도 웬만큼 구분할 수 있다고 한다. 그레질은 단기간에 터득할 수 있는 기술이 아니기 때문에 부업거리를 위해 온 외지인들은 주로 깔쿠리(갈퀴)를 이용한다.

그레의 가장 큰 장점은 갯벌에 큰 상처를 주지 않고 많이 자란 크기의 백합만을 채취할 수 있도록 해준다는 데 있다. 그레는 개흙 아래를 저미면서 지나가기 때문에 깔쿠리처럼 흙을 뒤엎어 갯벌 표면에 서식하는 종과 종패들을 노출시키지도 않고, 뿜뿌배[37]처럼 흙을 빨아들이며 모든 것을 무차별적으로 잡아들이지도 않는다. 어민들이 보기에 그레가 '새의 것과 사람의 것을 구분하는' 도구라는 사실도 흥미롭다.[38] 모든 것을 다 가져가는 뿜뿌배나 깔쿠리, 갯벌에 경계를 긋고 시장가치 측면에서 가장 유리한 종만 살아가게 하는 양식과도 다르다. 그레는 갯벌을 사람의 것으로 독점하지 못하게 하며, '내년의 것과 올해의 것'도 구분하게 해준다. 갯벌에 기대어 사는 '갯살림'을 하는 존재 중 하나로 자신을 인식하며 배타적 소유권을 주장하지 않는 어민들은 심지어 물도 '백합의 임자'라는 설명을 들려준다.[39] 물이 백합을 차지하러 오지 않으면 마냥 잡아버릴 텐데, 물이 그것을 막아준다는 것이다. 물을 몰아내고 공간을 독점적으로 소유하기 위해 방조제를 건설하는 국가의 관점과는 매우 대조적이다.

NOTE [37] 뿜뿌배는 고기잡이가 어려워지면서 그만한 수익을 조개잡이로 확보하기 위해 어선을 조개잡이용으로 개조한 배다. 뻘흙을 빨아 올려 조개를 골라내고 흙과 물을 배출하는 방식으로 작동하기 때문에 무차별적으로 조개잡이를 할 뿐만 아니라 갯벌을 크게 훼손시킨다.

NOTE [38] 김준, 『새만금은 갯벌이다』, 274쪽.

NOTE [39] "우리가 가면은 잔 것은 안 잡잖아, 아예. 종패는 안 잡어, 절대 안 잡어. …… 그리고 물 서서[물이 빠져] 나가면은 이제 물 들어오면은 '아, 이제 생합 임자가 들어오니까 우리는 가자' 하고 오는 거고. …… 생합 임자잖아, 물이. 물이 안 들어오면 무한정 잡지. 사람 욕심이 그러잖아"(윤박경, 「새만금 갯벌이 살아야 우리가 산다」, 67쪽).

어민들은 시간을 구성하는 법도 다르다. 자정부터 다음 자정에 이르기까지 이미 설정된 등질적인 척도의 반복으로 부여되는 도시인의 초월적 시간과 달리 어민들의 시간은 물때에 맞춰져 있다. 갯벌의 시간은 갯벌에 속해 살기 위하여 고안된 시간이며 갯벌을 소유하는 하나의 방식을 구현한다. "한 마, 두 마, 세 마, …… 열한 마, 한 개끼, 대 개끼, 조금, 무시"로 불리는 갯벌의 시간은 공간과 더불어 지속되어온 삶의 형태를 반영한다. [40]

NOTE [40] 김준, 『새만금은 갯벌이다』, 18쪽.

결국 이런 소유의 방식은 어민들이 갯벌에 속해 다른 존재들과 더불어 살아감으로써 함께 구성한 소유의 영역을 안정적으로 지속시키기 위한 것이다. 어민들은 갯벌과 공유한 시간이 길어질수록 함께 살아가는 능력을 점점 더 증가시키게 된다.

헬렌 베란은 오스트레일리아 지역의 원주민 커뮤니티인 욜른구(Yolngu)가 공간을 소유하는 방식이 근대적 의미에서의 공간 소유방식과는 무척 다르다고 논한다. [41] 욜른구 사람들은 자신들이 공간을 소유한다는 생각은 갖지 않으며, 오히려 공간이 자신들을 소유한다고 생각한다. 원주민의 토지 권원 청구 소송에서 재판부는 그들이 법적 의미에서 소유권을 갖지 않는다고 판단했다. 그들은 배타적 경계를 긋고 내가 그 공간의 임자라고 주장하지 않았기 때문이다. 오히려 그들은 가장 강한 의미에서의 소유란 땅에 속함으로서만 존재할 수 있는 것을 의미한다고 주장했다.

NOTE [41] Helen Verran, "Re-imagining Land Ownership in Australia", Postcolonial Studies, vol.1, no.2, pp.237~254, 1998.

내재적 소유의 관점에서 볼 때 공간에 대한 권리를 갖는 자는 인간만은 아닐 것이다. 계화도의 한 어민은 이렇게 말했다. "사람들은 이사라도 가지요. 조개들은 그냥 그곳에서 죽을 수밖에 없어요. …… 갯벌을 걸으면서 보니, 아, 싸우는 것은 사람만이 아니로구나, 조개와 게들도 함께 싸우고 있구나 하는 생각이 들더라구요." 어쩌면 사람보다 갯벌에 더 밀착된 조개들이야말로 갯벌에 대한 더 강한 권리를 갖는다고 이야기해야 하는 것은 아닐까?

# 5. 새만금이라는 이름

끝물막이 공사 후 떼죽음을 당한 조개들. 사업이 핵폭탄 투하와 맞먹는 효과를 발휘한다는 논평을 실감케 하는 장면이다.

그 모든 논란을 담은 새만금이라는 하나의 이름이 있다. 하지만 누가 이 큰 것을 하나의 이름으로 불렀는가? '새만금'이라는 이름은 사실 1987년 대선을 위한 간척사업의 기획 이후에야 생겨났다. '새로운 만경 김제 평야'의 준말이라는 이 이름, 아직 존재하지도 않는 육지의 이름으로 바다와 갯벌, 강의 하구 역을 부르는 이 이름에 대해 계화도의 한 어민은 이런 말을 남겼다. "새만금이라는 이름도 인제는 자꾸 그냥 하기 싫어. 우리는 뻘땅이라고 그래. …… 왜냐면 우리는 항상 그냥 뻘땅이라고 해. 우리는 이것[새만금 반대운동]하면서 갯벌이라는 소리를 들어본 거지, 우리는 갯벌이라고 안 해. …… 그래서 내가 새만금을 누가 그렇게 이름을 지어봤느냐고. '새만금' 소리만 들어도 인자는 넌덜정이 난

다고, 내가." [42]

NOTE [42] 윤박경, 「새만금 갯벌이 살아야 우리가 산다」, 87쪽.

이를테면 어민들의 입장에서 볼 때 늘 나가서 일하던 뻘땅이 새만금이라는 이름을 갖게 된 역사는 삶의 터전을 상실하게 된 역사다. 혹시 이런 이름들은 들어본 적 있는가? 싱고풀, 남바닥니, 북바닥니, 아래뒤풀, 위뒤풀 …… 새만금 내 한 지역인 부안 하서면 불등 마을 사람들이 뻘땅에 붙여준 이름이다. [43] 이 이름들은 간척사업과 더불어 갯벌과 함께 매립될 '문화유산', 사라져가는 추억이 될지도 모르겠다. 하지만 이 이름들은 삶의 방식 그 자체다. '싱고풀'이나 '위뒤풀'은 그 안에서 살기 위해 지어진 이름이었기에, 그 이름이 지시하는 장소로 초대하며 언제 어디서 무엇을 채취할 수 있는지를 알려준다.

NOTE [43] 김준, 『새만금은 갯벌이다』, 64쪽.

반면 '새만금'이라는 이름은 추방의 운명을 짊어져야 할 사람들을 만들어냈다. 그리고 어떠한 '이름'도 갖지 않았던 무수한 삶들이 그 이름 속에서 가상의 초대조차 받지 못하고 죽음으로 내몰렸다. 그 이름은 경계 없는 바다에 테두리를 두르며 일대를 하나의 소외된 '사물'로 만들었다. 삶을 위한 공간이 아닌 소유를 위한 사물로. 군산 하제의 한 어민은 이렇게 말했다. "바다에 나가서 보잖아요, 그러면은 방조제로 둘러싸인 데가 이렇게 보이는데, 보다 보면 저렇게 큰 것을 어디에 쓸 것인고 생각하면 답답하단 말입니다. 이것이 하나의 물건이라고 생각했을 때 이게 용도가 있어야 하는데 도무지 생각을 할 수가 있어야죠 뭐 ……." 어민의 입장에서 볼 때 그곳은 '생금밭'에 황금어장이었으니, 막아두고 수질관리를 하지 못해 곤혹스러워하는 정부의 행동은 당연 비상식적이다.

'그것'을 물건 취급하는 자들, '그것'의 용도를 생각할 수 있는 자들은 그곳에 살지 않는다. 하지만 각박해진 환경 속에서도 떠나지 않는, 떠날 수 없는 이들이 있다. 물막이 공사가 끝난 지난 여름 새만금을 찾았을 때, 거의 말라버린 갯벌 가운데 얕게 남아 있는 물웅덩이에서 짝짓기를 하는 손톱만한 콩게들을 보았다. 파도와 바람, 사람과 조개들이 함께하는 싸움은 계속되고 있다. R NO.1

R NO.1 ISSUE 03 대추리의 코뮌주의 신지영

신지영(申知瑛) ‖ '연구공간 수유+너머' 연구원. 연세대학교 국어국문학과 박사과정.
BOLTAGUNI@HANMAIL.NET

# COMMUNISM OF DAECHURI

BY SHIN, JI-YOUNG

2006년 9월 13일 국방부는 대추리의 빈집을 철거한다. 그러나 대추리의 빈집은 빈집이 아니다. 지킴이들이 살고 있고, 마을을 구성하는 한 부분이기 때문이다.

THIS PAPER AIMS TO EXPLORE THE POSSIBILITY OF NON-STATE COMMUNE, WITH INSPIRATION FROM THE SITUATION IN DAECHURI AND DODURI. THESE ARE THE VILLAGES THAT BELONG TO PYEONGTAEK CITY IN THE REPUBLIC OF KOREA, WHICH WERE PLANNED TO BE THE RELOCATION PLACE FOR U.S. ARMY'S YONGSAN BASE. THE VILLAGERS WERE EXPELLED, AND THEIR LIVES WERE CRIMINALIZED OVERNIGHT. THE STATE TRIED TO REDUCE THEIR LIVES TO COMPENSATION MONEY, AND INFORMED THE VILLAGERS TO MOVE OUT. IT DESTROYED THE COMMUNE WITH VIOLENT DEMOLITION AND ISOLATION TECHNIQUES. BUT THE VILLAGERS AND JEEKEEMIES('GUARDIANS') ARE RECONSTRUCTING THE VILLAGE BY FORMING A COLLECTIVE BODY. THE VILLAGERS, BY INTEGRATING THEMSELVES TO THE LAND, FIGHT AGAINST THE STATE. THE JEEKEEMIES MIGRATE THROUGH THE BORDERS DRAWN BY THE STATE. THEY SHARE EVERYDAY LIFE WITH THE VILLAGERS. THEY ARE INFECTED BODIES THAT REGARD THE SITUATION AS THEIR OWN, AND ARE INFECTING BODIES THAT ATTRACT OUTSIDERS TO THE VILLAGE. DAECHURI CREATES A COMMUNE BY FARMING THE LAND AND PRODUCING LIFE. THEIR SLOGAN IS "FARM AGAIN THIS YEAR". THEY GATHER EVERY NIGHT IN 'CANDLE MEETING', A NON-STATE PUBLIC SPACE. THE JEEKEEMIES' RESIDING IN EMPTY HOUSES IS A KIND OF SQUAT THAT TRANSFORMS THE STATE'S PROPERTY AS NON-STATE COMMON PROPERTY. MANY COMMUNISTIC TRIALS ARE MADE AT THE TIP OF THE SOVEREIGNTY'S EXCLUSION AND EXPEL. THE VITALITY OF DAECHURI TRANSFORMS PAST WOUNDS WITH NEW STORIES, AND PREOCCUPIES THE POTENTIALITY OF TIME TO COME. ITS TIME IS CONSTITUTED AGAINST THE VIOLENCE AND UNIFORMITY OF SOVEREIGN POWER. IT IS A TIME OF KAIROS. THE MULTITUDE THAT GOES ON TO LIVE IS A POTENTIAL.

# 1. 국책의 논리

근대 이후 한국사회는 '국책'의 논리 속에서 움직여왔다고 할 수 있다. 국책은 국가 전체의 이익을 전제로 한 대중동원체제이자 명령체제다. 1930년대 후반, 일본 제국주의에 의한 전시동원체제에서부터 본격화된 국책논리는 뿌리깊은 역사를 지니고 있다. 국가와 개인이라는 관념이 성립되기 이전인 1900년대 초기, 한국의 대중들은 '국가의 독립을 위해' 삶의 습속을 바꿔야 했다. 1930년대 후반 일본 제국주의 하에서도, 자본주의의 발전은 친일이건 반일이건 국책이라는 전제 속에서 이루어졌다. 국책논리 속에서 자본은 국가독점자본주의로 성장했지만, 대중들은 '국가의 이익을 위한' 통치체제에 길들여져야 했다.[1] 1930년대 후반의 이런 국가적 통치체제와 국책논리는 해방 이후 박정희 정권의 개발독재로 이어졌다.[2]

**NOTE** [1] 가령 1930년대 후반 조선(朝鮮)사업의 효시이자 국제적 기업으로 추앙됐던 화신백화점을 세운 박흥식은 국책사업이란 한탕 열기를 통해 독점적 이윤을 창출했던 대표적인 자본가였다(「화신흥망과 일천만원 증자설」, 『삼천리』, 1938년 8월호).

**NOTE** [2] 비교역사문화연구소 기획, 『근대의 경계에서 독재를 읽다』, 그린비, 2006, 266쪽. 대표적인 예로 1970년대 현대조선(造船)은 단순한 민간기업이자 국내의 지위를 국제적으로 선양할 조선기업의 이미지를 갖고 있었다. 그러나 실상 현대조선은 박정희 정권의 중화학 공업화 정책의 상징이었다. '조선입국'이라는 현대조선의 표어는 박정희가 내려준 것이었고, 중화학 공업을 통해 '부국강병'의 꿈을 이루고자 한 박정희 정권의 빛나는 성취 중 하나로 간주되었다.

그러나 마치 전체 국민의 이익을 보장해줄 것 같은 국책이란 항상 국가와 결탁한 특정 계급의 이익이었다. 국책이란 무엇인가? 전체의 이익을 위해 개인이나 가난한 사람들의 희생을 정당화하는 논리이다. 현재까지도 전체의 이익을 위한 소수의 희생이라는 논리가 만연해 있다. 그러나 한미FTA가 예고하고 있는 삶, 대추리 농민이나 새만금 어민들에게 내려진 추방명령, 비정규직의 불안정한 삶을 볼 때, 국책에 희생당하는 소수는 다수가 되었다. 그럼에도 국책논리에 의해 길들여진 우리의 신체는 국책이 아닌 것까지도 국가적 사태로, 국가적 행사로, 국가적 사업으로 변환시키고 있다. 대중들의 공동체에 대한 욕망이나 더 나은 삶에 대한 욕망이 '국가'라는 틀을 떠나서는 존재하기 힘든 정치경제적 구조가 굳어진 것이다. 국책사업이 통용될 수 있었던 것은 삶의 한계지대에 내몰린 불안하고 공포에 휩싸인 대중들에게 최후의 심리적 의탁처로 기능했기 때문이기도 했다. 그러나 이러한 국책의 논리는 삶을 보지 못한다는 점에서 대중을 통치하기 위한 망상에 불과하다. 삶의 외부에서 삶의 내적인 동력을 국가적 자본주의로 흡수해버릴 뿐이다.

2006년 평택 대추리·도두리의 상황은 '국책'이란 환상이 지닌 이면을 드러냈다. 그곳은 용산에 있던 미군기지 이전지로 결정되고 통보되었다. 주민들은 하루아침에 삶의 터전으로부터 추방당했고 마을의 파괴가 진행되었다. 국가시스템이 세계적으로 재편될 때마다 많은 사람들은 스스로의 삶을 바꾸어야 했다. 그때마다 대중들의 대규모 이주, 정체성의 변동, 대규모 폭동이 일어나곤 했다.[3] 일본의 1867년 메이지 유신과 조선의 1894년 갑오개혁이라는 시기, 1930년대 후반 일본에 의해 대동아공영권이 구상되던 전시동원체제의 시기, 해방 후 미군정에 의한 재편기, 그리고 한미FTA 및 미군의 전략적 유연성과 마주한 지금의 시기. 이 네 시기는 동아시아가 세계적 질서의 변동 속에서 국가와 자본주의를 재편했던 시기와 겹쳐진다.

NOTE [3] 柄谷行人, 「革命と反復 序說」, 『AT 』(0号/Spring), 東京: 太田出版, 2005, p.7.

흥미롭게도 대추리는 이 네 시기 중 나머지 세 시기의 추방을 경험했다. 대추리에 추방이 명령된 것은 이번이 세번째다. 1930년대 후반 일제에 의해서 추방당했고, 1950년대 미군정에 의해 추방당했으며, 지금 다시 한 번 추방의 명령 앞에 서 있다. 이 세 번의 추방의 경우 장소는 대추리였고, 추방당한 것은 대추리의 주민들이었으나, 이 추방을 명령한 주권권력의 성격은 매번 상이했다. 그때마다 주권권력은 일본 제국주의에서 미국 제국주의로, 다시 한국과 미국이 합의한 제국적 주권이라는 형태로 변모해왔다. 그때마다 대중들에 대한 추방은 정당화되었다. 이 정당화는 대중에 대한 추방이 '국가안보' 혹은 '국가이익'에 관련된 중요한 국책사업이라는 믿음 속에서 가능한 것이었다. 그러나 대추리 주민들은 그때의 경험을 통해 국가가 자신들의 삶을 위해 아무것도 해주지 않는다는 것을 알고 있다.

반복되는 추방의 명령에도 불구하고, 삶은 지속되어왔다. 그리고 삶을 지속한다는 단순한 사실이 대중에게 추방을 명령하는 주권권력에 대항하는 운동이기도 했다. 대추리의 주민들과 그곳을 지키려는 사람들은 국책논리에 의한 추방명령에도 불구하고 그곳에서 삶을 지속하고 있다. 국책으로 대중의 욕망을 흡수해 공동체를 파괴하는 주권권력의 폭력, 그리고 비국가적 코뮨을 실험하는 삶의 생명력. 대추리에서는 현재, 이 두 가지 힘이 격렬한 전쟁을 벌이고 있다.

# 2. '국가'는 어떻게 코뮌을 파괴하는가?

**2-1. 보상금**  국가가 대추리 주민들을 내쫓고 그 대가로 제시한 것은 보상금이었다. 그러나 과연 보상금은 무엇을 얼마나 보상할 수 있는 것일까? 보상금을 받지 않고 대추리에 계속 살겠다는 주민들에 대해 적지 않은 사람들은 이렇게 이야기했다. 국가안보에는 아랑곳없이 더 많은 보상금을 받기 위해 버티는 "보상금에 눈이 먼" 사람들이라고. 화폐제도에 익숙해진 우리는 국가가 대추리 주민들을 내쫓은 것이 아니라고 생각하기 쉽다. 국가가 보상금을 지급해줄 것이므로 다른 곳에서 더 잘 살면 된다고 생각하는 것이다. 그러나 어떤 이들은 이러한 보상금 논리에 반대한다.

어떤 이들은 삶과 마을은 돈으로 환산될 수 없다고 말한다. 마을은 삶을 공유하는 하루하루의 과정 속에서 사람, 땅과 물, 집, 재화, 기후 등이 어우러져 구성되기 때문이라는 것이다. 대추리 주민들이 바로 그렇다. 그들에 따르면 한 집단, 한 마을의 리듬은 내부적으로 생성된다. 대추리 주민들에게 보상금이란 대추리라는 마을을 전혀 모르는 '외부에서 온 손님'과 같다. 보상금을 받는 순간 그들은 국가에 의한 강제이주를 받아들여 '완전히 딴 세상'으로 진입해야 한다. 이때 딴 세상이란 이중의 의미이다. 공동체적 경제활동에서 화폐화된 삶으로의 변화이자, 말 그대로 익숙한 마을에서 낯선 딴 장소로 이동해야 함을 의미한다.[4] 대추리 주민들은 이렇게 말한다. 보상금을 지급함으로써 삶을 '이전'하는 것이 가능하다는 것은 마을의 리듬과 규칙을 전혀 이해하지 못한 것이라고. 삶은 돈으로 지불된다고 해서 온전히 표현될 수 있

는 것이 아니다. 삶은 국가라는 대의를 위해 희생함으로써 보상될 수 있는 것도 아니다.

**NOTE [4]** 고병권, 『화폐, 마법의 사중주』, 그린비, 2005, 51~52쪽.

이 점을 가시적으로 보여주는 것이 '지장물 조사'다. 건설교통부 토지국 토지관리과의 '공익사업을 위한 토지 등의 취득 및 보상에 관한 법률 시행 규칙' 제2조를 보면, 지장물이란 "공익사업 시행지구 내의 토지에 정착한 건축물·공작물·시설·입목·죽목 및 농작물 그밖의 물건 중에서 당해 공익사업의 수행을 위하여 직접 필요하지 아니한 물건"을 지칭한다.[5]

**NOTE [5]** 공특법(공공용지의 취득 및 손실보상에 관한 특례법)과 토지보상법(토지수용법을 통합한 공익사업을 위한 토지 등의 취득 및 보상에 관한 법률)은 2002년 12월 31일 건설교통부령 제344호에 의해 공포되어 2003년 1월 1일부터 시행되었다. 자세한 법률 전문은 건교부 홈페이지(www.moct.go.kr.)의 법령정보에서 찾아볼 수 있다.

빈집이 철거된 곳에는 '위험, 안전제일' 이라고 쓰여진 안전띠가 쳐졌다. 그러나 과연 안전을 위협하는 자는 누구인가? 위험을 경고해서 대중을 통제하는 자는 누구인가?

지장물 조사란 말 그대로 토지 위에 걸쳐 있는 모든 물건들의 가치를 조사해서 가격표를 붙이는 것이다. 지장물 조사는 우선, 건물 부분(주택 부분, 기타 다른 건물)과 식물 부분으로 나뉜다. 주택은 건축물대장 상에 등재되어 있는 건축 형태와 실제 현황이 맞는지 조사한다. 블록, 슬레트, 판넬, 적벽돌, 기와 등. 그 외에 건물 규격 이외로 설치된 지장물이 그 조사 대상이다. 가옥에 붙어서 추가로 설치된 것을 가추라고 한다. 예를 들어 처마끝을 늘렸다든지, 현관 문 앞의 지붕을 늘렸다든지, 집에 붙어 있는 야외 보일러실이라든지, 야외 화장실, 개집 등을 지칭한다. 이때 담장, 바닥포장 형태(콘크리트, 돌, 잔돌, 석분 등)가 무엇이냐에 따라서 가격이 달라진다. 그 외에 세면장, 우물, 하수구, 대문, 보일러실, 스카이라이프, 기타 주택에 달려 있는 모든 것을 조사한다.

다음에 조사하는 것이 지장물 위에 있는 동물, 작물, 식물의 목록이다. 예를 들어 동물들(강아지, 성견), 가축들(소, 염소, 오리, 닭 등)의 수에 따라 보상을 받는다. 집에 소유하고 있는 기계류, 즉 경운기, 관리기, 사다리, 손수레, 분무기, 예초기, 카터기, 작두, 핸드드릴, 해머드릴 등도 꺼내놓으면 보상을 받을 수 있다. 식물의 경우 일년생 꽃은 보상받지 못하지만, 그 외의 것은 이름과 숫자에 따라

보상을 받는다. 화분에 있는 나무는 보상을 받지 못하므로 땅에 옮겨 심어놓아야 보상 대상이 될 수 있다.

지장물 조사는 첫째로 국가에 의해 구획된 소유 단위(소유가 확실한 한 가구 단위)로 실시된다. 이런 소유의 국가주의적 단위는 함께 농사를 지으며 삶을 공유했던 대추리 마을의 공동체적 리듬을 깨뜨린다. 대추리의 많은 인구가 소작농이고(1반 40가구 중 10가구), 농지를 갖고 있는 경우라고 해도 자식들의 생계를 위해 저당 잡힌 경우가 많다. 보상금을 받아노 그 이후의 생세가 보장되지 않는 사람이 많다. 농기구를 가지고 있는 농민도 많지 않다. 이와 같은 경제적 차이에도 불구하고 '마을'로 묶여 있었기 때문에 기계를 공유하고 함께 농사를 지으며 살아갈 수 있었다. 마을이라는 순환계 속에서 발생하는 잉여가 다양한 삶의 형태들을 공통적으로 구성하기 때문이다. 그러나 보상금 이야기가 나오자 마을에서 함께 살아가던 사람들은 각자의 사적 소유를 견주어 보게 된다. 주민들 간의 연대의 끈은 재산을 한 가구 단위로 측정하는 순간 무너지게 된다.

둘째, 삶의 가치를 화폐로 환산한다. 대추리의 할머니들은 어이없다는 듯 웃으면서 이렇게 말씀하신다. "저게 만 원이여. 저 감나무

에 감이 매년 얼마나 많이 주렁주렁 열리는지 알어?" 지장물 조사란, 삶이 지속되면서 물건에 덧붙여지는 가치를 인정하지 않는다. 감나무 한 그루에 만 원, 10년 된 울타리에 천 원의 가격표를 매기는 순간, 삶을 끌어가던 이야기와 다양한 기억들은 침묵하고 오직 화폐가치만 남게 된다. 특히 지장물 조사는 원래 건물규격에서 벗어나 덧붙여진 '가추'를 돈으로 환산한다. 가추란 살아가면서 가옥에 덧붙여진 곳을 의미한다. 강아지를 위해 개집을 마련했다든지, 함께 얘기할 곳을 위해 처마를 늘였다든지 등 '가추'에는 삶을 구성해온 이야기가 있다. 그러나 지장물 조사에서 가추는 '돈'으로만 환산될 뿐, 왜 동물을 길렀는지, 왜 살면서 처마를 늘여야 했는지 표현하지 못한다.

셋째, 보상금을 받은 사람과 받지 않은 사람들 사이엔 불신이 쌓이고, 국가는 이런 균열을 조장한다. 주민 신종원(43) 씨는, 국가에서 우편물로 이의신청을 하라는 둥, 이의신청을 하지 않으면 불이익을 당한다는 둥 협박한다고 울분을 토한다. 국가가 대추리 주민들을 지켜주는 것이 아니라 주민들 간의 관계를 파괴하고 있다는 것이다. "주민들 간의 유대관계를 깨가면서 이간질을 시키고 사업만 계속 성공적으로 할려고 하는 그런 행위 같은 것들. 파괴지 뭐 파괴."[6] 『한겨레』에서는 2006년 6월 2~9일 대추리에서 이주한 27가구의 인터뷰를 보도한 적이 있다. 그들은 '가족 같던' 이웃들에게 '배신자'로 낙인찍힌 것을 괴로워했다.[7] 반면 대추리에 남아 있는 사람들도 이주한 사람들에 대한 배신감으로 편치 못하다.[8] 협의매수에 응한 주민 홍선기(65) 씨는 국가시책이라는 생각 때문에 도장을 찍었다고 하면서, 이렇게 말한다. "국가가 한 마을 주민들을 두 편으로 갈라놨다!" 우리는 이 토로를 쉽게 넘어가서는 안 된다. 국가가 이주에 대한 보상금을 지급하겠다고 한 순간, 국가는 마을을 두 편으로 갈라놓는다. 대추리의 안과 밖, 이주자와 이주 거부자, 적과 동지, 부유한 자와 가난한 자. 마을의 공동체성은 각각의 소유를 분리시키는 순간 파괴된다.

NOTE [6] 평화유랑단 평화바람 엮음, 『들이 운다 : 땅을 지키려는 팽성 주민들의 살아온 이야기』, 리북, 2005, 155쪽. 이후 주민들의 증언은 특별한 표시가 없는 한 이 책에서 발췌한 것이며, 쪽수만 표시한다.

NOTE [7] 전종휘, 「"가족 같던 이웃, 국가가 갈라놔"」, 『한겨레』, 2006년 6월 12일자.

NOTE [8] 전종휘, 「"가족 같던 이웃, 국가가 갈라놔"」. 대추리 평화공원에서 만난 ㅈ아무개(70) 씨는 "걔네들이 우릴 버리고 나갔으니까 적이 되는 게지"라고 잘라 말했다. 80대의 ㅈ아무개 씨는 "걔들이 안 나갔으면 이 싸움이 끝이 나도 벌써 났을 것"이라며 눈을 부라렸다.

국방부 부지 확보팀은 2005년 2월 21일 토지공사와 주택공사, 한국감정원에 위탁, K-6(캠프 험프리) 미군기지 주변인 팽성읍 대추리와 도두리, 내리, 동창리, 함정리 등 5개리에 대한 조사를 시작했다. 마을 주민들은 진입로를 차단하고 한 달간 조사를 막았다. 조사팀은 결국 지장물을 제외한 토지 조사만 하는 데 그쳤다. 보상금이라는 국가-화폐적 명령은 대추리의 보상금 거부라는 코뮨적 삶을 뚫고 들어가는 데 실패한 것이다.

주민들은 왜 지장물 조사를 거부했던 것일까? 주민들은 국가의 보상금 논의에 대해 이렇게 말한다. 국가는 "농사를 전혀 이해하지 못하는 것 같다"고. 이처럼 국책사업, 혹은 국가는 실제의 삶 외부에 존재한다. 국가는 삶의 공동체적 리듬을 이해할 수도, 포착할 수도 없다. 2006년 9월 13일에 실시된 빈집철거는 국가가 얼마나 국민들의 삶에 무지한가를 드러낸 사건이었다. 국방부 측은 빈집철거가 주민들이 살고 있는 집은 제외한다는 점에서 전혀 해를 입히지 않는다고 선전했다. 그러나 과연 빈집은 비어 있었던 것일까? 9월 13일 포클레인이 난입한 것은 김영녀 할머니의 배추밭과 이정오 할아버지의 콩밭 사이에 있던 오솔길이었다. 그 배추는 겨울 날 김장을 담을 것이었다. 그날 부서진 집 중 하나에는 박노해 시인의 벽시 "봄은 누구에게나 봄이어야 한다"가 적혀 있었다. 국가의 선전과 달리, 빈집을 철거하는 순간 마을의 리듬은 깨어진다.[9]

NOTE [9] 길윤형, 「마침내 그들이 다시 왔다」, 『한겨레21』(제628호), 2006년 9월 22일자.

내가 사는 동네 집들이 군데군데 파괴되어 있다고 상상해보자. 하나의 집은 다른 집과 전기와 물로 연결되어 있고, 마을 전체의 분위기는 그곳을 채우고 있는 모든 것에 의해 구성된다. 따라서 대추리의 상황은 공동체의 환경[10]이 어떻게 구성되고 있는가를 보여주는 동시에, 국가가 삶의 외부에서 공동체적 환경을 얼마나 처참하게 무너뜨리는가를 보여준다. 현재 도두리의 모든 빈집은 철거되었고, 군데군데는 철거된 빈집으로 폐허화되고 있다. 안전과 안보를 선선하며 사행되는 국가의 폭력, '안전을 명분으로 한 파괴'가 삶을 위협하고 있다. 대추리는 국가안보라는 명분과 국가폭력이 공동체적 일상을 항시적인 위협과 공포 속으로 몰아넣고 공동체적 리듬을 파괴하는 현장이다.

NOTE [10] 국가가 미군기지의 수용지로 대추리를 정함으로써 가한 파괴는 군사시설에서 나오는 환경오염으로 한정되지 않는다. 오히려 우리는 공동체적 환경이 '자연'에 한정되지 않는다는 점을 봐야 한다. 공동체적 환경이라고 할 때 그 환경은 그 공동체의 일상을 통해 구성된 전체적이고 내재적인 리듬과 흐름이다.

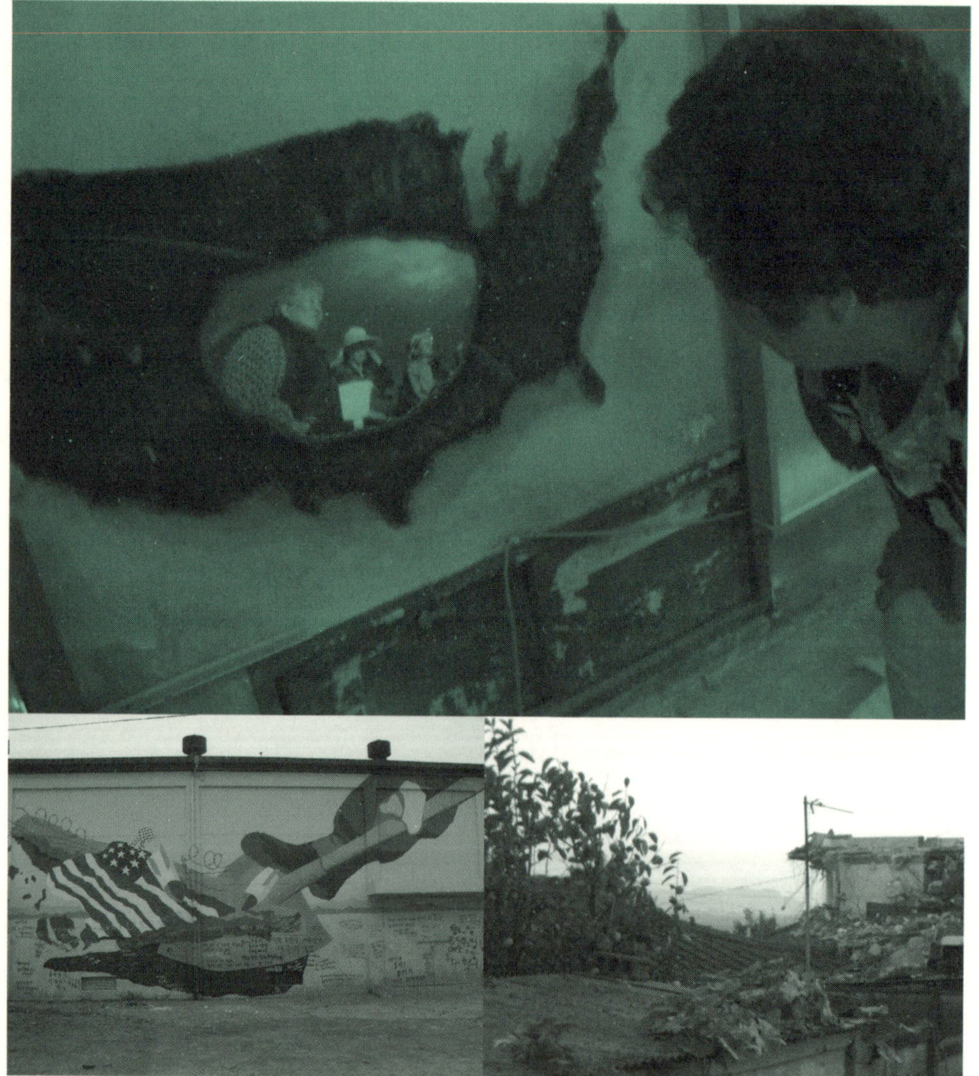

2-2. 통보   카프카는 「유형지에서」라는 소설을 통해 한 마을을 파괴하는 권력이 그 마을 외부에서 어떻게 작동하는가를 드러냈다. 국가가 삶의 외부에서 결정하고 통보함으로써 삶을 파괴한다는 것을 보여준 우화였다. 대추리의 상황 또한 주권권력이 어떻게 법을 선포함으로써 삶을 통제하고 관리하는가를 잘 드러낸다.

정부는 2004년 7월 워싱턴에서 용산기지 이전을 체결한 뒤, 9월 1일이 되어서야 주민들과의 '미군기지 이전관련 특별법 공청회'를 시도했다. 그러나 국가 주도의 공청회나 협의는 이미 결정된 것을 명령하는 통보 형태다. 공청회에서 말하는 자는 주권권력이고, 듣는 자는 주민이다. 명령이 협상을 가정하고 통보가 대화를 가정하는 형태가 공청회이다. 실제로 주민들은 자신의 삶이 달린 문제임에도 협정과정에 참여할 수 없었다. 그들은 단지 '보상'을 받아야 할 피해자이거나 이미 판이 짜여진 '협상'에 매달려야 할 수동적 존재로 전락했다. 대추리를 군사기지로 확정한 결정이 어떻게 이루어졌는지는 주민들의 증언에서도 생생하게 드러난다. 주민들에겐 통보가 '문서' 형태로 갑자기 도달했고, 하루 아침에 '살아가는 것'은 불법이 되었다.

여기 맨 처음에 한 25만 1,000평 주민들에게 국방부에서 통보를 다 보낸 거예요(92쪽).

국방부에서도 몇몇 사람들 꼬여가지고 이걸 파괴시킬려고 자꾸 못된 짓을 한다구요. 그런 얘기죠. 빨리 지장물 조사도 받아라. 국방부장관이 직접 보내는 서한도 그렇고, 지금 여기에 응해서 모든 세금도 감면받고 수도꼭지 하나라도 일일이 보고해서 혜택을 받아라. 그렇게 안 허면 손해본다. 그런 말이 서면으로도 와요. (전화도 자주 오나요?) 전화 오면 욕만 하지. …… 그런데 빠져드는 사람이 혹간 한 사오명씩 생기거든. 어떤 층을 노리냐면 지금 땅도 없고, 집터도 자기 집터도 아니고 오두막집 하나 짓고 살고 있는데 "지금 빨리 손을 써서 우리들은 가장 없는 사람부터 구제할 수 있는 방법이 있다. 우리들한테 협조해 주면 그런 거부터 해야 된다". 이렇게 되니까 그런 사람들은 이게 맞은 지 저게 맞은 지 불안하거든(96쪽).

우리한테 말 한마디 물어보고 ……. 아이, 우리는 대한민국 국민 아녀? 그냥 이렇게 그냥 버려도 되야? 참 너무하는 거여. 경우도 법도 없어. 아무리 국영사업이라고 하지만은 본인한테는 통보를 하고. 저, 기냥 본인 의사도 관계없이 국회 상임위에서 그냥 통해 가지고 저희들끼리 하

는 게 어딨어 세상에. 어느 나라 법이야 이게
(199쪽).

그러나 불법의 상태가 되었다는 사실은 법
밖에 있음을 뜻하는 것이 아니라 오히려 법
에 단단히 묶이게 되었음을 뜻한다. 대추리
주민들은 자신의 삶과 소유에 대해 어떤 의
사결정도 할 수 없는 금치산자의 위치로 전
락함에도 불구하고, 국가폭력에 대한 공포로
통보를 수행해야 하는 위치에 처하게 된다.
국가와 법은 국민의 권리를 보장하기 위해서
존재하는 것이 아니라, 주권자가 예외상태를
선포하는 것을 통해 만들어지고 동시에 정당
성을 획득한다.[11]

NOTE [11] Giorgio Agamben, "L'etat d'exception," Le Monde, trad. Martin Rueff, 12 Décembre, 2002.

이후에도 대추리에서 삶을 지속하겠다는 주
민들에게 국가는 계속해서 동보를 해왔나.
그 통보의 방식은 소통의 외관을 쓴 행정절
차와 공권력이라는 두 가지 모습을 띤다. 전
자가 일상 속으로 파고들며 이루어진다면,
후자는 폭력적으로 일상을 파괴함으로써 이
루어진다. 그러나 두 경우 모두 통보는 산발
적이다. 먼저, 행정적인 통보는 지장물 조사,
간담회, 주민 개인에게 걸려오는 국방부의
전화, 어느 날 갑자기 도착해 있는 '이주'를
촉구하는 편지[12] 등 국민의 재산을 보호하
기 위한 배려이자 동등한 소통인 듯이 보인
다. 그러나 편지, 간담회 등은 소통이란 외관
을 쓴 명령이고 통보였다. 통보는 개별적으
로 전달되고 일상 속으로 파고든다. 주민들
을 불안하게 만들고, 주민들 간의 불신을 조
장한다.

NOTE [12] "9월 11일, 김영녀(81) 할머니네 집으로 등
기 우편물 하나가 배달돼왔다. 우편물에는 천정배 법
무부장관(소송 대리인 법무법인 광장)이 주민들을 집에
서 쫓아낼 수 있게 해달라고 법원에 제출한 소장이 담
겨 있었다. 그들은 '(주한미군 확장 반대운동이 길어져)
사업이 늦어지면 1년에 1천억 원의 예산이 낭비된다'고
썼고, '(그렇게 되면) 주한미군과 밀접한 연계 하에 있는
방위분담체계에도 심각한 문제가 발생해 회복할 수 없
는 엄청난 안보위험이 발생할 가능성이 있다'고도 적었
다. 주민들은 우편물 수령을 거부했고, 평택우체국 집
배원 임승유 씨는 강금순 아주머니네 집 현관에 '9월
12일과 13일 오후 2시에 다시 찾아오겠다'는 메모를 남
겼다"(길윤형, 「마침내 그들이 다시 왔다」).

주민들은 국방부에서 날라오는 우편물을 거
부하기 위해서 문패도 떼어버렸다. "국방부,
한국토지공사, 대한주택공사, 한국감정원의
우편물은 받지 않습니다"라는 글귀를 써서
문패 대신 붙여놓았다. 그러나 주민들을 불
안하게 하는 국가의 통보는 계속되었다. 특
히 대추리 주민들 중 많은 분은 글자를 모르
는 노인들이다. 그러나 내용을 모른다고 해
서 공포스럽지 않은 것은 아니다. 편지와 전
화에 담긴 내용이 통보가 아니라 단지 편지
와 전화가 도착한다는 것 자체가 통보이다.
전달되는 내용이 문제가 아니라 국가가 계속
자신들의 삶에 관여하고 있다는 그것이 사람

들을 공포스럽게 한다.

한편, 공권력을 투입함으로써 이루어지는 통보는 더욱 공포스럽다. 2006년 5월 4일 국방부에 의해 대추리에 자행된 폭력은 예고 없이 갑작스럽게 닥쳐왔다. 주민들과 대추리의 활동가들도 5월 4일 새벽 용역이 대추리로 모이고, 경찰과 군인을 태운 버스가 대추리로 향한다는 것이 확인될 때까지 정확히 언제, 얼마나 많은 군대가 대추리를 파괴하기 위해 몰려드는지 알 수 없었다. 대추리를 지키려는 사람들은 5월 3일 긴급 연락망을 통해 모였고, 군대가 들이닥칠 때까지 야숙을 하며 때를 기다릴 수밖에 없었다. 9월 13일의 빈집철거 또한 정확한 시기를 알 수 없었다. 검문이 철저했기 때문에 빈집철거를 저지하려던 사람들은 9일에서 11일 사이에 미리 들어가 기다렸다. 이처럼 "예고없는 갑작스러움"으로 도달하는 통보는 국가적 폭력의 형태를 띠었다. 그러나 바로 내일이라도 집과 학교가 파괴되고 사람들이 다칠 수 있다는 공포 속에 살아야 하는 주민들에겐 '대비할 수 없는 기다림'만이 방법이었다.

'행정집행'의 형태이건 '공권력'의 형태이건 국가의 통보는 산발적이었지만, 그 효과는 일상적이었다. 이처럼 통보는 통보가 일어나지 않은 삶까지도 국가적 행정절차와 폭력 속으로 차압해 코뮨의 일상적 리듬을 파괴했다. 특히 현재 통보를 내리는 주권권력의 성격은 한 국가 안에 머물지 않는다. 현재 평택 일대의 수용 예정지는 285만 평. 그 가운데 대추리 등 수용을 거부하는 땅은 70만 평 정도다. 용산기지 이전지는 52만 평 정도에 불과하다. 나머지는 2008년 이후에야 이전을 시작할 수 있는 미군 2사단 이전지이다. 이번의 미군기지 이전은 한국의 안보를 위한 것이 아니라 미군의 전세계적 재배치에 의한 것이다.[13] MD(미사일방어체제) 구축을 노리는[14] 부시 행정부의 정책에 따라, 대북 억제를 위해 서울 한구식에 붙박여 존재하던 주한미군은 미국의 시장을 위해서라면 세계 어디든 달려갈 수 있는 전략적 유연성을 지닌 신속 기동군으로 전환하려 하고 있다.[15] 즉, 대추리에 이주를 통보한 주권권력은 단일 국가적 성격을 지닌 것이 아니라 제국적 속성을 지녔다. 제국의 속성은 원래 무장소적이다. 국가적 경계뿐 아니라 장소성으로부터도 자유롭게 탈영토화되어 있는 반면, 어떤 장소로든 이동할 수 있는 기동력을 갖고 있다.

NOTE **[13]** 이준규, 「미군기지협상, 일본만큼만 했어도」, 『오마이뉴스』, 2006년 4월 14일자. "지금까지 언론을 통해 확인된 것만 보더라도, 한미 간에 전략적 유연성에 대한 합의를 한 것은 2003년 9월 4차 FOTA(미래한미동맹정책구상회의)를 전후해서이다. 미 2사단과 용산 미군기지의 평택 이전에 대한 한미 양국의 최종합의가 있었던 것이 2004년 가을이었으니까, 미군기지 평택 이전도 전략적 유연성 개념에 따른 것이라고 볼 수밖에 없다."

**NOTE │14** 정욱식, 『미사일방어체제 MD』, 살림, 2004, 8쪽.

**NOTE │15** 평택은 미군이 필요할 때 한국에 군대를 넣었다 뺐다 하면서 중국을 견제하고 동아시아 패권을 장악하기에 적절한 장소이다. 오산 공군기지가 있고 평택항이 있어서 전세계에 96시간 이내에 군대를 투입할 수 있는 장소인 것이다. 따라서 용산기지 이전을 서울에서 미군이 옮겨간다는 점과 숫자가 줄어든다는 점에서 자주국방의 증표인 것처럼 이야기하는 것은 어불성설이다.

즉, 대추리의 전쟁은 한국정부와의 전쟁이 아니라 전세계를 군사적, 경제적, 정치적으로 장악하려는 제국적 주권권력과의 전쟁이다. 일반적으로 주권은 근대 국민국가와 그 외연을 같이해왔다. 주권은 대내적 차원에서는 수직적 명령권이며 대외적 차원에서는 수평적 자주권이다. 그러나 최근 대추리의 상황을 보면, 더 이상 국가와 주권권력이 일치하지 않고, 오히려 단일 국가와 근대적 영토의 경계를 넘어 작동한다는 것을 알 수 있다. 대추리의 상황은 한국 안의, 경기도 안의, 평택 안의 대추리라는 지역적 장소성에 국한되는 것이 아니다. 오히려 단일 국가를 넘어서 대항하는 소수적 연대가능성을 보여준다.

**2-3. 검문과 차단**  코뮨의 파괴는 삶의 화폐화, 통보 형식, 그리고 통로와 길목을 차단하는 검문으로 나타난다. 검문과 차단의 방식에는 몇 가지 형태가 있다. 첫째, 사람의 흐름을 차단하는 검문. 대추리에 들어가려면 특별한 집회가 없을 때에도 두 번의 검문을 통과해야 한다. 이때 주민등록증을 꺼내 신원을 확인받아야 하며, 대추리에 들어가는 이유를 상세히 설명해야 한다. 이는 모든 사람이 국가적 제도에 등록되어 있을 것을 요구한다. 이런 검문의 형식은 대추리를 고립된 섬으로 만들고, 주민과 주민이 아닌 사람들을 구별해 대추리가 대추리 외부와 연대하는 것을 막는다. 그러나 코뮨이란 게토와 달라서 내부와 외부의 원활한 소통이 있을 때 삶의 활기를 유지할 수 있다.

둘째, 물질의 흐름을 차단하는 방식. 이것은 농민들의 생산수단인 농사를 방해하기 위해 사용된다. 논에 물을 대는 수로를 파괴해 물길을 막고, 철조망을 쳐 주민이 자신의 농토로 갈 수 없게 만든다. 농사를 짓는 것은 불법으로 규정된다. 농사는 대추리 주민에게 단지 돈을 벌기 위한 수단이 아니다. 그것은 삶의 흐름이고, 신체의 리듬을 만들어주는 것이다. 농사금지는 삶의 리듬을 망가뜨리며 공동추수의 결과로 모아진 마을 전체의 공동자금, 즉 영농자금을 바닥나게 한다.

셋째, 생각과 정서의 소통을 차단하는 방식. 공권력은 공동체의 논의가 이루어져 매번 공동체의 감각을 조정하고 창조하는 상징적 공간들을 파괴한다. 그것도 '공무집행'이라는 이름으로. 국가가 하는 행위는 국책이며 '공무'이므로 어떤 폭력도 정당화된다. 2006년 5월 4일에는 매일 촛불집회가 열리고 도서관과 영농학교가 운영되던 대추초등학교를 파괴했고, 9월 13일에는 평화전망대가 설치된 인권지킴이의 집을 파괴했다.

넷째, 위협을 통해 공포를 확산시킴으로써 삶의 리듬을 차단하는 방식. 대추리에는 몇 분 간격으로 끊임없이 헬기가 날며, 밤이면 군경들이 순찰을 돌고 방범등을 켜기도 한다. 마을 주민들은 이러한 일상화된 위협과 공포 속에서 불안해하며 산다. 상징적인 예로, 이호순(68) 씨의 경우, 비행기 소리에 태어난 지 3일된 아이가 죽은 경험이 있다. 저 멀리에 있는 줄 알았던 국가의 폭력이 매순간의 삶 속에 파고들어 있다는 것, 언제든 폭력에 노출될 수 있다는 두려움. 이것이 일상적 삶이 재생산되는 활기를 차단한다.

이처럼 국가는 결정하고 통보함으로써 주민들의 삶을 법적 제도 속으로 포섭하는 동시에, 법적 제도에서 벗어나지 못하도록 공포를 내면화시킨다. 이것은 마을의 흐름을 차단하고 길목을 막고 상징적 공론장을 파괴하는 형태로 이루어진다. 더욱 문제는 이 통로와 길목을 차단하는 국가폭력이, 현재에 대한 폭력일 뿐 아니라 과거와 미래에 대한 폭력이기도 하다는 점이다. 검문이란 '미래의 대추리 주민화'를 막는다는 점에서, 논에 대한 파괴는 앞으로 지속될 삶을 미리 차단한다는 점에서, 상징적 공간에 대한 파괴는 구성적 권력의 형성을 막는다는 점에서 그렇다. 길목의 차단과 공포를 통한 통제는 삶의 잠재성에 대한 통제다. 마주침을 통한 대중들의 동맹가능성을 미리 검열하고, 미래의 생명을 미리 죽이며, 구성의 잠재성을 거세한다.

그러나 국가와 주권은 늘 존재하는 실체가 아니다. 국가는 소유물에 대한 조사, 폭력적인 통보, 삶의 흐름을 차단하는 검문이라는 형태를 통해 드러날 뿐이다. 대추리의 주민들은 산발적인 국가가 일상적인 것으로 등장하는 상황 속에서 살아간다. 보상금, 통보, 검문의 형태로 국가는 그들에게 이주를 명령한

다. 그러나 대추리의 삶은 역설적이게도, 국가란 삶에 관여할 수 없음을, 산발적으로만 삶에 영향을 줄 뿐이라는 것을 드러낸다. 국가와 주권은 삶에 관여할 수 없으며, 삶의 외부에서 산발적으로만 나타난다.[16] 국가는 대추리의 공동체성을 파괴하려고 거인처럼 등장하지만, 대추리에서 지속되는 삶은 국가의 폭력을 무력화한다. 우리는 어느 때 국가를 두려워하게 되는가? 오히려 국가는 사람들의 의식 속에 국책이라는 전제나 폭력적인 대상으로서 잠재해 있을 때만 두려운 것이 된다. 우리에게 잠재된 국가를 뽑아버리는 것, 삶에 국가가 관여할 수 없음을 드러내주는 것! 대추리의 싸움은 잠재적 두려움으로 존재하는 국가를 무력화시킨다는 점에서 중요하다.

NOTE [16] デヴィッド・グレーバー(David Graeber), 「新しいアナーキズムの政治」, 『VOL』(01/Summer), 東京: 以文社, 2006.

# 3. 코뮌적 신체는
# 어떻게 마을을 재구축하는가?

**3-1. 주민들 :**
**땅과**
**분리되지 않는**
**신체**

주권권력이 아무리 대추리라는 마을을 파괴하려고 해도 현재 대추리와 도두리에는 여전히 주민들이 남아 삶을 지속하고 있다. 주권권력이 계엄령과 비슷한 이주명령과 검문을 실시한다고 하더라도, 그것은 삶 전체를 포섭하지 못한다. 국가와 법이 포착하지 못하는 삶이 있다. 그들은 법이 아니라 삶과 관계하기 때문이다.

국가가 지장물 조사를 통해 보상금으로 마을과 주민의 삶을 화폐로 환원하려고 했다면, 대추리 주민들은 마을과 땅이 조사 대상이나 값을 매길 수 있는 것이 아님을 보여준다. 오히려 대추리 주민들과 땅은 분리될 수 없는 하나의 신체다. 흔히 '자연적이다'라는 수식어가 붙는 재생산 영역은 자본주의적 순환에 있어서 잉여의 가치를 창출하면서도 가치화되지 못했다. 자본은 자본의 외부, 즉 '자연'이라는 영역, 주변화된 영역이 생산하는 잉여를 착취함으로써 발전해왔다.[17] 대추리 주민은 바로 이 주변화된 자연과 깊게 감응하며 삶을 구성해왔다.

**NOTE** [17] 우에노 치즈코, 이승희 옮김, 『가부장제와 자본주의』, 녹두, 1994, 18쪽.

대추리 주민들은 그들의 농토를 뒤엎는 포클레인에 맞서 땅에 드러눕는다. 대추리의 농토는 그들이 쫓겨난 상태로 청춘과 자식을 묻으며 개간한 땅, 스스로 구성해낸 땅이기 때문이다. 주민들은 이렇게 말한다. "우리는 진짜 죽어도 못 나가. 우리 나갈라면은 우리들을 다 동네에다 묻고 나가야 돼"(40쪽).

"땅만 쳐다봐도. 너무나도 고생을 많이 해서 장만한 땅이기 때문에 사실이 그렇다니께. 참 소중하고, 아 젊은 청춘을 바친 땅이니간"(42쪽). "그냥 여기다 노면 두더지마냥 땅만 파서 먹고 살테니께 여기다 그냥 놔둬. 놔두라고. 나 놔둬. 놔둬. 땅 파먹고 살게 놔둬"(46쪽). 유목민들이 넓은 초원과 집합적 신체를 형성했듯이, 대추리의 주민과 땅은 감응을 주고받으며 능력이 확장되는 집합적 신체다. 한 예로 주민들과 땅이 어떤 관계를 맺고 있는가를 보여준 상징적인 사건이 있다. 2005년 11월 23일 토지 강제수용 집행이 결정되자, 두어 달 동안 마을 어르신 중 7명이 갑자기 세상을 떠났다.[18] 비록 칠팔십 대 고령이지만 이토록 노인들이 연달아 죽는 경우는 예년에는 없던 일이었다. 이들의 잇따른 죽음은 대추리 땅에서 추방당하는 것이 바로 죽은 삶을 의미함을 보여주고 있는 것은 아닐까?

**NOTE** [18] "여기 노인네들 많다 그러더니 이제는 많이 죽었어. 하이튼 뭐 한 보름도 안 돼서 또 죽고 또 죽고 그라네. 보름도 안 돼서. 한 열흘 만에 한 보름 만에 이렇게 모두 자꾸 죽는데 노인네들이 아나 한 거짐 예

(위) 대추리·도두리 주민들은 2004년 9월 1일 이후, 매일 저녁 7시 30분 촛불행사에 참여했다. 그러나 2007년 2월 13일, 주민들이 이주에 합의(?)함에 따라 3월 24일(935일째)을 끝으로 촛불집회도 사라졌다.
(아래 왼쪽) '평화를 택했다' 행사 당일(2007년 3월 3일), 빈집을 개조해 대추리 역사관을 만들고 있는 지킴이 마리아. (아래 오른쪽) 대추리의 빈집에서 텃밭을 일구고 있는 지킴이.

닐곱 죽나봐. …… 응 대추리에서만. 대추리가 지금 아마 백 한 육십호 칠십호 될 걸? 죽은네들은 잘 죽었어 아주. 죽은 노인네들은 잘 죽었다고 …… 아 저 비행장에다 쬣거나게 되면 어디로 가요, 그냥 수족도 못허고 드러눠서 둥글둥글 하는 이들 잘 돌아가셨지. 이번에 돌아기신 이? 일어나도 못해서. 그냥 드러눠서 앉었으면 정상이지 댕기도 못하던 양반여. 그런 이들 안 죽고 그런 일 겪어봐요. 집 뺏기고 얼마나 고생이 될까. 잘 죽었지. 죽은 이들은 대복여"(25~26쪽).

이때 대추리의 '자연' 혹은 땅이란 국가가 규정하고 착취하는 의미로서의 자연이 아니다. 간척지를 농지로 개간한 대추리 땅의 역사가 증명하듯이 농촌이나 자연도 구성된 것이다. 오히려 땅은 늘 구성되는 것이고, 자연도 인위적이다. 이들이 '땅'이라고 할 때 이 땅은 곧 마을의 구성을 의미한다. 마을이란 하나의 순환계이다. 주민들은 땅에 대해 집착하는 것이라기보다는 마을이라는 순환계의 가치를 얘기하려는 것이 아닐까? 대추리의 땅이 사라지면 공동체가 파괴되기 때문이다. "나갈려면은 우리들을 다 이 동네에다 묻고 나가야 돼"라는 말이 가능한 것은 이 때문이다. 그런 점에서 농촌은 국가가 규정하듯이 주변화된 자연이 아니라 구성된 코뮨이다. 땅과 분리되지 않음을 선언하는 대추리 주민들의 신체성은 농촌 근본주의나 자연에 대한 향수가 아니다. 오히려 인간과 자연이 어떻게 하나의 신체를 형성해서 함께 살아갈 수 있는지를 보여준다.

대추리 주민들의 땅과 분리되지 않는 신체성을 통해 우리는 주권권력의 파괴에 코뮨적 신체성이 어떻게 저항하고 있는가를 볼 수 있다. 국가적 공공이란 함께 소유한다는 명분으로 재화를 독점한다. 이때 신체는 가구나 개인으로 분절된 원자적 단위가 되고, 이미 형성된 국가적 공동체 속에 '귀속될 것'을 요구받는다. 그러나 대추리가 보여주듯이 비국가적 코뮨을 구성하는 공공이란 독점되고 귀속되는 것이 아니라, "삶을 구성하는 환경과 분리될 수 없는 신체성"이다. 그것은 인간을 넘어 집합적 리듬을 만들어내는 능력이며, 원자화된 개인이 아니라 코뮨적 삶의 감응력을 구성해내는 능력이다.

**3-2. 지킴이 : 감염된, 감염시키는 신체**

하루아침에 삶이 불법이 된 그곳에 지역적, 국가적 경계를 넘어서 불법을 살러 들어온 사람들이 있다. 지킴이들이 그들이다. 대추리에 와서 사는 지킴이들의 동기는 제각각이지만, 하나의 공통된 병을 앓고 있다. 일명 '대두리병'이다. 대추리·도두리병이라고 해서, 처음 왔던 사람이 또 오게 되고, 두 번 세 번 오다가 점차 잠을 자려해도 대추리·도두리가 떠오르고 걱정이 돼 아예 살러 오게 되는 병이다. 국가가 주민들을 추방한 그곳, 국가적 폭력에 대한 공포가 일상화된 그곳에 지킴이들은 왜 제 발로 걸어 들어와 살겠다고 하는 것일까? 그들에게 공통된 것이 있다면, 대추리라는 마을, 대추리 주민, 대추리라는 상황을 자신의 일처럼 느끼는 감각을 지니고 있다는 점이다.

지킴이의 활동은 주민들의 일상과 구별되지 않는다. 함께 농사를 짓고, 밥을 먹고 일상을 공유한다. 그들은 대추리 주민이 되고, 대추리 주민이 됨으로써 대추리에 변화를 일으키고, 스스로도 변화한다. 지킴이 몇몇은 대추리 얘기나 주민 얘기를 할 때면 자신도 모르는 사이에 '사투리'를 흉내내고 있다. 마치 병균에 전염되듯이. 이들의 이런 능력은 다른 이질적 존재와 하나의 신체를 형성하는 감응이라고 할 수 있다. 감응(AFFECT)이란 스피노자가 『에티카』에서 사용한 개념으로 양태들이 서로 맺는 관계를 통해 촉발/변양되는 것을 의미한다. 유목민들이 초원과 잘 감응했기 때문에 초원과 집합적 신체를 형성할 수 있었던 것처럼, 사파티스타 투쟁이 원주민들과 집합적 신체를 형성하는 데 성공했기 때문에 전세계적인 신자유주의에 대항하는 싸

움을 해나갈 수 있었던 것처럼.

특히 흥미로운 점은 그들이 대추리에 들어온 동기나 경로가 천차만별이라는 점이다. 물론 대추리에는 다양한 활동가들과 조직들이 들어와 있다. 평택미군기지확장저지 범국민대책위원회(평택 범대위), 평택주민대책위원회, 평화유랑단 '평화바람', 평화와 통일을 여는 사람들(평통사), 민주사회를 위한 변호사 모임(민변), 민주노총, 들사람 등의 조직들이 있고, 지킴이 중에는 이런 조직을 통해 들어온 사람들도 있다. 그러나 개인으로 들어온 지킴이들도 존재한다. 그런 지킴이들의 동기는 어떤 조직으로 수렴되지 않는다. 예를 들면 비폭력적 운동을 고민한다든가, 신앙이 시키는 대로 대추리를 지키는 일에 온몸을 바치기로 했다거나, 환경 문제를 고민하다가 들

어온다거나 하는 경우들이다. 더 흥미로운 것은 화두도 없이 무작정 대추리로 온 사람들이다. 그들은 인터넷을 통해 이곳의 참상을 보고, 그날로 자신의 삶을 정리하고 내려오기도 한다. 그 중 나카이 신스케는 일본 오키나와 문제로 고민하던 다큐작가인데, 한국말도 전혀 모르는 상태에서 대추리의 문제를 인터넷에서 접하자마자 대추리로 들어온다. 일 주일간 주민들도 대책위 사람들도 그가 누구인지 알지 못했다. 하도 답답한 나카이씨는 인터넷으로 통역자를 구했고, 대추리 문제는 알지 못했던 일본인이 통역자로 이곳에 들어온다.

나는 특히 그런 지킴이들에 주목하고 싶다. 이질적인 동기들을 통해 서로의 리듬을 맞추며 구성하는 그들의 삶의 과정이 코뮨의 가능성이기 때문이다. 코뮨이란 하나의 목적 안에 연대하는 것이 아니라 이들처럼 다양한 리듬을 맞추고 구성해가는 것이다. 지킴이들은 국가 외부에 공동의 적을 상정함으로써 뭉친 사람들이 아니다. 그들의 동기가 보여주듯이, 각각의 특이성을 간직한 채 서로를 촉발함으로써 존재한다. 이런 이질성이 대추리 안에서 일상적으로 다양한 소수적 싸움들을 구성하고 서로를 촉발한다.

대추리는 디스토피아가 아니듯, 유토피아도 아니다. 또한 총체화된 운동으로 표상할 수 있는 공간도, 도덕적인 주체들만이 있는 공간도 아니다. 오히려 이 안에는 때로는 고달플 수도 있는 무수한 싸움이 있다. 조직의 투쟁방식과 주민과 호흡하는 투쟁방식 사이에 의견차도 있다. 주민들 사이의 권력관계나 언어를 사용할 수 있는지의 여부 등도 활동을 전개하는 데 큰 영향을 미친다. 5월 4일의 투쟁은 이런 갈등이 전면화된 계기였던 것 같다. 이날 상황이 급박했던 만큼 운동의 방향, 사수대 조직, 죽봉을 드는 문제 등은 주민과 지킴이들을 배제한 상태에서 협의되었다는 불만도 있는 듯하다.

이런 문제에 대해 잘잘못을 따지는 것은 전혀 중요하지 않다. 이런 다성적인 문제제기가 지닌 그 자체의 긍정성이 있다. 주민들과 지킴이들은 자신들의 삶을 대리하는 대리제를 거부하고, 스스로의 활기를 표현하기를 요구하고 있기 때문이다. 이는 획일화된 삶으로 대추리를 끌고 가려는 중력에 맞서 자신의 속도를 발명하고 있는 대추리의 또 하나의 속도다. 여자 지킴이들이 농촌의 보수주의와 부딪히며 겪는 어려움, 농사에 대해 알게 되면서 농사에 대한 낭만성을 벗어버리는 일과 같은 일상적이고 소수적인 싸움과 변화들이 있다. 이 활동들은 마치 68혁명 때 UC버클리에서 전개된 자유발언운동(FSM)

(위 왼쪽) 농협창고를 개조한 이 건물 안에는 대추리를 소재로 한 작품들이 전시되어 있다. 이곳에서는 매일 저녁 7시 30분에 촛불집회가 열리기도 했다. (위 오른쪽) 한 지킴이가 빈집 지붕 위에서 "평택에 평화를"이라고 쓴 플래카드를 들고 있다.

(아래) 지킴이들은 보상금을 받고 나간 주민들의 빈집을 공동으로 개조하고 꾸며서 살았다.

을 회상하는 해밀튼의 토로를 떠오르게 한다. "운동은 수단이었지만 그러나 그것은 또한 새로운 공동체의 체현이었습니다."

우리는 68혁명의 자발적이고 자율적인 운동의 구성력이 점차 관료화되었던 역사적 사례를 알고 있다. 가타리는 유로코뮤니즘과 같은 사회주의운동이 자본주의의 또 다른 형태이거나 관료주의의 또 다른 형태였음을 비판한다. 국가를 넘어서는 새로운 삶에 대한 운동은 현실의 자본주의냐 사회주의냐 하는 체제의 문제로 귀결되지 않는다. 그것은 운동의 형태가 얼마나 자율적인 주체들을 구성하고, 기존과는 다른 삶을 창안할 수 있는가의 문제다.[19] 대추리에서 현재 구성되고 있는 이런 소수적이고 미시적인 투쟁들은 대추리와 운동 주체, 삶의 형태를 변화시키고 있다. 가타리라면 대추리에서의 이런 활동들을 국가화된 신체를 변화시키는 대중의 욕망을 창안하는 분자혁명이라고 명명했을 것이다.

NOTE [19] 펠릭스 가타리, 윤수종 옮김, 「욕망과 혁명」, 『욕망과 혁명』, 문화과학사, 2004, 22쪽.

이제 대추리는 단지 그곳에 살아왔던 농민들로 구성된 공간이 아니다. 점차 이질적인 이주자들이 늘어나고 있다. 그들은 살아가는 것 자체가 불법이 된 땅에 붙어서 삶을 창조해내고 있다. 이들이 지닌 감염력은 국가가 제한해놓은 이동권, 검문검색의 철책과 철조망을 넘어서 존재한다. 안보불감증에 걸린 사람들이 아니라 위협과 공포로 사람들을 관리하고 통제하는 권력과 무관하게 삶을 조직하는 신체들이다. 그들이 보여준 전염력은 공포와 위협으로 사람들을 통제하고 전체주의적으로 욕망을 흡수하는 국가주의적 전염력과 그 성질이 다르다. 오히려 홈패인 이동경로를 이탈하고, 국가적 통제를 넘나든다.

대추리·도두리가 가진 능력은 바로 이러한 공포를 모르고 서로 투쟁하는 집합적 신체성으로부터 나온다. 땅과 집합적 신체를 형성하고 있는 주민들이 보여주듯이 비국가적 공공이란 '분리될 수 없는 삶' 속에서 구성된다. 이때 '코뮨적 환경'이라는 화두가 던져진다. 코뮨적 환경은 도덕적이거나 획일화된 형태가 아니다. 각자가 자신의 목소리로 싸우고 투쟁하는 무수한 소수적 싸움이 강렬하게 결합된 형태로 등장한다. 이것이 대추리·도두리의 집합적 신체성이 국가적 경계를 넘어서는 주권권력의 작동으로부터 탈주해 새로운 코뮨이 될 가능성이 될 수 있는 지점이다. 국가적 신체가 국가라는 경계를 통해 대중의 욕망을 수렴시킨다면, 이와 반대로 이질적인 촉발로 구성되는 코뮨적 신체는 국가적 경계를 넘어 공통의 삶의 리듬을 창조한다.

# 4. 코뮌은 어떻게 국가를 넘어서는가?

**4-1. 올해도 농사짓자** 국책 운운하는 주권권력의 횡포는 자본주의적 진보를 추구한다. 그러나 대추리의 대표적인 구호 "올해도 농사짓자"는 코뮌적 삶의 지속이라는 문제를 제기한다. 국가가 논을 뒤엎고, 철조망을 쳐서 논에 들어갈 수 없게 만들고, 수로에 콘크리트를 부으며 탄압해도 대추리의 주민들은 "농민은 수확은 나중 문제고, 우선 모를 꽂아야 하는 거여"라며 농업을 지속한다. 물이 없으면 직파를 하고, 수로를 막으면 다시 물길을 내고, 군경이 들어와 밟으면 다시 살려내면서. 마치 자연적인 치유력이 그들의 손에 의해 행사되는 것처럼 법적 이주명령과 영농행위 금지에 대항한다.

대추리 주민들에 의해 "나는 삶을 지속하며 공동체를 지속한다"는 것이 코뮌적 구성에서 얼마나 중요한 메시지인지가 드러난다. 대추리에서 구성하고 유지하려는 것은 '순환계로서의 삶'이다. 보상금의 논리를 거부하고 이주명령에 저항하는 주민들은 '마을'의 의미가 무엇인지를 잘 보여준다. 이들이 여기서 살다 죽었으면 좋겠다고 하는 것은, 단지 나이가 들고 돈도 없고 약해서 하는 '정주민'의 목소리인 것만이 아니다. 이미 대추리라는 땅은 그들의 손에 의해 만들어진 땅이다. 1951년 미군 K-6 부대가 옛 일본 해군 302부대 자리에 주둔하자, 주민들은 한밤 중에 쫓겨난다. 당시 대추리·도두리 지역은 갯마을이었고, 주민들은 공동으로 갯벌에 둑을 쌓아 농토를 한 뼘씩 넓히며 대추리를 만들었다. 그들에게 농지란 자연적인 것이 아니라 마을 공동체의 힘으로 만든 것이고, 농업이란 마을을 유지하고 구성해내는 매개이다. [20]

NOTE [20] 길윤형, 「마침내 그들이 다시 왔다」.

어르신들이 무슨 애길 했는지 알겠드라고. 요즘에 와서 더 많이 느껴지는 거야. 나 지키는 거, 우리 가족 지키는 거, 마을 지키는 거, 얼마 전에 풍물놀이 하고 장례 치르고 뭐 하고 그랬을 적에 신부님 하신 말씀이 "이건 문화재다." 이런 거는 어디 가서 진짜 쉽게 얻을 수 있는 게 아니잖아. 파괴되면은 그게 끝이고 다시 핼 수도 없는 귀중한 거, 이런 거를 지키는 게 나를 지키기 위한 가장 최선의 방법인데 그런 거마저도 이렇게 깨진다고 해니깐 생각이 많이 들어(153쪽).

그놈들의 논리라는 거는 돈이면 다 되는 줄 아는 거여 그냥. 이게 십 원 짜리면 십 원 주면 되는 거고, 그런 논리야. 땅값? 만 원이다? 그럼 7만 원 주면 되겠지. 추후? 추후가 없어. 농사꾼이면 농사를 짓는 사람이니까 7만 원을 이렇게 주면 어디다 땅을 사준다든가 그런 게 있어야 될 거 아냐. 이주를 해서 마을을 형성해 준다든가 그런 걸 생각해 주는 게 아니라 단순해 그냥. 이 땅 뺐으먼 이 땅값에 대한 보상만 해주고 여기 마을 그냥 이것도 돈으로 계산해서 개개인별로 나눠주고, 그게 끝이라는 거야, 그게. 가정이 파괴되고 마을이 파괴되고 그런 거를 너무 몰르드라고, 농업에 관련된 이런 거. …… 사람을 보이지 않는 살인을 하는 것 같애(154쪽).

이 인용에서 드러나듯 마을이란 삶이 구성되는 순환계이고 돈으로 환원불가능한 삶의 동력이다. 대추리에서 보상을 받고 나간 주민들이 얼마나 비참하게 살게 되었는가를 보면 마을이란 결코 보상금으로 보상될 수 없다는 것을 알 수 있다. 마을이란 통째로 옮겨지거나 보상될 수 있는 것이 아니라, 삶의 지속 속에서 매번 새롭게 구성되는 일회적이고 특이적인 구성체이기 때문이다.[21]

NOTE [21]  전종휘, 「"가족 같던 이웃, 국가가 갈라놔"」.

『한겨레』의 인터뷰에 응한 27명 가운데 26명의 평균 나이는 56.6세로 절반 정도가 60대 이상의 노인들이었다. 그들은 우선 정신적인 고통에 시달린다. 대추리가 고향인 정아무개(47) 씨는 14억의 보상금을 받았다. 그러나 그는 세간도 못 챙기고 주민의 눈을 피해 마을을 빠져나와야 했고, "논두렁에서 동네 사람들과 '형님 아우' 하고 사는 게 재밌었다"

고 토로하지만 결코 돌아갈 수 없다. 부인과 단 둘이 경기 팽성읍 한 아파트에 사는 홍(68)씨는 "대추리에선 노인정에 가면 할머니들이 밥도 해주고, 노인들끼리 어울려 노는 재미가 있었는데, 여기엔 그런 게 없다"며 마치 벽 속에 있는 것처럼 갑갑하다고 호소한다. 더구나 이주를 감행한 이들은 직업을 잃거나 날품팔이 노동자로 전락하고, 그것도 구하지 못해 실업상태가 되기도 한다.[22]

NOTE [22]  전종휘 외, 「"배신자 낙인 찍히고, 정착은 막막"」, 『한겨레』, 2006년 6월 12일자. 27명의 가구주 가운데 농·축산업에 종사하던 이들이 21명(축산·직장 겸업 6명 포함)이었다. 그러나 『한겨레』의 조사 당시 농업 3명, 죽산업 1명으로 크게 줄었다. 대추리에서는 1명만이 실업상태였으나 이주 후 8명이 실업자로 전락했다. 6명(농사 겸업 4명 포함)이었던 직장인은 8명으로 늘었지만, 그 중 3명은 날품 노동자였다.

따라서 그들은 '보상'을 이야기는 사람들에게 "마을 전체를 이주시켜서 다시 마을을 만들어주던가" 아니면 "계속 여기서 살도록 해달라"고 요구한다. 이 과정에서 대추리의 '농민'이라는 직업은 직업이 아닌 삶의 한 형태가 된다. 직업이나 인간의 노동이 삶과 분리되어 자본을 모으는 수단이 아니라 삶의 리듬 속에서 구성되어야 한다는 것을 보여준다. 인간의 노동은 인간을 구성하는 순환계로부터 분리될 수 없으며 그런 점에서 인간이라는 경계를 넘어서 창조되기 때문이다.

대추리 골목에는 두 개의 지도가 있다. 왼쪽 것은 대추리 초입에 있는 것으로 비교적 최근 것이다. 오른쪽 것은 미군기지와 대추리를 가르는 철조망 앞에 세워져 있다. 그 지도에는 미군정에 의해 구(舊)대추리에서 쫓겨나 지금의 대추리로 올 때의 심정과 상황이 할아버지, 할머니들의 증언 그대로 적혀 있다.

**4-2. 주민등록증을
반납하다**

대추리 주민들은 국가의 폭력적인 이주명령에 대항해, 그들이 더 이상 국가의 일원이 아님을 주민등록증을 태우는 투쟁을 통해서 선언했다. 이는 국가가 그들의 공동체적 삶을 대변하거나 보장해 주지 않는다는 선언이며, 삶의 지속과 마을이라는 흐름 속에서 비국가적인 공동체를 모색하겠다는 선언이었다. 이 과정 속에서 대추리는 점차 더욱더 주권권력이 장악하거나 이해할 수 없는 탈주의 공간이 되고 있다.

특히 매일같이 지속되는 촛불집회는 비국가적 코뮨이 어떤 것인지를 보여주는 상징적인 공간이다. 주권권력은 대추리의 추장이라고 할 수 있는 김지태 의장을 검거했다. 중심적인 공론장을 파괴하고 폐쇄함으로써 코뮨의 소통능력과 정치적 힘을 거세하려고 한 것이다. 그러나 바로 그 순간 비국가적 형태의 공론장이 새롭게 구성된다. 정부의 토지 강제수용을 통보하는 일방적인 간담회를 항의하는 주민들이 연행되자 이에 항거해서 시작된 촛불집회가 그것이다. 2004년 9월 1일에 시작된 촛불집회는 단 하루도 거르는 일 없이 진행되어 2006년 10월 현재 벌써 700회를 훌쩍 넘어 800회를 바라보고 있다.[23]

**NOTE** [23] 대추리의 촛불집회는 바로 광주항쟁의 즉흥적·정치적 장의 형성이라는 경험과 만나고 있다. 광주항쟁 당시 계속되는 시위에 지친 대학생들은 16일 횃불시위 이후 잠시 휴식을 갖기로 결정한다. 그러나 시위대와 계엄군의 충돌이 격화되고 상징적 인물인 김대중이 검거되자, 광주의 사람들은 즉흥적으로 시위대를 구성하고 그 이전보다 직접적이고 과격한 요구들을 발언하기 시작한다. "전국비상계엄을 해제하라", "휴교령철폐하라", "전두환 물러가라", "계엄군 물러가라"가 그것이다. 이 이전과 이후 완전히 다른 형태의 시위가 전개된 셈이다.

촛불집회는 매일 저녁 식사를 마친 주민분들에게 대추리를 둘러싼 상황에 대한 정보와 소식을 알려주며, 동시에 주민들이 스스로 발견한 의견과 변화를 발언하는 대중적 연설의 장이 되고 있다. 10월 3일의 촛불집회에서는 "대추리의 대다수 주민들이 국방부와 이주하기로 합의하고 화의 잔치를 열었다"는 KBS의 기만적인 오보에 대해 할아버지 한 분이 그 부당함을 토로했다. 예정되지 않은 순서였지만, "인터넷을 쓸 수 있다면 막 공격하고 싶다. 정부가 나서서 사기를 친다. 전 국민을 속이는 일이다"라고 말하는 즉흥적인 선동과 선언이 가능한 장이 촛불집회이다. 촛불집회와 대추리의 상황은 매일매일 업데이트되는 들소리 방송국과 인터넷에 존재하는 수많은 일인미디어를 통해 복잡한 발신과 수신을 거듭하며 여론을 형성한다.

흥미로운 것은 이 싸움을 통해 일어나는 주민들의 변화이다. 보수적이고 순종적이었던 농민들의 성격이 점차 투쟁적으로 변화하고 있다. 국가에서 추방하면 추방당하며 살아왔던 사람들이 자신의 요구와 의견을 말하는 사람들로 바뀌고 있다. 심지어 주민등록증을 반납하고 이를 받아주지 않자 주민등록증을 불태우는 국민탈퇴운동을 시도하기도 한다. 데모하는 대학생들에 대해 가졌던 부정적 생각이 이곳에서 활동하는 대학생들을 통해 바뀐다. 그들은 스스로 자신의 이야기를 할 뿐 아니라, 그 이야기를 나누고 함께 힘이 되어주는 사람들과의 만남을 통해 새로운 형태의 접속이 주는 기쁨을 느끼고 있다.

이런 싸움하면서 그런 생각이 들어. …… 진짜 좋은 사람들 너무 많이 만난 것 같애. 이 싸움 해면서. 다 모든 것 잃는대도 사람들은 잃고 싶지가 않어. …… 여기 행사장 오는 사람들도 그렇고 서울에서 만난 사람들, 전혀 상관없는데도 그 멀리서 그냥 같이 도와주겠다고 오는 사람들, 많잖아(164~165쪽).

어떤 때는 느껴져. 진짜 많이 변해지는 거구나, 많이 바뀌어가는구나, 이런 게. 왜! 이게 아니면은 고쳐나가야지 이런 성격이어야 되는데, 아유 내가 그냥 피해보고 말지 피해보고 말지 이런 생각이었었거든. 그런 생각이었는데 이 쌈  해면서 성격이 많이 바뀌어진 거 같애(167쪽).

주민들의 이런 변화는 대추리의 정치적 역량을 대추리 외부로 열어젖힌다. 촛불집회는 일상을 정치적 문제로서 끌어내고 대추리를 방문하는 외부와 내부의 리듬을 맞추는 장이 된다. 농촌이 지닌 폐쇄성과 국가적 공론장이 지닌 획일성을 벗어나 삶의 리듬을 창조해내는 일상적이고 비국가적 정치의 공간을 구성한다.

**4-3. 빈집을 모두의 집으로**

데이비드 그레이버라는 아나키스트는 페미니스트 활동가 게이 챤, 넌데타 샤르마의 논문을 인용하며 '공공'(THE PUBLIC)에 대해 비판한다. 실상 사유재산(PRIVATE PROPERTY)도 공공재산(PUBLIC PROPERTY)도 모두 국가에 의해 공통재산(COMMON PROPERTY)이 해체된 결과로 드러난다는 것이다. 즉 사유이건 공유이건 공동체적 삶의 방식을 창안하는 것과는 배치된다. 따라서 우리는 국가적 공공성(THE PUBLIC)과 비국가적 공통성(THE COMMON)을 구별해야 한다. 이것은 단지 소유의 문제만은 아니며 삶의 형태 전체의 문제이다.

대추리에 내려진 국가의 추방명령은 대추리의 주민들이 사적으로 소유한 땅을 '국가적 공공소유'로 선포했다.[24] 대추리의 땅과 주민의 삶이 분리되지 않는다는 점에서 이런 국가의 결정은 삶을 팔아버리고 그들의 죽음을 방치한 것과 마찬가지였다. 이에 반해 지킴이들은 국가가 팔아버린 공유를 비국가적 공통성의 형태로 만들었다. 지킴이들의 빈집살기운동은 이 지점에서 국가적 소유에 대항하는 스쾃활동이 된다. 스쾃이란 공간을 사적 소유이건 공적 소유이건 소유화함으로써 방치하는 것에 대항해 그곳을 불법으로 점유하는 운동이다.[25] 그것은 근대적 공간소유의 룰에는 위배되므로 불법이지만, 버려지거나 상처입은 공간을 새로운 삶의 장으로 구성해낸다는 점에서 불법을 넘어선 공통적인 삶의 가능성을 보여준다.

**NOTE** [24] グレーバー, 「新しいアナーキズムの政治」, p.13.

**NOTE** [25] 김윤환, 「오아시스 프로젝트의 활동과 한국에서의 스쾃운동」, 미발표 논문, 1쪽.

지킴이들이 들어와서 살고 있는 집은 보상금을 받고 이주한 주민들의 집이다. 이주와 동시에 그 집들은 국방부 소유가 되고 무단으로 들어와 살 경우 2년 이상의 징역 혹은 7백만 원 이상의 벌금을 물게 된다. 지킴이들의 이러한 빈집살기도 스쾃운동의 하나로 파악해볼 수 있다. 빈집살기운동은 국가에게 '사적 소유'의 형태로 독점되어 있는 국가적 소유권을 '공통적인 것'으로 재전유함으로써 이루어진다. 이는 사적 소유와 공적 소유를 가르는 국가적 소유권의 기반 자체를 전복한다. 불법으로 점유한 빈집살기를 통해 지킴이들은 공동주거를 실험하고, 대추리에 들어오는 외부와 외국의 손님들은 이 지킴이들이 꾸며놓은 빈집을 숙소로 이용한다. 그들은 자연이 생산하고 마을 주민들이 "김치담궈라, 짱아찌 담궈라"고 하며 도와주는 자연생산물과 선물들을 통해 생계의 많은 부분을 해결하고 있다. 이는 대추리라는 마을의 순환계가 생산해낸 가치를 사용하는 것이며, 동시에 그 순환을 튼튼하고 다채롭게 창조한다.

'스톡'을 전제로 한 정주민의 삶의 형태였던 농업은, 스톡에서 흐름의 형태로 변화된다. 외부인들이 버려진 땅을 자발적으로 일구며 삶을 구성하고, 주민들의 도움 속에서 생산물을 나누고 선물을 주고받는 '유목적 농업'으로.[26] 국가가 배제하려 했던 농업은 스톡을 통해 국가적 소유관념에 속박되는 생산의 장이 아니라, 공통적 생산과 선물을 통해 관계를 맺는 유목적 경제로 거듭나고 있다. 지킴이 디온은 농반 진반으로 대추리에서 가꾸는 무, 배추, 쌀 등을 '시위용품'이라고 말한다. 삶 자체를 추방하는 국가에 맞서는 가장 강력한 운동은 바로 새로운 삶을 구성하는 것이다. 이처럼 빈집살기는 국가장치에 대항하는 비국가적 공유의 실험이고, 자본주의적 질서에 대항하는 공동체적 삶의 실험이라고 할 수 있다.[27]

NOTE [26] 그런 점에서 대추리의 빈집살기와 농업, 특히 밭농사는 뜰-운동(AVANT-GARDENING)과 통한다. 뜰-운동이란 버려진 마을의 빈터에 꽃과 채소를 공통으로 가꾸고, 공통적으로 소비하는 운동이다. 고소 이와사부로는 이런 뜰 운동에 대해 " '사는 것'과 '생산하는 것'에 대한 권리를 직접행동으로 주장하는 것"이며 "대지가 공통적인 것임을 환기"시키는 것이라고 설명한다. 그것은 토지 분배와 사유화로 나아가는 농업이 아니라 끊임없이 확장되는 유목적 채소밭을 구성해낸다. 고소 이와사부로, 후지이 다케시 옮김, 「뜰-운동 이후」, 본지 265~288쪽.

NOTE [27] 안토니오 네그리, 김문갑 옮김, 「공적 공간의 재전유」, 『자율평론』(제9호/7월), 자율평론 편집모임, 2006.

특히 그 집들은 보상받아 나간 주민들의 울분이 서려 있는 곳이기도 하다. 대개 보상을 받고 나가는 경우는 소수의 부농을 제외하면, 정말 가난하거나 당장 빚을 갚아야 하거나, 목돈이 필요한 경우다. 따라서 그들은 울분을 못 이겨, 밤에 찾아와 집을 부수기도 한다. 지킴이나 활동가들은 바로 이런 상처로 얼룩진 집을 수리해 들어와 산다. 마을에 비어 있는 집이 많으면 마을의 생명력이 떨어진다. 한 집이라도 더 살아주는 것이 공동체를 유지하는 데 도움이 되기 때문이다. 따라서 빈집에 들어와 사는 활동은 대추리의 상처를 공동체적 순환의 활기로 바꾸는 활동이기도 하다.

빈집살기운동은 개별적인 주거 형태에 국한되지 않는다. '집'과 '주거'를 어떻게 근대적 소유 형태를 넘어선 공간으로 구성하며 전체주의적이지 않은 역사성을 구성해 갈 수 있는가를 보여준다. 집들이 새로운 이름을 갖게 되고, 소유되는 것이 아니라 개방됨으로써 공통의 이야기를 구성한다. 농촌은 도시로부터 배제됨으로써 가장 첨예한 도시의 모순을 드러내는 곳이란 점에서 가장 도시적이다. 대추리와 도두리에 이주가 명령될 수 있었던 것도 그곳이 농촌이었기 때문이다. 앞에서도 말했듯 농촌, 혹은 자연이라는 수식어가 붙는 영역들은 배제되며 착취당한다.

이농현상이 보여주듯, 대추리의 추방은 이번 기지이전 결정 이전부터 존재해왔다고 할 수 있다. 대추초등학교는 이러한 국가의 배제에 맞서 마을의 교육기관을 만들려는 대추리 주민들의 자발적 노력으로 건립된 분교이다. 사람들이 돈을 모아서 땅을 사고 학교를 만들고 국가의 허가를 얻어냈다. 대주초능학교는 후에 촛불집회의 장소가 되지만 국가에 의해 철거당한다. 대추초등학교의 담벼락에는 예술인들이 주민들의 얼굴을 그려 넣었다. 공통의 소유, 공통으로 구성해나가는 장소가 되었음에도, 아니 바로 그랬기 때문에 국가는 그곳을 파괴했다.

그러나 국가적 폭력 속에서 국가적이고 근대적인 교육과는 다른 형태의 교육장소가 구성되었다. 물론 대추초등학교는 5월 4일 군대에 의해 처참히 파괴되고, 그곳을 지키려는 수많은 사람들이 검거되었다. 그 과정에서 대추초등학교가 수행하던 촛불집회의 장, 도서관, 자료보관실, 영농학교 등의 기능이 다른 빈집들로 이사해야 했다. 그러나 대추초

등학교가 수행하던 정치적 장으로서의 역할은 사라지지 않았다. 빈집은 인권지킴이집, 대추리 박물관과 전시장, 카페 등으로 공통의 힘을 합쳐 다시 구성되었다. 역설적이게도 국가가 파괴한 코뮨적 공간은 파괴된 채로 사라진 것이 아니라, 또 다른 공간으로 이전하며 국가적 형태의 주거나 역사와는 전혀 다른 형태의 이야기성을 획득하고 있다.

대추리 평화공원의 모습. 날이 따뜻할 때는 이곳에서 촛불집회나 마을잔치 등이 벌어진다.

# 5. 통로를 이어붙이자

주권권력이 마을의 길목을 차단하고 삶의 흐름을 절단함으로써 작동했다면, 대추리의 투쟁들은 이 길목들을 복구하고 경계를 넘나들며 코뮨적 리듬을 창조하고 있다. 대추리라는 공간을 대추리라는 경계 속에 가두고 게토화시키려는 검문검색은 대추리를 넘나드는 주민들, 지킴이들, 활동가들, 사람들을 통해 교란된다. 국가의 검문검색을 통과하려면 대추리의 주민이거나 주민과 관계가 있음을 증명해야 한다. 검문이 심할 경우, 대추리에 들어오려는 사람들은 대추리 주민과 거짓 친척관계나 친구관계가 될 수밖에 없다. 대추리 주민들은 대추리에 힘을 모아주려는 수많은 외부인과 자신도 모르게 한 가족, 친구로 묶인다.

국가권력에 의한 검문의 순간은 외부인과 주민을 구별하고 차단함으로써 코뮨의 연대와 소통을 가로막기 위한 것이다. 그러나 바로 그 검문검색 때문에 주민과 외부인은 더 강한 연대의 끈으로 묶이고 자신의 원래 가족과 친구관계와는 다른 형태의 정체성과 관계성을 갖는 경험을 한다. 주권권력은 이렇게 둔갑하는 주민과 외부인들의 섞임을 관리하고 통제할 능력이 없다. 그들이 확인할 수 있는 것은 오직 주민등록증상의 문자이기 때문이다.

대추리의 저항들은 통로를 차단하고 홈패인 곳으로만 대중의 흐름을 장악하려는 권력에 대항해, 대추리와 만나는 다양한 통로를 실험했다. 특히 7월 18일 대추리로 들어오는 길이 원천봉쇄됐지만, 개인들은 대추리를 둘러싼 자연적 조건을 이용하거나 국가가 생각하지 못한 둔갑술을 통해 검문을 뚫고 마을로 들어갔다. 그날 사람들은 안상천을 건널 보트를 준비해 들어오기도 하고, 전경들을 따돌려 산을 넘기도 했으며, 온갖 문화적인 행사들을 준비하기도 했다. 중학생 복장으로 검문을 뚫기도 하고, 펑크족 양아치들도 검문을 통과했다. 대추리의 자연환경과 하나가 되고 주권권력이 포착할 수 없는 시위대로 둔갑했기 때문에 가능한 일이었다.

한편 서울에서 대추리까지 걷는 평화대행진이라는, 지킴이가 중심이 된 행사는 비록 45명의 연행자 및 구속자가 발생하며 마무리되긴 했지만, 그 비극성보다 훨씬 깊진 면들을 보여준다. 그 행사에 참여한 인원은 거의 매일 2백 명 가량이 되었는데, 그 인원을 채운 것은 조직별·단위별 동원자가 아니었다. 개개인에 의한 자발적 참여였다. 내가 참여한 날도 안정리 상인과 대치하기 전까지만 해도, 한쪽에선 학교 다니기를 거부한 고등학생 또래의 여자아이가 보아 노래를 틀어놓고 춤을 추며 사람들의 활기를 돋우고 있었으며, 거기에 혼자 앉아 명상에 잠긴 사람, 돕헤드라는 가수, 아나키스트를 자청하는 외국인, 개인적으로 참여한 사람들 등 다양한 사람들이 섞여서 활기를 만들어내고 있었다. 그때 모인 사람들은 대추리에 살지 않지만 스스로를 대추리 지킴이로서 정체화했다. 따라서 지킴이의 경계는 대추리라는 지역을 넘어 확장됐고, 더 많은 사람들이 대추리와 서울의 거리, 대추리와 자신의 거리를 좁힐 수 있었다. 이처럼 대추리의 투쟁은 주권권력이 선포하는 국가적 경계를 교란시키고 공간적 분리를 넘어선 소통의 방식을 창안하고 있다.

대추리의 풀과 곡식이 철조망을 넘어서 자라듯, 대추리의 코뮌적 실험들은 코뮌을 파괴하는 주권권력의 폭력에도 불구하고 지속된다. 오히려 주권권력의 배제와 추방의 첨점에서 주권권력이 포착할 수도 이해할 수도 없는 형태의 코뮌적 시도가 가능해진다. 주권권력은 우리의 삶에 외재하기 때문에 우리의 삶에 관여할 수 없다. 반면, 코뮌적 시도와 실험은 바로 삶의 내재성 속에서 비국가적 신체를 시도하고 실험한다. 대추리에서 이루어지는 다양한 삶의 형태와 이질적 싸움들은 희망이 과거에 있는 것도 미래에 있는 것도 아니라는 점을 보여준다. 대추리는 지금을 문제삼으며, 동시에 역사를 재구성한다. 대추리가 가진 현재의 활력은 과거의 상처를 이야기로 풀어내

주며, 미래의 코뮌의 싸움들을 선취하고 있다. 이것은 주권권력의 폭력성과 획일성에 대항해 구성되는 코뮌적 시간이자, 생성의 시간인 카이로스의 시간이다.[28]

NOTE [28] 안토니오 네그리, 정남영 옮김, 『혁명의 시간』, 갈무리, 2004, 54쪽.

따라서 대추리의 이후가 어떻게 될 것인가를 지금 묻는 것보다 지금 구성되고 있는 힘들을 보는 것이 중요하다. 왜냐하면 삶을 생산하는 현재가 코뮌이기 때문이다. 완성되지 않지만 그치지도 않을 것이다. 대추리의 싸움은 비국가적인 코뮌적 신체성, 혹은 비국가적 공통성이 어떻게 삶의 내재성을 통해 창조되는가를 보여준다. 삶을 지속하는 대중은 잠재적이다. R NO.1

R NO.1 ISSUE 04

지킴이의 입장에서 본, 평택미군기지확장반대 싸움의 활력 만들기 김디온

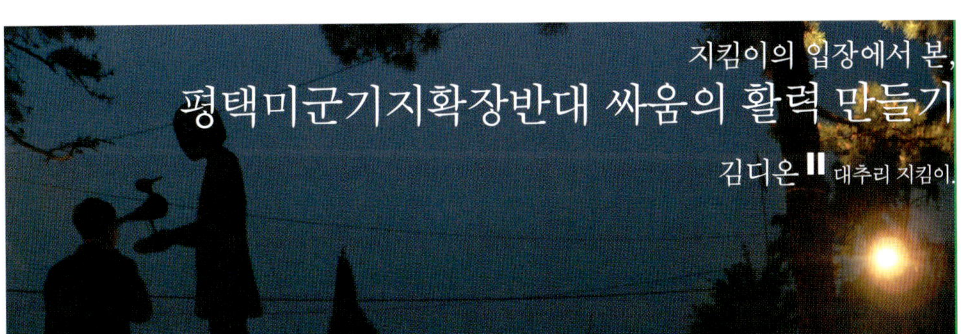

지킴이의 입장에서 본,
# 평택미군기지확장반대 싸움의 활력 만들기

김디온 ∥ 대추리 지킴이.

# Creating a Vital Power for Political Struggle : Jeekeemy's Perspective

by Kim, Dion

I have been a jeekeemy('guardian') in a rural village called Daechuri. Daechuri is a place where the villagers have protected against the government's policy of expanding the U.S. Army Base into the village. During the four years of struggle, it became the symbol for struggle against government's military policy. I wrote this essay to encapsulate the vitality of life and struggle that I felt living there.

Farming was a way of life and one of the most meaningful ways of struggle there. But I observed a difference between the degrees of vitality in dry-field farming and in rice-field farming. The dry-field appeared as more open space, and enabled the villagers and the jeekeekies to communicate actively. I analyze the reasons for it. The struggle against the government's clearing of 'empty' houses was also an important dimension of Dauchuri's struggle. The government committed tremendous force and circulated false propagandas. But it opened a chance for the guardians to train their bodies to be affecting bodies, and to do experiments for transcending their strong individualities. The candle light vigil, which was a famous and long-held event of the struggle, became institutionalized and lost its power gradually, as the struggle prolonged and situation became less favorable. But one jeekeemy's experiment revitalized the vigil by making a chance of new alliances. Lastly, I critically analyzed Daechuri's way of forming a community in the context of the recent negotiations for migration.

나는 대추리 지킴이이다. 내가 대추리로 이주한 것은 2006년 5월 10일, 5월 4일의 '여명의 황새울'이라는 작전명이 붙은 국가폭력의 실상을 경험한 직후였다. 당시에는 5월 4일 이전에 석 달 정도 논일, 특히 직파[1]를 하면서 느꼈던 감동에 매료되어 있기도 했었고, 말로만 듣던 비폭력 직접행동이나 농촌사회에서의 여성주의 등 무언가 실험을 해보고 싶다고 느껴서 대추리에 들어가게 되었다. 대추리가 새로운 국면, 즉 주민들이 논을 잃고, 삶의 지형들이 변하고, 이웃이 하나둘 이사를 나가고, 연대세력이 점점 줄어드는 국면에 접어들자, 마을에 적응하면서 일상을 지키는 일마저 그리 쉽지만은 않았다.

하지만 1년 가까이 지내면서 했던 싸움과 실험의 경험들은 내가 스스로에게 질문했던 것에 대한 답의 윤곽을 대충이나마 그릴 수 있게 해주었다. 그것은 공동체가 계속적으로 생산적인 방식으로 소통하려면 무엇이 전제되어야 하는지, 어떻게 하면 개성 강한 사람들의 느슨한 조직이 힘을 발휘할 수 있을지, 소수자들과 다른 소수자들은 어떻게 기쁘게 연대할 수 있는지, 구성된 권력에 대항하는 일상의 힘이 어떤 가능성을 안고 있는지 등이었다.

NOTE [1]  모를 키워서 모내기를 하는 방식이 아니라, 직접 볍씨를 논에 파종하는 방식의 경작법. 농사를 지어놓는 것이 땅을 점유하는 싸움방식이었으므로 이주한 주민들의 빈 논까지 모두 경작을 해야 했기 때문에 주민들은 일손이 많이 드는 모내기법 대신 직파를 시도하였다. 주민들은 종자와 비료값을 예년보다 훨씬 많이 댔고, 그만큼 분할받은 땅을 스스로 관리하기로 했었다.

# 1. 농사 : 생활의 재구성

**1-1. 논농사**  대추리에서 농사는 공동체 전체를 관장하는 생산시스템이면서 내부와 외부의 사람들을 이어주는 고리였다. 농사 중에도 대추리의 특성상 논농사는 그 자체로 주민들의 삶의 모습이었고 생계수단인 동시에 저항의 방식이었다. 주민들은 2005년, 국방부의 소유로 넘어간 땅을 지키는 방법으로 보리를 파종했고, "올해에도 농사짓자"라는 구호를 만들어냈다. 2006년 초 트랙터 순례나, 논갈이 투쟁, 직파 등은 2006년 5월 4일 이전의 논농사가 어떻게 국방부에 대항하는 농민들의 권력으로서 작동했는지를 보여준다. 대추리에서의 논농사는 싸움의 전략이기도 했고, 그 속에서 순환되는 활기가 싸움의 동력들을 끊임없이 솟아나게 하는 근원처럼 작동하기도 했다. 따라서 이들이 가장 자부하는 것이 논농사요, 모든 사람들이 평등하게(물론 이후에 반박되겠지만) 일할 수 있던 것도 논농사였다. 주민과 지킴이 역시 이를 통해 활발히 소통할 수 있었다.

그러나 5월 4일 이후, 주민들은 논에 들어가지 않았다. 철조망 주변에 농사지을 수 있는 땅이 있음에도 피를 뽑거나 물을 대거나 하지 않았다. 철조망 바깥쪽에 논이 있던 주민들은 자기 논이니 관리를 하기도 했다. 그러나 철조망 안에 대부분의 논이 들어간 주민들은 철조망 밖에서 경작되는 논을 볼 때마다, 논의 모들이 타죽어 가는 것을 동시에 떠올려야 했다. 5월 4일 논에 철조망이 쳐진 직후, 주민대책위에서 아무리 주민들에게 같이 논에 가자고 설득해도 주민들은 좀처럼 움직이지 않았다. 논에 볍씨만 뿌리면 절대 국가에서 함부로 할 수 없을 것이라는 지도부들의 약속은 지켜지지 않았고, 주민들은 그 누구의 설득에도 쉽게 움직이지 않았다. 군인

들은 주민들이 심어놓은 감자나 마늘을 캐먹기도 하고, 그 위에 시멘트를 부어 땅을 다지기도 했다. 싸움의 활력이었던 논농사를 할 수 없게 된 주민들은 점차 무기력해져갔다.

주민대책위 사무국장의 명령으로 주민들 대신 지킴이들이 얼마간 논에 들어가 피사리 작업을 했다. 마을의 농사 전체를 관장하는 한 주민의 명령에 따라 물꼬를 트거나 똘을 막거나 하는 일들을 간간히 하기도 했다. 그것은 주민대책위 간부의 제안에 따른 것이었다. 지킴이들이 나서서 일을 하면, 그 활력이 주민들에게 감염될 수 있다는 기대가 있었기 때문에 지킴이들이 이에 동조해 나섰다. 그러나 주민들은 논에 들어오지 않았다. 주민

들도 그 많던 땅을 잃었는데, 이 조그만 땅을 지어서 뭘 먹겠냐며 그냥 두라고 할 뿐이었다. 지킴이들의 논일은 연속성을 가지지 못했다. 지킴이들에게 논일은 낯설었고, 똘을 제대로 막지 못해 욕을 먹기도 했다. 지킴이들은 싸움의 가장 큰 동력이었던 논일에서 타자화되었고 스스로 타자화했다. 동시에 스스로 무엇을 구성하는 능력을 상실해갔다.

관리하지 않은 논은 7월이 되니 피가 허리춤만큼 컸고, 농활대가 들어오자 피사리가 활기를 띠기도 했지만, 농활대의 분배 문제로 주민들 사이에 크고 작은 분쟁이 생기기도 했다. 농활대나 지킴이가 작업량에 비해 너무 많이 배정된 곳에서는 일찍 일이 끝났지만, 그렇지 못한 곳에서는 일이 밀렸다. 때로 지킴이들은 일이 일찍 끝나 차려놓은 밥을 먹지 않고 돌아오기도 했다.

그 후 지킴이들이 다시 논에 들어가 일을 한 것은 추수를 할 때였다. 5월 4일 이후, 대추리에서 나갔던 지킴이들이 다시 돌아와 일을 같이 했던 때이기도 했다. 5월 4일 이전처럼 모두가 같이 일하고 노인정에서 밥도 같이 먹었지만, 분위기는 예전 같지 않았다. 직파를 할 때는 모든 주민들이 너나 없이 간식을 싸들고 누구네 논이든 둘러보러 왔지만, 추수를 할 때는 논의 주인만 나왔다. 온 마을의

축제였던 논농사는, 몇몇 철조망 밖의 논을 가진 사람들의 수확으로 끝났다. 그 논에서 거둔 쌀은 온 마을에 공평하게 나눠졌지만, 몇몇 지킴이들은 수확이 끝난 후 다시 마을을 떠났다.

지킴이 개개인도 이 싸움의 주체였지만, 생산의 순환이 끊어졌을 때 지킴이들은 무엇으로 주민들과 소통하고 마을을 지킬 힘을 얻을 수 있었을까? 주민들이 무기력해졌을 때, 주민을 주체로 세우려 했던 수많은 시도들은 어떤 모습으로 가능할 수 있었을까? 혹은, 주민이든 지킴이든 내부와 외부를 떠나 모두가 창발적으로 삶을 재구성할 방법은 없었을까? 활기 있는 삶은 언제나 지루하고 반복되는 일상의 파격과 그 지속을 통해 이루어질 수 있을 것이다. 나는 논농사에서 파격을 이루기가 상당히 어렵다고 느꼈지만, 사실 그것은 논 자체의 특성보다도 논에 덧붙여진 일종의 '위엄' 때문이 아닌가 생각하게 되었다.

**1-2. 밭농사** 논이 지킴이들에게 분배되는 것은 어려운 일이었다. 넓은 논을 다 빼앗긴 상태에서, 그나마 남은 논은 주민들의 공동경작에 맡겨졌다. 지킴이들은 주민들의 농사를 '돕는' 위치에서 동원되는 수준을 넘어서지 못했다. 그러나 밭농사는 달랐다. 먼저 이주한 사람이 남겨둔 밭은 누구나 선점해서 경작할 수 있었다. 그 과정 속에서 땅에 대한 집착이 강한 주민들 사이에 마찰이 빚어지기도 했지만, 지킴이들이 밭농사를 짓고 싶다고 하면 주민들은 기꺼이 자신들의 욕심을 자제하고 빈 밭을 내주었다. 나는 허브를 시작으로 각종 쌈거리와 배추, 고추, 시금치 등을 심었다. 그 과정에서 농사일을 전수받는 일은 주민과 지킴이 사이를 이어주는 중요한 고리가 되었다. 주민들은 고추 모종과 배추 모종 등, 자신들이 심고 남은 모종을 그냥 주기도 했고, 대추리에서 모종재배로 생계를 잇던 분은 주민들에게는 돈을 받고 넘기던 모종을 지킴이들에게는 끝도 없이 그냥 내주었다. 어떤 주민은 지킴이 밭에 심을 모종을 장에 나가 사비를 들여 사다주기도 했다. 지킴이들의 밭은 주민들이 함께 경작하고 함께 관리하면서 주민들 사이에 얘깃거리가 되기도 하고, 동시에 주민과 지킴이들의 삶을 공통의 경험으로 묶는 고리가 되었다.

그러나 지킴이들과 주민들의 밭농사가 동일한 방식으로 진행되지 않았다. 지킴이들은 생태주의적 감성에 익숙했고, 유기농업에 관심이 있었다. 지킴이들은 농약과 비료주기 등을 거부하는 데에서 더 나아가 인위적인 밭갈기에서부터 시작하여 물주기, 김매기도 잘 하려들지 않았다. 이른바 '태평농법'을 지향했던 것인데, 이를 두고 주민들은 '게으르다'고 면박을 주거나 지킴이 밭을 자신들의 방식으로 관리해 주기 시작했다. 지킴이들은 이에 대해 거부하기도 하고, 어쩔 수 없이 받아들이기도 하고, 생태농업의 필요성에 대해 역설하기도 하면서 주민들과 농사법을 두고 실랑이를 벌였다.

물론 지킴이들의 밭은 훨씬 생장이 늦었고 벌레도 많았다. 일부 지킴이들은 벌레를 손이나 젓가락으로 잡아서 죽이기도 했지만, 일부 지킴이들은 그마저 방치했다. 지난 가을은 유래 없이 가물어서 주민들은 물을 호수로 연결해 2~3일에 한 번꼴로 주었지만, 도두리에 있는 지킴이들은 그마저 하지 않았다. 수확의 시기가 되자 결과는 일관되지 않았다. 무의 경우 상대적으로 농약과 비료를 적게 준 지킴이 밭의 무가 더 잘 자라고, 어떤 주민들의 무는 농약을 잘못 쳐서 무청이나 무가 얽어버린 경우도 생겼다. 물론 물이 부족했던 지킴이 밭의 무는 알타리만한 크기로 겨우 자랐고, 물을 잘 댄 주민들의 무는 훨씬 크게 나왔다. 물을 안 댄 지킴이 밭의 배추는 작았지만 수확시기엔 병충해의 흔적이 없었고 조직이 단단했으며, 물을 많이 댄 주민 밭의 배추는 훨씬 크게 자라도 수확을 할 때쯤 속이 썩거나 무르는 경우가 많았다. 그러나 이것도 나의 평가일 뿐, 농사꾼들이라 자부하는 주민들이 어느 정도로 지킴이들의 생태농업을 호감 있게 바라봤는지는 알 수 없다. 주민들마다도 같은 밭의 작물들에 대해 판단이 달랐다. 다만, 주민들이 지킴이에게 밭을 내주고 같이 부딪혀가면서 농사를 짓는 과정은 주민과 지킴이가 위계를 넘어 자연스럽게 만날 수 있는 계기가 되었다.

논농사에 비해 밭농사에서 지킴이와 주민들의 소통이 더 수평적이었다는 것은, 단순히 논이 빼앗기고 밭이 남아서만은 아닐 것이라고 조심스럽게 판단해본다. 논농사는 거의 대부분 기계로 하는 것이다. 그만큼 기계를 살 능력, 다룰 능력(젊은 남성이라는 자격조건을 전제하고)에 따라 위계가 생기게 되어 있

었다. 실례로, 주민들은 1종 면허가 있는 젊은 여성 지킴이에게는 그가 아무리 원해도 트럭운전을 시키지 않았고, 면허가 없는 젊은 남성 지킴이에게는 운전을 가르치면서 트럭과 트랙터를 몰도록 했다. 논농사가 주 수입원이었다는 것, 그래서 대추리의 생산의 '중심'이었고 그만큼 권력화되어 있었다는 것은 대추리 지형에서 남성/여성의 배치를 공고히 하는 배경이 되었다. 이는 다시 주민/지킴이의 배치와 겹치면서 그만큼 지킴이를 여성화하고 주변화하는 경향으로 이어졌던 것 같다.

그러나 밭농사는 처음부터 주로 노인과 여성들의 몫이었고, 주로 수작업이었으며, 수입의 주변부에 있었지만 삶에 더 밀착해 있었다(그것은 논이 집에서 멀리 나가 있는 것과 달리 밭이 집 바로 앞뒤로, 혹은 집 안마당에 배치되어 있는 것과 연관이 있다). 이런 밭의 생산 방식이나 위치 등이 지킴이와 같은 주변적 존재들을 끌어들이고 수평적으로 소통할 수 있는 조건을 형성했던 것이 아닌가 싶다. 논농사를 지을 때는 기계가 대부분의 일을 했기 때문에, 주민들 각자가 개성을 발휘할 부분이 많지 않았다. 그러나 밭농사는 주민들마다 이랑을 만드는 법, 심는 법, 비료를 끼얹는 법, 물주는 법이 다 달랐고, 그래서 지킴이 밭에 대해서도 각자 다른 조언들을 해주었

다. 밭작물 중에도 고추처럼 환금성이 높은 작물은 돈을 벌기 위해 심기도 했다. 그러나 쌀이 대부분 팔기 위한 것이었던 반면, 밭작물들은 대부분 주민들이 먹기 위한 것이었다는 점에서, 잘 되면 좋고 안 되면 나눠먹어도 되는[2] 생산물이었다.

NOTE [2] 대추리에서는 대체로 작물을 넉넉히 심고 생산된 것을 나누는 문화가 있었다. 상대적으로 쌀은 그렇지 않다.

생산물들의 소비가 자본주의적 체제로부터 이탈해 있다는 것이 지킴이들도 자유롭게 실험을 해볼 수 있고, 주민들도 그 실험을 지켜볼 수 있는 여유를 준 것도 같다. 그런 의미에서 대추리의 위계질서가 덜 작용했던, 때로는 지킴이들에 의해 기존의 가치가 전복될 수도 있던 공간인 밭은 활기 있는 공동체를 구성하는 조건으로 시사하는 바가 크다.

# 2. 빈집철거 : 투쟁의 재구성

**2-1. 지킴이의 일상**

지킴이들은 주민들과 함께 논일을 했고 함께 싸웠다. 그러나 그들은 들어온 이유도 제각각이고, 나이나 학력이나 관심 분야도 제각각이다. 미군기지가 대추리와 도두리에 건설되는 것에 다 같이 반대했지만, 지킴이들은 몇몇을 제외하면 훈련된 활동가들이 아니었다. 조직적 운동은 물론 사회운동이라는 것을 처음 해본다는 사람들도 많았다. 조직되지 않았기 때문인지, 그렇게 개인적으로 들어온 사람들은 5월을 기점으로 흩어져갔다. 이후 다시 들어와 살기도 하고 새로운 지킴이들이 마을로 들어오기도 했지만, 한두 달을 넘겨 살지는 않았다. 5월 이후, 꾸준히 마을에 살던 지킴이들의 인적 구성을 보면, 평화바람 5~6명, 조국통일범민족연합 활동가 1명, 평화와통일을여는사람들 활동가 1명[3], 사회진보연대 1명, 푸른영상 활동가 2명, 아나키스트 활동가 2명, 들소리 방송국 3명, 일본 다큐멘터리 감독 1명, 개인 7~8명 정도이다. 개인 지킴이는 10월경에 2명, 12월에 1명이 더 나갔다.

**NOTE** [3] 다른 한 명은 불심검문에 저항하다 연행되었고, 석방 후 종종 대추리에 들어와 활동했다.

5월 4일 이후 함께 농사를 짓게 되지 못하게 되자, 지킴이들 개개인은 각자 움직였다. 각자가 이 안에서 하고 있는 자기 나름의 일이 있기도 했다. 평화바람은 마을의 대소사를 함께 하면서 그들 나름의 프로젝트를 했고, 단체나 조직에 속한 사람들은 각종 회의와 대외적 행사를 무시할 수 없었다. 개인들은 마을의 소일거리를 돕거나 각자의 활동에 바빴고, 음악을 하거나, 농사를 짓거나, 주민들과 비슷한 일과를 보내거나 하였다. 밤이면 코드(?)가 비슷한 사람들끼리 주로 모여 술도 마시고 이야기를 나누었다. 그러나 지킴이들이 모여서 회의를 하면, 생산적 논의보다는 개인의 자율성을 존중할 것이냐, 집합적 노동을 할 것이냐에 매몰되어 끝나는 경우가 많았다.

5월 4일 이후, 지킴이들 모두가 함께 할 수 있는 일을 찾지 못하고 결국 일상 속에서 파편화되는 경향이 많아졌다. 그들은 정치적으로 서로 다른 견해를 갖고 있었고, 일부 보수적이고 가부장적인 남성 지킴이들과 여성 지킴이들 사이에 갈등이 빚어지기도 했다. 정치적 성향이나 성별을 넘어서도 생활에서 많은 문제가 드러났다. 청소를 하는 것, 잠을 자는 것, 식사하는 것을 공동으로 해나가지 못했다. 차이는 좀처럼 해소되지 않았고 몇몇 지킴이들은 음주와 전기세 연체 등으로 주민과 갈등을 빚기도 했다.

활동가로 온 지킴이와 개인 지킴이들 사이에는 공통점이 많았지만, 정보 격차와 싸우는 방법 등의 차이가 컸다. 지킴이들은 각자가 하고 싶은 것을 굳이 하나로 모으려 하기보다는 각자의 활동을 해나갔고, 주민대책위나 범대위에서 하나의 의견을 적극적으로 제안해 주기를 요청할 때에도 이를 진행시키지 못했다. 단 어떤 상황에서나 주민들이 요구하는 방향으로, 주민들과 함께 하겠다는 생각은 대체로 일치했다.

**2-2. 투쟁의 활력**

8월 초부터 빈집 강제철거가 진행될 것이라는 신빙성 있는 주장이 마을에 돌았다. 빈집 강제철거는 6월 말에 진행될 것이라고 국방부에서 밝혔지만 계속 미뤄지고 있었고, 철거가 진행되지 않을 것이라는 예측이 지배적이었을 때였다. 지킴이들은 8월 중순부터 몇 차례 회의를 가졌다. 그 회의는 지킴이들 스스로 구성하였으며, 이 싸움에 연속성을 갖고 참여한 상주 지킴이들만 참여하는 것으로 내부에서 합의하였다. 내용은 자신을 보호하면서 싸움을 효과적으로 하는 방식에 대한 것이었다. 마을의 지도를 펼쳐놓고, 빈집과 지킴이집, 주민집 등을 표시해둔 후 공권력의 동선을 예측해서 무엇을 할 것인지를 논의하기도 했고, 비폭력 트레이닝을 자체적으로 진행하여 시뮬레이션 훈련을 해보고 공권력에 효과적으로 저항하는 법을 서로 나누었다. 인권활동가를 초청해 연행과 경찰폭력에 대한 대응법도 교육을 받았다. 각자의 다짐과 역할도 소통하였다. 그러나 당시에는 상황을 반전시킬 만한 대안은 만들시 못했다.

지킴이들은 법적으로는 국방부 소유인 빈집을 점유하고 살고 있었는데, 그래서 지킴이가 주요 타깃이 된다, 주민과 지킴이를 분리해 주민을 고립시키고 설득시키려는 전략을 짜고 있다는 소문이 마을에 돌았다. 주민들로부터 그 소문이 형사 입에서 흘러나온 이야기이니 절대 집 밖에 나가지 마라는 명령이 떨어졌을 때, 한편으로 의심을 하기도 했지만, 아무도 '그것이 형사의 입에서 나온 만큼 거짓 선전일 것이다'라고 규정하지는 못했다. 5월 4일의 엄청난 국가폭력을 경험해봤던 것, 저항하던 지킴이들이 실제로 감옥에 갇히고 2~3달씩 풀려나지 않았던 것, 지킴이가 잡혀갔을 때 주민들은 더 큰 고립과 무기력에 놓이게 될 것이라는 전망 등 이런 소문이 지킴이의 활력을 빼앗았다.

지킴이들은 실제로 철거 이틀 전부터 원래 살던 집이 아닌 주민집의 방 한 칸에서 모여 자기도 했다. 이유는 많았지만, 지킴이들은 국방부의 협박문, "국방부 소유의 건물에 무단 침입시 7백만 원 이하의 벌금과 징역 2년 이하에 처한다"는 문구를 찢고 집의 문을 열었어도 그것을 실제로 집행당할 수 있다고 믿는 순간, 활동의 범위를 축소하게 되었다.

공권력과 대치할 때마다 지킴이들에게 요구되었던 것은 "잡혀가지 않으면서 싸움에 승리하자"라는 것이었다. 더 잘 싸우기 위해, 혹은 승리하기 위해서 더 높은 결의, 즉 "잡혀가더라도 싸움에 승리하자"로 바뀌어야만 하는 것이었을까? 잡혀가면 전술이 약화되는 것은 그들이 아니라 우리였고, 누군가의 희생이 국면을 전환시킬 불씨로 성장하기엔 그렇지 못한 전례만 쌓여 있었다.

철거를 앞두고, 국방부는 "모두 주민들이 자진 이주해 비어 있는 상태이며, 낡고 파손되어 주민안전과 환경상의 문제로 정리할 필요성이 있는 가옥부터 작업하고, 반대단체의 불법점유 지역과, 마을 공용건물 및 사용 중인 창고 등은 주민안전과 편의를 고려해 차후에 작업할 예정이다"라고 밝혔다. 지킴이들은 바리케이드를 만들기 위해 동네에서 고철들을 모아 용접하거나, 플랜카드에 쓸 천 조각들을 빈집에서 모아와 재봉틀로 박고 있거나, 수상한 차량들을 통제하고 돌려보내면서 밤낮없이 싸움을 준비했다.

9월 13일 당일, 지킴이들은 밤새 길목마다 있는 망루에 올라 외부에서 온 활동가들과 공권력의 동태를 파악하는 일을 맡아서 했다. 나는 어차피 부서지게 될 집은 차치하고 밭에 쪽파와 갓을 심기도 했다. 그러나 지킴이들은 당일 집에만 있지 않았다. 모두 지금 살고 있는 대로 살자고 결정했지만, 모두 길 위로 나갔다. 잡혀가지 않고 효과적으로 싸운다는 생각을 갖고, 어차피 지킴이들이 살고 있는 집은 부수지 않겠다고 했으므로 체포조가 뜰 때마다 뒤로 빠지면서 싸움을 계속했다. 주민들과 함께 길에 나가 전경들과 대치하거나, 빈집을 부술 때 그 앞에서 싸웠다. 주민들은 처음엔 수세적이었다. 왜냐하면 물리력의 절대적 차이를 극복할 변수는 없고 빈집은 어차피 부서질 것이므로 모두 안전하게 지나는 것을 최우선으로 생각하고 있었기 때문이다.

그러나 국방부의 브리핑과 달리, 포클레인은 주소이전까지 되어 있던 지킴이집을 부수기 시작했다.[14] 지킴이들은 자신이 살던 빈집 근처로 포클레인이 올 때 주민 없이도 용역직원들과 몸싸움을 하고, 경찰들과 말싸움을 하고, 시붕 위로 올라가기도 하고, 울며불며 농사지은 감자를 내던지기도 했다. 지킴이가 사는 집을 부수려고 하자 주민들도 처음과 달리 적극적으로 나섰다. 예를 들어 들소리방송국은 지킴이들이 현관 앞에서 울며 "이집은 사람 사는 집이에요"라고 용역들과 맞서던 중 주민들이 몰려와 "왜 사람 사는 집도 부수려고 하냐!"고 따지고 함께 싸워 지켜냈다. 용역들은 혼란스러워하기도 하고 머뭇거리기도 하면서 눈치를 보았고, 결국 다른 집부터 철거를 하자면서 철수했던 것이다.

**NOTE 14** 나중에 안 사실이지만, 당일 오전 6시 주민대책위 사무국장이 지킴이집도 부수려 한다는 긴급 공지를 했었다.

오후 3시 상황이 정리국면에 달했을 때, 지킴이들이 포기하지 않은 집들은 모두 막아낼 수 있었다. 부서진 것은 지킴이가 살지 않는 빈집, 지킴이집이었으나 지킴이가 지키지 않았던 집, 그리고 잠시 자리를 비웠던 주민의 무허가 집 한 채였다. 언론은 패배로 보도했고, 주민들은 승리로 규정했다. 공권력이 마을에서 빠져나가고 나서, 주민들과 지킴이는 마을에 남아 있는 유일한 가게에서 아이스크림을 사서 하나씩 나눠 먹으며 풍물을 쳤다.

결과적으로 공권력은 지킴이들이 필사적으로 막은 집은 부수지 못하고 지나갔다. 당일 정부는 1만 7천여 명의 전경과 4백여 명의 용역을 동원하였고, 마을에는 주민과 지킴이, 외부에서 힘들게 들어온 지킴이들 포함하여 1백 명 정도가 있었다. 그런데도 국방부는 당초의 계획을 다 달성하지 못했다. 연행자가 7명이었지만, 그 중에는 인권활동가 4명, 외부 지킴이 2명, 그리고 경찰과 몸싸움을 하던 주민대책위 간사 1명에 그쳤다(모두 이틀 만에 풀려났다). 그들에게 가장 위협적이었던 것은 혹시라도 실수로 주민의 집을 철거하는 것, 지킴이든 주민이든 절박한 상황에서 도발을 해 인명피해가 나고 그것이 보도되는 것이

아니었을까? 어쩌면 그들에게 외부와 내부, 주민과 지킴이는 중요하지 않았을지 모른다. 다윗과 골리앗의 싸움 같은 일이 현실에서 벌어졌을 때 노래 가사처럼 "거짓 선전, 분열의 음모" 속에 둘러싸여 있을 때, 그것을 가려내고 판단하는 일은 어떻게 가능한가?

조직되지 않은 느슨한 모임 형태의 지킴이들은 그날 각자 자신의 집, 자신의 집과 같은 위기에 처한 집들을 지켜내는 적극적 실천을 할 수 있었다. 절박함이 있었고, 그간의 싸움경험이 자연스럽게 감응능력을 길러준 것도 같았다. 아직 닥치지 않은 미래에 대해 우리가 준비해야 했던 것은, 어떤 일이 닥치더라도 잘 느끼고 적절하게 대응할 수 있는 능력, 열린 신체였을 것이다. 그리고 이를 위해서라도 지킴이들이 서로 믿고 소통하는 구조가 일상적으로 구축되었어야 했다. 지킴이들은 서로가 서로를 지켜주어야 했고 주민들을 보호해야 했다. 연행의 위협이 존재할 때 가장 중요한 것은, 전경들의 움직임과 대형변화에 감응해서 연행을 피하면서도 강력하게 싸우는 신체를 갖추는 것과 동시에 서로가 감응하면서 자발적으로 움직이는 체계였을 것이다.

그렇다면 다시, 지킴이들은, 주민들은 어떻게 그런 감응능력을 키울 수 있었을까? 사생활이 보장되지 않고 다른 삶의 리듬, 다른 에

너지들을 갖고 있는 사람들이 생활에서 늘 갈등을 빚고 끼리끼리 문화가 형성되어가는 시점에서 어떻게 각자가 자의식에 연연하지 않고 자신의 에너지를 공동체에 투여할 수 있도록 만들 수 있을까? 당시에는 가부장적이고 민족주의적인 지킴이와 민족주의를 혐오하는 페미니스트 지킴이는 소통에 어려움을 겪었다. 기존의 중앙집중적이고 조직적인 운동형태를 고집하는 활동가 출신의 지킴이와 어떤 중심도 거부하고 회의를 정기적으로 구성하는 것을 반대하는 지킴이들 사이의 이견을 좁히거나 대안을 생성하지 못했다. 그러나 이런 갈등이 서로의 감응능력을 높이게끔 하는 과정은 아니었을지 추정해본다. 그것은 빈집철거를 막는 싸움 후에도 계속 지킴이들이 마을에서 같이 살면서 새롭게 무언가를 만들어내고 있다는 점에서 드러난다.

대추리 주민들이 협상의 단계에 접어드는 시점에서도 지킴이들의 활동은 끝나지 않았다. 지킴이들은 '음식나눔잔치'나 '지킴이 차 한 잔' 같은 모임을 시작했다. '평화를 택했다'[5]를 만들고 이를 통해 내부와 외부의 지킴이들이 음식을 나누며 소통하는 자리를 만들었다. 주민들의 이주가 구체화되던 시기부터 상주 지킴이들은 저녁마다 한 지킴이집에 모여 차를 마시며 바느질을 하거나 담소를 나누었다. 주민들의 인터뷰를 담은 책을 기획하기도 한다. 삶을 파괴하는 국가에 대항해 삶을 생산하는 일, 활기를 앗아가는 국가폭력에 맞서기 위해 긴박함 속에서도 유머와 여유로 투쟁을 재구성하는 것은 어렵지만 가능한 일이 아닐까?

NOTE [5] 다음카페(CAFE.DAUM.NET/VIGIL)를 중심으로 한 지킴이들의 모임이다. 한 달에 한 번 정도 모임을 계속한다.

# 3. 촛불행사 : 연대의 재구성

**3-1. 안팎의 소통**
**… 관성화**

촛불행사가 이 싸움을 지켜왔다고 해도 과언이 아닐 만큼, 촛불행사는 주민들의 하루 일상을 엮어내고 경험을 소통하고 서로 배우는 공간이 되어왔다. 사람들은 촛불행사를 매개로 주민들과 만났고, 주민들도 주민들끼리, 또 외부 연대세력과 만날 수 있었다. 촛불행사장에서 주고받는 내용에는 각자의 소소한 일상에서부터 다양한 소수자들의 싸움 소식, 미국의 군사전략에 대한 설명, 노무현 정부의 부당한 정책에 대한 각종 폭로가 들어 있었다. 촛불행사 사회를 맡은 주민대책위 간부들은 마을 '어르신들'과 외부 손님들을 모시는 입장에서 심부름하듯 사회를 진행해왔고, 하루에 한 번, 정해진 시간에 모두 모여 미군기지반대 싸움의 힘을 확인하고 결속을 다지는 그야말로 집회였다.

그러나 촛불행사는 어느 순간부터 관성화되어갔다. 주민들도, 지킴이들도 더 이상 촛불행사를 재밌게 느끼지 못했고, 김지태 위원장이 구속된 이후의 분위기는 한층 가라앉았다. 촛불행사장에서 소통되던 내용들도 주민들의 일상에 대한 것이 사라지고, 점차 외부 인사들의 발언 비율이 높아졌다. 구호는 "올해에도 농사짓자"에서 "김지태 이장 석방하라"로, "오는 미군 막아내고 있는 미군 몰아내자"에서 "미군기지협상 재협상하라"로 바뀌게 되었다. 주민들 사이의 자신감이 떨어진 것과 주민의 입에서 나온 구호가 시민단체의 요구사항의 구호로 변화되는 그 시점에서부터, 촛불행사는 즐기는 것이 아니라 이어가는 것이 되었다.

이른바 외부 지킴이들 중에는 범대위를 주축으로 한 활동가들이 있었고, 문화 예술인들이 있었고, 자발적으로 참여한 일반 시민들이 있었다. 그들은 모두 다른 방식으로 대추리를 방문했고, 다른 방식으로 발언하였다. 그들이 대추리를 찾은 동기와 대추리와 관계 맺는 방식이 다른 만큼, 각자 자신들의 방식과 내용이 있었던 것은 사실이다.

그러나 그것들이 고정화되는 순간, 학생들은 운동가에 율동을 추고, 활동가는 전략적 유연성에 대해 비판하고, 장기수 선생들이 매주 방문해 "대추리·도두리 주민분들은 민족의 투사요, 역사에 기록될 일을 하고 있는 것입니다"라고 반복해서 말할 때, 그것이 아무리 진정성이 있다 하더라도 주민들에게 얼마만큼 위안이 되었을지는 의문이다. 그것은 단순한 형식의 문제가 아니라 내부와 외부의 소통을 얼마나 적극적으로 펼치려 했는가에 대한 고민의 수위를 반영한다. 한 번뿐이라면 방문 그 자체로 의미가 있을 수 있겠지만, 935일째까지 온 촛불행사장에서, 몇 번씩 다녀가는 사람들, 날마다 만나는 사람들인 우리는 왜 새로운 접속을 시도하지 못했을까?

**3-2. 소통의 매개 … 보쳉**

2006년 10월 20일, 국방부가 제시한 이주택지 신청기간 마지막 날에 그동안 함께 싸워오던 도두2리의 남은 주민들이 모두 신청서에 도장을 찍었다. 이후 촛불행사 사회를 맡던 한 대추리 주민은 이것은 김지태 이장의 재판도 얼마 남지 않은 상황에서 싸움을 접는 행위로 절대 있을 수 없는 일이며, 배신이라고 이야기했다. 대추리 주민들은 도두2리 주민들을 비난했고, 도두2리에 가 있는 지킴이들에게 얼른 대추리로 오라고 종용하기도 했다. 도두2리에 지킴이가 거주하면서부터 만들어진 규칙(일요일에는 도두2리에서 촛불행사를 한다)은 다음 주 일요일부터 지켜지지 않았다. 도두2리 주민들은 한동안 촛불행사장에 나오지 않았다. 그러나 도두2리에 거주하던 지킴이들은 계속 촛불행사장에 나왔다. 그들 중 한 명은 대추리로 돌아왔지만, 남은 지킴이들도 있었다. 나는 그들이 왜 도두2리에 남아 있는지 이해할 수 있었지만, 남은 싸움을 위해서는 대추리로 와야 한다고 생각했다. 얼마간의 시간이 지나고 다시 도두2리 주민들이 촛불행사에 조금씩 참여를 하였다. 대추리 주민들과 도두2리 주민들은 서로 어색한 분위기였고, 나 역시 도두2리 주민들이 불편했다. 많으면 대여섯 명, 적으면 한두 명의 도두2리 주민들은 도두2리에 거주하는 지킴이들 곁에 앉거나, 대추리 주민들에서 멀찍이 앉아 촛불을 들었다.

그렇게 몇 주가 지나고 어느 날, 도두2리 지킴이인 보쳉이 노래를 부르러 앞으로 나갔다. 그는 특유의 쑥스러움 많이 타는 성격과 대비되게 주민들 앞에서 판소리를 잘 했기 때문에 모든 주민이 그의 노래를 듣는 것을 즐거워했다. 그는 침울하고 재미없게 흘러가는 촛불행사에서 바보스럽거나 광대처럼 굴면서 노래를 불렀고, 촛불행사 사회자들은 분위기를 전환시키기 위해 자주 그를 불러냈다. 그날도 보쳉은 민요를 부르겠다고 했다.

주민들의 박수와 함성이 나왔다. 그런데 그는 민요를 자신보다 잘 부르시는 분이 계시다면서 같이 부르고 싶다고 말했다. 이목이 집중된 가운데 그가 불러낸 사람은, 도두2리 주민이었다.

나는 보쳉의 행동에 처음엔 의아해졌지만, 아저씨는 앞으로 나갔고, 경기 민요를 그야말로 멋들어지게 불렀다. 그리고는 대추리 주민들에게 그동안의 심정을 이야기했다. 힘들었던 것, 욕먹으면서 마음 아팠던 것, 모두가 피해자일 수밖에 없다는 것 등. 분위기는 숙연해졌고, 그 다음날에도 도두2리 주민들은 계속 촛불행사장에 참여했다. 그리고 2007년 1월 쯤 사회자가 누구에게 발언을 시킬까 주민들에게 묻고 주민들이 이 사람 저 사람을 지목하며 서로 웃을 때, 한 대추리 할머니가 말했다. "저기, 신흥 아줌마 좀 시켜봐유~" '신흥'은 도두2리의 옛 이름이다.

대추리 주민들은 자신들의 이주협상을 진행시키는 과정 중에서도 먼저 이주해간 사람들은 결코 노와리[6]에 받아들이지 않겠다고 말하고 있다. 적어도 대추리 노인분들은 공통적으로 이 입장에 대해서만큼은 확고해 보인다. 4년간의 싸움, 믿었던 이웃이 어느 날 이사를 가고 없다는 것에 대한 상처를 회고하면서, 주민들이 아무도 나가지 않았으면 벌써 이겼을 것이라는 말을 자주 입에 담는다. 이런 지형에서 촛불행사장에 대추리 주민들이 도두2리 주민들과 같이 섞여 앉게 된 일은 이례적이다.

NOTE [6] 노와리는 대추리 주민들이 최종적으로 정착할 마을이다. 2007년 2월 13일 발표된 협상문에 따라, 이주단지를 노와리로 결정하였지만 이주단지가 완공되려면 2년 정도의 시간이 걸린다. 주민대책위는 협상 시작 단계에서 노와리에 이주단지가 완공된 후에 이주하겠다고 밝혔으나, 국방부가 미군기지사업 추진의 일정을 맞추기 위해 생가철거를 할 수도 있다며 3월 말까지 대추리에서 떠날 것을 강요하였다. 따라서 대추리 주민들은 정부에서 마련해놓은 송화리의 빌라단지에 임시로 이주했다가 이후 노와리의 이주단지가 완공되면 그곳으로 재이주를 할 예정이다.

그런 변화를 가능케 한 힘은 무엇이었을까? 도두2리에 사는 지킴이들에게, 도대체 몇 집 남지도 않았는데, 마을에서 하루 종일 무엇을 하느냐고 물으면, 그들은 할머니들이랑 마을회관에서 민화투를 치고, 밥 같이 먹고, 그냥 마을일 조금 한다고 했다. 보쳉은 별로 말을 안 하지만, 들리는 말에 따르면 언제나 가사를 외우며 노래연습에 몰두하고 혼자 있기를 좋아한다고 한다. 연대가 반드시 일상을 공유해야지만 가능한 것은 아니다. 그러나 일상은 계획된 행사와 다른 결로 변화를 만들어내는 힘이 있다.

# 4. 이주협상 : 공동체의 재구성

**4-1. 주민과 지킴이**

2006년 12월 26일, 오후에 한 지킴이로부터 문자를 받았다. 촛불행사 후 중요한 전달사항이 있으니, 솔부엉이 도서관으로 모두 모이시오. 그 지킴이는 모 시민단체 소속 지킴이로, 범대위나 주민대책위 사람들과 친하고 여러 공식적 활동들을 같이하는 사람이었다. 지킴이들이 선출한 대표도 있었지만, 주민대책위나 범대위 같은 상위 조직들에서 진행되는 내용들은 그를 통해 지킴이들에게 전달되는 일이 대부분이었다. 지킴이들을 소집한 한 지킴이는 주민대책위가 정부와의 협상을 시작하겠다, 싸움을 중단한다, 주민대책위가 왜 그런 결정을 내릴 수밖에 없었는가에 대해 주민대책위의 입장을 전달하였다. 지킴이들은 그 이야기가 왜 지킴이들이 선출한 대표를 통해 전달되지 않았는가에 문제제기를 하였다. 무엇보다 왜 김지태 이장 석방과 협상을 맞바꾸기 위한 비공식적(철저히 비공개적으로) 절차를 주민대책위 간부 단 두 사람이 추진해왔는지에 의문을 제기하였다.

결국 그 자리에 일을 진행시킨 주민대책위 간부를 불러 직접 이야기를 들었다. 이 간부는 평소 주민과 지킴이들 사이에 신망이 높은 인물이었다. 그가 하는 일이라면 주민들과 지킴이들은 대체로 믿고 따르는 편이었다. 그는, 마을 '어르신들' 10분이 찾아와 주민대책위에게 협상을 진행하는 조건으로 김지태 위원장[7]을 석방하도록 하라고 일종의 탄원을 한 사실을 토로하였다. 만약 주민대책위가 이를 진행시키지 않으면 어르신들이 직접 추진하겠다고 압력을 행사하는 바람에 자신이 일을 해나갈 수밖에 없었다고 말했다. 또한 다음과 같은 이유를 들었다. 9.24 평화대행진을 기점으로 10만 명의 사람을 조직하여 싸움의 전환기를 맞이하려 했으나 1만도 조직하지 못했다, 더 이상 분위기를 전환시킬 어떤 조건을 만들어낼 수 없다, 이에 따라 몇몇 주민들이 이사 등 공동체를 포기하고 흩어지는 것을 실질적으로 준비하고 있다, 법원이 국방부의 생가철거에 관한 가처분신청을 받아들여 2주 안에 생가철거를 진행할 수도 있다는 상황 등을 설명하며 어쩔 수 없이 협상을 진행해야 함을 주장하였다.

**NOTE** [7] 김지태 위원장은 징역 2년을 선고받아 이장직을 상실, 2006년 6월 5일 경찰서에 자진출두한 후 구속되어 당시 7개월 가까이 수감 중이었다.

그는 정부의 고위 간부와 비밀리에 접촉해왔고 결국 이장이 곧 석방될 것으로 보인다고 말했다. 그로부터 이틀 뒤인 2006년 12월 28일, 김지태 이장은 병보석으로 석방되었다. 마을은 온통 축제 분위기였지만, 그의 석방이 곧 협상을 의미한다는 것을 이장 자신만 빼고는 모두들 알고 있었으므로 묘한 긴장감이 감돌고 있었다.

2007년 1월 1일, 범대위 게시판에 팽성주민대책위 명의로 정부 측에 주민과의 대화에 다시 나서라는 제안서가 올라왔고, 다음날 평택시청에서 첫번째 만남이 있었다. 주민대책위 간부 3명이 국방부 대표단 3명과 만났다. 주민대책위는 회의를 할 때마다, 적절한 시점에서 주민전체회의를 소집해 회의 내용을 전달하고 주민들의 의사를 물었다. 회의가 진행된 후 첫번째 주민전체회의를 소집했을 때, 김지태 이장은 주민들 중에 한 사람이라도 협상을 그만 두고 계속 싸우자고 한다면 당장 중단하겠다고 말했다.

주민들은 입을 열지 않았다. 마을 어른 중 한 분이, 이제까지 싸우느라 힘들었고 고생 많았으나 더 이상 싸워서 이길 수 없다면 그걸 인정하고, 새로운 대추리 마을 공동체를 만들어야 되지 않겠느냐고 이야기를 꺼냈다. 몇몇 주민들은 노와리가 어떻다, 어디 땅이 좋더라는 내용을 던지기도 했다. 마을 주민 중 몇몇이 발언의 주도권을 잡고 이주단지를

어디에 잡는 게 좋겠다는 식으로 이야기를 진척시키는 과정 중에, 김지태 이장이 다시 한 번, 솔직하게 협상 반대하는 입장 있으면 손 들어보시라고 했다. 그러나 아무도 손을 들지 않았다. 이후, 6~7차까지 국방부와의 협상이 진행되고 주민전체회의가 소집되는 과정에 지킴이들도 참관할 수 있었다. 이 과정에서 주민들 사이에선 새로운 대추리에 대한 희망을 드러내기도 하였고, 어떤 주민은 말 없이 노인정 앞에서 배회하기도 하였다. 1월 중순, 협상에 가속이 붙을 시점에 주민들의 목소리를 듣기 위해 그들의 집에 찾아갔을 때, 몇몇 주민들은 앞으로 어떻게 살아야할지에 대한 고민과 동시에 싸움을 그만두기엔 너무 억울하다고 말했다. 그러나 그들은 그 후에 진행된 주민전체회의에서도 침묵을 지켰다.

2월이 되었고, 주민대책위는 지킴이들이 더 이상 마을 전체회의에 들어오지 않아줬으면 하는 의사를 전해왔다. 주민들이 솔직하게 의견을 나누지 못한다는 것이 이유였다. 전해들은 바에 따르면, 주민들은 지킴이들이 없던 회의에서 격정적으로 토론했다고 했다. 그리고 나서 두어 차례 마을 전체회의가 더 진행되는 동안 지킴이들은 그 내용을 알 수 없었다. 협상안이 나온 후, 한 할머니로부터 마지막 마을 전체회의에서 남자들만 한 방에 모여

회의를 한 후, 그 결과를 여자들에게 말해주더라는 이야기를 전해들은 것이 전부다.

2월 13일, 주민대책위와 국방부가 협상안을 만들어 기자브리핑을 한다는 이야기를 들었다. 이주합의 협상안이 발표될 것이라는 점을, 일반 주민은 물론 주민대책위 다른 간부들도 알지 못했다. 브리핑 직전에 소식을 전해 듣고 급하게 평택시청에 갔을 때 주민들의 표정은 굳어 있었고, 김지태 위원장은 브리핑이 끝나고 지킴이들이 모여 있을 때 미안하다고 말했다. 그날, 촛불행사장에서는 협상대표 중 한 사람이었던 주민대책위 한 간부가 협상안을 주민들에게 설명했다. 그는 한숨을 쉬면서 매우 어려워하며 발표문을 설명하였고, 협상안 발표를 듣는 주민들의 표정은 암울했으며, 일부 주민이나 지킴이들은 눈물을 보이기도 했다. 가만히 듣고 있던 주민들은, 협상 내용 중 "주민들의 자진이주는 2007년 3월 31일까지 완료한다"는 부분이 발표되자 술렁이기 시작했다. 그리고 앉은 자리에서 질문과 항의를 쏟아냈다.

> 주민1 : 여기서 살다 나가면 안 되요? 돈 들여가지고 두 번 이사 나가게(해야 되는 거예요?). 아니 노인네들은 다시 …… (이사를 어떻게 하나요?).
> 주민2 : 여기다 그냥 놔두며는 저런 거라도(밭작물 농사) 혀 먹고 살잖아?
> 주민3 : 우리가 직파한 것이 …… 영농행위 금지 이전에 심어놓은 마늘이랑 감자는 어떻게 되는 거예요?
> 간부 : 사업 시행일이 2005년 5월이기 때문에 그것들도 불법이랍니다.
> 주민2 : 그봐, 우리들이 하는 거는 다 불법이여.
> 주민4 : 그러며는 철조망 안 들어간 거는 이렇게 돌아다니면서 할 수 있는 거예요?
> 주민3 : 주민들이 될 수 있으면 이사를 한 번에 가도록 해야지, 이사를 두 번 간다는 게 이게 이게 있을 수 있는 일이냐고. 9백 일 동안 이렇게 추우나 더우나 앉아서 고생을 해서, 한 번에 이사가는 것을 …….[8]

NOTE [8] 2007년 2월 13일 촛불행사장. 정일건 감독 테이프에서 녹취.

한 주민이 강력히 항의하자, 다른 주민이 "그거, 우리가 회의해서 다 합의한 거여"라고 타이르기도 했다. 간부는 굳은 표정으로 나머지 내용들을 마저 읽고 자리로 돌아갔다. 주민들은 불안하고 좌절한 표정을 숨기지 못했다. 주민들은 이주협상을 위해 회의를 해왔지만, 실제로 협상안이 발표되자 착잡함과 분노를 숨기지 않았다. 주민대책위는 이후에도 주민들의 집을 가가호호 방문하면서 협상에 대한 내용을 설명하고, 주민들의 목소리를 들어왔다. 그러나 불만은 해소되지 않았고, 처음에 아무 말도 하지 않던 주민들이 길에서 만난 나에게 한탄을 쏟아놓기도 했다. 어떤 할머니는 다시 싸움을 하고 싶다고도 했고, 12월이나 되어야 이사 나갈 조건이 될 거라고, 그때까지 이사 가지 않겠다고 말하는 주민도 있었다. 물론 천천히 이사 준비를 해나가는 주민들도 있었다. 주민들은 국방부에서 직업알선 프로그램의 하나로 공공근로를 함께 나가고 있었고, 일이 끝나면 노인정에 모여 같이 점심을 먹고 오후에는 화투를 치며 여느 때와 다르지 않게 지냈다.

그러던 중 3월 24일 마지막 촛불행사가 진행되었다. 3월 26일 대추리 신임 이장이 마을회의를 소집해서, 이러시면 이사 못 간다, 무조건 이번 주말 안에 모두 이사를 가는 것으로 하겠다고 통보했다. 개인적 사유가 있으면 말씀해보시라고 압력을 행사하자 주민들은 술렁거리며[9], 어떻게 이사를 그렇게 바로 나가느냐고 따졌다. 이에 대해 이장은 포장이사를 부르면 다 된다고 말하고, 다른 사유가 없는 한 이사 날짜를 잡아서 바로 이사를 하는 것으로 하겠다고 말했다. 3월 27일, 이장과 사무국장은 주민들 이름과 이사날짜가 잡힌 쪽지를 들고 마을회의를 소집했다. 같은 날 저녁, 지킴이들을 소집해 이후 일정에 대해 이야기했다. 주민들은 몇 일 전부터 집에서 기르던 개의 목을 나무에 매달았고, 하루에 3마리씩 잡기도 했다. 그리고 노인정에서

같이 나누어먹었다.

NOTE [9] 아직 집에 대한 보상금을 받지 못했다고 한 주민이 말했다. 이장은, 그런 가구가 21가구(정확히 확인해보지 못함)가 있지만, 이는 4월 말에 찾을 수 있으니 다른 이유가 있는 사람만 이야기하라고 말했다.

원고를 정리하고 있는 4월 8일 현재, 대추리 주민들은 모두 이사를 나갔다. 3월 29일부터 4월 1일까지 하루에 열 집 이상씩 서둘러 이사를 했고, 주민들 대부분은 송화리 임시 이주단지에 모여 살고 있다. 4월 8일 이후에는 남아 있던 지킴이들도 모두 나갈 예정이다. 국방부는 4월 중순부터 대추리에 대한 빈집 철거를 진행하겠다고 밝혔다.

지킴이의 입장에서 본, 평택미군기지확장반대 싸움의 활력 만들기 김대운

**4-2. 대추리+ 도두2리+ 팽성지역 주민**

흔히 대추리라는 이름으로 팽성 지역 미군기지확장반대 싸움의 공간이 지정되곤 하지만, 정말 대추리만 싸웠을까? 실제로 2006년 10월 20일, 도두2리 주민들이 정부와 협상을 시작하기 전까지는 함께 싸움을 해왔다고 볼 수 있다. 그러나 싸움은 애초에 대추리, 도두2리만의 싸움이 아니었다. 한 신대리 주민의 말에 따르면 '대추리'가 이 싸움의 상징적 공간으로 자리매김하면서부터 어느 순간 도두2리의 싸움은 잊혀지고 마치 없는 것처럼 되어버렸지만, 싸움의 시작 단계에서는 팽성 서부지역 전체 주민들이 직접 나섰다고 한다. 팽성주민대책위 임원들도 다른 지역 주민들과의 소통을 중심으로 활동해왔다고 했다. 그 주민은 평택미군기지확장반대를 위한 싸움, 행사, 담론들이 대추리로 집중될 수밖에 없었던 이유에 대해서 하나의 우연한 계기 때문이었다고 말한다.

촛불행사의 시작은 2004년 9월 1일, 주민공청회를 막으러 간 간부 9명이 연행되면서 경찰서 앞 촛불집회를 한 것으로 거슬러 올라간다. 그때 팽성 서부지역 주민들이 밤 11시가 넘는 시간까지 5~6백 명이 모여들었다고 한다. 그 후 본정리 농협 앞에서 촛불행사를 진행했었는데, 당시 많은 지역 주민들이 함께 했었다. 그런데 2005년 초 지장물 조사를 막아낸 후 어느 순간부터 대추분교가 침탈될 수 있다, 가처분신청이 떨어진다는 말이 돌았다. 당시 국방부는 지장물 조사나 다른 사업의 단계들마다 걸림돌이었던 대추리를 타깃으로 삼고 대추초등학교를 접수하려는 노력을 했었다. 이에 저항하기 위해 사람들은 대추분교로 촛불행사를 옮겨서 학교를 지키자고 의견을 모았다. 그때부터 대추리는 이 싸움의 주요 거점이자 싸움의 상징이 되었다. 하나의 중심이 생기는 순간이었다. 그러나 역설적으로 그때부터 대추리는 스스로 고립된 것은 아닐지.

도두2리의 경우도, 지킴이들이 도두리로 들어가서 살지 않았다면 더 빨리 잊혀졌을 것이다. 5월 4일 이후, 평택미군기지확장 싸움은 더더욱 대추리 중심으로 진행되었다. 대추분교가 무너졌지만 대추리 농협창고로 자리를 옮겨 촛불행사를 계속했다. 같이 싸우던 도두2리는 도보로 20~30분 거리이므로, 날마다 도두2리 주민들은 주민대책위 차량이나 개인 차량으로 대추리로 모였고 촛불행사가 끝나면 다시 차량을 통해 집으로 이동했다. 대추리 주민들에게 있어 소중했던 학교

가 무너졌고, 그 넓은 논이 빼앗겼으므로, 대추리 주민들에게 연대세력이 많이 필요했던 것은 사실이다. 그러나 그런 상황은 도두2리도 다르지 않았다. 오히려 도두2리는 5월 이후 대문 밖을 나가면 철조망이 쳐진 논과 그 너머 군인들을 날마다 마주봐야 했으며, 전경들이 자신의 집 앞마당에 몇 명씩 서서 보초를 서기도 하고, 전경버스가 하루에도 몇

대씩 마을 대로를 오가는 등 그들의 삶의 터전이 직접적으로 국가권력에 의해 포위되어 있었다.

대추리에 살던 지킴이들은 회의를 통해 도두2리에도 지킴이들이 들어가 살아야 한다고 말하는 등 그 필요성은 인식했지만 그 누구도 쉽게 용기를 내지 못했었다. 지킴이들이

도두2리로 옮겨가고 새로운 지킴이들이 곧바로 도두2리로 가게 된 시점은 도두2리 주민들이 협상과 이주에 대한 준비를 이미 상당 정도 진행했던 7월 말이었다. 그 와중에 주민들은 대추리와는 상대적으로 많은 박탈감과 고립감을 느끼게 되었다. 대추리와 도두2리는 불과 30분의 거리였지만, 싸움의 과정 속에서 그들은 그 이상의 거리를 느껴야 했다. 도두2리의 한 주민은 이러한 소외에 대해 "처음엔 서운함이었던 것이, 계속되니 증오가 되더라"고 도두2리에 같이 살던 한 지킴이에게 토로한 바 있다. 하지만 마을의 고립이 심각해지던 2006년 5월 이후 사람들은 도두2리에 대해 점차 거론하지 않게 되었다.

도두2리로 지킴이들이 들어가 사는 일은 우여곡절 끝에 이루어졌지만, 많은 변화들을 가져왔다. 도두2리 지킴이들은 대추리 지킴이들에게 도두2리의 상황이 어떤지 전달해 주었고, 주민들 사이에서 소통의 매개가 되기도 했다. 지킴이들은 그곳에 살았고, 사람들은 그들을 만나러 도두2리에 갔다. 고립되었던 마을에 사람을 끌어 모으고, 연대세력들이 머물 공간을 제공해 주고 함께 함으로써, 도두2리를 끊임없이 환기하도록 했다. 촛불행사 장소에 대해서도 문제제기가 이루어졌고, 일주일에 한 번, 일요일마다 도두2리 마을회관 앞에서 촛불행사를 하기로 주민대

책위가 결정을 내렸다. 또한 당시 대추리 이장이었던 김지태 위원장이 구속되자, 각종 행사에서 주민대표로 도두2리 이장이 발언권을 갖기 시작했다. 2006년 후반기의 가장 큰 사업이었던 '9.24 평화대행진'의 경우에도, 그가 주민대표로서 발언을 했다. 그러나 결국 2006년 10월 20일 정부가 마지막이라고 강조했던 이주택지 신청기간에 도두2리 주민들은 택지 신청을 했다. 이로써 도두2리는 이주협상에 들어갔다.

대추리 주민들은 도두2리의 싸움이 정리되면서 더 힘든 싸움을 이어나가야 했다. 대추리는 고립되었고 더 적은 숫자로 싸워야 했으며, 스스로 싸움을 마감해야 했다. 함께 살면서 싸우는 것은 싸움의 크기와 활력 면에서 중요하다. '대추리'라는 상징은 평택미군기지확장반대 싸움 알리는 중요한 매개가 되었음은 분명한 사실이다. 그러나 상징으로서의 중심이 권력의 중심으로 이행될 때, 하나의 상징이 다른 많은 이야기들을 펼쳐내지 못하고 협소하게 굳어질 때 그것은 죽은 상징이 될 수 있다.

## 5. 맺음말

대추리 주민들은 송화리에 있는 빌라에 공동으로 임시 이주해 있다. 노와리에 만들 새로운 대추리 마을은 2년 정도 후에 완공될 것이라 한다. 그러나 이후의 대추리는 이미 예전의 대추리와는 다를 것이다. 대추리는 이미 지도에 표시된 한정된 공간으로서의 의미를 넘어서 있다. 그 안에서의 실험은 다양한 다른 투쟁에서도 싸움의 동력, 활력을 만들어내는 조건들을 찾는 과정으로 계속 환기될 하나의 견본이 될 것이다.

지킴이들 몇몇이 모여 책을 기획하고 있다. 몇 개의 주제를 정해 주민들과 지킴이들에 대한 인터뷰를 바탕으로 에세이를 쓸 예정이다. 지금 쓴 글은 대추리에서 나와서 쓴 첫 글이다. 우려스러운 것은, 이 글이 여러 부분에서 오해의 소지들을 남기고 있다는 것이다. 농촌공동체의 가부장성이나 대추리 중심성에 대한 부분들은 단순히 몇몇 개인들에 의해 강요된 것이 아니라, 그 사회를 지탱하던 경제적 기반이나 습관들과 매우 긴밀히 연결되어 있다. 이후 그동안 대추리에서 지킴이로 살면서 보고 듣고 느꼈던 것들을 또는 차근차근 섬세하게 풀어나가려 한다. R <sup>NO.1</sup>

R No.1 ISSUE 05 이주노동자와 이동 조원광

# 이주노동자와 이동

조원광(趙遠光) ▮▮ '연구공간 수유+너머' 연구원.

MANMANSE@JINBO.NET

# Migrant Workers and Mobility
by Joh, Won-kwang

This paper analyzes how migrant workers in Korea are controlled and how they resist. It has been long since the migrant workers have become part of Korea. During this period, migrant workers have been the class that is most estranged in society. It is well known that they suffer from unfair treatment such as excessive labor. Estrangement of migrant workers derives from a particular control mechanism that the government and the business operate. Heart of this control system is 'mobility control.' As their mobility is controlled, migrant workers have no other choice but to endure the excessive labor and violence. They are forced to work at designated workplace, and accept the conditions presented to them. If they leave the plant designated by the government, they become 'illegal.' To prevent them from leaving, government uses a wide range of methods from the legal code that bans them from changing workplace, or illegally confiscate their passports. 'undocumented' migrant workers are people who attempt to escape from the 'mobility control.' Their wage is higher than 'legal' migrant workers, because they will leave the workplace at any time if they do not receive adequate pay. But government 'cracks down' these 'illegal' migrant workers. Codes are not abided in this process, hence it is extremely brutal and violent. By doing so, government is not intending to deport the unregistered workers, but to create a spectacle and get the control back. Government tries to implant fears in the workers, so that they will voluntarily put limits to their mobility. And their illegal status becomes the basis for holding back wages and enforcing violence. However, migrant workers resist by constantly 'moving.' Though there have been a number of policies to control the migrant workers, the number of unregistered migrant workers are continually increasing. Moreover, they become social power that raises questions to Korean society. That is, they are moving away from their given identity, which is that of obedient foreign labor. In migrant workers, we do not see just workers, but witness the figure of the Proletariat in Marx's term.

# 1. 한국의 이주노동자

이주노동자는 국적을 가진 나라를 떠나 다른 나라에서 일하는 노동자를 말한다. 산업의 세계화 추세에 따라 이주노동자 역시 꾸준한 증가 추세에 있다. 세계적으로 지난 20년간 해마다 1천만 명의 사람들이 고향땅을 떠났다. 국제이주기구에 따르면 현재 2억 명 정도가 이주노동을 하고 있다. 하지만 '불법체류자'로 명명되는 미등록 이주노동자들이 빠져 있기에, 실제 이주노동자 인구는 그보다 많을 것이다.[1]

**NOTE** [1] 강수돌, 「이주노동자의 삶의 자율성과 정체성」, 『실천문학』(제74호/여름), 2004, 234쪽.

한국도 이런 추세에서 예외일 수 없다. 20년 전인 1987년, 한국에도 이주노동자가 들어오기 시작했다. 1987년은 노동자 대투쟁을 겪으면서 한국인 노동자의 임금이 대폭 상승한 시기이다. 중소기업과 건설현장 등 소위 3D 산업에 인력이 부족해졌고, 이 자리를 이주노동자들이 메우기 시작했다.[2] 1988년 이후 빠르게 증가한 이주노동자의 수는 오늘날 40만 명에 달한다.

**NOTE** [2] 설동훈, 「외국인 노동자 문제의 배경」, 『실천문학』(제74호/여름), 2004, 227쪽.

20년 동안 이주노동자에 대한 정부 정책은 많은 변화를 겪었다. 1990년대 초까지만 해도 이주노동자가 한국에 들어오는 공식적인 통로가 따로 없었다. 그러다가 이주노동자들의 숫자가 늘고 사회적으로 문제가 될 조짐이 보이자 1991년 산업연수생제도가 마련되었다. 1998년과 2001년에는 그 산업연수생제도가 소폭 변화하였으며, 2004년에는 고용허가제가 도입되었다. 2006년 현재 산업연수생제도와 고용허가제가 병행 실시되고 있다. 하지만 제도상의 변화에도 불구하고 변하지 않는 것이 있다. 이주노동자가 폭력과 탄압에 노출되어 있는 사실이다. 우선 이주노동자들은 저임금과 과잉노동을 감내해야 한다.

<표 1>과 <표 2>에서 볼 수 있듯이 이주노동자의 임금은 법정 최저임금 전후로 책정된다. 하루 8시간 기준으로 한 달에 26일 일한다고 가정했을 때, 최저임금액은 644,800원

<표 1> 고용허가제에서 이주노동자의 급여 실태

| | | 금액 | 응답수 | 퍼센트(%) |
|---|---|---|---|---|
| 유효 | 64만 원 미만 | | 7 | 5.7 |
| | 64~70만 원 | | 47 | 38.5 |
| | 71~80만 원 | | 14 | 11.5 |
| | 81~90만 원 | | 23 | 18.9 |
| | 91~100만 원 | | 17 | 13.9 |
| | 101~110만 원 | | 8 | 6.6 |
| | 111~120만 원 | | 6 | 4.9 |
| | 합계 | | 122 | 100.0 |
| 결측 | 미응답 | | 12 | |
| | 합계 | | 134 | |

R NO.1 ISSUE 05 이주노동자와 이동 조현광

<표 2> 고용허가제에서 이주노동자의 노동시간 실태

|  | 응답수 | 퍼센트(%) |
| --- | --- | --- |
| 8시간 이하 | 33 | 28.0 |
| 9~11시간 | 35 | 29.7 |
| 12시간 이상 | 50 | 42.4 |
| 합계 | 118 | 100.0 |
| 미응답 | 16 |  |
| 합계 | 134 |  |

출처 : 이주노동자인권연대, 「고용허가제 실태조사 보고서」, 2005, 13~14쪽.

이다. 38.5%로 가장 많은 응답자가 대답한 임금 수준이 64만 원에서 70만 원인데, 최저임금액을 간신히 넘긴 수준이다. 게다가 노동시간을 고려하면 비교적 많은 임금을 받는다고 여겨지는 이들조차 최저임금에 못 미치는 임금을 받고 있다고 짐작된다. 고용허가제로 입국한 전체 노동자의 절반에 가까운 수치(42.4%)가 하루 12시간 이상 노동을 하고 있다.

게다가 이주노동자는 '노동자'로서 당연히 가져야 할 노동3권, 단결권·단체교섭권·단체행동권을 보장받지 못한다. 산업연수생제도 하에서는 특히 그러하다. 제도 명칭에서 볼 수 있듯이 산업연수생제도 하의 이주노동자는 노동자가 아니라 '연수생'이다. 당연히 기본적인 노동권을 보장받지 못한다. 이주노동자의 노동자성이 보장된 것은 '고용허가제'에 와서다. 현재는 연수취업생[3]과 고용허가제로 입국한 이주노동자들은 법적으로 노동3권을 가진다. 하지만 계약을 1년마다 갱신해야 되고, 쟁의행위가 소위 '불법파업'으로 규정당하면 바로 출국조치를 당하기 때문에 실질적으로 단체행동권 등의 권리는 없다. 정부(노동부) 역시 기업에 고용허가제를 홍보하는 문서에서 그런 실질적 제한을 근거로 "이주노동자의 쟁의활동은 어렵다"고 명시한다. 그럼 왜 제도적으로 보장하고 있는 것일까? 해당 홍보자료는 "노사분규의 가능성을 이유로 노동3권을 부여하지 않기 위해 정식으로 외국인력제도를 도입할 수 없다는 것은 국제화 시대에 국가 이미지를 저하시킬 수도 있기 때문"이라 설명한다. 정부 스스로 이주노동자의 노동3권이 이미지 유지용이라고 인정한 셈이다.[4]

NOTE [3] 산업연수생제도에서는 연수생으로서 '연수'가 끝나면 일정 기간 취업이 허가된다. 2001년 개정안으로 현재 1년 연수생으로 지내면 2년 동안 취업이 허가된다.

NOTE [4] 노동부, 「지속 성장과 기업을 위한 외국인 고용허가제」, 2003, 24쪽.

즉 이주노동자는 자신의 권리를 지키고 지위를 향상시킬 수 있는 실질적 수단들을 박탈당한다. 그러다 보니 온갖 욕설과 폭력에 시달려도 벗어날 길이 없다. 인종차별까지 겹처 온갖 형태의 차별과 멸시를 감내해야 한다. 한 노동자의 증언에 따르면 한국에 와서 처음 배우는 말이 '씨발'이라고 한다. 합법적으로 사업장 이동을 이루어낸 몇 안 되는 이주노동자 중 고용주의 언어/신체적 폭력 때문에 이동한 비율(20.5%)이 임금체불 때문에 이동한 비율(15.9%)보다 높을 만큼 인격적/신체적 폭력은 심각하다.[5] 이는 정부가 이주노동자 정책을 마련할 때부터 예견된 일이다. 최근 '고용허가제'를 도입하면서 정부가 마련한 '외국인 근로자의 고용 등에 관한 법률'(법률 제6967호) '제정이유' 항목을 살펴보자.

**NOTE** [5] 이주인권연대, 「고용허가제 실태조사 보고서」, 2005, 26쪽.

> 내국인 근로자의 고용기회 보호라는 원칙 하에 외국인근로자를 체계적으로 도입함으로써 인력수급을 원활히 하여 중소기업 등의 인력부족을 해소하고 지속적인 경제성장을 도모하는 한편, 외국인 근로자에 대한 효율적인 고용관리와 근로자로서의 권익을 보호하기 위한 장치를 마련하려는 것임.

정부는 이주노동자를 "중소기업 등의 인력부족을 해소"하고 "지속적인 경제성장을 도모"할 요소로 파악하지 존중하고 보호해야 할 노동자로 보지 않는다. 당연히 가혹한 인권침해가 따를 수밖에 없다. 마지막 줄에 나온 '근로자로서의 권익 보호'는 이미지 관리용임을 스스로 인정했다. 케빈 그레이는 이런 상황 때문에 한국의 이주노동자가 '계급 이하의 계급'이며 '노동자가 아닌 노동력'일 뿐이라고 지적한다.[6]

**NOTE** [6] 케빈 그레이, 조계원 옮김, 「'계급 이하의 계급'으로서 한국의 이주노동자들」, 『아세아 연구』(통권 116호/여름), 2004.

# 2. 이주할 수 없는 이주노동자

**2-1. 이동을 금지하는 방법** 이주노동자를 통제하는 정부 정책의 핵심은 '이동성'의 제한에 있다. 이주노동자의 근본적 성질인 이주성을 박탈하는 것이다. 현재 실시되고 있는 많은 제도들이 직접적으로 이주노동자의 이동을 관리한다.

첫째, 입국시 이주노동자의 작업장 선택권을 빼앗는다. 이주노동자가 한국에 들어오는 과정부터 이주노동자는 자신이 갈 곳을 선택하지 못한다. 한국과 양해각서(MOU)를 맺은 인력 송출국은 한국으로 가고자 하는 희망인력 인원명단을 한국정부에 제시한다. 정부는 이 명단을 통해 외국인력 사용신청을 한 한국의 사업체들에게 인력을 배치한다. 이 과정에서 이주노동자는 어떤 권한도 행사할 수 없다. 오히려 인력명단에 들어가기 위해 평균 1,000달러에서 3,400달러에 이르는 비용을 지불하게 된다.

둘째, 사업장 이동이 금지되어 있다. 이주노동자는 한국에 들어와서조차 사업장을 바꿀 수가 없다. 우선 산업연수생제도는 원천적으로 사업장 이동이 금지되어 있다. 연수생이 연수를 받아야지, 공장을 옮겨서야 되겠는가. 물론 이주노동자들에게 주어지는 실질적인 연수는 아무것도 없으며, 대신 아무리 가혹한 대우와 저임금에 시달려도 그 작업장을 벗어날 수 없는 처지에 놓일 뿐이다. 벗어났다가는 현행법을 위반한 것으로 간주되어 바로 추방된다.

그나마 개선되었다고 여겨지는 고용허가제도 마찬가지이다. 형식적으로는 사업장 이동이 가능한 것처럼 해놓았지만, 실질적으로 봉쇄하고 있다. 우선 고용허가제 하에서는 '사업주의 동의'가 있어야 사업장 이동이 가능하다. '사업주의 동의'가 잘 이루어지지 않을 것이란 점은 명백하다. 사업주가 동의하지 않아도 이동이 가능하기 위해서는 '피치 못할 사유'가 생겨야 하는데 그 피치 못할 사유, 즉 '외국인 근로자의 책임이 아닌 사유'가 추상적임은 물론이고 그 판단도 정부가 한다. 중소기업의 안위와 경제를 걱정하는 정부가 쉽게 허가를 해줄 리 없다. 고용허가제에서 사실상 사업장 이동은 금지되어 있다.[7]

NOTE [7] 고용정책실, 「합법화된 외국인 근로자 취업 및 고용관리지침」, 노동부, 2003.

셋째, 강제로 계좌를 개설하게 하고 그 계좌를 이주노동자 본인이 관리하지 못하도록 한다. 필리핀에서 온 이주노동자 델리오 씨는 지난 2006년 8월 황당한 일을 당했다. 2004년 8월에 입국한 델리오씨는 대우건설에 산업연수생 신분으로 고용되었다. 고용기간 동안 회사에서는 강제로 적금 통장을 개설하게 하고 매달 10만 원씩 입금하게 했다. 하지만 델리오 씨는 폭행 등을 참지 못하고 사업장을 이탈해 미등록 이주노동자가 되고 말았다. 그런데 후에 적금을 찾으려 하자 은행에서는 돌려줄 수 없다는 답이 돌아왔다. 대우건설에서 은행에 지급금지 요청을 했기 때문이다. 대우건설이 은행에 보낸 공문에는 "당사(대우건설)는 외국인 산업연수생들의 무단이탈 및 도주를 미연에 방지하고자 '유보금제도'(1인당 180,000원/월, 불입기간 12개월)를 시행하고 있는 바 동 유보금에 대한 우선적 '원천 지급정지'를 요청하는 바"라고 적혀 있다. 이주노동자의 이탈을 방지하기 위해 이탈자들에게는 돈을 주지 말라고 한 것이다. 이 같은 일은 이주노동자 역사 초기에는 훨씬 빈번했으며 오늘날도 관행적으로 행해지고 있다. 이주노동자 자신이 번 돈을 볼모로 삼아 이주노동자의 이동을 막고 있는 것이다.[8]

NOTE [8] 김동현, 「대우건설, 외국인 노동자 임금인출 통제 물의」, 『뷰스 앤 뉴스』, 2006년 8월 10일자.

넷째, 여권을 압수한다. 상당수의 사업주가 이주노동자의 여권을 압수한다. 이주노동자인권연대에 따르면 고용허가제로 입국한 이주노동자 중 49.6%가 자신의 여권을 사업주가 관리하고 있다고 답했다.[9] 여권 압수는 1996년 이후 불법이 되었지만 여전히 관행으로 남아 있다. 이주노동자는 한국에서 외국인이다. 그의 신분을 증명할 수단은 여권밖에 없다. 이주노동자는 여권 없이 아무런 활동을 할 수 없다. 통장을 만들어 본국의 가족에게 송금을 할 수도 없다. 여권을 사업주가 가지고 있으면, 이 모든 활동이 사업주에 의해 통제되고 관리된다. 사업주나 정부가 허락하지 않은 활동을 하기란 애초에 불가능하다.[10]

NOTE [9] 이주노동자인권연대, 「고용허가제 실태조사보고서」, 17쪽. 이 수치는 미등록이주노동자를 포함할 경우 훨씬 높아질 것이다.

NOTE [10] 필자는 이주노동자노동조합(Migrant Trade Union, MTU) 활동가들과 단속과정에서 다친 이주노동자를 방문한 일이 있었다. 포천의료원에 있던 그는 MTU 활동가들을 만나자 찬장 깊숙이 숨겨놓은 여권을 꺼내기 시작했다. 몇 번이나 종이와 비닐봉투를 벗거내자 여권이 나왔다. 그리고는 다시 넣었다. 활동가들 역시 여권 제시를 요구받으면 사본을 만들어놨다가 제시하라고 충고했다. 그만큼 여권을 압수하고 그것을 통해 이주노동자를 탄압하는 것이 일상적이라는 뜻이리라.

각종 인신적인 통제도 행해진다. 작업장 이탈을 위한 정보교환을 차단하려고 전화나 편지를 못하게 하고, 고의로 임금을 5~6개월씩 체불해서 이주노동자가 눌러앉게 만든다.[11] 게다가 연고 없는 이주노동자들에게 숙소를 제공해 준다는 명목으로 마련한 기숙사가 족쇄가 되는 경우가 비일비재하다. 말하자면, 감금이다.

NOTE [11] 김해성, 「제발 때리지 마세요!」, 『다르게 사는 사람들』, 이학사, 2002, 163쪽.

**2-2. 이동통제의 경제적 이득**

왜 이렇게 이주노동자를 이동하지 못하게 하는 걸까. 먼저 경제적으로 큰 이득이 생기기 때문이다. 이주노동자의 이동통제는 저임금 강제노동을 가능케 한다. <표 1>에 나왔던 저임금은 이동이 통제된 이들의 평균급여다. 내국인, 즉 한국인과 비교해봤을 때 턱없는 급여이다. 게다가 사업주가 불법적으로 행하는 추가노동을 포함하면 실질급여는 훨씬 더 떨어진다. 그 턱없이 낮은 급여를 감내하는 이유는, 한국에 들어오기 위해서는 자신을 선택한 기업이 제시한 조건을 받아들여야만 하고, 들어온 후에도 그 사업체를 떠날 수 없기 때문이다. 만약 노동자가 자유롭게 이동할 수 있다면 그런 임금조건을 받아들일 리가 없다. 하지만 제도적/비제도적으로 금지된 이동은 이주노동자를 열악한 조건에 동의하게 만든다. 정부와 기업이 노동자의 이동을 통제해서 시장임금보다 낮게 임금을 조작하는 것이다.

돈으로는 해결이 안 되는 위험노동이나 강제노동도 이동이 통제된 이주노동자들이라면 가능하다. 얼마 전 디메틸포름아미드로 사망한 이주노동자의 사례가 이를 잘 보여준다. 지난 2006년 4월 29일 부산 녹산공단 소재 피혁공장에서 디메틸포름아미드에 중독되어 한 이주노동자가 사망했다. 디메틸포름아미드란 치명적인 독성을 가진 물질로 널리 알려져 있으며, 노출시 체질에 따라 1개월 이내에 전격성 간염으로 사망에 이를 수 있다.[12] 이런 물질을 취급하는 작업장에 사람이 모일 리 없다. 이주노동자, 즉 들어올 때 작업의 내용에 대해서 잘 알지 못하고, 들어와서도 사업장 이동이 불가능한 예외적인 노동자들 외에는 말이다. 시장논리에 따르면 퇴출될 법한 작업장들이 이동이 통제된 이주노동자를 고용해 운영되고 있다.

**NOTE** [12] 정연우, 『디메틸포름아미드로 사망한 이주노동자 살려내라』, 『참세상』, 2006년 9월 6일자.

법적·제도적 이동통제가 어려운 미등록 이주노동자의 경우 합법적 이주노동자보다 급여가 월등히 높은 것을 보면 '이동'이 임금이나 노동조건에 얼마나 큰 영향을 미치는지 알 수 있다.[13] 미등록 이주노동자에게는 나중에 체불을 하더라도 시장임금을 지급해야 한다. 그렇지 않으면 직장을 옮겨버리기 때문이다. 한 연구결과에 따르면 "산업연수생이나 연수취업자의 임금 수준은 내국인 근로자에 비해 최소 20% 이상 낮은 것으로 드러난 반면, 불법취업자(미등록 이주노동자)의

경우 거의 내국인 근로자 수준에 다다랐다"고 평가한다.[14]

**NOTE**[13] 소위 불법체류자에 대한 명칭은 여러 가지가 있으나, 여기서는 '미등록 이주노동자'라는 명칭을 사용한다.

**NOTE**[14] 유길상 외, 『저숙련 외국인력 노동시장 분석』, 한국노동연구원, 2004, 117쪽.

보다 일반적으로 이동통제는 저임금을 조장하는 노동통제 메커니즘이다. 맑스는 '상대적 과잉인구'의 관리가 자본에게 큰 권력을 제공한다는 것을 간파했다. '상대적 과잉인구'는 산업예비군, 즉 실업자를 뜻한다. 이들이 존재하는 이상 노동자들은 긴장하지 않을 수 없고 자본가에 복종할 수밖에 없다. 맑스는 이런 과잉인구가 자연의 산물이 아니라 인위적으로 형성된다는 점을 지적했다. 맬서스가 말하듯 인구가 자연스럽게 늘어 실업자가 생기는 게 아니라 자본주의 내적인 논리가 과잉인구를 만들어내고 있다.[15]

**NOTE**[15] 칼 맑스, 김수행 옮김, 『자본론』 I(하), 비봉, 2001, 868~874쪽.

얀 물리에르 부탕은 상대적 과잉인구 형성에 이동통제가 핵심적임을 간파했다. 그에 따르면 세계적으로 노동력은 절대 과잉상태가 아니다. 오히려 과소상태이다. 과잉이 된 것처럼 보이는 까닭은 국가와 자본의 분할통치전략 때문이다.[16] 이주노동자를 특정 사업장에 결박함으로써 저임금을 유지하는 것처럼, 세계적으로도 특정 지역에 노동력을 과

잉상태로 만들고 관리함으로써 저임금을 유지한다. 제3세계 국가들이 대표적이다. 그들은 국경이라는 장벽 때문에 이동하지 못하고 본국의 높은 실업률 때문에 저임금 노동력을 어쩔 수 없이 제공하고 있다. 다국적 기업이 이에 기생해서 살고 있는 것은 잘 알려진 사실이다. 하지만 만약 통제가 실패하고 국경이 무너져 제3세계 노동자들이 몽땅 1세계로 이주한다고 생각해보자. 그러면 당연히 제3세계의 임금도 크게 상승하고, 다국적 기업을 포함한 여러 자본가도 큰 타격을 받을 것이다.

**NOTE**[16] 얀 물리에르 부탕, 이진경 옮김, 「모든 벽들에 대한 증오와 증오의 벽 사이에서」, 『흔적』(제2호/12월), 문화과학사, 2001.

그렇다고 정부와 기업이 노동자가 전혀 움직이지 못하게 묶어둔다는 말은 아니다. 핵심은 정부와 기업이 노동자의 이동을 통제할 수 있고 조절할 수 있다는 점이다. 송출국이나 수입국으로서도 이주노동자의 적당한 이동은 필요하다. 송출국은 자국의 지나친 실업률을 줄일 수 있고, 송금을 통한 외화벌이를 할 수 있다. 수입국 역시 자국민이 일하지 않으려는 업종에 노동력을 보충할 수 있다.[17] 그러나 이것은 노동자의 지나친 이주로 송출국의 임금압박을 가져오지 않고, 노동자들이 수입국에 들어와 일정한 기간 동안 정해진 일만 하며 자유롭게 활동하지 않을 경우에 한해서이

다. 즉 노동자의 이동이 완전히 조절가능할 때 이동은 정부와 기업에게 이익이 된다.

NOTE |17 피터 스카터, 최수연 옮김, 『국경 없는 노동자』, 이화여자대학출판부, 2003, 122~134쪽.

### 2-3. 이동통제의 정치적 이득

이동의 통제는 통치자들에게 통치상의 이득을 제공한다. 이주노동자와 한국인, 이 둘은 명확하게 구분되어야 한다. 그리고 각자의 정체성을 부여받아야 한다. 한국인은 '대한민국 국민'으로서 정체성을 부여받아야 하고, 이주노동자는 '외국인 노동자'로서 정체성을 부여받아야 한다. 그에 따라 대한민국 국민은 애국심을 가지고 한국의 경제발전을 최우선으로 생각하며 국가가 제시한 삶을 받아들이는 성격을 가지고, 외국인 노동자는 사업주와 정부의 말에 반항하지 않고 힘든 일이 있더라도 참고 버티다 본국으로 돌아가는 성격을 가지게 된다. 정부로서는 국민은 국민으로서 살고 외국인 노동자는 외국인 노동자로서 행동하는 것이 가장 좋다.

이 과정에서 이동을 통제하는 것은 핵심적이다. 탈영한 병사나 파업을 일으킨 노동자가 무슨 일을 할지 예상할 수 없는 것처럼, 작업장을 이탈한 이주노동자는 무슨 일을 할지 알 수 없다. 주민번호도 없는 이들이 각지로 흩어진다고 생각해보라. 관리할 방법이 없다. 권력으로서는 이들이 만약 무슨 일을 작당해서 벌인다면 꼼짝 없이 당할 수밖에 없다. 정체성 부여가 힘들어지는 것이다.

나아가 권력이 애써 만들어 놓은 분할 자체를 위협한다. 국민과 이주노동자가 혼합되어 잡종적 정체성이 생기기 때문이다. 한국인으

로 사는 것만이 최고라고 생각했던 국민과 일만 해야 한다고 생각했던 이주노동자들이 서로 만났을 때 어떤 일이 생길지 알 수 없다. 결국 국민 본연의 정신을 잃은 국민이 생기고, '중소기업의 인력난과 경제발전'에 역행하는 이주노동자가 탄생한다. 한국인과 이주노동자가 얽혀 국적을 잊고 연대하고 있는 지금 이주노동자 운동 상황이 정확히 그러하다. 이주노동자가 마음대로 이동한다면 권력이 어찌할 수 없고 예측할 수 없는 지대, 혼합된 정체성이 만들어진다.

중소기업에 인력이 만성적으로 부족함에도

불구하고 이주노동자의 체류를 3년으로 한정하는 것은 이 때문이다. 장기간 체류를 통해 한국에 적응하고 익숙해진 이주노동자들은 그렇지 않은 이주노동자들에 비해 쉽게 이동할 수 있고, 통치불가능한 공간을 만들어낸다. 존 버거는 유럽의 이주노동자에 대해 설명하면서 "고용주들은 프롤레타리아보다도 낮은 사람들이 정치적으로 의식화되면 불편하다는 것을 잘 알고 있기 때문에 어떤 노동자도 너무 오래 체재하지 않도록 외국인 노동력을 끊임없이 '로테이션'시킬 계획을 세운다"고 지적한다.[18]

NOTE [18] 존 버거, 차미례 옮김, 『제7의 인간』, 눈빛, 1996, 144쪽.

이주노동자에게 테러리스트니 야만인이니 하는 딱지를 붙이는 것은 통제에도 불구하고 이동하는 이주노동자들에 대한 불안함과 초조함 때문이다.[19] 테러리스트가 언제 어디서 무엇을 할지 예측할 수 없는 것처럼, 이동하는 이주노동자들은 정부에게 예측불가능하고 관리불가능한 존재이다. 정부는 권력이 가진 무능력의 지대를 드러내지 않기 위해 이동을 금지하고 통제한다.

NOTE [19] 2004년 10월 13일 국회 법제사법위의 한나라당 김재경 의원이 국정감사장에서 "이슬람 계열 불법체류 이주노동자 중에 반한(反韓) 테러리스트가 있으며 한국인 지원세력도 있다"라고 말했다. 이선옥, 「한국 이주노동자운동의 형성과 성격변화」, 성공회대학교 사회학과 석사학위논문, 2005, 15쪽.

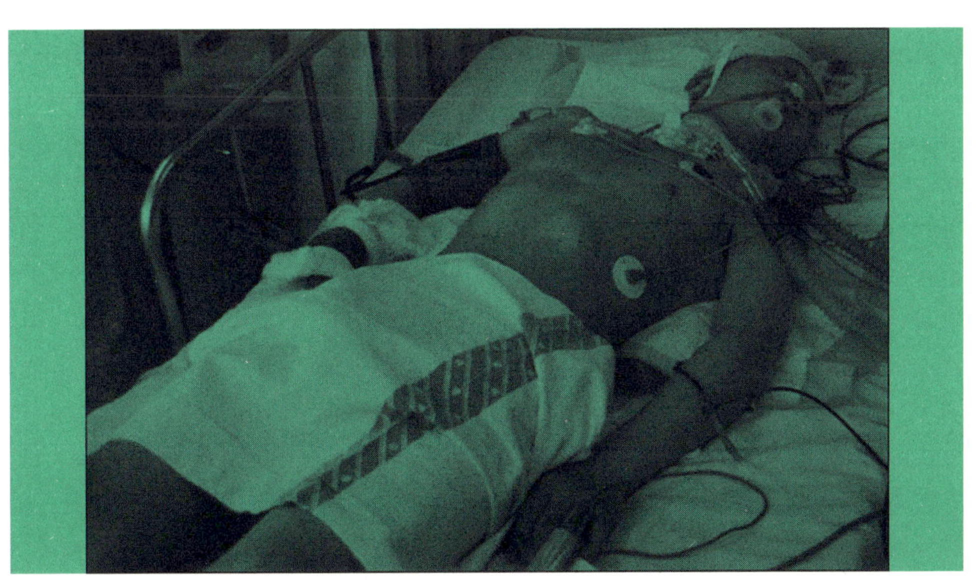

# 3. 미등록 이주노동자

미등록 이주노동자, 즉 사업장을 무단으로 이탈한 이주노동자는 통제에서도 이탈한다. 이동통제가 가져왔던 통치효율성과 저임금은 위기에 처한다. 앞서 살폈듯이 미등록 이주노동자는 체불당할 우려는 있지만 시장임금을 받게 된다. 비상식적으로 위험하거나 가혹한 노동을 시킬 수도 없다. 한 사업장에 귀속되어 있지 않기에 통제가 쉽지 않다.

한국에서 이주노동자들은 대부분 미등록 이주노동자라고 볼 수 있다. 오늘날 전체 이주노동자 중 미등록 이주노동자의 비율은 55% 정도이며 꾸준히 증가하고 있다. 왜냐하면 끊임없이 합법적 상태의 이주노동자가 미등록 이주노동자로 변하기 때문이다. 어떻게 보면 거의 모든 이주노동자가 잠재적으로는 미등록 이주노동자다.

이주노동자가 미등록 이주노동자가 될 수밖에 없는 이유는 여러 가지이다. 우선 소위 합법적 신분 하에서 저임금과 인권탄압에 시달리며 노예처럼 계속 일할 수 있는 이들이 많지 않기 때문이다. 살기 위한 사업장 이탈이 불법체류로 이어진다. 보다 근본적으로는 체류기한이 현실적이지 않다. 고용허가제나 산업연수생제도 둘 다 3년이 지나면 이주노동자는 본국으로 돌아가야 한다. 하지만 대부분 처음 노동을 해보는 이주노동자들에게 3

년은 한국에 적응하는 시간 이상이 될 수 없다. 이제 한국어와 작업이 조금 익숙해질 만하자 돌아가야 하는 상황이 닥친 것이다. 당연히 그동안 한국에 들어오면서 브로커에게 진 빚을 갚았을 리도 없다. 자연히 사업장에서 이탈한다. 이렇게 한국 국적을 가지고 있지 않기에 '국민'도 아니고 정해진 외국인 노동자의 규정을 벗어났기에 '노동자'도 아닌, 하지만 한국에 분명히 살고 있는 예외적 존재가 탄생한다.

정부는 이런 예외적인 존재를 없애려 한다. 중소기업에 인력이 남아돌기 때문은 아니다. 오히려 중소기업에는 만성적인 노동력 부족 현상이 나타나고 있다. 하지만 이주노동자가 정부에게 도움이 되기 위해서는 그들을 마음대로 통제할 수 있고 관리할 수 있어야 한다. 그러지 않고서는 저임금을 이끌어 낼 수 없고 관리도 힘들다. 더 이상 '미숙련 저임금의 말 잘 듣는 노동자'가 아닌 미등록 이주노동자들은 추방해야 할 대상이다.[20]

NOTE [20] 홍세화, 「우리는 모두 이주노동자」, 『이주노동자운동 정책 심포지움 자료집』, 이주노동자인권연대, 2004.

'출입국관리소'는 미등록 이주노동자들을 찾아내 추방하기 위해 소위 '단속추방'을 실시한다. 그런데 예외적인 존재는 예외적으로 대해도 좋다고 생각하는지, 그 단속방식이 가혹하기 그지없고 불법적이다. 둔중한 무기를 던져 이주노동자의 뒤꿈치를 망가뜨리는가 하면, 무작정 길가는 사람을 덮쳐 다리 밑으로 떨어뜨리고, 기숙사로 쳐들어가 잠자는 이주노동자를 끌고 가기도 한다. 공무원인 출입국관리소 직원들은 정해진 단속절차를 지키지 않고 있다.[21] 2005년 국가인권위조차 이를 시정할 것을 권고했지만 요지부동이다. 올해만 두 명의 이주노동자가 단속추방 과정에서 목숨을 잃었다.

NOTE [21] '외국인근로자의 고용 등에 관한 법률안' 제5장 26조 2항에 따르면 검사를 하는 공무원은 그 신분을 표시하는 증명서를 지니고 이를 관계인에게 내보여야 한다. 그리고 필요한 복장을 착용해야 한다. 물론 지켜지지 않는다.

명백한 보여주기식 폭력이다. 한 여성 미등록 이주노동자의 사례는 이를 적나라하게 보여준다. 태국에서 온 이 이주노동자는 퇴근하던 길에 단속반에 걸렸다. 죽자 사자 도망쳐서 빠져나와 보니 가방이 없는 게 아닌가. 울며불며 상담소를 찾아갔고 상담소에서는 출입국관리소에 전화를 걸었다. 가방을 돌려달라고. 그러자 출입국관리소에서 하는 말이 "이제 괜찮으니 안심하고 어서 와서 가방을 찾아가라"는 것이다. "이미 게임은 끝났으니 가방은 돌려주면 되는 것"이다.[22] 출입국관리소에서 단속과 추방을 제1목표로 했다면 일어날 수 없는 일이다. 즉 단속추방은 단속추방 자체보다 그 폭력의 가혹한 모습을 많

은 이들에게 보여주기 위함이다.

NOTE [22] 이란주, 『말해요, 찬드라』, 삶이보이는창, 2003, 88~89쪽.

누구에게 보여주고자 하는 걸까? 우선 합법 상태의 이주노동자, 즉 완전히 이동통제를 당하고 있는 이주노동자들에게 보여주고자 한다. 통제를 벗어나면 이런 비참한 꼴을 당할 것이라 경고하는 것이다. 이는 어느 정도 효과를 가진다. 대대적인 단속과 함께 자진신고 기간을 마련하여 합법화를 유도한 2003년 미등록 이주노동자 비율이 79.8%에서 35.3%로 떨어진 것이 그 증거다(<표 4> 참조). 정부는 법을 어기면 어떻게 되는지 보여줌으로써 이주노동자가 더욱 법에 복종하고 종속되게 만든다.

두번째로 비슷한 처지의 미등록 이주노동자에게 이런 장면을 보여주려 한다. 자기도 당할 수 있다는 공포를 심어줌으로써 언감생심 함부로 이동하지 못하게 하기 위함이다. 자발적으로 이동을 포기하고 고분고분해지기를 바라는 것이다. 사실 정부가 미등록 이주노동자를 전면적으로 하나하나 관리할 수는 없다. 그럴 수 있다면 미등록 이주노동자가 발생하지도 않았을 것이다. 당연히 모든 이주노동자를 추방하는 것도 힘들다. 소재 파악도 힘든데, 이리저리 이동(도망)하는 이주노동자를 어떻게 잡아서 추방시킬 것인가.

또한 앞서 말했듯 인력이 부족하면 부족했지 남지는 않는다. 사업체에서는 미등록일지언정 이주노동자에 대한 수요가 뚜렷이 존재한다. 그래서 정부는 공포를 통해 미등록 이주노동자들이 허락되지 않는 행동이나 활동을 자발적으로 억제하도록 만든다. 이주노동자들 중 MTU나 기타 관련 활동가들에게 표적단속이 행해지는 것[23]은 이 때문이다.

NOTE [23] 민주노총 평등노조 이주지부(ETU-MB) 시절 꼬빌과 비두, MTU의 아노아르 위원장 등이 대표적인 사례다.

실제로 단속추방이 행해지면 이주노동자들의 물리적인 이동을 포함한 모든 형태의 이동이 급격하게 줄어든다. 대부분의 미등록 이주노동자들은 단속이 뜬다는 소식을 들으면 집에 틀어박힌다. 단속반에게 걸렸다간 목숨을 잃을지도 모른다. 심지어 직장에 나가는 것조차 두려워 일을 쉬는 경우도 있다. 집회 참여와 같이 '허락되지 않은 활동/이동'은 특히 제한된다. 그러다 보니 이주노동자 집회를 조직할 때에는 지방에 있는 이주노동자들에게 버스 등 교통수단을 제공하는 것이 큰 고민과 업무가 된다. 정부는 단속추방을 통해 자유로운, 한마디로 정부로서는 달갑지 않은 활동을 제한하려 시도한다.

또 자유로운 이동을 통해 내국인만큼 올라왔던 임금수준이 단속추방 때문에 다시 떨어질 위기에 처한다. '불법적 존재'에게 제때 임금을 지급할 이유가 없기 때문이다. 사업주는 이주노동자의 불법신분을 악용해 의도적으로 임금을 체불한다. 이주노동자가 이에 대해 항의하면 사업주는 도리어 불법체류자임을 경찰에 신고하겠다고 협박한다. 대부분은 여기서 사업주의 협박에 굴하고 만다. 굴하지 않고 경찰을 불렀다간 거꾸로 강제출국 당한다. 노동부에 고소장을 제출해도, 그래서 임금체불 사실을 인정받아도, "적법한 근로계약을 전제로 하는 근로기준법상의 근로자로 볼 수 없기에 사업주의 범죄 혐의가 없다"는 판결이 돌아온다.[24]

NOTE [24] 김해성, 「제발 때리지 마세요!」, 155쪽.

게다가 폭행이나 욕설이 더욱 심해진다.[25] 합법적인 노동자들에게는 사업체를 떠날 수 없는 약점을 이용해 폭행이나 욕설을 일삼았다면, 이번에는 불법적인 신분을 이용해 인신적 탄압을 가한다. 사업주의 폭력에 경찰서로 뛰어갔다 도리어 강제출국을 당했다는, 그리고 사장은 아무런 처벌도 받지 않았다는 안산의 어느 미등록 이주노동자의 사례는 시사하는 바가 크다.

NOTE [25] 설동훈, 『외국인 노동자와 한국사회』, 서울대학교출판부, 1999, 268쪽.

정부와 기업은 스펙터클한 폭력을 행사함으로써 저임금과 통제가능성을 다시 찾아오려 한다. 그 방법은 더 이상 직접적 통제가 아니다. 법을 피해 이동하는 자들에게 직접적인 통제는 불가능하다. 정부는 미등록 이주노동자에게 법 밖에 있는 자들, 불법적 존재라는 딱지를 붙이고 방치한다. 기업주의 폭력이나 욕설, 임금체불 등은 사실상의 정부 방조 속에서 만연해진다.

게다가 '불법체류자'라는 규정은 엄연히 산업 현장에 실존하고 있는 이주노동자의 존재 자체를 부인한다. 20만이나 존재하는 미등록 이주노동자가, 그들이 당하는 폭행과 과잉노동이, 이를 활용하는 사업주와 정부의 만행이 비-가시화된다. '미등록 이주노동자 문제'라는 문제 자체가 사라지는 셈이다. 바로 옆에 똑같은 인간이 19세기 노동자와 다름없는 방식으로 인권침해를 당해도, 그들의 존재를 볼 수 없고 그것을 문제라 느끼지 못한다. 그런 의미에서 이주노동자들의 투쟁은 스스로의 존재를 증명하려는 투쟁이기도 하다. 미등록 이주노동자에 대한 정부의 관리정책을 공포와 무화(無化)의 전략이라 요약할 수 있지 않을까? 그것은 미등록 이주노동자들이 자발적으로 이동을 멈추게 한다는 점에서 이동통제의 연장이다.

이주노동자들이 처음 한국에 들어왔을 때 그들은 '미숙련 저임금의 말 잘 듣는 노동자'였다. 이 처지를 견디지 못하고 이동하기로 결심한 이주노동자는 이번에는 정부의 잔혹한 정책에 노출되어 '고숙련 저임금의 때려도

되는 노동자'가 될 위기에 처했다. 법 밖에 있지만, 배제되거나 추방되지 않고 오히려 그 사실을 근거로 체제에 포함되는 존재, 방치하면서 관리되는 존재. 아감벤이라면 이들을 예외상태에 처한 호모 사케르(HOMO SACER)라 불렀을 것이다.

# 4. 이동하는 이주노동자, 저항하는 이주노동자

**4-1. 통제보다 빠른 이동**

하지만 정부의 의도와 달리 여러 가지 통제장치에도 불구하고 이주노동자는 끊임없이 이동한다. 미등록 이주노동자의 숫자가 꾸준히 증가하고 있다는 사실은 이주노동자들이 그들의 이동을 통제하려는 제도로부터 계속 탈주하고 있다는 사실을 증명한다. 아무리 산업연수생제도와 고용허가제라는 제도를 만들어서 사업장 이동을 금지해도, 이주노동자는 끊임없이 이동을 갈망하고 결국 미등록 이주노동자가 된다.

<표 3> 미등록 이주노동자 추이

| | 1996 | 1997 | 1998 | 1999 | 2000 | 2001 | 2002 | 2003 | 2004.6 | 2005.5 |
|---|---|---|---|---|---|---|---|---|---|---|
| 전체 외국인력 | 210 | 245 | 158 | 217 | 286 | 330 | 363 | 389 | 420 | 401 |
| 미등록 이주노동자 | 129 (61.3) | 148 (60.3) | 99 (63.1) | 135 (62.3) | 189 (66.2) | 255 (77.4) | 289 (79.8) | 138 (35.3) | 166 (39.5) | 199 (49.7) |

출처 : 유길상 외, 『저숙련 외국인력 노동시장 분석』, 한국노동연구원, 2004 ; 이선옥, 「한국 이주노동자운동의 형성과 성격변화」, 42쪽. 재인용(강조는 인용자).

<표 3>에서 볼 수 있듯이 눈에 띄는 감소가 나타난 해는 고용허가제를 도입하면서 대대적인 합법화 정책을 편 2003년밖에 없다. 당시 306,382명에 달하는 미등록 이주노동자 중 184,199명이 합법화 신고를 하여 합법적인 이주노동자가 되었다. 고용허가제를 도입하면서 신설 제도의 원활한 운영을 위해 예외적인 조처를 취했던 것이다. 하지만 나머지 시기, 즉 산업연수생제도나 고용허가제가 실제로 작동하고 있던 시기에는 미등록 이주노동자의 비율이 끊임없이 늘어났다. 그 제도들과 처벌이 이주노동자에게 전혀 효용이 없었다는 뜻이다. 사실 이런 사실은 제도의 성립과정 자체에서 이미 예견되었을지도 모른다. 모든 제도는 이주노동자의 움직임보다 한발 늦게 도입되었다.

<표 4>에서 볼 수 있듯이, 1987년 처음 이주노동자가 한국에 들어온 이후 4년이 넘는 기간 동안 이주노동자에 대한 정부 정책과 제도는 단 하나도 없었다. 당연히 그 기간 동안 정부와 기업이 이주노동자의 이동을 통제하지 못했음은 물론이다. 1991년이 되어서야 겨우 산업연수생제도가 마련되었다. 강제로

<표 4> 외국인력 정책의 단계별 특징

| | 1단계 | 2단계 | 3단계 |
|---|---|---|---|
| 시기 | 1987~1991.10 | 1991.11~2003.10 | 2003.11~ |
| 특징 | 정책 부재 시기 | 산업연수생제도 시기 | 고용허가제와산업연수생제도 병행 시기 |

출처 : 설동훈 외, 『국내 외국인 노동자 차별해소 방안 연구』, 대통령자문정책기획원,<br>2004; 이선옥, 「한국 이주노동자운동의 형성과 성격변화」, 40쪽. 재인용(강조는 인용자).

통장도 만들고 여권도 뺏고 노동자 지위도 박탈하는 등 온갖 방법을 동원하지만, 그 방법들은 4년 이상의 공백을 거치고 겨우 만들어진 것들이다. 그나마 그 정책들도 실패했다. 미등록 이주노동자 수의 가파른 상승이 이를 증명한다. 80% 가까이 치솟는 미등록 이주노동자와 인권탄압국이라는 공격에 당황한 정부는 2003년 고용허가제를 도입하지만 결과는 마찬가지였다. 항상 정부와 기업은 이주노동자의 이동과 움직임을 뒤쫓아 제도를 만들었다. 단 한 번도 이들의 움직임을 미리 예견하고 통제했던 적은 없다. 제도보다 이주노동자의 탈주가 우선한다.

나아가 미등록 이주노동자가 증가한다는 사실은 단속추방을 통해서도 이주노동자들이 통제되지 않는다는 점을 증명한다. 단속추방을 통해 미등록 이주노동자들이 통제되어 자발적으로 이동을 억제한다면, 그래서 실질적으로 임금도 다시 떨어진다면, 이주노동자들이 미등록 이주노동자가 될 이유가 없다. 차라리 합법적 이주노동자의 상태에서 안전하게 보장되는 권리를 누리는 편이 낫다. 그럼에도 미등록 이주노동자들의 숫자가 늘고 있다는 사실은 미등록 이주노동자들이 여전히 합법적 이주노동자들보다 더 자유롭고 유리한 상태에 있음을, 단속을 통한 공포 정책이 효과가 없음을 드러낸다.

Q. 이주노동자 분들이 제도나 그런 것에 대해서는 어떻게 생각하나요?
A. 별로 신경 안 써요. 잘 모르는 경우도 많고. 아무도 이런 거 안 무서워해요. 대부분 법안 같은 건 무시해요. 고용허가제나 단속추방도 법안 초기였으니까 잠깐 잠잠했지 이제 다들 그냥 무시할 거예요.

제도에 별로 신경을 쓰지 않고, 심지어 잘 모르기까지 한다는 이주노동자의 증언은 이주노동자 관리 정책과 단속추방의 실제 효과를 보여준다. 단속추방은 생각만큼 이주노동자의 활동을 제한하지 못하고, 이주노동자들도 한국의 정당한 법과 제도 하에 있어야겠다는 생각을 하지 않는다. 그리고 계속 사업체를 이탈하고 미등록 이주노동자가 된다. 단속추방을 겪고 보호소에서 1년 넘게 생활한 이후 겨우 풀려난, 말 그대로 '헐벗은 삶'을 겪은 한 이주노동자의 증언은 단속추방을 포함한 가혹한 정책들의 정체를 보여준다. 그는 MTU의 조합원이다.

A. 보호소는 정말 최악이에요. 식사는 김치랑 밥만 나와요. 밥은 오래 되서 누렇게 된 거고. 화장실도 앉으면 가슴 정도까지 가려지게 벽이 낮아요. 다 보이죠. …… 안에서 잇몸이랑 이빨이랑 많이 상했어요. 비타민 부족 같은 거 때문에. …… 근데 병원비는 내가 내게 했어요.

Q. 아니, 우선 밥부터 엉망이네. 안에 영양사나 뭐 그런 거 없나요?

A. 없어요. 애초에 오래 머물라고 만든 시설이 아니에요. 그냥 들어왔다 바로 출국당하고 그런 건데, 제가 이상하게 오래 있었던 거죠. 그 안에 있으면 미칠 수밖에 없어요. 나오고서도 고생 많이 했어요. 조금만 마음에 안 들면 짜증내게 되고. 몸도 많이 약해졌어요.

보호소 생활 이후 성격이 변했을 정도로 보호소의 상황은 열악하다. 하지만 대화에서

드러났듯이 권력이 원래 의도했던 일은 아니다. 애초에 보호소는 사람을 오래 머물게 하려고 만든 시설이 아니다. 보호소에 들어온 이주노동자는 본국으로 강제로 출국될 때까지 아주 짧은 기간 동안 그곳에서 지낸다. 그런데 예상치 못하게 노동조합 활동을 하는 이주노동자가 나타나버린 것이다. 노동조합 활동을 하지 못한다는 제도를 무시하고 미등록 이주노동자 신분으로 통제되지 않은 활동이 거듭된 끝에 노동조합이 만들어졌다. 이 사람을 감옥에다 가둘 수는 없다. '불법적 존재'가 대한민국 법을 어기고 처벌받는다는 것이 애초에 불가능하기 때문이다. 그렇다고 바로 내쫓을 수는 없다. MTU를 포함한 여러 단체들의 강한 반발이 불 보듯 하기 때문이다. 이러지도 저러지도 못한 정부는 결국 보호소에 장기간 '보호'할 수 밖에 없었고 이는 가혹한 예외상태로 이어졌다.

Q. 그렇게 고생하셨는데 돌아가고 싶다거나 그런 생각한 적 없나요?

A. 그런 생각 한 적 없어요. 더더욱 악에 받쳐요. 꼭 이길 거예요. 내가 가면 또 그렇게 할 걸요.

엄청난 폭력을 당한 이후에도 이 이주노동자는 더욱 저항할 것을 결심하고 있다. 계획에 없던 가혹행위는 전혀 이 사람을 공포에 떨게 하지 못했다. 단속추방 역시 그러하다. 날

이 갈수록 가혹해지고 더욱 야만성을 띠는 모습은 단순한 겁주기(단속추방)로는 도저히 관리되지 않는 이주노동자들에 대한 초조함이다.[26] 현존하는 이주노동자 관련 제도들과 단속추방은 이주노동자들에 대한 적극적 탄압의 증거가 아니다. 그렇다면 적어도 미등록 이주노동자의 숫자가 줄어들어야 한다. 늘어만 가는 미등록 이주노동자의 숫자는 정부의 가혹한 정책들이 이주노동자의 이동을 전면적으로 관리할 힘은 없지만 억지로라도 멈춰보려는 수세적이고 애처로운 몸짓임을 증명한다.

NOTE [26] 그런 의미에서 '헐벗은 삶'을 주권권력의 전제조건처럼 취급하는 아감벤의 논의에 동의하기 어렵다. 헐벗은 삶이라 여겨지는 것은 오히려 전제권력의 무능력의 표상에 다름 아니다. 헐벗은 삶에 대한 여러 이론가들의 비판에 대한 정리는 다음의 글을 참고하라. 브레트 넬슨, 김상운·양창렬 옮김, 「헐벗은 역량? 주권, 삶정치, 자본주의」, 『자율평론』(제13호/7월), 자율평론 편집모임, 2005.

물론 이주노동자들이 정부의 제도를 두려워하지 않는다거나, 단속추방이 실시되어도 신경쓰지 않는다는 말은 아니다. 앞서 말한 것처럼 단속추방은 분명 이주노동자들에게는 두려운 일이다. 하지만 이들의 이동하려는 욕망은 단속추방 정도로 쉽게 제어되지 않는다. 제도가 이주노동자의 움직임이 있고 나서 도입된 것처럼, 협박이 있고 이를 극복한 이동(도망)이 있다기보다 이주노동자의 이동이 있고 이에 당황한 협박과 폭력이 있다고 말해야 한다. 정부와 기업에게 이주노동자를 전면적이고 계획적으로 통제/관리할 능력은 애초부터 없었던 것이다.

이주노동자에 대한 폭력적 권력뿐만 아니라 권력 일반이 그러할지도 모른다. 권력은 대중의 흐름이나 이동보다 결코 앞서서 존재하지 못한다. 들뢰즈는 권력을 어디로 튈지 모르고 무엇을 생산할지 알 수 없는 '흐름'들을 명확하고 동일한 성격을 지닌 몰적인 '선분'으로 만드는 것이라 정의한다. 즉 권력은 대중이라 지칭되는 여러 사람들의 흐름과 창의성을 특정한 형태로 고정함으로써 기능한다. 권력이 변화할 수밖에 없는 것은 아무리 고정시키고 경계를 명확히 했다 여겨도 다시 빠져나가는 흐름이 발생하기 때문이다. 흐름 자체를 지배할 수 있는 권력은 없다. 다시 그 흐름을 쫓아가서 고정시켜야 한다. 권력은 끊임없이 쫓아갈 뿐이다.[27] 쫓아가서 현재 이주노동자들의 움직임에 알맞은 제도를 맞춤 제공한다. 하지만 결코 이주노동자의 이동을 막을 수 없다.

NOTE [27] 질 들뢰즈·펠릭스 가타리, 이진경·권혜원 옮김, 『천의 고원』 I, 연구공간 수유+너머, 2000, 236~237쪽.

R NO.1 ISSUE 05 이주노동자와 이동 조원광

아프간·이라크 점령 종식
아프간·이라크 한국군 즉각 철수
이란 공격 반대 / 레바논 파병 철회 / 한미 전쟁동맹 반대
NO TO US WAR
AGGRESSION IN
IRAQ / PHILIPPINES
3.17
ILPS
International League
of Peoples Struggle
WE ARE NOT
CRIMINAL
SHUT DOWN
DETENTION
CENTERS
Punish those
responsible
for the Yeosu
fire tragedy!
국가배상!
책임자처벌!
법무부장관
퇴진!
국가배상!
책임자처벌!
법무부장관
퇴진!
Air Ticket
T'ienan
여행사
Achieve
Legalization!
이주노동자노동조합
Migrant Trade Union

**4-2. 권력조차
바꾸는
이동**

그리고 이주노동자의 이동은 단순한 도망이 아니다. 그들의 이동이 자신들을 옭아매는 체계의 변화를 가져오기 때문이다. 이주노동자들은 자신들을 붙잡으려는 한국의 법이나 체계에 역설을 도입하고 내파시킨다. 이주노동자의 이동이 정부를 괴롭히는 것은 단순히 고임금으로만은 아니다. 정부의 통제를 떠난 이들의 다양한 활동이 또한 정부를 괴롭힌다. 이제까지의 이주노동자 역사가 이를 증명한다. MTU나 '이주노동자의 방송국'(MWTV)의 사례가 이를 잘 보여준다. 원칙적으로 이주노동자는 한국에서 '노동'을 해야 한다. '노동' 이외의 활동은 불필요하다. 특히 노동조합은 여러 제도적/비제도적 제한을 통해 금지되어 있다. 하지만 한국의 이주노동자는 '노동력'이 아닌 '노동자'로서의 지위를 요구하고 있다. 그리고 불법단체라는 한계를 넘어 아직까지 활발하게 활동하고 있다. MWTV는 MTU를 포함한 여러 활동을 알려냄으로써 이주노동자들이 여러 '허락되지 않은 요구'와 '통제되지 않은 활동'을 할 수 있도록 독려하고 있다.

이들은 정부 정책의 드러나지 않는 효과를 폭로하고 정당성을 위협한다. 얼마 전 정부에서 재중 동포들에게 '방문취업비자'(H-2)를 발급하겠다는 계획을 발표한 적이 있다. 이주노동자 중 상당수를 차지하는 중국 동포 출신 이주노동자의 입국과 취업을 좀더 쉽게 하는 법안이다. 최근 출산율이 과거에 비해 급격하게 떨어진 것은 잘 알려진 사실이다. 지금도 마찬가지이지만 곧 심각한 인력부족에 시달릴 것이라는 지적이 심심찮게 나온다. 이에 정부는 재중 동포를 활용해 노동력 부족을 해결하려 시도한 것이다. 동포애도 발휘하고, 인력문제도 해결하고. 꿩 먹고 알

먹고 아닌가?

하지만 생각해보라. 이것은 인종차별이 아닌가? 여러 국적의 이주노동자가 엄연히 존재함에도 불구하고, 핏줄을 기준으로 차별대우 하겠다는 뜻에 다름 아니지 않은가?

게다가 여기에는 이데올로기적 인종차별을 넘어선 정부의 전략이 있다. 동포 우대를 통해 이주노동자에 대한 또 다른 통제를 시도하는 것이다. 중국 동포 출신 이주노동자들은 내국인화, 즉 한국인으로 만들기에 쉬운 조건을 가지고 있다. 우선 의사소통이 용이하며 자신이 한국인이라는 생각이 강하다. 전

체 이주노동자 중 상당수를 차지하고 있음에도 불구하고 이들이 이제까지의 이주노동자 운동에 소극적이었던 것도 그 때문이다.[28] 도대체 무슨 일을 할지 예상할 수 없었던 타국 이주노동자와 달리 재중 동포는 쉽게 통치할 수 있다. '한국인'이라는 정체성을 심어줌으로써 행동을 특정하게 규제할 수 있기 때문이다. 어차피 인력을 도입해야 한다면, '한국인'으로 만들어내기 쉬운 중국 동포를 택하겠다는 의도이다.

NOTE [28] 재중 동포의 준거집단은 외국인 노동자가 아니라 내국인 노동자이다. 설동훈, 『외국인 노동자와 한국사회』, 서울대학교출판부, 1999, 266쪽.

그러나 완전히 한국인으로 받아들이는 것은 아니다. 정확하게는 한국인보다 낮은, 그러나 이주노동자보다는 높은 지위를 제시한다. 동포들이 정부에 반항하기보다 정부가 더 나은 지위를 보장해줄 것을 욕망하도록 하기 위함이다. 더불어 다른 이주노동자들과 단결하기보다 다른 이주노동자에 대한 차별과 멸시의 시선을 가지도록 하기 위함이다. 이를 통해 이주노동자들의 단결은 힘들어지고 정부는 이들에 대한 우위를 쉽게 획득할 수 있다. 동포는 외국인도, 내국인도 아닌 위치 때문에 이런 전략에 안성맞춤이다.

결국 이는 통치효율성을 도모하면서 산업체의 인력 부족을 해소하려는 시도이다. 재중 동포에게 권리를 주는 것은 그것이 한국의 이익을 달성하는 위계화 정책과 밀접히 연결되어 있기 때문이다.[29] 동포법은 이주노동자를 위계적으로 통합해 효율적으로 통치하려는 정책적 시도인 셈이다.

NOTE [29] 아렌트는 인권이나 권리란 국가에 귀속되어 있을 때에야 가능하다고 말한다. 국가에 귀속된 자들에게만 권리를 주는 것은 그것이 경제적 이익이나 정체의 안정과 연결되기 때문이다. JACQUES RANCIÈRE, "WHO IS THE SUBJECT OF RIGHT", SOUTH ATLANTIC QUARTERLY, VOL.103, NO.2/3, 2004, P.298.

표면적으로 이것은 동포를 아끼는 정부의 인도적인 정책으로 나타난다. 하지만 이주노동자들의 '불법적' 투쟁은 쉽사리 파악하기 힘든 위와 같은 의미를 지적하고 드러낸다. 공장과 집에 결박되어 있지 않고 거리로 뛰쳐나온 이주노동자들은 대중들에게 왜 동포만이 해택을 받아야 하는지 질문하게 만든다. 정말로 정부가 겨냥하는 효과가 무엇인지 바라보게 만든다. 동포애라는 그럴 듯한 이름으로 문제 자체를 없애버리려 했던 정부의 시도가 실패한다. MTU 사무국장인 마숨 씨의 말을 들어보자.

Q. 만약 방문취업비자가 허용되면 어떻게 하실 거예요?
A. 문제제기 해야죠. 한국정부가 인종차별을 하고 있다는 점을 알려내야죠.
Q. 혹시 누가 당신은 한국인도 아닌데, 왜 그렇

게 한국의 법이나 제도에 참견하느냐고 하면 뭐라고 하실 거예요?

A. 나는 한국 노동자니까. 한국에서 일하고 있어요. 국적은 없어도 나는 한국 노동자에요.

비록 국적은 없지만 이주노동자는 한국의 노동자다. 흔히 이주노동자가 한국의 국부(國富)를 유출시킨다 한다. 일자리를 빼앗는다 한다. 이것은 사실과 거리가 멀다. 오히려 이주노동자는 한국인이 일하려 하지 않으려 하는 업종들에서 인력 부족을 해소시켜준다. 이주노동자의 소비는 다른 내수산업을 성장시킨다. 이주노동자 덕분에 사양산업이 유지되는 경우도 있다.[30] 심지어 합법적 이주노동자들이 내야 하는 '관리비' 명목의 돈은 이주노동자 관리업체의 사사로운 이익마저 불리고 있지 않은가!

NOTE [30] 피터 스토키, 김보영 옮김, 『국제 이주』, 이소출판사, 2004, 86~137쪽.

이동하는 이주노동자는 내국인은 잘 볼 수 없는 권력의 작동을 포착하고 고발한다. 이주노동자가 한국사회에 기생하는 존재이며, 국가 정책에 문제제기할 자격이 없다는 생각은 편견일 뿐이다. 오히려 그 편견을 토대로 사업주나 정부가 이주노동자로부터 더 큰 이익을 얻는다. 통제를 벗어난 이주노동자는 정부의 작동방식을 보게 만든다. 자국민의 방조와 묵인 아래 작동할 수 있었던 여러 정부 정책이 위기에 처한다. 이주노동자의 활동을 통해 권력에 균열이 일어난다.

게다가 이동은, 이주노동자의 활동은 권력뿐 아니라 이주노동자 스스로도 변화시킨다. 그들은 자유로운 이동을 통해 변신한다.[31] 이주노동자들이 허락되지 않은 활동 끝에 갖추게 되는 '탈국가적 정체성'은 그 대표적인 모습이다. 정정훈에 따르면 이주노동자들은 점차 국적을 초월하는 탈국가적 정체성을 지니게 된다.

NOTE [31] 스튜어트 홀은 디아스포라의 정체성이 변형과 차이를 통해 끊임없이 생산된다고 지적했다. 이수자, 「이주여성 디아스포라」, 『한국사회학』(제38집/2호), 2004, 198쪽.

제가 방글라데시 사람이라고 아무 프라이드 없어요. 뭐 국적은 프라이드 될 수 없다, 그런 생각하니까. …… 자꾸 그 사람들 그거 물어보는데, "나 국적은 없어요" 그런 이야기해요. 국적은 중요한 것이 아니잖아요(B씨).[32]

NOTE [32] 정정훈, 「탈국가적 정치주체로서 이주노동자에 관한 연구」, 연세대학교 대학원 문화학 협동과정 석사학위논문, 2006, 96쪽.

이들의 활동은 국경과 법의 본래 성격을 폭로하는 데 그치지 않고 스스로의 정체성을 바꾸는 데까지 나아간다. 그 정체성은 더 이상 '국적'이나 '법'으로 포착이 불가능하다. 지금의 체계를 파괴시키는 움직임을 지금의 질서로 포착할 수 있을 리 없다. 이들은 법-외적이고 체계-외적인 존재가 된다.[33] 명동성당 투쟁을 평가해달라는 말에 "핵심 활동가들이 너무 많이 연행되어 힘이 빠진 것은 사실이지만, 많은 이주노동자들이 전에는 당연시하던 대한민국 법을 이제는 당연시하지 않고 적대하게 되는 등 적지 않은 성과가 있었다"고 대답하는 마숨씨의 말은 이런 움직임을 상징적으로 보여준다.

NOTE [33] 이는 앞서 말한 아감벤의 예외상태와는 다르다. 예외상태는 법에서 배제되어 있지만 그 사실을 근거로 관리된다. 반면 이 법-외적인 상태는 고병권이 말한 진정한 예외상태에 가깝다.

정부와 기업이 행하는 이주노동자의 이동통제가 이주노동자를 물리적으로 한 곳에 고정시킨다는 의미가 아니듯, 이주노동자의 이동 역시 물리적인 이동만을 뜻하지는 않는다. 중요한 것은 '통제되지 않는' 이동을 이주노동자가 할 수 있다는 점이다. 심지어 이주노동자가 가만히 앉아 있어도, 그것이 권력이 의도하지 않고 기대하지 않은 정지라면 충분히 '통제되지 않은 이동'이라고 말할 수 있다. 본국으로 돌아가야 할 미등록 이주노동자들이 겁 없이 사무실을 얻어 노조를 만들고, 명동성당 앞에서 텐트를 치고 '정지'하는 활동은 정부로서는 충분히 골치 아픈 '이동'이다. 그만큼 정부의 질서로부터 '이동'하는 행동도 드물기 때문이다.[34]

NOTE [34] 들뢰즈와 가타리는 이런 이동의 특성을 속도와 운동을 구분함으로써 설명한 바 있다. 그들에 따르면 운동은 중력, 즉 현존 체제에 종속된 움직임인 반면, 속도는 현존 체제를 거부하고 탈주하는 움직임이다. 질 들뢰즈·펠릭스 가타리, 이진경·권혜원 옮김, 『천의 고원』 II, 연구공간 수유+너머, 2000, 165쪽.

이주노동자들은 제도적으로 금지된 이동을 단행함으로써 한국이 그에게 바란 고분고분한 저임금 노동력이라는 지위에서 벗어난다. 그리고 그 이동은 법과 제도의 본질을 폭로하고 균열을 가져온다. 새삼스럽지만, 이주노동자는 '이주'하는 노동자이고 '이주'함으로써 저항하는 노동자이다.

# 5. 우리는 모두 이주노동자다

프롤레타리아트의 힘은 어디에서 오는가? 노조 조직률? 규모? 하지만 로자가 지적했듯이 그런 요소들은 혁명성을 담보할 수 없다.[35] 로자는 '대중파업'과 같이 프롤레타리아트의 힘이 드러나는 일들은 노조 조직률로 달성될 수 없다고 지적한다. 어떤 대중파업도 조직률이 충분히 올라온 상태에서 일어나지 않는다. 조직률을 주요 변수로 본다면, 대부분의 나라에서 대중파업은 불가능하다. 총파업이 가능할 만큼 노조가 질적·양적으로 충분히 조직되어 있는 경우는 거의 없기 때문이다. 조직률이나 규모는 대중파업 같은, 프롤레타리아트의 힘의 분출을 통해서 달성되는 것이지, 프롤레타리아트가 힘을 내게 만드는 요소가 아니다.

NOTE [35] 로자 룩셈부르크, 편집부 옮김, 「대중파업론」, 『룩셈부르크주의』, 풀무질, 2002, 142쪽..

그렇다면 프롤레타리아트의 힘은 무엇인가? 주목할 점은 프롤레타리아트가 생산수단으로부터 분리되어 있다는 점이다. 당시의 생산수단, 즉 땅에서 분리된 존재. 인클로저를 통해 농촌에서 땅과 분리되어 도시와 농촌을 떠도는 이들이 프롤레타리아트의 원형이다. 그들이 공장으로 간 것은 당시 권력이 이 '부랑자'들에게 가혹한 처벌을 가한 후의 일이었다.[36]

NOTE [36] 맑스, 『자본론』 I(하), 1009~1019쪽.

보통 프롤레타리아트가 생산수단으로부터 분리되어 유랑할 수밖에 없는 처지는, 생산수단을 가진 부르주아지에 끊임없이 종속될 조건이 된다. 하지만 프롤레타리아트가 이동하고 있다는 사실은 거꾸로 부르주아 질서 자체로부터 떠나버릴 조건이 되기도 한다. 잃을 것이 없기 때문이다. 왜 권력은 이들에게 피의 입법과 같은 가혹한 폭력을 가했을까? 두려웠기 때문은 아닐까? 영토에 자신이 볼 수 없고, 예상할 수 없고, 숫자조차 파악할 수 없는 이상한 존재가 돌아다닌다는 사실처럼 권력에게 무서운 것이 또 있을까? 프롤레타리아트가 어떤 삶을 살고 있는지 알 수 없기에 이들이 원하는 것도 알 수 없다. 그러므로 프롤레타리아트에 맞서 통제 대책을 세울 수도 없고 싸울 수도 없다. 체제에 어떤 공격을 할지 알 수 없는 존재. 이동하는 프롤레타리아트는 바로 그런 존재였다.

그 위협은 매우 실제적이었다. 미국 신대륙 개척 당시 그곳으로 간 프롤레타리아트는 이동하는 이들이었다. 이들은 미국에서 제공된 일자리에 머물지 않고 서부로 떠나버렸다. 결국 노동자는 유럽으로부터 끝없이 들어오는데, 노동자가 부족했다. 유럽에서 온 '이주' 노동자들이 죄다 서부로 '이동'해버리자, 자본가들과 권력은 큰 위기에 처했다. 권력을 위협하는 것은 이처럼 이동하는 이들이었다. 오늘날처럼 권력이 이들을 묶어두려 했음은

물론이다.[37]

NOTE [37] 맑스, 『자본론』 I(하), 1059쪽.

프롤레타리아트의 힘은 '이동성'에서 나온다. 주어진 체제에 얽매이지 않고 이동할 능력이 프롤레타리아트의 힘을 결정한다. 그런 의미에서 프롤레타리아트는 뭔가 동일한 성격을 공유하는 이들이 아니다. 오히려 주어지는 성격에서 '벗어남'을 공유하는 이들이다. 그렇기에 프롤레타리아트는 동질성보다 오히려 이질성을 그 특징으로 한다. 비릴리오는 이동성과 그에 따른 예측불가능성 때문에 프롤레타리아트의 해양적 기원을 지적하기도 했다.[38]

NOTE [38] 폴 비릴리오, 이재원 옮김, 『속도와 정치』, 그린비, 2004, 112~113쪽.

하지만 현실에서 프롤레타리아트의 모든 이동이 힘을 가지는 것은 아니다. 오히려 자본의 이익을 창출하는 도구가 되기도 한다. 비정규직 노동자들의 파견근로가 대표적이다. 극도의 노동유연화 상황(이동가능성!)에 처한 이들은 기업이 시키는 대로 이리저리 이동하며 고용주마저 불분명한 상황에 이르게 된다. 하지만 그 이동은 통제된 이동이며, 자본이 판 홈을 따라 흐르는 이동이다. 쳇바퀴를 죽어라 달리는 다람쥐가 아무리 빨라도 '이동한다' 말하지 않는 것처럼, 자본가가 완전히 통제할 수 있고 예측가능한 이동은 들뢰즈 식으로 말하면 속도 없는 운동일 뿐 이동이 아니다. 그들은 여전히 자본이 정해놓은 자리에 있다. 노동자가 힘을 가지는 것은 자본이 정해준 자리, 이익기반에 따른 적대의 구도를 벗어날 때이다. MTU가 이해관계가 상충하는 건설노조나, 전혀 상관없을 것 같은 장애인이동권연대와 연대할 때 노동자는 힘을 가진다. 비정규직이 통제된 운동을 벗어나 노조를 결성하고 양대 노총도 예상치 못한 사회세력으로 등장할 때 노동자는 힘을 가진다. 권력이 지정해준 자리를 벗어나 '이동'하고 새로운 정체성을 생산할 때, 예상치 못한 움직임을 보일 때 노동자는 힘을 가진다.

그런 의미에서 이동은 노동자의 고유한 특질이다. 모든 노동자는 권력이 지정한 자리를 벗어나 이동할 때에야 힘을 가지기 때문이다. 흔히 말하듯 "이주노동자도 노동자다!"라고 말해서는 안 된다. 오히려 '노동자'로 명명되는 우리 내국인 노동자가 노동자의 힘인 이동성을 잃은 나약한 세력이다. 그리고 이주노동자는 끊임없이 '이동'한다는 면에서 강한 노동자다. 거꾸로 외쳐야 한다.

노동자는 이주노동자다. 우리는 모두 이주노동자다. R<sub>NO.1</sub>

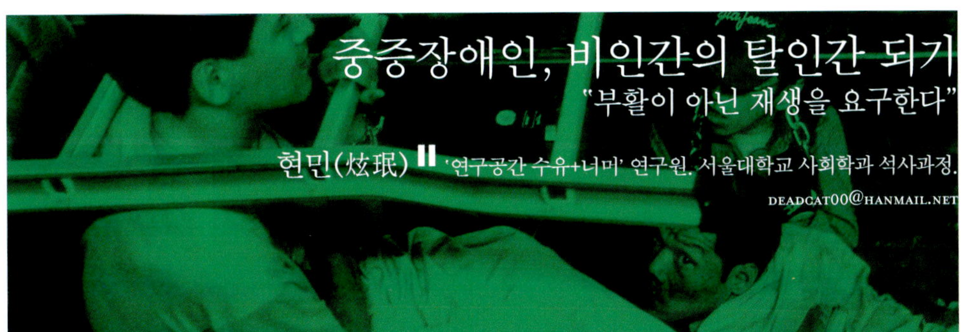
중증장애인, 비인간의 탈인간 되기
"부활이 아닌 재생을 요구한다"
현민(炫珉) '연구공간 수유+너머' 연구원. 서울대학교 사회학과 석사과정.
DEADCAT00@HANMAIL.NET

# The Severely Disabled, Becoming Posthuman: "We Require Regeneration, Not Rebirth"

by Hyun-min

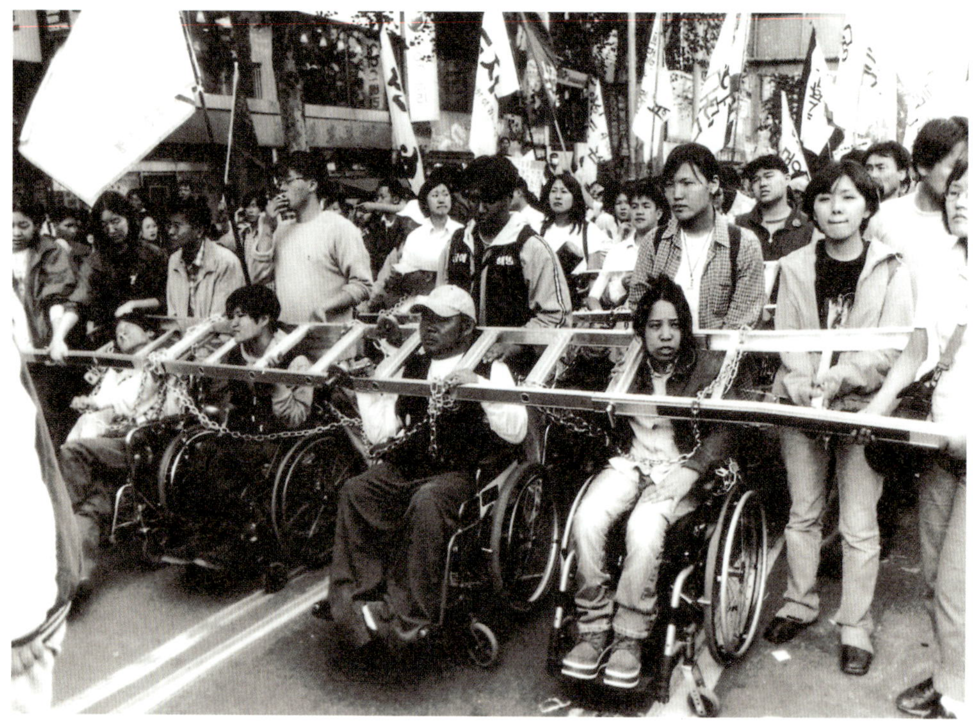

In this paper, I explore the technology or the practice which sets a new relationship between the disabled and the non-disabled and provides a specific form. I use the term 'the apparatus of producing human' to explain this. The apparatus of producing human explains clearly what defines today's human. The term is based on the notion of 'biopower' suggested by Foucault in his last days. The way which the apparatus of producing human operates can be summarized as follows: First, Human is an organism in physical aspect. Secondly, human has rational judgement in terms of mentality. Last, human internalizes human values in ethical aspect. With the combination of these three, the apparatus produces a hierarchy making cuts and divisions within human species. The disabled are banned and massacred for the whole people's 'human' life because the society has to be organized by the people whom the apparatus of producing human produces. I think that there is continuity, not discontinuity, between taking care of the disabled and abandoning them. Since 2000, there is a social movement among the disabled, which is the flight from the apparatus of producing human. The severely disabled's practice goes beyond the dualism of power such as one between self/the other, organism/machine, reason/sense outside and individual/group. The severely disabled are cyborgs in that they are active complex that do not assume nature. We witness the reinvention of human within new ontology, through the social movement of the severely disabled.

# 1. 장애인 그리고 인간

2005년 한국사회의 주요 이슈로 떠오른 것은 장애인이었다. 정신지체 수영선수와 네 손가락 피아니스트에 대한 사람들의 열광적인 환호와 관심은 장애인에 대한 의식수준이 얼마만큼 높아졌는지를 보여주는 듯했다. 영화「말아톤」의 흥행도 빼놓을 수 없다. 영화의 모티브가 된 발달장애인 마라톤 선수는 영화배우 못지않은 인기를 누렸다. 저녁시간에 텔레비전을 켜보자. 다큐멘터리 프로그램이 묘사하는 장애인의 삶은 우리의 감성을 자극한다. 가슴이 뭉클한 만큼 교훈적이기까지 하다. 현재 한국사회는 장애인 담론에 관한 한 마치 커다란 진전을 이룬 것처럼 보인다.

이러한 변화를 예고라도 한 것일까. 1999년 장애인복지법은 장애인을 "신체적·정신적 장애 때문에 일상생활 또는 사회생활에 상당한 제약을 받는 자"라고 새로 정의하였다. 이전에 장애인은 지체장애, 시각장애, 청각장애, 언어장애, 정신지체 5가지 영역을 통해서만 정의되었다.[1] 불구자나 장애자를 편견어린 호칭이라 지적하고 장애인이라 고쳐주는 일은 친숙한 사례가 되었다. 장애인은 비장애인과 신체적·정신적 차이를 다소 지니고 있긴 하지만, 인간이라는 하나의 종에 포함될 수 있으며 포함되어야 한다고 말해진다. 장애인복지의 목적은 장애인 역시 인간다운 삶과 권리를 보장받아야 하는 우리 사회의

동등한 구성원임을 천명하고, 그들을 포함한 전체 사회의 통합을 이루려는 것이다.

**NOTE** [1] 김용득·유동철 엮음,『한국장애인복지의 이해』(제4판), 인간과복지, 2005, 107쪽.

하지만 사회의 '온정적' 시선이 미치지 않는 어두운 구석을 간과해서는 안 된다. 2006년 5월 '사랑의 집'을 자처한 미신고 시설에서 장애인들이 폭행과 감금, 약물강제투여로 사망한 사건이 있었다. 종교인이 장애인에게 노역을 강제했거나 성폭력을 행사했다는 보도도 종종 접할 수 있다. 현재 한국사회에서 살아가는 장애인의 앞에는 두 가지 극단적인 삶이 놓여 있는 것처럼 보인다. 보살핌과 배려를 받는 삶이 있는 한편, 추방당하고 방치되는 삶이 있다. 우리는 후자를 양산하지 않기 위해서, 아직도 장애인을 사회성원으로 취급하지 않는 사람들이야말로 '인간만도 못한' 존재라고, 장애에 대한 차별과 편견의 시선을 당장 걷어치우라고 주장해야 할까.

이 글에서는 돌봄과 방치라는 외견상 반대되는 현상 사이에서 단절이 아닌 연속성을 보고자 한다. 현재의 장애인 담론은 내용상 새로운 요소를 포함하고 있는 것이 사실이다. 때문에 장애인의 방치는 일부 몰상식한 사람이 저지른 일탈행동처럼 여겨진다. 그러나 나는 오늘날의 방치는 돌봄과 뗄 수 없는 관계를 맺고 있다는 사실을 지적하고자 한다.

R NO.1 ISSUE 06 중증장애인, 비인간의 탈인간 되기 : "부활이 아닌 재생을 요구한다" 황인

나는 장애에 대해 수다스럽게 말하고 있지만 좀처럼 의문에 부쳐지지 않는 사회의 상식을 문제삼고자 한다. '장애인'과 '비장애인'은 이분법적으로 구분되는 신체적·정신적 차이로 인간형을 변별하는 이름이 될 수 없다. 그러한 구분은 객관적 인식이기보다 특정한 사회적 가치가 반영된 권력의 산물이다. 장애인과 비장애인이라는 구분을 발명해내고 그것을 물질화시키는 다양한 형식과 제도에도 권력은 스며들어 있다. 왜냐하면 장애를 분류하고 정의하는 실천을 통해서 정상성은 자신의 지위를 획득하기 때문이다.

따라서 장애해방은 장애인에 대한 편견을 제거하고 처지를 개선하는 데 머무를 수 없다. 장애라는 대상을 규정하는 권력을 분석하고 비판하는 것이야말로 장애해방의 중요한 과제이다. 그러나 이 권력은 비단 장애인에게만 행사되지 않는다. 장애인을 포함한 사회구성원 모두에게 특정한 삶을 강요한다는 점에서 그것은 인간의 삶을 생산하는 권력이다. 그러므로 나는 이 권력에 '인간생산 장치'[2]라는 이름을 붙이겠다. 내가 장애에 관심을 갖는 까닭은 장애인을 이해하기 위해서가 아니다. 역설적으로 장애는 인간생산 장치를 명확하게 포착할 수 있는 장소를 제공한다. 따라서 장애인의 장애로부터 해방은 인간생산 장치의 해체와 맞물려 있고 이는 비장애인의 해방 역시 포함하고 있다.

NOTE [2] 나는 '장치'(APPARATUS)란 용어를 사용할 때 푸코를 염두에 두고 있다. 푸코는 장치라는 용어를 통해 세 가지를 드러내고자 했다. 첫째, 장치는 담론, 제도, 건축의 형태, 규칙적인 결정, 법칙, 행정적 조치, 과학처럼 전혀 이질적인 것들로 구성된 복합체이다. 둘째, 장치는 이질적인 요소들 사이에 존재하는 연결고리의 성격을 드러낸다. 셋째, 장치는 특정한 시기에 사회적으로 형성된 것이다. 미셸 푸코, 홍성민 옮김, 「육체의 고백」, 『권력과 지식 : 미셸 푸코와의 대담』, 나남, 1991, 235~236쪽.

장애인 담론에서 인간생산 장치가 작동하는 양상은 크게 세 가지로 나눠 살펴볼 수 있다.

첫째, 인간은 신체적인 측면에서 유기체다. 의학 담론에서 명료하게 드러나듯이, 유기체는 할당된 기능과 기관의 조화로운 통합체다. 신체장애란 기능이 불충분하고 기관이 불완전한 상태이다.

둘째, 인간은 정신적인 측면에서 합리적 판단력을 지닌다. 정신장애인은 생각하는 방식이 다르고 행동하는 패턴을 예측하기 어렵다. 이들은 공포와 당혹감을 불러일으키기 때문에 병원이나 시설에 갇혀야 한다.

셋째, 인간은 윤리적인 측면에서 인간적인 가치(사랑, 헌신, 연민 등)를 내면화한다. 우리는 윤리적 인간의 모습을 매스컴이 선전하는 장애인 담론에서 발견할 수 있다. 장애인은 주어진 운명을 받아들이고 꿋꿋하게 살았을 때 가장 인간적이다.

인간생산 장치가 작동하면서 인간 종(種)의 연속체 내에서 절단과 구분이 진행된다. 다양한 인간군들이 출현하고 그에 따른 위계가 세워진다. 위계에 반발하여 역방향으로 작동하는 운동 또한 나타난다.[3] 양방향의 운동은 인간 내부의 균열을 드러내기도 한다. 그러나 '인간의 존엄성'을 내세운 운동은 궁극적으로 인간생산 장치에 대해 문제를 제기하기보다 인간 종의 일부로 통합시켜줄 것을 요구하기 때문에 한계가 있다.

NOTE [3] 참정권 중심의 자유주의 여성운동과 흑인민권운동이 대표적이다.

이 글의 목적은 두 가지이다. 먼저 나는 인간생산 장치라는 개념을 통해 현재 사회에 대한 근본적인 비판을 수행하고자 한다. 사회는 장애인을 보호하는 것이 아니라 장애인으로부터 사회를 보호하면서 자신을 재생산한다. 다음으로 인간생산 장치에서 탈주(FUITE)하는 장애인운동에 새로운 언어를 부여하고자 한다. 중증장애인들은 이렇게 외친다. "사람처럼, 사람답게, 사람으로 살고 싶다."[4] 그러나 나는 이들의 슬로건과 활동 사이에서 인간생산 장치로 봉합할 수 없는 균열을 발견한다. 이들은 인간생산 장치의 한계를 분명히 인식하고 있다. 나는 기존의 권력과 새로운 운동에서 전제하는 서로 다른 인간 개념의 비대칭성을 적극적으로 끄집어내고 그로부터 탈인간에 대한 사유를 전개하고자 한다.

NOTE [4] 전국장애인차별철폐연대의 『활동보조인 제도화투쟁 자료집』 제목이 바로 이것이다.

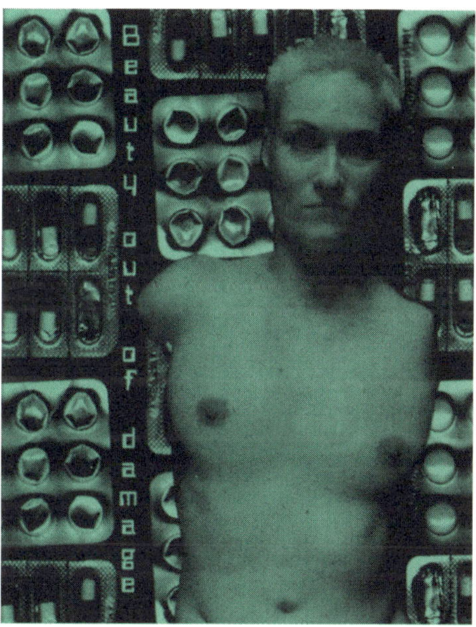


<살아 있는 비너스> 영국의 구족화가 앨리슨 래퍼. 양팔이 없고 다리가 짧은 기형으로 태어난 그녀는 도서관에서 코와 입으로 책장을 넘기던 중 '밀로의 비너스'를 발견한다. 밀로의 비너스는 고대 그리스 시대에 만들어진 양쪽 팔이 없는 여성의 대리석상이다. 그녀는 외쳤다. "아니, 이것은 바로 내가 아닌가!" 아무도 밀로의 비너스에 새 팔을 만들어 붙여야 한다고 생각하지 않는다. 그녀는 장애, 이혼, 미혼모라는 3중고를 극복하고, 예술의 새로운 경지를 개척한 '살아 있는 비너스'라고 평가받는다. 만약 그녀가 한국에서 태어났다면, 집안에 방치되거나 시설에 수용됐을 것이다.

# 2. 인간,
# 근대사회를 구축하는 권력의 이름

장애인이 겪는 고통은 차별과 편견에서만 기인하지 않는다. 현재 장애인은 법률상 의학적이고 생물학적인 대상으로 규정되지만, 이는 근대에 들어서 만들어진 것이다. 근대 이전에는 장애인 대신 '병신'이라는 용어가 사용되었다. 그러나 이 용어는 엄격히 분류된 특정한 인간형이 아니라 제 구실을 못하는 변변치 못한 상태 전반을 지칭하는 데 사용되었다. 장애인을 대상으로 하는 사회제도인 '감금'도 마찬가지이다. 근대 이전에도 형벌제도로서 감금은 존재했지만, 범죄와 직접 연관되지 않는 특정한 유형의 인간을 분류해내고 시설에 수용하는 현상은 근대에 들어서 처음 생겼다.

개인의 자유와 평등을 지향한다는 근대적 통념에 비춰볼 때, 장애인을 선별하고 사회로부터 격리시키는 일이 공공연하게 벌어졌다는 사실은 쉽게 수긍하기 어렵다. 그러나 이는 근대사회의 이념이 온전히 실현되지 못했기 때문은 아닌 듯하다. 오히려 자유롭고 평등한 '인간'의 사회가 구축되기 위해서 반드시 전제되고 은폐되어야 하는 것이 있다고 봐야 한다. 근대와 더불어 장애인은 의학과 생물학 담론을 통해 하나의 대상으로 구축되지만, 시설의 존재는 장애인을 구분하는 실천이 담론에 그치지 않고 물리적인 장치까지 이루고 있다는 사실을 나타낸다. 이런 맥락

에서 일본 세타가야(世田谷)에 사는 중증 뇌성마비자 J씨의 실험은 주목할 만하다.

J씨는 평소에 사회적 존재로서 장애인의 위치에 대한 강한 문제의식을 지니고 있었다. 어느 일요일, J씨는 신주쿠의 보행자천국[5]에서 일련의 실험을 감행한다. 그 실험의 내용은 휠체어에서 내려 걸어보는 것이었다. 물론 J씨는 걸을 수 없기 때문에 기어야 한다. 또한 뇌성마비 특유의 발음 장애가 있다. 걷기(기기) 시작한 J씨에 대한 사람들의 반응은 다양했지만, 얼마 가지 못하고 난관에 부딪혔다. 누가 신고했는지 몇 명의 경찰관이 출동하였다. 경찰은 J씨가 보행자천국에서 걷는 것을 저지했다. J씨는 일부러 이를 무시한 채로 "나는 걷고 싶다"라고 소리치며 계속 걸으려 했다. 경찰은 J씨를 잡아서 묶고 경찰서로 연행해버렸다.[6]

NOTE [5] 차량출입을 차단해서 자유롭게 걸을 수 있게 만든 거리를 말한다.

NOTE [6] 오구라 무시타로오, 남병준 옮김, 「나는 어떻게 '활동보조인'이 되었는가?」, 『일본 장애인운동에서 배운다』, 전국장애인차별철폐연대(SADD.OR.KR) 자료실, 103쪽.

J씨는 도로교통법을 위반하지 않았다. 즉, 사법적인 의미의 범죄자가 아니다. 그리고 경찰의 도움이 필요한 환자도 아니다. 그럼에도 불구하고 경찰은 그를 연행하였다. 이때 경찰에게 '선의'를 가지고 신고한 사람들이 있었다. 그리고 J씨를 연행하는 경찰을 가로

막는 사람이 하나도 없었다. 이러한 사실은 의미심장하다.[7] 사회는 장애인을 의학적 담론, 일련의 시설을 통해 보호한다 말하고 장애인의 사회통합을 강조한다. 그렇지만 사회적 규정(인간생산 장치!) 바깥에서 장애인이 출현할 때, 사회는 당황하고 난감해한다.

NOTE [7] 무시타로오, 「나는 어떻게 '활동보조인'이 되었는가?」, 103쪽.

한편 2006년 4월, 한국에서 중중장애인 50여 명이 한강대교를 점거한 사건이 있었다. 혼자 생활이 불가능한 장애인을 지원하는 활동보조인서비스를 제도로 관철시키기 위해서였다. 이들은 한강대교를 점거하기 전 서울시청 앞에서 40일 이상 노숙농성을 했다. 그럼에도 불구하고 서울시는 면담요청을 거부했다. 그 이유는 예산부족으로 시행이 불가능하다는 것이었다. 그래서 이들은 항의의 표시로 1,000m 남짓의 한강대교를 반나절 동안 쉬지 않고 기었다. 한강대교 건너편에 있는 노들섬에서 서울시는 7천억 원을 들여 오페라 하우스를 짓고 있었다.

그러나 정작 장애인들이 무릎 보호대를 착용하고 기었을 때, 강한 거부감을 드러낸 것은 그곳을 지나가던 평범한 서울시민들이었다. 시민들은 경적을 울리고, 음료수 캔을 던지고, 욕설을 퍼부었다. 지금까지 교통체증을 야기했던 어떤 대규모의 시위도 이런 반응을 불러일으키진 못했다. 그런 가운데 중중장애인들은 바지가 해지고, 무릎과 발목이 망가지고, 3명은 탈진해서 구급차에 실렸다. 시민들의 눈에 장애인은 동정할 대상도, 치료받을 환자도 아닌 이해할 수 없는 괴물처럼 보였다.

우리는 이 기이한 수수께끼를 풀어야 한다. 사실 장애인이 사회에 속하려면 인간생산 장치에서 정의하는 복잡하고 무거운 조건을 만족시켜야만 한다. 두 가지 사례가 보여주듯이 이러한 장치는 의료와 사법을 포함한 사회의 모든 영역에서 작동하고 있다. 우리는 이 지점에서 푸코의 논의를 참고할 수 있다. 첫째, 권력은 억압적이고 부정적인 방식으로 작동하지 않고 긍정적이고 생산적인 방식으로 작동한다. 둘째, 권력은 통치자로부터 나오는 것이 아니라 지배와 무관해 보이는 무수한 지점, 관계들의 상호작용 속에서 행사된다.[8] 이것이 내가 말하는 인간생산 장치가 작동하는 방식이다.

NOTE [8] 푸코의 권력 개념은 특히 다음에 잘 나타나 있다. 미셸 푸코, 이규현 옮김, 『성의 역사 1 : 앎의 의지』, 나남, 2004, 118~122쪽.

인간생산 장치는 장애를 세분화하고 각 분야에 전문가를 배치한다. 그리고 장애와 관련된 지식을 양산한다. 이를 통해서 장애인의 활동을 일정한 범위 내로 고정시킨다. 인간 생산 장치는 장애인을 돌보지만 인간의 규정에서 포함할 수 없는 요소를 은폐하고 배제한다. 역으로 비장애인의 불편함을 감추고 있는 것이다.

한국사회가 장애를 복지, 돌봄의 영역으로 다루기 시작한 것은 1980년대였다. 처음으로 '복지사회 구현'이 국가적 과제로 등장했다. 흔히 우리는 당시의 복지국가가 수사로만 존재했다고 알고 있다. 그러나 1981년 장애인

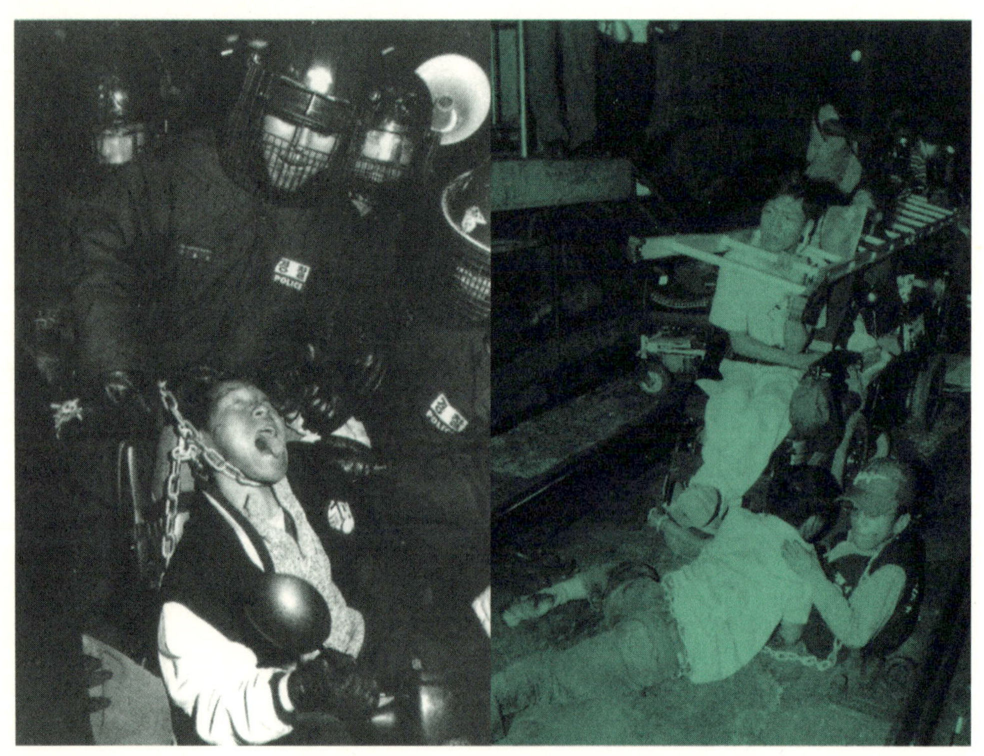

에 대한 종합적인 대책을 마련하기 위해 심신장애자복지법이 제정된 것은 커다란 변화였다. 그리고 정부는 5년마다 전국적인 규모로 장애인에 대해 조사했다. 물론 장애인에게 실제 돌아간 혜택은 공공요금 지불을 비롯한 일부 의무의 면제에 불과하였다. 한국 복지제도가 임기응변적인 성격에서 벗어나 진지한 문제로 재편된 것은 1997년 외환위기 이후이다. 대중의 삶의 조건이 급격하게 피폐해지면서 사회안전망의 필요성이 제기되었기 때문이다. 중요하게 지적되어야 할 사항은 생산적 복지는 제도상의 변화에 그치지 않는다는 사실이다. 인간생산 장치도 변화하기 시작했다.

전문가들은 생산적 복지의 대표적인 성과로 국민기초생활보장제도를 꼽는다. 국민기초생활보장제도의 도입으로 수급권이 있는 일부 장애인에게 장애수당이 지급되고 있다. 1998년과 2003년도에 시행된 장애인복지발전 계획으로 인해 장애 범주도 지속적으로 확대되는 추세이다. 몇 가지 사항을 지적하며 비판을 하는 것은 의미가 있다. "수급권자의 자격요건에 문제가 있어 복지의 사각지대가 발생하고 있다", "차상위계층까지 장애수당이 지급되어야 한다", "장애 범주가 선진국 수준으로 확대되어야 마땅하다" 등. 장애인이 겪는 어려움을 조사하고, 적정 수준의 보

상을 제공하며, 사회에 참여할 수 있는 통로를 만드는 것은 당연하다. 수급자의 확대와 전달체계의 개선은 장애인의 삶을 개선하기 위해서 반드시 관철시켜야 할 사안이다.

그렇지만 이와 반대로 내가 탐구하고자 하는 것은 비장애인과 장애인 사이에 새로운 관계를 설정하고 구체적인 형식을 부여하는 기술 혹은 실천이다. 그리고 그 기술과 실천 안에 스며든 정치적인 합리성[9]을 분석하고자 한다. 이때의 합리성이란 우리가 인식하고 행동하는 특수한 기반을 의미하며, 나는 이를 가리켜 '인간생산 장치'라고 명명한 바 있다. 물론 이는 특정한 역사적 시기에 출현한 것이고, 또한 지금 형성 중인 것이기도 하다. 우리는 이와 같은 관점에서만 사회문제의 한 가지 항목으로 장애를 바라보지 않고, 사회 자체를 질문의 대상으로 삼을 수 있을 것이다.

NOTE [9] 푸코는 인간이 행동하는 데 기반을 두는 특정한 역사적 시기의 합리성에 대해 관심을 가졌다. 푸코는 17세기와 18세기 서구에서 출현한 정치적 합리성의 주요한 특징을 '국가의 방침', '행정관리'라는 용어를 통해서 설명한다. 정치적 합리성에 대한 자세한 설명은 다음을 참조하라. 미셸 푸코, 이희원 옮김, 「개인에 관한 정치의 테크놀로지」, 『자기의 테크놀로지』, 동문선, 1997, 249쪽.

R no.1 ISSUE 06

ISSUE 06

중증장애인, 비인간의 탈인간 되기 : "부활이 아닌 재생을 요구한다" 현민

# 3. 첫번째 장애인, 사회가 규정한 인간

오늘날 장애인은 과학적이고 객관적이며 표준화된 여러 기술체계를 통해서 측정된다. 그러나 통념과는 달리 의료화는 개선과 다르다. 이러한 변화는 정상과 비정상을 가르는 분할이 작동하지 않는다는 것을 말하지 않는다. 장애인이 장애인으로 존재하기 위해 통과해야 하는 일련의 절차를 떠올려보자. 장애를 진단할 수 있는 사람은 의사, 교사, 심리학자, 사회복지사, 직업재활사로 제한되어 있다. 동시에 그들에게 장애인의 말을 들을 수 있는 권리가 부여되었다. 분할은 소멸되기는커녕 새로운 제도를 통해서 다른 방식으로 작동한다. 미친년과 병신은 병자와 함께 구호를 요하는 사람이었지만, 의학적 담론에 진입한 장애인은 지체장애, 뇌병변장애, 시각장애, 정신지체, 발달장애 등으로 분류되는 하나의 종(種)이 되었다.

의료화는 타자와의 만남을 모색하기보다, 타자를 구분짓고 배열하고 정비하도록 운명지어졌다. 보청기를 착용한 장애인과 전동휠체어에 몸을 실은 장애인의 모습을 떠올려보자. 두 사람의 신체적 차이는 비장애인과 보청기를 낀 장애인 사이의 차이보다 훨씬 크다. 사실 장애인들 사이의 몸의 차이는 비장애인과 장애인 사이의 몸의 차이보다 큰 경우가 대부분이다.[10] 그럼에도 불구하고 특정한 차이가 장애라는 범주로 묶일 수 있는

까닭은 인간생산 장치가 순전히 '유기체 인간'을 기준으로 작동하기 때문이다.

**NOTE** [10] 이 뛰어난 통찰은 정희진에게 빌려왔다. 정희진, 『페미니즘의 도전』, 교양인, 2005, 51쪽.

장애등급표에서 장애는 다음과 같이 서술되어 있다. "지체장애 제4급 : 고관절 또는 무릎관절의 기능을 잃은 사람", "뇌병변장애 제2급 : 보행이 현저하게 제한되었거나 또는 일상생활동작이 현저하게 제한된 사람", "안면장애인 제4급 : 노출된 안면부의 60% 이상 변형이 있는 사람" 등. 각 기관은 기능이 정해져 있고 그 기능을 수행하는 것이 바람직하다고 가정된다. 장애를 정의하는 일은 유기체 인간을 전제한 다음에야 논리적으로 가능하다.

환자가 된 장애인 앞에 전문가가 나타나 묻는다 "치료를 받을 것인가". 그러나 이 질문은 환자를 딜레마에 빠뜨린다. 치료를 원한다면 유기체로부터 이탈한 신체를 부정해야 한다. 반면 치료를 거부한다면 장애를 수용하지 못한다는 비판에 직면한다. 그리고 제대로 된 답변인지는 전문가가 판단하도록 맡겨져 있다. 손상된 기능을 회복하고 가능한 유기체 인간에 가깝게 도달하기 위한 재활훈련이 시작된다. 가령 기립훈련은 몸 전체를 경사침대에 묶고 몸을 최대한 곧게 만드는 것이다. 그러나 재활을 해도 중증장애인이 걸을 수 있게 되지는 않는다. 일본에서

는 과도한 훈련의 반동으로 20대 후반에서 30~40대에 이르러 고관절에 통증이 생기거나 허리와 경추를 상하는 2차, 3차 장애가 일어났다는 보고도 있다.[11]

NOTE [11] 오사노 아키라, 남병준 옮김, 「장애인에게 있어서 자립이란 무엇인가」, 『일본 장애인운동에서 배운다』, 전국장애인차별철폐연대 자료실, 12쪽.

재활의 이념은 '정상화'(NORMALIZATION)이다. 다음의 인용문은 정상화가 무엇인지 잘 보여 준다. "일반적으로 식사 기술은 혼자서 먹고 마시는 일, 적절한 식사 행동, …… 착탈의 기술은 …… 스스로 옷을 입고 벗는 것을 말하며, …… 자기관리 기술은 부적절한 행동을 버리고 사회생활 기술을 획득하는 일을 말한다."[12] 곧 장애로부터 재활하고자 하는 의지가 향하는 목적지는 원형으로서 유기체 인간이다. 유기체 인간은 기관과 기능이 통합되어 있기 때문에 자아와 타자의 구분이 명확하다. 장애인은 기관과 기능이 덜 통합되어 있고 경우에 따라서 자아를 유지하기 위해서 타자[13]를 도입해야 한다.

NOTE [12] 리처드 W. 브라이머, 김삼섭 옮김, 『중증장애인의 교육과 재활』, 이화여자대학교출판부, 1996, 74쪽. 강조는 인용자.

NOTE [13] 뒤에서 살펴보겠지만, 이때 타자는 다른 '사람'에 국한되지 않는다. 이것이 내가 사회를 비판할 때 굳이 '인간'생산 장치라는 용어를 고집하는 까닭을 설명해 줄 수 있을 것이다.

그러므로 장애인은 유기체 인간에 비해 열등하고 그것에 도달불가능하고 원형의 지위를 차지할 수 없다. 그러나 우리는 어떤 사람도 그 자체로 완결되어 있지 않으며 타자를 필요로 할 수밖에 없다는 사실을 상기해야 한다. 해체주의자라면 재활은 유기체 인간이라는 환상을 강화시키는 대체보충(SUPPLÉ-MENT)의 역할을 수행하고 있으며, 유기체 인간은 사후에 파생된 것에 불과하다고 말할지도 모른다.

재활이 충분하다고 여겨져 거리로 나오면 장애인은 빤히 쳐다보는 사람들의 시선과 맞닥뜨린다. 비장애인에 비해 뒤져실 수밖에 없다는 것도 알게 된다. 장애는 신체적 영역에서 심리적 영역으로 확산된다(재활의학에서는 이런 장애인을 위해 심리재활은 물론이고 직업, 교육, 사회재활도 마련되어 있다고 선전한다). 의료화의 폐해는 정신장애에서도 발견된다. 의사는 약을 먹고 양성 증상이 사라지면 좋아졌다고 말한다. 양성 증상이 사라졌다고 병이 낫거나 호전된 것은 아니다. 음성 증상이 환자에게 미치는 영향에 대해 의사는 주목하지 않는다. 의사가 좋아졌다고 말하는 까닭은 환자가 말썽을 부리지 않고 얌전히 있기 때문이다.

정신장애는 수면장애, 적응장애, 우울증, 정신분열증 등으로 분류되어 있다. 증상의 종류도 다양하고, 정도도 천차만별이다. 자신의 행동에 책임질 수 있는 사람도 많다. 그러나 사람들은 정신장애라는 말과 동시에 다음과 같은 생각을 떠올린다. '무섭다', '기분 나쁘다', '뭘 생각하는지 알 수 없다', '가까이 가면 위험하다', '내버려두면 범죄를 저지를 것이다' 등. 그러나 현실검증능력이 떨어지는 정신장애조차 범죄와 관련성은 희박하다.[14] 불안감은 합리적 상식으로 예측할 수 없다는 심리에서 비롯된다. 일본의 조치 입원은 위험하다고 간주되는 정신장애인을 법적으로 입원시킬 수 있는 제도이다. 한국에서도 보호자, 의사, 시·도지사의 권한으로 강제입원이 가능하다.[15]

NOTE [14] 김창엽, 「한국 사회의 정신질환 : 사회적 반응으로서의 배제」, 『나는 '나쁜' 장애인이고 싶다』, 삼인, 2002, 187~189쪽.

NOTE [15] 김기대 외, 『정신보건복지론』, 양서원, 2001, 192~194쪽.

정신장애인의 사고와 행동이 예측하기 곤란할 수 있다는 가능성은 '안전한' 치료방법으로 수용시설을 제시한다. 보호받는 것은 장애인이 아니라 사회이다. 정신장애를 다룬 글들은 과거 어느 동네에서나 볼 수 있었던 미친 사람이 의료화가 진행된 다음에 싹 사라졌다고 보고한다.[16] 오늘날 정신장애인은 익명의 공공장소에서 고립된 상태로 가끔 발견될 뿐, 타인과 연결된 사람으로 이해되지 않는다.

NOTE [16] 정도상, 「그것은 절망과의 싸움이었다」, 『나는 '나쁜' 장애인이고 싶다』, 삼인, 2002, 227~228쪽.

따라서 장애인의 사회통합은 장애인의 사회로부터 배제를 전제한다. 장애인의 사회통합이 배제인 까닭은 의료화가 인식주체인 의사와 대상인 환자 간의 위계적 질서를 전제하기 때문이다. 장애는 유기체 인간, 합리적 인간으로부터 파생된 대상일 수밖에 없다. 그러므로 장애인이 근대의 제도에 입각해 자유로울 수 없다면, 그것은 그가 고유한 '진실' 속에 갇혀 있다는 사실에서 기인한다. 장애인의 재활, 치료, 사회통합은 어떤 자연적 사실을 전제한다. 장애인은 병자의 자격을 갖췄을 때 인간으로서 위치를 갖는다. 따라서 적극적인 규정 자체가 이미 문제이다.

그러나 인간생산 장치가 장애인을 인간으로부터 파생된 부정적인 대상으로만 기술하는 것은 아니다. 인간생산 장치는 장애인을 인간의 모범으로서 긍정적으로 제시하기도 한다. 그러나 이런 특별한 처우야말로 오히려 가장 효과적인 통제를 보장한다. 이를테면 저녁시간대 텔레비전에서 방영하는 다큐멘터리는 장애인을 결함이 있는 인간이 아니라 자연스럽고 일상적인 삶을 영위하는 존재로 다룬다. 여기서 의학적·생물학적 차이는 단지 부수적인 역할만을 담당한다. 그리고 차별과 편견의 시선에 가려져 있던 장애인의 윤리적인 측면이 새롭게 발굴된다. 그 모습은 대개 다음과 같다. '장애를 지니고 있지만, 결코 자신의 삶을 방기하지 않는 사람', '꿋꿋이 살아가면서 자신의 행복과 안녕을 위해 분투하는 사람'.

인간생산 장치는 장애인을 인식가능한 대상으로 변형시키지만, 동시에 장애인이 자기 진실을 생산하도록 유도하기도 한다. 의학적

담론의 바깥에서 우리는 다음과 같은 인간적인 진실을 깨닫게 된다. '장애인은 특별한 존재가 아니다', '비장애인도 언젠가 장애를 가지게 될지 모른다', '장애를 조금 다른 능력처럼 여긴다면 우리는 그들과 더불어 살 수 있을 것이다', '차이를 인정하되 차별하지 말자' 등. 그러나 이때의 진실은 명백하게 윤리적인 가치판단을 담고 있다. 우리는 다큐멘터리를 보고, 삶에 덜 충실하고 덜 책임지려는

<인간적인 너무나 인간적인 과학> 황우석의 연구를 두고서 생명윤리니 인간의 존엄성이니 말이 많았다. 그러나 황우석이 지향하는 바는 사회적 통념을 충실히 따르고 있다. 이름도 거창한 '인간복제배아 줄기세포 배양성공 특별기념' 우표의 도안을 들여다보자. 과학은 장애를 형성하는 물리적 문턱과 보이지 않는 장벽을 제거하는 데 관심이 없다. 오히려 정상성을 더욱 강화시킨다. 여기서 제시되는 장애의 해결책은 휠체어 장애인을 일으켜 세우고, 두 발로 걷고 뛰게 만들어, 마침내 한 여성과 결합하도록 하는 것이다. 과학을 통한 정상화는 정확히 다수자인 청장년 이성애 남성을 모델로 한다. 우리는 여기서 권력의 전복이 아닌 권력의 재현을 인식할 뿐이다. 오늘날 과학은 '인간적인 너무나 인간적인' 방식으로 작동한다.

자신을 반성한다. 매스컴에서 긍정적으로 소개하는 장애인은 한결같이 자신의 자유와 책임을 짊어진 낱낱의 개인이다. 그것이 인간의 본연에 가장 가까운 것으로 그려진다. 매스컴 담론은 장애인이 타인의 도움을 받을 수 있다고 말한다. 그러나 타인에게 적극적으로 요청하고 요구하는 태도는 바람직하지 않다는 메시지도 함께 전달한다.

매스컴에서 다루는 장애인상을 현재 사회의 모순을 은폐하는 이데올로기라고 비판하는 것은 부적절하다. 대신, 그와 같은 담론이 의학적 담론과 공유하는 정치적 합리성을 분석하는 것이 의미 있어 보인다. 장애인의 발화는 의학적 담론 안에서 분석되고 해석되어야 할 대상이었다. 그런데 평범한 사람이 장애인의 말과 몸짓에 주목했을 때, 그것이 더없이 윤리적인 인간의 표지로 나타나는 것은 흥미로운 일이다. 사람들은 장애인이 삶을 대하는 태도를 보고서 비장애인보다 더 인간적인 모습을 해독해냈다. 이 다큐멘터리 제목은 「인간시대」와 「인간극장」이다. 자폐가 있는 수영선수를 다룬 코너의 제목은 "진호야, 사랑해"이다.

1999년 한국갤럽에서 실시한 장애인 의식 및 실태 조사를 살펴보면, 비장애인의 81.2%가 장애인 하면 떠오르는 이미지로 '순수하다'를 꼽았다. 장애인을 대상으로 한 조사에서도 마찬가지 결과가 나왔다. 장애인의 85.5%는 자신과 같은 장애인에 대해 '순수하다'고 생각하고 있었다.[17] 장애인은 자신의 신체가 못 이룬 재활의 꿈을 윤리적인 방식으로 성취하고 있었다. 그러나 의학적인 대상으로 규정될 때에도, 일상적인 삶이 주목을 받을 때에도, 장애인은 엄밀한 의미에서 실존하지 않는다. 두 종류의 담론은 서로 다르고 심지어 모순되기까지 하지만, 인간생산 장치를 활성화시키는 방식으로 동등하게 권력의 효과를 보장한다.

NOTE [17] 한국갤럽조사연구소 편집부, 『한국 장애인과 일반인의 의식』, 한국갤럽조사연구소, 2001, 121쪽.

## 4. 두번째 장애인, 사회가 추방한 비인간

지금까지 살펴본 인간생산 장치는 인간 종 내에 분할을 설정하고 장애인으로 하여금 정상적인 인간과 동일시하도록 작동하고 있었다. 그러나 인간과 동일시가 불가능한 중증장애인이 있다. 중증장애인은 혼자 거동할 수 없다. 재활을 통한 정상화가 불가능하다. 항상 남의 손으로 대소변을 봐야 한다. 약을 먹고 자살하고 싶어도 누가 먹여주지 않는 한 죽을 수 없다. 결국 불쌍한 장애인을 거두어 돌보는 것은 가족 내의 어머니거나 할머니다. 사회로부터 배제된 장애인을 돌보는 노동은 가족구성원 중에서도 약자인 여성에게 전가된다. 미래에 대한 걱정과 불안, 가속에게 부담을 준다는 죄의식에서 벗어나기란 쉽지 않다.

2005년 보건복지부에서 실시한 조사에 따르면 전체 장애인 2,149,000명 중에서 7.4%가 일상생활에서 거의 모두 남의 도움을 필요로 하고 있고, 9.2%는 대부분 남의 도움을 필요로 하고 있다. 합계 17%의 장애인은 일상생활에서 타인의 도움이 '절대적'으로 필요한 것으로 나타난다.[18] 그리고 또 다른 자료를 보면 약 10만 명의 장애인이 한 달에 한번 꼴로도 외출을 하지 못한다.[19]

NOTE [18] 보건복지부 장애인정책팀, 「2005년 장애인 실태조사」, 보건복지부, 2006, 9~11쪽.

NOTE [19] 전국장애인차별철폐연대, 「통계로 본 중증장애인의 실태」, 『활동보조인 제도화투쟁 자료집』, 2006, 4쪽.

돌봐줄 사람이 없어지면 중증장애인은 집안 갈등을 증폭시키는 중심인물이 된다. 어느 날 문득 "택시 타고 외출하자", "목욕하러 가자", "엄마가 아프니까 어쩔 수 없다, 나중에 데리러 오겠다", 이런저런 연유로 집을 떠나 도착해 보니 시설이다. 의사를 표현할 기회도 갖지 못한 채 시설에 입소한다. 장애판정을 받은 후 모든 것을 정리하고 일부러 외딴 시설을 찾아 입소하는 사례도 있다. 정신지체 장애인은 시설이 어떤 곳인지 알지 못하고 입소한 경우가 대부분이다.[20] 그나마 돈이 있는 경우는 시설을 선택할 수 있지만, 돈이 없는 경우는 가족과 연락이 끊긴 채 시설장의 처분에 맡겨진다.

NOTE [20] 국가인권위원회, 『장애인생활시설 생활인 인권상황 실태 조사』, 국가인권위원회, 2005, 92~94쪽.

시설에 들어갈 때 보호자가 작성하는 서약서는 대개 다음과 유사한 내용을 담고 있다. "생활상의 사고를 초래하는 결과나 혹 가출, 사망하는 일이 발생한다 하여도 본 ○○○에는 일체의 책임을 묻지 않을 것이며, 보호자의 권리를 주장하는 기타 어떤 이유도 제기하지 않을 것을 서약합니다."[21] 부모가 있는 장애인은 시설에 입소하기 위해 호적을 정리하기도 한다. 왜냐하면 부양의무자가 없는 장애인은 시설에 우선 입소할 수 있기 때문이다. 한번 사회로부터 배제된 채 집에 갇혀 있던 장애인은 이제 가족으로부터도 배제된다. 권리를 행사할 수 있는 최소요건인 신분증과 재산은 입소와 동시에 시설에서 관리한다.[22] 이처럼 시설에 들어가는 장애인은 사회구성원의 자격을 완전히 박탈당한다. 그는 비인간과 다름없다. 친권포기각서를 체결한 다음, 시설장과 보모를 '엄마', '아빠'라고 부르게 하면서 시설생활이 시작되는 것은 묘한 느낌을 자아낸다.

NOTE [21] 국가인권위원회, 『장애인생활시설 생활인 인권상황 실태 조사』, 95쪽, 그림10.

NOTE [22] 국가인권위원회의 양성화된 조건부신고 복지시설 조사 결과는 신분증을 장애인 본인이 보관하고 있는 경우는 18%, 개인 재산(기초생활보장수급액, 장애수당, 작업수당, 입소시 개인소유재산 등)을 본인이 직접 관리하는 경우는 14.2%에 불과하다고 보고한다. 국가인권위원회, 『장애인생활시설 생활인 인권상황 실태 조사』, 154~163쪽.

돌봄노동은 대개 여성과 관련되어 있다. 가족 내 여성은 가족구성원들에게 돌봄노동을 강요받으며 이는 여성의 종속적인 지위를 드러낸다. 그러나 장애인에 대해 돌봄노동이 수행될 경우 반대로 돌봄을 받는 사람이 종속적인 관계에 있다.[23] 돌봄노동은 타인을 육체적·정신적·정서적으로 보살피는 일이지만, 의존 일변도의 돌봄노동은 특정한 사회적 관계를 재생산하기도 한다. 시설생활인에게 강제되는 부모 호칭을 통해 장애인이 나이와 상관없이 불완전한 존재로 여겨진다는 사실을 알 수 있다.

NOTE [23] 공선희, 「현대사회의 복지정책과 케어노동 : 케어노동의 여성사회학적 접근」, 서울대학교 여성연구소, 2005, 20쪽.

혈연관계의 어머니가 제공하는 돌봄노동이 시설의 '엄마'에 의해 제공될 경우, 관계가 지닌 폭력성은 보다 분명하게 드러난다. 보모는 장애인을 씻길 때 '고무장갑'을 끼고 씻긴다. 뇌성마비 장애인은 보모가 밥을 먹여줄 때 경직으로 인해 행여 밥숟가락을 치지는 않을까 긴장해야 한다. 고용된 직원에게 과중한 업무가 부과되는 비민주적인 시설에서 정도는 더욱 심하다. 직원들의 업무 스트레스는 시설에서 생활하는 장애인에게 고스란히 돌아온다.

장애인 시설문제는 크게 두 가지 유형으로 나누어 살펴볼 수 있다. 첫번째 유형은 장애인에 대한 폭력과 착취로 성폭력, 강제구금, 강제노역, 폭행, 살인 또는 치사, 암매장, 아동학대, 협박 등이 이에 해당한다. 두번째 유형인 부정비리는 국고보조금 횡령, 후원금 횡령, 임금 착취, 족벌체제 운영, 무자격 시설장 및 직원 고용, 생활인 장부 조작, 유령직원, 공무원 뇌물 수수 등이다. 양자는 따로 떼어놓고 사고할 수 없다. 매년 똑같은 양상의 시설문제가 언론에 오르내리곤 한다. 문제가 된 시설이 몇 년 후에 똑같은 문제로 보도되는 경우도 있다.[24]

NOTE [24] 박래군, 「사회복지시설수용자의 인권에 대한 단상」, 『진보평론』(제4호/여름), 현장에서미래를, 2000.

2006년 6월 언론에 보도된 김포 '사랑의 집' 기도원을 살펴보자. 시설생활인은 새벽과 저녁예배에 참석해야 한다. 예배에 불참하면 식사가 주어지지 않는다. 휠체어가 필요한 장애인은 휠체어 없이 2층에 거주한다. 감금을 목적으로 하고 있는 것이다. 운영자는 매달 가족으로부터 30~50만 원의 생활비를 받았다. 보호자가 없는 장애인은 기초생활수급권자로 등록해서 정부의 보조금을 받았다. 시설생활인의 명의를 사업하는 사람에게 500만 원, 1,000만 원씩 받고 팔아넘겼다. 그것을 구입한 사람들은 장애인 명의로 사업자등록증을 발부받았다. 장애인은 치부를 위한 수단으로 악용된다. 시설장은 부조금을 받기 위해 정신장애가 있는 생활인을 아들과 결혼시켰다. 같은 장애인에게 성폭력을 가하기도 했다. 그리고 병원에 데려가 루프를 넣는 불임수술도 시켰다. 처방되지 않은 항정신성의약품을 강제로 복용시켜 6명이 죽기도 하였다.[25]

NOTE [25] 김포 '사랑의집' 시설수용자 살해·성폭력 사건 진상규명 대책위원회 진상조사위원회, 「김포 '사랑의 집' 시설수용자 살해 및 인권침해 진상조사 결과 보고서」, 2006, 5~7쪽.

인면수심의 종교인이 저지른 반인륜적인 행태를 보고서 사람들은 인간의 존엄이 파괴된 것을 폭로하고 고발해야 한다고 생각할지도 모른다. "장애인과 같은 동류의 인간으로서 우리는 우리 주위에서 벌어지고 있는 이런 전(前)근대적인 만행을 용납해서는 안 된다", "만인이 자유롭고 평등한 사회에 인간이 서로에 대해 죽고 죽일 수 있는 권한을 행사하는 것은 있을 수 없는 일이다"라고 주장할 수도 있겠다. 그러나 형제복지원, 장항수심원, 에바다와 같은 이름이 언론에 오르내리기 시작한 것은 정확하게 1980년대 들어서이다. 1980년대는 심신장애자복지법이 제정된 한국 장애인복지의 전환기이다. 에바다 장애인종합복지관은 1995년에 건립되었다.

그러므로 그곳의 장애인을 야만적인 시설상의 생살여탈권에 희생된 무고한 사람으로 환원해서는 안 된다. 그것은 지극히 근대적인 현상이다. 장애인의 죽음은 소수 사람의 일탈행동이 빚어낸 일이 아니라 인간생산 장치의 작동 결과이다. 인간생산 장치는 자신이 통합할 수 없는 인간을 단호하게 사회 바깥으로 추방한다. 추방된 비인간에게는 죽음, 혹은 죽음과 다름없는 삶이 기다리고 있다. 대표적으로 1995년 정신보건정책, 생활보호제도, 시설보호제도 세 가지는 동시에 추진되었다. 이는 입원환자의 수를 기준으로 의료급여를 지급하면서 요양시설을 운영하는 데 필요한 시설비용을 지원해 주는 제도이다. 이러한 지원금은 정신질환시설의 주요 수입이 되었다. 정신보건시설은 대규모 수용

설비를 마련하고, 환자의 장기 입원을 적극적으로 유도한다.[26] 돌봄과 방치는 짝을 이루고 있다.

NOTE [26] 최정기, 『감금의 정치』, 책세상, 2005, 122~124쪽. 한편 2002년부터 지역의 작은 병원은 살아남기 위해 특수병동을 증축하고 있다. 대학병원이나 대형병원이 들어서면서 영업이 안 되기 때문이다. 지방병원은 사회복지시설 의료보호 대상자들의 입원을 유치한다. 그리고 의료보호환자의 장기입원은 병원의 '고정자산'으로 기능한다. 국가인권위원회, 『장애인생활시설 생활인 인권상황 실태 조사』, 206~208쪽.

말년의 푸코는 죽게 만들고 살게 내버려두는 군주권과는 비대칭적인, 살게 '만들고' 죽게 '내버려두는' 새로운 권력에 대해 '생체권력'(BIO-POUVOIR)이라는 이름을 붙인 적이 있다. 생체권력은 19세기에 등장했는데 이때

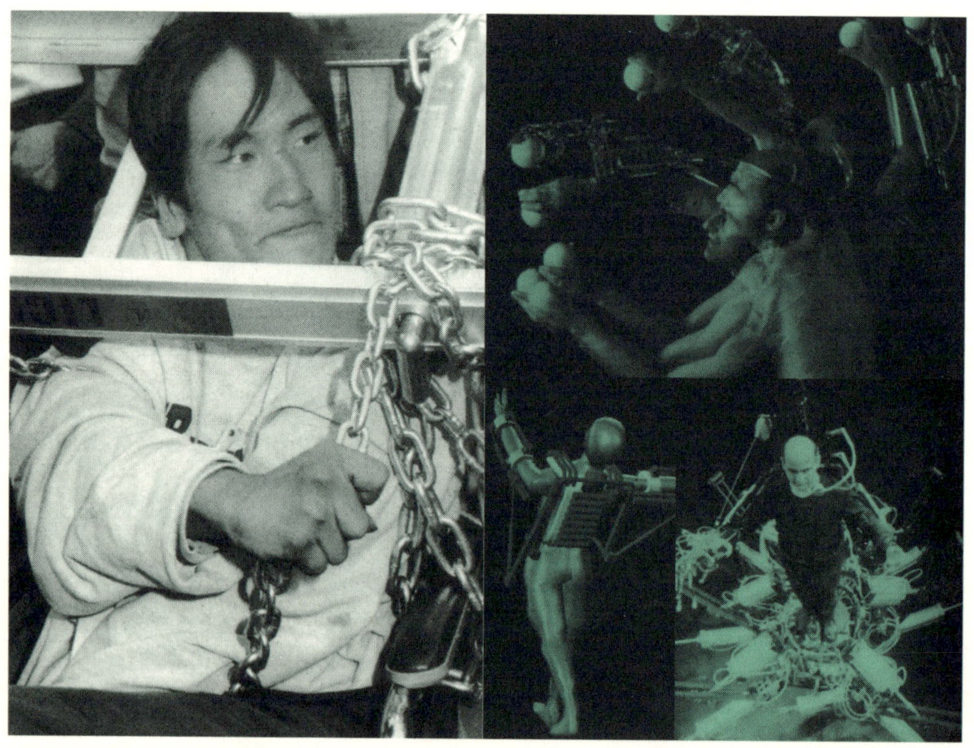

국가차원에서 이루어지는 통계적인 지식이 대량으로 작성되었고, 동시에 개인에 대한 분석적인 지식도 발전했다. 푸코의 놀라운 통찰은 국가에 기입되는 개인이 법적 주체나 사회계약의 당사자에 그치지 않고, 생활하고 말하고 일하는 존재임을 밝혀냈다는 사실이다. 이제 인간은 이전의 빈민구제기관보다 훨씬 합리적이고 섬세한 메커니즘을 갖춘 보험이나 사회보장제도와 관계를 맺는다. 생체권력은 삶을 관장하면서 세부적인 지침까지 내려준다. 국가는 사망률을 수정하고, 수명을 연장시키고, 출산을 권장한다. 요컨대 살아 있는 사람들로 구성된 인구에 우연적인 요소를 제거하고, 항상성을 수립하며, 삶의 질을 최적의 수준으로 만드는 장치를 수립한다.[27]

NOTE [27] 미셸 푸코, 박정자 옮김, 『"사회를 보호해야 한다"』, 동문선, 1998, 278~285쪽.

'인간생산 장치'는 생체권력의 일부이다. 근대사회에서 인간생산 장치는 자연스럽고 정당한 것처럼 보인다. 그리고 그 바깥에서 일어나는 죽음은 사회를 유지하기 위해서 불가피하게 발생한 것처럼 보인다. 왜냐하면 사회는 인간생산 장치가 만들어내는 인간으로 구성되어야 하기 때문이다. 이제 인간생산 장치는 인간 종 내에 절단과 구분을 도입하면서 비인간을 도태시킨다. 이때 도태란 직접적인 살인만을 뜻하는 것이 아니라 간접적인 살인

인 추방, 방치까지도 포함한다.[28] 인간생산 장치에 의한 추방이 먼저고, 시설장은 추방된 자리에 나중에 들어앉았을 뿐이다.

NOTE [28] 푸코, 『"사회를 보호해야 한다"』, 293~295쪽. 고병권은 이를 가리켜 '적극적 방치'라고 명명하였다. 이 책의 「주변화 대 소수화: 국가의 추방과 대중의 탈주」를 참조하라.

낙후한 비인가 시설을 보면, 장애인 문제가 비단 장애인만의 문제가 아니라는 사실을 알 수 있다. 비인가 시설에는 추방당한 대중이 한데 모여 있다. 치매 노인, 노숙자, 버려진 아이가 장애인과 한데 모여 있다. 그들을 공통적으로 묶을 수 있는 이름이 있다면, 그것은 인간 종에 합류할 수 없는 무능력과 무기력이다. 그들은 유기체처럼 행동하지 않는다. 합리적 판단능력을 가지고 있지도 않다. 인간적 가치를 내면화하지도 않는다. 내부(자아)와 외부(타자)가 뒤섞여 있지만, 그것은 무엇 하나 분명하지 않은 멍한 상태를 의미한다. 이것이 이른바 '시설병 증후군'이다. 장애인은 시설에서 제공하는 의식주와 일과를 수동적으로 받아들이면서, 삶을 꾸려나가는 능력을 상실한다. 시설병 증후군에서 나타나는 멍한 상태는 인간생산 장치를 통해 만들어지는 인간 종의 말단에 만연해 있다.

따라서 장애인에 대한 처벌은 특정한 대상에 현재의 불만을 투사하는 인종주의의 변종이

아니다. 그것을 망각한다면 우리는 다시 한 번 비장애인의 관용과 자비에 호소하는 오류를 범해야 한다. 푸코는 생체권력이 국가의 메커니즘 안에 기입해 넣은 새로운 인종주의에 대해 언급한 적이 있다. "그것은 우선 권력이 책임을 떠맡은 생명의 영역 안에 어떤 단절을 도입하는 수단이다. 즉 살아야 하는 것과 죽어야 하는 것 사이의 단절이다."[29] 생체권력 안에서는 순수한 인간으로 표현되는 전국민의 진화와 안녕을 위해서 학살이 벌어진다.

NOTE [29] 푸코, 『"사회를 보호해야 한다"』, 293쪽.

복지전문가들은 수급권을 얻기 위해 일자리를 포기해야 했던 최옥란[30]의 죽음을 두고서 국민기초생활보장제도의 미비한 점을 지적했다. 전문가들은 소득이 생겼을 때 복지급여 삭감폭을 좀더 세밀하게 조정해야 한다고 충고했다. 그러나 최옥란의 죽음은 생산적 복지의 무능력을 드러내기보다 그 본질을 폭로하는 사건이다. 국가는 빈곤을 해결하지 않지만 국민에게 무관심하지 않다. 여느 때보다 인간생산 장치를 강하게 작동시키면서 인간답게(!) 살기를 요구한다. 기초생활보장제도 수급권자는 생활실태뿐만 아니라 근로능력, 취업상태, 자활욕구까지 조사받아야 한다.

NOTE [30] 최옥란은 정부에서 생계비를 수급받는 뇌성마비 1급 장애인이었다. 이혼을 했지만 아이를 만날 수 없었다. 양육권을 인정받기 위해서는 경제력이 필요했고, 그래서 노점상을 했다. 노점상 수입이 생기자 정부는 수급 대상에서 제외된다고 통보했다. 양육권과 수급권 사이에 출구는 없었다. 그녀는 불합리하게 책정된 생계비에 대해 위헌신청을 내고, 명동성당에서 일주일 동안 홀로 천막농성을 했다. 2002년 3월, 자살시도 후 보름 만에 사망하였다.

인간이 될 수 없는 비인간을 사회 바깥에 떼어놓기 위해서 시설은 존재한다. 2005년 보건복지부는 미신고 시설 양성화 정책을 발표했지만, 이후 미신고 시설이 증가하는 수준은 이전의 4배까지 이르렀다. 보건복지부는 2006년 예산을 집행할 때 장애인 생활시설 지원금으로 770억 원을 결정했다. 반면 장애인 자립생활센터에는 지원금으로 15억 원을 결정하였다.[31]

NOTE [31] 인간생산 장치에서 자립·자활과 장애운동에서 자립·자활이 갖는 서로 다른 의미에 대해서는 뒤에서 설명하겠다.

## 5. 세번째 장애인,
## 사회를 탈주시키는 탈인간

장애인의 실존은 치료와 돌봄을 해법으로 찾을 수 없다. 지금까지 이를 확인했으니 더 이상 권력의 지대에서 헤매지 말자. 장애는 장애인만의 문제가 아니다. 장애는 인간이 인간생산 장치에서 느끼는 어떤 한계를 표시한다고 할 수 있다. 어떤 장애인(과 인간)은 인간생산 장치를 적극적으로 욕망한다. 또 다른 장애인(과 인간)은 인간생산 장치로부터 퇴출당해 시설병 증후군에 시달린다. 그러나 한계의 접촉면에서 세계의 또 다른 가능성이 열리고 있다.

현재 한국사회에서 장애운동을 주도하는 중증장애인들은 새로운 가능성을 보여주고 있다. 가장 억압받는 당사자였던 이들은 2000년 이후 투쟁에 나섰다.[32] 이 중증장애인들은 2001년 1월 발생한 오이도역 리프트 참사 사건[33]을 계기로 장애인이동권연대를 구성하였고, 2006년 현재 활동보조인서비스의 제도화를 요구하고 있다. 나는 이들에게서 인간생산 장치로부터 인간을 '개방'하려는 시도를 목격한다. 이들의 활동은 인간생산 장치를 경계에서부터 파열시키고 있다.

NOTE [32] 내가 주목하는 단체는 '전국장애인차별철폐연대'(SADD.OR.KR)이다.

NOTE [33] 2001년 1월 22일 오이도역 장애인 수직 리프트가 추락하여 박소엽(71세, 여, 지체3급)이 사망하고 고재영(71세, 남)이 중상을 입은 사건. 2001년 1월 31일 오이도역 대책위가 구성되었고, 4월 장애인이동권연대

가 출범하였다. 2002년 발산역과 2003년 송내역에서도 비슷하게 사망한 사람이 있었다.

인간생산 장치에서 강제되는 자립과 중증장애인이 요구하는 자립의 의미는 다르다. 중증장애인에게 자립이란 타자와 함께 있을 때에만 성립하는 말이다. 자립(自立)보다는 공립(共立)에 가깝다. 그러나 그것도 정확한 표기는 아니다. 나란히 서 있다는 표현도 어딘지 어색하다. 만약 활동보조인을 장애인의 자립생활을 도와주는 사람으로만 정의한다면 우리는 많은 것을 놓치고 있는 것이다.

먼저 활동보조인은 자원봉사자와 구분된다. 봉사를 받는 장애인은 봉사자의 방문에 맞추어서 자신의 일정을 계획해야 한다.[34] 장애인은 봉사자에게 예정된 봉사활동(목욕, 이발, 식사 등) 이상을 요구할 때 '부탁'해야 한다. 그러나 이 부탁은 장애인의 생존을 넘어선 활동이 시작되는 출발점이다. 돌봄의 선의에도 불구하고 양자의 관계는 비대칭적이다.[35] 활동보조를 통해서 장애인은 지나친 무관심이나 과잉친절을 경험하지 않아도 된다. 무관심과 과잉친절은 타자화하는 두 가지 전형적인 방식이다. 활동보조인과 이용자의 관계는 상대적으로 대등하다.

NOTE [34] 이은우, 「중증장애인은 왜 활동보조서비스를 요구하는가!」, 『지역사회 중증장애인의 역량강화를 위한 자립생활 기반조성 세미나 자료집』, 27쪽.

NOTE [35] 이규식의 사례를 소개한다. "장애인 공동체에서 생활하던 스물일곱 때 여대생 자원 봉사자를 짝사랑하게 되었다. …… 그녀를 쫓아다녔는데, 그녀는 항상 피하기만 했다. …… 친하게 지내던 장애인 형에게 그녀 이야기를 했더니 그 형 대답이 걸작이었다. '야 이 병신아! 우리 같은 병신을 어떤 여자가 좋아하겠니?' 멍해진 난 그때서야 내가 장애인임을 알게 되었다." 사회사진집단, 『더 이상 죽을 수 없다』, 박종철출판사, 2004, 109쪽.

혼히 활동보조의 핵심은 자기결정권이라 말해진다. 자기결정권은 말 그대로 자신의 문제는 자신이 결정한다는 것을 의미한다. 그동안 객관적인 판정은 항상 전문가나 제3자가 해왔다. 당사자주의와 자기결정권은 전문가주의에 대한 대항으로부터 성립했다.[36] 장애인 법에 관한 한 가장 선진적인 것으로 여겨지는 미국 장애차별금지법(AMERICANS WITH DISABILITIES ACT OF 1990, ADA)[37]은 '자격이 있는 장애인'을 장애를 이유로 차별해서는 안 된다고 규정한다. 이때 자격이 있는 장애인이란 '직무에 따르는 본질적인 기능을 수행할 수 있는 장애인을 의미한다'(제1장 101항 8)[38].

NOTE [36] 이석형은 현재 혼용되고 있는 자기결정권과 당사자주의를 구별해서 사용할 것을 제안한다. 이석형에 따르면 자기결정권은 개인의 자기 삶의 선택권이고, 당사자주의는 장애인 정책의 결정권과 관련하여 작동한다. 당사자주의는 권력을 지향하며 집단의 힘을 키우고 세력화하는 것이다. 「"장애인 당사자주의 쟁점을 짚어보자"」, 『에이블뉴스』, 2005년 12월 4일자.

NOTE [37] 이 법의 공식명칭은 'AN ACT TO ESTABLISH A CLEAR AND COMPREHENSIVE PROHIBITION OF DISCRIMINATION ON THE BASIS OF DISABILITY'이다.

NOTE [38] ADA에서 지향하는 장애인의 자율과 자치는 장애인이 시장에서 소비자로서 평등한 대우를 받을 권리이기 때문에 한계가 있다는 비판도 있다. MARTA RUSSELL, "BACKLASH, THE POLITICAL ECONOMY, AND STRUCTURAL EXCLUSION", BERKELEY JOURNAL OF EMPLOYMENT & LABOR LAW, VOL.21, 2000. 김도현의 번역본을 인터넷에서 쉽게 구할 수 있다.

그러나 우리는 이 지점에서 난감해진다. 자기결정권은 자기결정이 곤란한 장애인을 대상 외로 만든다. 2006년 9월 보건복지부에서 열린 활동보조인 관련 회의에서도 몇몇 실무진은 다음과 같이 주장하였다. "정신지체 및 발달장애인은 자기결정권이 없으니 활동보조인 파견 대상에서 제외시켜야 하며, 18세 이상 장애인에게만 파견해야 한다."[39] 나는 자기결정권은 전문가주의에 대한 저항으로서 정치적 의미가 있는 것이지, 장애해방의 최종 목표로 간주될 수 없다고 생각한다. 자기결정권 주장은 근대의 인간생산 장치를 비판하기보다 기존의 인간 종에 장애인도 포함시켜줄 것을 요구한 것이고, 이는 제한적일 수밖에 없다.

NOTE [39] 박정혁, 「"우리 자립생활(IL) 원칙 좀 지킵시다"」, 『에이블뉴스』, 2006년 7월 20일자.

자기결정권이 곧 능동적이고 주체적이라는 도식은 문제가 있다. 자립생활의 의미를 폄하하려는 의도는 전혀 없다. 나는 능동적인 삶의 형태가 '개인'와 '자기'와 같은 어휘로 기술되는 방식을 문제삼고자 한다. 나는 개체화의 존재론에서는 소수성의 정치에 대한 이론이 연역될 수 없다고 생각한다. 자기결정론은 인권의 외연을 최대한 작동시킨 것이라고 평가할 수 있겠지만, 그것은 여전히 인간 종 내부의 거리에 의해서 작동한다. 인간과 비인간이 누구인지를 구분하고 분절시키도록 유도하는 것을 피할 수 없다. 따라서 자립생활의 주체를 근대적인 본원적 주체와 동일시해서는 곤란하다. 그것은 생물학적인 의미에서 장애인을 넘어선다. 왜냐하면 중증장애인의 자립은 역설적이게도 타자와의 결합에서 빚어지는 공통의 작용일 수밖에 없기 때문이다.

한편 정부가 활동보조인제도를 도입하고 적지 않은 예산을 투입하면서 현재의 운동이 종료될 가능성도 배제할 수 없다. 정부는 노인수발제도를 도입하여 고령화 사회를 극복하려 하고 있기도 하다. 그렇다면 운동은 완결된 것인가. 우리가 중증장애인들의 활동에서 주목하고 소수성의 정치라고 명명할 것은 권력의 작동에도 불구하고 그것을 가로지르는 탈주선(ligne de fuite)이다. 이런 맥락에서 활동보조의 의미를 재정의하면서 탈주선을 선명하게 그려내야 한다.

일단 활동보조인을 '보조인'으로 자리매김하고 자기결정권을 강조하는 관점은 비장애인끼리 소통하는 무의식적인 관행에 대해 저항하고자 한다.[40] 그것은 비장애인의 감각이 곧 상식이라는 도식에 의문을 표한다. 예를 들어 대부분의 상점에서 점원은 장애인이 아닌 활동보조인에게 주문할 것을 요청한다. 그때 활동보조인은 일부러 방관자 노릇을 해야 한다. 인간생산 장치에 맞서는 낯선 신체성을 드러내는 행동은 중요하다. 장애인의 결정이 나쁜 결과를 가져오더라도 상황에 따라 태연하게 기다릴 줄 알아야 한다. 그것이 지향하는 바는 당연시되는 인간의 원형에 대한 문제의식과 장애인의 신체성에 대한 활동보조인의 공감이다.[41]

NOTE [40] 활동보조인은 장애인의 수족에 불과하다는 '수족론'이 여기에 해당한다. 큐우쿄쿠 큐 타로우, 남병준 옮김, 「개조자(활동보조인)란 무엇인가?」, 『일본 장애인운동에서 배운다』, 전국장애인차별철폐연대 자료실, 96~97쪽.

NOTE [41] 타로우, 「개조자(활동보조인)란 무엇인가?」, 99~100쪽.

그러나 활동보조인이 장애인의 모든 결정을 그대로 따라야 하는 것은 아니다. 활동보조인은 비서나 하인처럼 장애인에게 종속되어 있지 않다. 오히려 장애인과 활동보조인은 마치 '두 개의 두뇌를 가진 하나의 인간'처럼 행동해야 한다. 이때 자아와 타자는 뒤섞여 있지만 무능력하지 않다. 작동방식을 미리 결정하는 법칙이 없기 때문에 더욱 능동적일 수 있다. 협력해야 한다는 사실이 있고, 주어진 상황에 따라 협력하는 방식은 매번 달라지기 마련이다. 활동보조에서 돌봄노동은 관계를 재생산하는 게 아니라, 정서의 네트워크를 창안함으로써 새로운 신체와 관계를 생산하는 경향이 있다. 자원봉사자와는 다른 의미에서 관계의 비대칭성이 존재한다. 활동보조인을 임금노동자로 정의했을 때 이점은 드러나지 않는다.

장애인이 탄 휠체어를 활동보조인이 밀 때, 장애인과 활동보조인 어느 쪽도 주체가 되거나 객체가 되지 않는다. 장애인과 활동보조인은 하나의 '복합체'로서 걷는 방향과 속도와 상태가 '잠정적으로' 결정된다. 이 복합체의 활동은 주체와 대상이라는 도식으로는 기술할 수 없는 비대칭적인 연동이다. 들뢰즈라면 이를 가리켜 '되기'(DEVENIR)라고 부를 것이다. '되기'를 통과하면서 장애인은 장애로부터, 활동보조인은 활동'보조'로부터 떠나 새로운 관계로 말려 들어간다. 자기결정권의 한계가 분명해진다. 우리가 말하는 소수성은 사실이나 상태가 아닌 생성이다. 활동보조에 있어 소수성이란 인간생산 장치로부터 탈주하는 신체성과 관계를 창안하는 것이다. 그것은 유기체 인간으로부터 벗어나고, 합리적 상식으로 예측불가능하고, 인간적인 가치를 전복시키는 사건을 발생시킨다.

인간생산 장치에서 장애인과 비장애인을 변별하는 차이는 인간을 규정하는 척도로부터 떨어져 있는 거리에서 기인한다. 그러나 소수적인 활동보조에서 차이는 척도와 무관하다. 차이는 장애인과 활동보조인의 공통의 작용을 통해서 매순간 생산되는 것이다. 공통성은 두 사람이 함께 생산할 수 있다는 사실에 있지, 인간이나 생명이라는 더 근본적인 동일성을 의미하는 게 아니다. 그것은 결코 결핍의 공유, 고통의 공유가 아니다. 그것은 자신을 인간으로 머무르게 하는 모든 표상을 끊어버리고, 자신과 세계를 탈인간의 흐름으로 끌고 들어가려는 욕망이다.

이들은 인간의 표상에 갇히지 않는 만큼 확고부동하게 간주되었던 인간의 경계를 돌파하며 삶의 모든 곳에서 솟아오른다. 이 복합체가 비단 장애인과 활동보조인으로만 구성되어 있지 않다는 사실은 이를 파악하는 데 결정적이다. 전동휠체어의 등장은 혁명적 사건이다. 전동휠체어로 인해 중중장애인이 창살 없는 감금으로부터 탈출했다는 사실은 중요하다. 그러나 전동휠체어는 장애인의 보조구에 머무르지 않는다. 의학은 오래전부터 비인간적인 것을 인간의 영역에 도입했다. 그리고 복잡한 기계들은 신체기관이 제대로 기능하지 못할 때 그 기능을 '대신'한다고 재차 인간적인 방식으로 정의되었다. 그러나 한편 기계와 더불어 기관은 새로운 관계로 진입하여 유기체로부터, 개체로부터, 즉 인간생산 장치로부터 해방되고 있기도 하다. 이는 인간의 의미에 대한 재평가와 함께 기계에 대한 우리의 관계 재편을 요구한다.[42]

NOTE [42] 반면 이를 늘 인간적인 방식으로 전유하려는 움직임도 존재한다. 앞서 살펴본 황우석 우표를 떠올려보라.

당사자조직을 표방하고 있지만 2000년 이후 중증장애인의 투쟁현장에는 장애인 외에도 전동휠체어, 활동보조인, 사다리, 쇠사슬이 늘 함께 했다. 전동휠체어를 탄 장애인들은 눕힌 사다리를 머리에 써서 한 몸을 구성한다. 활동보조인들은 쇠사슬로 휠체어, 장애인, 사다리를 같이 묶고서 자물쇠로 잠근다. 이것이 이들이 자유롭게 이동할 수 있는 권리를 얻기 위해서 싸웠던 방식이다. 이 복합체에서 인간과 기계 사이에는 어떤 분리도 존재하지 않는다. 인간의 형상은 인간생산 장치와 무관하며, 오히려 능동적으로 그리고 공통적으로 구성된다. 그리고 그것은 다른 방식으로 분리되고 재구성될 수도 있다. 기계도 마찬가지다. 쇠사슬은 감금의 도구라는 자신의 본성을 잃어버렸다. 쇠사슬은 철로, 사다리, 전동휠체어, 장애인, 자물쇠, 활동보조인과 결합하면서 인간생산 장치로부디 탈주하는 데 가장 강력하게 관여한다. 이 복합체는 달리는 지하철을 멈추게 하는 힘을 지녔다.

사이보그(CYBORG) 페미니즘 이론가인 해러웨이는 20세기 말의 조건 속에서 "사이보그는 우리의 존재론이며, 우리에게 정치 강령을 내린다"[43]고 선언한 적이 있다. 얼핏 해러웨이는 기계 문명을 열광적으로 찬양하는 것처럼 보인다. 하지만 해러웨이가 제시하는 사이보그의 목록에는 유색인 여성[44]도 포함되어 있다. 유색인 여성이 사이보그가 될 수 있는 까닭은 세상에 그녀들을 위한 자리가 부재하기 때문이다. 그녀들은 자아와 타자, 정신과 몸, 문화와 자연, 문명과 야만 등과 같은 이원론을 쉽게 받아들일 수 없는 '경계적 피조물'이다. 그러나 그녀들은 경계를 침범할 수 있고 강력하게 융합할 수 있는 위험한 가능성을 지닌다. 나는 해러웨이의 사이보그를 권력이 구획한 경계를 가로지르는 새로운 정치적 주체의 형상으로 이해한다.

NOTE [43] 다나 해러웨이, 민경숙 옮김, 「사이보그 선언문 : 20세기 말의 과학, 기술, 그리고 사회주의적 페미니즘」, 『유인원, 사이보그, 그리고 여자』, 동문선, 2002, 268쪽. 번역을 일부 수정했다.

NOTE [44] 비판이론가 샌도벌(CHELA SANDOVAL)은 유색 여성을 정의하는 본질적인 기준이 없다고 말한다. 가령 미국의 흑인 여성은 자신을 여성이나 흑인 둘 중에 하나라고 말할 수 없다. 왜냐하면 '여성' 범주는 백인이 아닌 여성을 배제하고, '흑인' 범주는 흑인 여성과 흑인이 아닌 여성을 배제하기 때문이다. 그러므로 유색 여성은 하나의 토대에 기반하지 않은 정체성을 해체시키는 명칭이라 할 수 있다. 해러웨이, 「사이보그 선언문」, 279~280쪽.

그렇다면 우리가 목격하고 있는 중증장애인들은 사이보그다. 중증장애인들의 실천은 자아와 타자, 유기체와 기계, 정신과 몸, 사유와 감각, 개체와 집단과 같은 권력의 이분법을 넘어선다. 우리는 중증장애인들로부터 다음과 같은 외침을 듣고 있다. "우리는 모두 깊은 상해를 입었다. (그러나) 우리는 부활이 아닌 재생(REGENERATIVE)을 요구한다."[45] 이들은 인간생산 장치에 진입하여 순수한 인간으로 부활하는 것을 욕망하지 않는다. 이들은 '두 개의 두뇌를 지닌 인간', '바퀴 달린 인간', '사다리 목걸이를 찬 히드라 인간', '쇠사

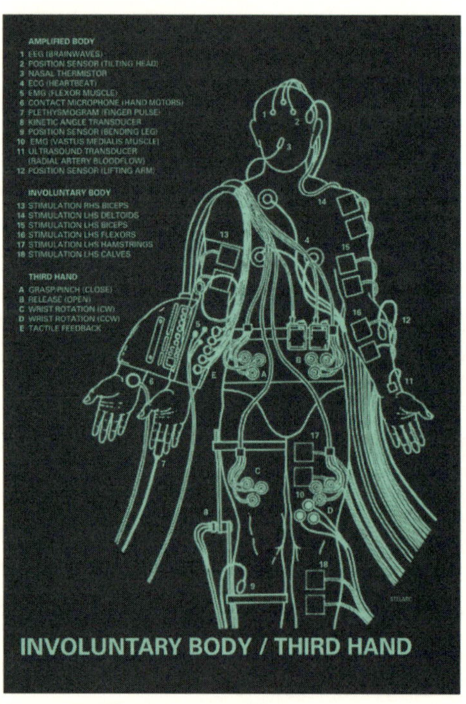



슬로 몸을 묶은 채 세상을 이동시키는 인간'으로 재생되고자 한다. 그리고 그곳에서 인간의 재탄생이 시작된다. 그것은 인간생산 장치의 종말이다.

NOTE [45] 해러웨이, 「사이보그 선언문」, 324쪽(괄호 안은 인용자). 해러웨이는 '재생'을 설명하기 위해 도롱뇽을 언급한다. 다리를 잃은 도롱뇽은 상처난 자리로부터 다리를 재생시킨다. 새로 생긴 다리는 복제되었지만 원형을 참조하지 않기 때문에 괴물같이 생겼다. 그러나 그렇기 때문에 강력할 수 있다. 도롱뇽의 복제된 다리는 새로운 정치학에 대한 일종의 은유이다.

결국 인간을 문제삼는다는 것은 죄의식 속에서 인간의 실존을 부정하는 신학으로의 도피가 아니다. SF의 내용을 현실화하자는 것도 아니다. 그것은 새로운 존재론 속에서 인간을 재발명하는 것과 관련된다. 우리가 중증장애인들의 활동에서 비인간이 아닌 탈인간을 발견한다면 오직 그런 의미에서다. R NO.1

# 87년체제와 새로운 권력의 테크놀로지
## 시민사회와 사법-기계

정정훈(鄭晶熏) ‖ '연구공간 수유+너머' 연구원. 연세대학교 문화학 협동과정 석사졸업.

LEFTITY@FREECHAL.COM

# The '87 Regime and the Technologies of New Power

by Jeong, Jeong-hoon

The current form of democracy in Korea, is called by many critical thinkers, as '87 regime. The democratic movement of Korean society began with the resistance in June 1987. But the democracy that started with this has some limits, for it was constructed through the negotiations with the old dictatorial regime which is represented by the military dictatorship.

There are many discussions on so called the crisis of '87 regime. As it was a product of negotiations, it interferes with the progress of democracy, and even can cause the regress of democracy, the critiques argue. Some propose that it is necessary to overcome the '87 regime, and to deepen the democracy in substantial way. The core logic of this 'overcoming '87 regime' discourse is founded upon the supposed necessity of healthier civil society and amendment of Constitution that guarantees democratic practice.

I argue that this discourse has problems; the power that was constituted through '87 regime employs legal system and civil society in order to subsume the resistant power of people. Therefore, the role of the amendment of Constitution is to rationalize the technique of dominance formed by '87 regime. The aim of this paper is to criticize the 'overcoming discourse', and to analyze the technologies of the new power.

# 1. 법의 힘

언제부터인가 한국의 정치사회, 즉 제도정치권은 자신들 사이에서 발생하는 주요한 갈등을 법정의 결정을 통해서 해결하는 경향을 보이고 있다. 대통령 탄핵, 행정수도 이전, 국가보안법 개폐, 사학법 개정 등의 중요한 정치적 갈등들이 사법기관의 결정에 의해서 결론이 나고 있다. 정치적 갈등이 정치력을 통해서 해결되기보다는 법의 힘에 의해서 해결되고 있는 것이다. 사법기관의 정치적 영향력이 날로 증대되고 있으며, 이러한 현상을 사법의 정치화라고 우려하는 목소리도 커지고 있다.

갈등과 분쟁이 법에 의해서 해결되는 경향의 증대는 비단 정치사회의 경우에만 국한되지 않는다. 시민들의 일상생활에서 발생하는 갈등과 분쟁들 역시 법을 통해 해결되는 경향이 지속적으로 증가하고 있다. 검찰 통계에 따르면 1985년 100만 9,411건이었던 처리 사건은 2004년 260만 2,171건으로 두 배 이상 증가하였고, 소송 역시 급증하여 2002~2004년의 소송 건수는 각각 52만, 58만, 63만 건으로 증가하였다. 정치의 사법화뿐만이 아니라 일상의 사법화가 진행되고 있는 것이다.[1]

NOTE [1] 박명림, 「사법·소송 만능 사회로 갈 건가」, 『중앙일보』, 2006년 1월 15일자.

사회운동의 경우에서도 사법적 과정을 통해서 요구사항을 쟁취하고자 하는 경향이 증대하고 있다. 참여연대나 경실련 등의 대표적 시민운동 단체들이 공익소송의 형태를 통해 법을 운동의 주요한 수단으로 삼고 있으며, 민주노총 역시 현재 노동운동과 관련한 다양한 소송을 진행 중에 있다. 또한 이라크 파병 문제, 양심적 병역거부 문제, 호주제 문제, 공안사범에 대한 준법서약제 문제, 필수공익사업장 노동쟁의 노동위원회 위원장 직권중재 회부 문제 등과 같은 사회운동적 의제가 헌법재판소의 결정에 의해 판가름난 사례들만 보더라도 사법과 사회운동이 결부되는 정도가 높아지고 있음을 알 수 있다.

더욱 주목해야 할 것은 법정의 결정이 사회운동의 성패를 좌지우지하는 경향마지 발생하고 있다는 점이다. 2006년 3월 16일 새만금 사업을 계속 진행하는 것이 타당하다는 결정을 내린 대법원의 판결은 새만금 갯벌을 지키기 위해 응집되었던 대중들의 힘을 일거에 해소시켜버렸다. 대법원은 새만금 공사가 법적으로 정당하다고 최종적으로 선언하였으며, 이는 새만금 방조제 반대투쟁이 더 이상 정당성을 가질 수 없다는 것을 의미하는 것이기도 했다. 새만금 갯벌을 지키려는 대중적 힘의 강밀도는 법원의 판결과 더불어 순식간에 해소되었으며, 새만금 투쟁은 전 사회적 이슈에서 새만금 갯벌에서 생계를 해결하던 몇몇 어민들과 지역 환경활동가들만의 문제로 축소되어 버렸다. 법원의 결정이 투쟁을 결론지은 것이다. 이러한 경우는 비단 새만금 투쟁에만 국한된 것이 아니다. 천성산을 통과하는 고속철도가 생태계를 파괴하는 것을 막기 위해 전개되었던 천성산 투쟁 역시 새만금 투쟁과 비슷한 경로를 밟아갔다. 2005년에 있었던 지율 스님의 장기간에 걸친 단식은 천성산 지키기운동에 대한 사회적 공감대를 확산시켜갔으나 2006년 대법원의 '경부고속철도 천성산 구간(원효터널)의 공사착공금지 가처분신청 재항고 기각' 결정은 그러한 사회적 공감대와 투쟁의 동력을 흩뜨려버렸다. 2003년 수많은 대중들이 광화문 네거리를 메우고 외쳤던 이라크파병반대운동 역시 헌법재판소가 시민사회단체에서 제기한 이라크파병에 관한 헌법소원을 각하하면서 서서히 사그러들었다. 사회운동마저 사법화되고 있는 것이다.

현재 한국사회에서는 다양한 사회적 세력들의 입장차이로 인해 발생하는 갈등들이 최종적으로 법정에 의해 조정되는 현상이 빈번해지고 있다. 이는 사적 이해관계의 갈등으로부터 제도적 정치 영역과 사회운동 영역에 이르기까지 전 사회적으로 나타나는 현상이 되어버렸다. 법이 문제를 해결하는 데 있어서 그야말로 '최종심급'이 되어버린 사회를 우리는 경험하고 있다. 대중의 결집된 힘과 의사보다는 법의 힘, 즉 법조문에 규정된 원칙과 이에 대한 법관의 해석이 사회적 갈등을 해결하는 과정에서 최종적 권력이 되어가고 있는 것이다.

이와 같은 사회의 사법화 현상은 한국사회에서 권력이 작동하는 방식의 변동과 관련하여 이해될 필요가 있다. 권력은 추상적 개념으로 존재하는 것이 아니다. 권력은 그것이 작동하는 구체적인 방식, 즉 테크놀로지를 통해서 행사된다. 그런 의미에서 권력은 그것의 테크놀로지와 별개의 것이 아니다. 권력의 변화를 이해한다는 것은 권력이 구체적으로 작동케 하는 테크놀로지의 변화를 이해한다는 것과 다름 아니다. 그리고 이 테크놀로지는 구체적인 기계로서 실행된다. 다시 말해 권력의 테크놀로지는 기계를 통해서 구현된다. 들뢰즈와 가타리의 말대로 기계란 은유가 아니다.[2] 기계란 힘의 흐름을 절단하고 채취하여 자신의 이득을 위해서 배치하는 방식으로 작동하는 모든 것이다. 권력의 테크놀로지는 사회적 힘의 흐름을 절단하고 채취하여 사용하는 권력-기계를 통해서 작동한다.

**NOTE** [2] 들뢰즈·가타리, 최명관 옮김, 『앙띠 오이디푸스』, 민음사, 2000, 15쪽.

우리가 권력을 테크놀로지로서, 그리고 기계로서 이해하려는 것은 권력을 도구적으로 파악하는 관점의 한계를 넘어서기 위함이다. 권력을 도구로 파악하게 되면 그 권력을 어떤 세력이 잡고 있느냐가 핵심이 된다. 여기서 권력 자체는 언제나 동일한 성격의 것으로 파악된다. 권력의 성격은 그 권력을 소유하고 있는 집단의 성격에 의해서 결정될 뿐이다. 이런 맥락에서 권력의 변화란 권력집단의 변화에 다름 아닌 것이다. 하지만 이렇게 권력을 불변하는 어떤 수단으로 이해하게 될 때는 권력을 실효화하는 권력의 구체적인 작동방식을 놓치게 된다. 현재 우리의 삶을 통치하는 권력을 누가 소유하고 있느냐를 파악하는 것보다 중요한 것은 우리의 삶이 어떤 권력에 의해서 어떤 방식으로 통치되고 있느냐를 이해하는 것이다. 우리는 권력의 구체적인 작동방식, 통치의 실행을 이해하기 위해서 권력을 테크놀로지라는 관점에서, 기계라는 개념을 통해서 이해하고자 한다.

이미 앞에서 본 것과 같이 오늘날 한국사회의 갈등과 분쟁은 사법에 의해 조정되고 있다. 한국사회의 지배적 권력-기계는 사법의 형태를 띠고 있다고 할 수 있는 것이다. 이런 의미에서 우리는 사법의 형태로 작동하는 오늘날의 권력-기계를 사법-기계라고 부르고자 한다.

# 2. 87년체제와 권력-기계의 변환

사법-기계라는 권력의 새로운 작동 형태가 출현한 것은 1987년 6월 항쟁으로 인한 한국사회의 민주화와 밀접한 관련이 있다. 박정희와 전두환 정권의 군사독재체제에서 사회적 갈등이 법에 의해 해결되는 경우는 드물었다. 설혹 법에 의해 그러한 갈등이 해결될 때조차도 법은 사회적 갈등을 정당하게 해결하는 최고의 위치에 있지 않았다. 군사독재체제의 핵심적 권력기계는 경찰과 군대 그리고 정보기관과 같이 물리적 폭력을 수반하는 억압적 행정기구를 통해 작동하였다. 그런 점에서 우리는 군부독재체제의 권력 작동방식을 독재-기계라고 명명할 수 있을 것이다. 이 독재-기계는 엄밀한 법적 형식을 통하여 작동하기보다는 오히려 초법적인 방식으로 작동하였다.[3] 군부독재체제에서는 법이 권력의 한계를 규정하는 것이 아니라 권력이 법의 한계를 규정하였던 것이다. 이러한 체제에서 법은 독재-기계의 작동을 형식적으로 정당화해 주는 역할 이상을 하지 못했으며 체제에 저항하는 사회운동세력들도 투쟁의 적법성이나 합법성을 중요한 문제로 생각하지 않았다. 군부독재체제에 대항하는 반체제 운동세력들은 많은 경우 실정법의 정당성을 문제시했고 자신들의 투쟁을 정당하지 못한 법과 싸우는 활동으로 규정하기도 하였다. 지배세력이나 저항세력 모두에게 법적 규칙을 지키는 것은 그리 중요한 문제가 아니었다.

NOTE [3] 독재-기계의 초법적 성격은 그것이 법의 형식에 의해서가 아니라 정치권력을 장악한 집단, 그리고 궁극적으로 군부독재체제 최고통치권자의 자의적 판단에 의해 작동하였다는 것을 특징으로 하고 있다. 우리가 잘 알고 있는 군부독재체제 정권이 저지른 초법적·탈법적 권력행사의 사례들, 즉 사법살인으로 평가되는 인혁당 사형집행이나 무수히 행해졌던 불법적 감시와 사찰, 그리고 무수한 고문사례 등은 군부독재체제의 권력 작동방식이 매우 자의적이었음을 잘 보여준다.

독재-기계를 핵심적 권력기계로 사용하던 군부독재체제는 1987년 6월 항쟁으로 표출된 대중의 반체제적 힘에 의해 붕괴되었고, 새로운 체제가 형성되었다. 흔히 87년체제라고 불리는 체제가 성립한 것이다. 87년체제란 "1987년 6월 민주항쟁 이후 현재까지의 정치적·사회적 행위와 관계, 갈등을 규정하는 일정한 상호작용의 틀"이라고 할 수 있다.[4] 새로운 체제의 형성은 그 체제를 유지하고 관리하는 새로운 권력의 형성을 의미하는 것이기도 했다. 다시 말해 군부독재체제의 권력과는 전혀 다른 성격의 권력이 등장한 것이다. 새로운 권력의 출현은 권력이 작동하는 방식, 그 기술의 변화를 의미하는 것이며, 또한 그 기술이 구현되는 구체적인 권력기계가 변환되었음을 의미한다. 새로운 권력은 구체제의 그것과는 다른 방식으로 작동하는 권력-기계를 통해 행사되기 시작하였다. 대중의 힘에 대한 감시와 폭력적 탄압의 방식으로 작동하는 것이 아니라 대중의 힘을 흡수하고 관리하는 방식의 권력이 작동하기 시작한 것이다. 사법-기계는 바로 그러한 권력의 기술이 구현되는 핵심적 기계 가운데 하나이다. 87년체제의 성립은 권력이 작동하는 방식의 이행, 즉 독재-기계로부터 사법-기계로 이행을 의미하는 것이기도 하다.

**NOTE** [4] 조희연, 「'87년체제'와 민주개혁운동의 전환적 위기 : 그 원인과 대안의 탐색」, 『시민과 세계』(제8호/상반기), 당대, 2006.

그러나 사법-기계가 독재-기계와는 전혀 무관한 '참된 민주주의'의 권력 작동방식이라고 오해해서는 안 된다. 사법-기계는 권력의 독재가 실행되는 새로운 방식일 뿐이다. 다만 사법-기계를 통한 독재에서는 권력과 법의 관계가 변화될 뿐이다. 독재-기계는 사법을 보조적 역할에 국한시켰고 사법은 권력자에 의해 자의적으로 이용되었다면, 사법-기계는 사법의 틀 안에서만 권력이 행사되도록 하며 법적 질서를 위하여 권력이 실행되도록 한다. 사법-기계는 사법의 독재를 실행하는 것이다. 사법-기계의 지배 하에서는 법적 형식을 띠지 않는 그 어떤 힘도 정당한 권력이 될 수 없으며 오로지 사법의 승인을 받은 권력만이 유효하게 실행된다. 사법은 이제 권력자의 의지에 의해 좌지우지되는 자의적인 것이 아니라 권력의 정당성을 승인하고 사회의 질서를 근거짓는 보편적인 것이 된 것이다. [5]

**NOTE** [5] 이런 의미에서 우리는 1987년 민주화 투쟁으로 인해 군부독재체제와는 다른 성격의 체제와 권력이 등장하였다고 생각한다. 그러나 그 체제의 성격에 대해서는 기존의 87년체제론과는 다르게 파악한다. 그렇기 때문에 이 새로운 체제의 이름을 87년체제론과는 다르게 명명하는 것이 우리의 문제의식에 부합할 것이다. 사법-기계를 권력의 핵심적 작동방식으로 하는 포스트군부독재체제로 이 새로운 체제를 규정할 수 있을 것이나 논의의 편의상 이와 같은 체제규정을 87년체제라는 용어에 포함시켜 사용하기로 한다.

87년체제는 사법-기계가 출현하게 된 정치적·사회적 맥락이다. 87년체제에 대한 대다수의 연구들은 87년체제를 군부독재세력과 민주화세력의 정치적 타협에 의해 성립되고 유지되는 불안정한 체제라고 규정한다. 87년체제는 민주화운동의 성과로 성립한 체제이지만 민주화 운동의 이상을 완전히 실현하지는 못한 체제라는 것이다. 민주화세력이 군부독재체제의 기득권세력을 완전히 압도할 수 없었던 탓에 민주화세력은 기득권세력과 일정한 타협을 통해서만 유혈적 사태 없이 체제의 변동을 성취할 수 있었다. 그로 인해 구체제의 제도들과 구지배세력이 상당히 존속되는 상황을 낳았고, 이러한 타협은 87년체제가 가질 수밖에 없는 한계를 뚜렷하게 보여준다는 것이다.

87년체제를 이와 같이 이해하는 이들은 87년체제가 가지는 불안전성을 민주주의의 불완전성에서 찾고 있다. 87년운동의 민주적 기획이 완전히 실현되지 못했기 때문에 87년체제의 민주주의는 불완전하며 이 체제는 언제든지 민주주의의 후퇴 가능성을 배태하고 있다는 것이다. 그렇기 때문에 87년체제의 불완전한 민주주의는 87년운동의 민주적 기획을 완성함으로써 극복되어야 하며, 그럼으로써 민주주의의 역전불가능한 안정성을 확보해야 한다고 이들은 주장하고 있다. 이들에게 중요한 과제는 미완의 상태로 남아 있는 87년운동의 기획을 완결하는 것이다. 그리고 이 과제의 완수를 위해 시민사회에서의 민주주의를 심화하고 시민사회의 민주적 요구를 반영하는 권력구조의 합리화를 주장한다.[6] 이들의 논의에서 전선은 87년운동을 주도하였던 현재의 시민사회세력과 구체제에서부터 현재에 이르기까지 기득권을 유지하는 보수세력 사이에 그어진다.

NOTE [6] 이러한 논의는 민주적 헌법에 대한 요구로 구체화된다. 현재의 헌법인 87년 헌법이 1987년 민주화 투쟁의 주체세력의 요구를 충분히 반영하지 못하고 정치엘리트들의 밀실타협으로 인해 제정된 문제를 지적하며 시민사회의 민주적 요구를 반영하도록 개헌을 해야 한다는 것이다.

그러나 이러한 87년체제론은 1987년 이후 진행된 한국사회의 다양한 변화를 포착하지 못하고 있다. 불완전한 87년체제를 극복하자는 이들의 주장은 결국 '진정한 민주주의'를 성취하자는 것을 의미한다. 그리고 그 '진정한 민주주의'란 87년운동 당시 추구되었으나 기득권세력과의 타협으로 인해 완전히 성취되지 못한 민주주의이다. 여기서 '진정한 민주주의'란 1987년 당시나 현재나 본질적으로 다를 바가 없는 어떤 초월적 이상이다. 이러한 논리는 과거의 특정한 시기에 도출된 특정한 과제를 초역사적으로 이상화하여 미래에 투사하는 방식이다. 1987년 이후 다양한 변화가 일어난 한국사회의 제반 문제들을 1987년이라는 특수한 역사적 단계에서 추구되었던 '민주주의'라는 이상의 틀 안에서 해결할 수 있다는 논리라는 것이다. 하지만 현재 우리 사회에 더 많은 민주주의가 요구된다고 하더라도 그것은 87년운동에서 추구된 민주주의의 관념으로는 모두 포괄할 수 없는 다질적인 것이다.

이들의 논의가 가지는 또 다른 문제점은 이들이 제시하는 87년체제의 극복 주체, 87년운동의 민주화 기획의 완성 주체에 있다. 대부분의 87년체제론자들에게 그 주체는 시민이라는 법적 주체이다. 군부독재체제를 무너뜨렸던 이들과 그 정신을 공유하는 한국사회의 시민들이 87년체제를 극복하고 민주화를 완성시킬 주체라는 것이다. 하지만 이러한 관점에 의하면 이질적인 성분으로 구성된 대중은 시민이라는 하나의 고정된 주체성으로 환원되어 그 이질성과 다양성을 상실하게 된다. 더불어 시민이라는 주체성 외부에 있는 자들, 즉 이주노동자들, 장애인, 성매매 여성 등과 같은 비-시민들은 한국사회의 질서를 재구성하는 과정에서 배제될 수밖에 없다.

무엇보다도 이들의 '87년체제론'은 권력의 테크놀로지가 가지는 의미를 충분히 이해하지 못하는 한계를 보여주고 있다. 이들은 시민사회의 심층적 민주화와 이를 바탕으로 한 헌법의 민주주의적 합리화를 87년체제를 극복하고 87년운동의 기획을 완결하기 위한 주요한 방법으로 제시한다. 그러나 이러한 논리는 87년체제의 성립으로 등장한 새로운 권력의 테크놀로지에 포획될 수밖에 없다. 이후에 자세히 보게 되겠지만 새로운 권력의 테크놀로지는 바로 법과 시민사회를 통해 작동하기 때문이다.

87년체제는 분명 이전의 군부독재체제와는 질적으로 다른 성격의 체제이다. 그리고 이 체제가 대중의 민주적 요구에 부합하지 않는 새로운 형태의 억압적 체제라는 것 또한 사실이다. 그런 점에서 우리는 87년체제론자들의 논의에 일정하게 동의할 수 있을 것이다. 하지만 그럼에도 불구하고 87년체제의 성격에 대한 이해와 이 체제의 극복방식에 있어서 우리는 87년체제론이 명백한 한계를 가지고 있다고 생각한다. 87년체제의 성격은 다르게 이해되어야 하며, 87년체제의 극복은 다른 방식으로 이루어져야 할 것이다.

# 3. 87년체제와 대중의 힘

87년체제를 논의하는 이론가들은 87년체제의 한계를 일차적으로 권력구조의 불안정성과 정치사회의 항상적 갈등구조에서 찾고 있다. 범민주화세력과 범구체제세력의 타협으로 성립한 87년체제의 정치사회는 그 내부에서 정치적 가치의 충돌을 상존시킨다. 이러한 갈등은 특히 DJ로 상징되는 민주화세력이 정권을 획득한 이후 더욱 첨예화되었다.[7] 범민주화세력은 IMF로 대표되는 구지배세력의 실정을 바탕으로 집권하였으나 헤게모니를 장악하지는 못했다. 집권한 범민주화세력은 상대적으로 진보적이거나 개혁적 정책을 추진하지만 구지배세력의 강력한 반대에 직면하게 되고 개혁은 답보상태에 처하게 되는 정치적 행태가 고착화되었다. 어느 한 세력의 헤게모니가 형성되어 있지 않으며, 정치적 합의를 도출하는 합리적 정치시스템마저 갖춰져 있지 않은 상황은 정치사회 외부의 권위에 의한 갈등의 조정을 필요로 하게 된다. 한국 정치사회에 일종의 케사리즘(Caesarism)적 상황이 도래한 것이다. 결국 이와 같은 갈등을 조정하는 역할은 87년헌법의 산물인 헌법재판소의 것이 된다. 우리는 정치의 사법화를 바로 이러한 맥락에서 이해할 수 있을 것이다.

NOTE [7] 물론 1997년 대선에서 DJ의 승리를 범민주화세력의 독자적 능력에 의한 승리라고만 판단할 수는 없다. DJ는 JP로 대표되는 박정희 체제의 일부 세력과 지역연합을 통해서 집권할 수 있었기 때문이다. 그러나 DJP연합은 87년체제 하에서 집권의 일반적 경로를 따른 것이기도 하다. 민주화세력과 구지배세력의 연합에 의한 집권층 형성이라는 경로를 말이다. 이는 3당 합당을 통해서 집권의 안정적 기반을 마련한 노태우, 3당 합당세력의 후계자인 김영삼, 김종필과 연합을 통해 정권을 잡은 김대중, 그리고 구지배세력의 일원이었던 현대그룹 출신의 정몽준과 연합을 형성하였던 노무현에 이르기까지 87년체제에서 집권층을 형성한 모든 세력에게 공히 나타나는 현상이다.

그러나 이러한 관점은 87년체제에 내재된 보다 근본적인 갈등구조를 놓치고 있다. 87년운동을 통해 광범위하게 표출되었던 대중의 반체제적 힘은 제도적 정치권 내의 자유주의세력과 군부독재세력이 일정하게 타협하여 성립시킨 체제의 권력과 긴장할 수밖에 없으며, 이 긴장이 87년체제의 근본적 갈등구조를 형성하고 있는 것이다. 87년체제의 성립은 단순히 정치사회, 즉 제도정치권 내에서 활동하던 정치엘리트들의 타협으로 말미암은 것이 아니며 이 체제의 갈등구조 역시 그들만의 갈등이 아니다. 87년체제의 핵심적인 갈등은 대중의 힘과 여야를 막론한 정치엘리트들 사이의 갈등인 것이다.

사법-기계를 통해 작동하는 포스트군부독재체제, 즉 소위 '87년체제'에서 권력과 대중의 힘 사이의 관계는 군부독재체제 하의 권력과 대중의 힘 사이의 관계와 명백한 차이를 가진다. 군부독재체제의 권력이 대중의 힘을 감시하고 억압함으로써 권력을 유지하고 공고화할 수 있었다면, 87년체제의 권력은 대중의 힘을 적절하게 관리하고 활용함으로써 권력을 유지하고 공고화할 수 있기 때문이다. 87년체제는 앞에서도 지적했듯이 대중운동의 산물이었다. 대중의 결집된 힘이 군부독재체제에서 87년체제로의 이행을 추동한 근본동력이었다. 87년체제는 그것을 가능케 했지만 체제와는 갈등할 수밖에 없는 대중의 힘을 일정하게 봉합하고 체제 내부로 흡수하고 관리하여야 했다. 87년체제를 통해 등장한 새로운 권력은 7~9월 노동자 대투쟁으로 상징되는 노동운동, 근대적 개발주의에 직접적 제동을 걸며 생태적 가치를 추구하는 환경운동, 반공이데올로기를 돌파하며 통일을 사회운동의 의제로 만들어낸 대중적 통일운동 등과 같은 반체제적 힘을 통제할 수 있는 새로운 권력-기계가 필요했다. 앞에서 지적했듯이 권력은 그것의 작동방식, 테크놀로지와 구분되는 것이 아니다. 권력의 변환은 그것의 테크놀로지가 변환되었다는 것을 의미한다. 새로운 권력에게는 새로운 테크놀로지가 필요했던 것이다. 새로운 체제를 유지하고 공고화하기 위해서는 대중의 힘을 무조건 억압하는 것이 아니라 그 힘이 일정하게 표출될 수 있도록 하면서도 그 방식을 체제의 논리에 부합하게 길들일 수 있도록 권력의 테크놀로지를 변환시켜야 했다.

정리하자면 87년체제에서 권력의 역할은 대중의 힘을 감시하고 억압하는 것이 아니라 그 힘을 흡수하고 관리하는 것이 된다. 대중의 힘을 억제하는 것이 아니라 적정한 틀 안에서 활용하는 것이 권력의 중요한 기술이 되는 것이다. 이런 현상은 사회적으로는 비주류에 가까운 범민주화세력이 집권층을 형성한 '국민의 정부'나 '참여정부'에서 더욱 뚜렷하게 나타나고 있다. DJ정권을 집요하게 공격하던 『조선일보』를 비롯한 수구언론에 대항하여 조직된 안티-조선운동, 2002년 대선에서 활발하게 전개되었던 노무현 대통령 만들기, 2004년 탄핵반대

시위와 2004년 총선에서 나타난 대중의 정치적 활동 등이 이를 잘 보여준다. 물론 이러한 사례들은 민주주의의 질적 심화와 사회의 진보를 요구하는 대중의 정치적 역량이 자발적으로 표출된 것이기도 했다. 그러나 동시에 이 역량들은 제도정치권에 의해 매개되면서 소위 비주류 정권의 정치적 입지확보를 위한 대중동원의 전략으로 포획되기도 한 성격을 동시에 가지고 있다. 현 체제의 권력은 더 이상 대중의 운동을 무조건적으로 탄압하지 않는다. 오히려 이 힘들을 적극적으로 활용하기도 한다. 다만 그 대중의 힘이 체제의 한계를 넘어서지 않고 체제의 틀 안에서 관리되는 한에서 87년체제의 권력은 그 힘을 활용하는 것이다.

하지만 대중의 힘은 항상 체제의 논리에 부합하여 작동하지만은 않는다. 87년체제 성립 이후에도 체제의 한계 밖으로 탈주하려는 경향의 대중운동들이 적지 않게 전개되고 있다. 서두에서 논의했던 새만금 투쟁, 천성산 투쟁, 이라크파병 반대운동 등이나 KTX 여승무원들의 투쟁이 상징하는 비정규직 철폐운동, 대추리를 지키기 위한 투쟁을 비롯한 반전평화운동, 한미FTA 반대를 위시한 반세계화·반신자유주의 투쟁 등등……. 이 다양한 투쟁들은 대중의 힘이 여전히 반체제적으로 작동할 수 있음을 보여준다. 권력은 반체제적 벡터를 띠는 대중의 힘을 흡수하여 질서를 부여해야 한다. 권력은 이러한 대중의 힘을 체제 운영을 위한 자원으로 활용하되 대중의 힘이 87년운동처럼 권력의 통제를 범람하는 거대한 반체제적 힘이 되는 것, 그래서 체제를 붕괴시킬 만큼 강력해지는 것을 막아야 하는 것이다. 87년체제의 권력은 대중의 힘을 통제하기 위한 새로운 방식과 장치, 즉 권력의 새로운 테크놀로지가 필요할 수밖에 없다.

# 4. 시민사회와 사법-기계

87년체제는 정치권력의 성격만을 변화시킨 것이 아니라 사회운동의 성격 역시 변화시켰다. 87년운동이 절반의 성공을 거둔 이후 한국 사회운동은 급격하게 재편된다. 그러한 재편과정의 핵심은 사회운동의 합법화라고 할 수 있다. 변혁운동의 성격을 가지고 있던 대부분의 사회운동이 불법이었고, 합법적 사회운동은 관변단체의 성격을 가질 수밖에 없었던 군부독재체제에서 대중의 정치적 힘은 일상적 실천을 통해서 표현되기 힘들었다. 하지만 사회운동이 합법화되면서 일상의 차원에서도 대중의 정치적 힘이 표현될 수 있는 양태들이 형성되기 시작했다. 시민운동의 급격한 성장이 이를 잘 보여준다.[8] 국가에 의해서 강력하게 장악되어 있던 시민사회가 상대적인 자율성을 획득하며 급격하게 확대되었고, 87년운동의 세력은 제도정치 영역으로 흡수되지 않고도 합법적으로 활동할 수 있는 공간을 확보할 수 있게 되었다. 장기간의 군부독재체제에 대한 대중의 저항과정에서 형성된 반체제적 민주화운동이 시민운동의 형태로 합법적 공간에서 활동할 수 있게 된 것이다.

**NOTE** [8] 『시민의 신문』에서 조사한 시민단체 현황에 의하면 1996년 2,914개에 불과하던 시민단체가 2002년에는 4,023개에 달하는 것으로 발표되었다. 이 단체들 중 지부조직이 있는 경우 이러한 지부조직을 개별 단체로 합산하면 20,000여 개에 달한다고 한다. 이 단체들을 지부조직을 제외하고 분야별로 분류해 보면 시민사회단체가 1,013개(25.2%)로 제일 많고, 사회서비스복지단체가 743개(18.5%)이며, 환경단체가 287개(7.1%), 지역자치 혹은 빈민단체가 222개(5.5%)로 조사되었다.

운동의 합법화를 보여주는 또 다른 중요한 흐름은 반체제적 노동운동의 합법화이다. 1987년 7~9월 노동자 대투쟁을 거치면서 노동운동은 민주노조운동[9]이라는 형식으로 비약적으로 발전하게 된다. 민주노조운동은 1990년 전국노동조합협의회(전노협), 1993년 전국노동조합대표자회의(전노대), 1995년 전국민주주의노동조합총연맹(민주노총) 건설로 이어지는 조직화의 과정을 밟아나간다. 전노협, 전노대는 물론 민주노총 역시 1999년까지는 '불법'단체, 즉 체제 외부에 존재했었으며 체제와 심각한 갈등상황을 유발하기도 하였다. 그러나 DJ정권이 출범하면서 민주노총은 1999년 합법화를 쟁취하였고 민주노조운동은 한국사회에서 법적 시민권을 획득하게 되었다. 민주노총의 합법화는 물론 민주노조운동의 정당성을 사회적으로 확인한 사건으로서 민주노조운동이 진일보하였음을 의미하는 것이다. 하지만 이는 동시에 민주노총으로 대표되는 민주노조운동 노선이 체제 내부에 자리잡게 되었음을 의미하는 것이기도 했다. 더욱이 민주노총이 노사정 위원회라는 코포라티즘체제의 일원이 됨으로써 민주노조운동은 87년체제의 새로운 거버넌스를 담당하는 한 축으로 기능하게 된다.[10]

NOTE [9] 한국노총으로 대표되는 정부와 자본의 통제 하에 있던 노동조합이 아닌 노동자의 계급적 이해를 반영하는 노동조합을 건설하고자 하던 노동운동을 민주노조운동이라고 한다.

NOTE [10] 민주노총은 노사정 위원회에 가입과 탈퇴를 거듭하고 있다. 이는 민주노총 내의 어떤 정파가 헤게모니를 획득하느냐에 따라 노사정 위원회에 대한 입장이 달라지기 때문이다. 그러나 현재의 민주노총이 노사정 위원회를 탈퇴한 상태라고 하여서 민주노총이 반체제적인 성격을 견지하는 것은 아니다.

여기서 중요해지는 것이 87년체제에서 시민사회의 기능이다. 시민사회는 일반적으로 국가에 대하여 일정한 자율성을 가지고 있으며 국가를 선제하거나 조정하는 공간으로 이해되어왔다.[11] 시민사회에 대한 이러한 이해는 시민사회를 강조하는 진영이 공유하고 있는 것이다. 특히 87년체제의 성립 이후 시민운동이 사회운동의 주류가 되고, 시민사회의 역할이 확대되면서 국가에 대항하는 시민사회가 한국의 민주주의를 더욱 심화시키는 원동력이 될 것이라는 입장이 확산되어왔다.[12] 이런 맥락에서 현재 논의되고 있는 87년체제의 위기론은 그 원인을 시민사회의 위기에서 찾고 있다. 심화된 민주개혁 과제에 대한 시민사회의 충분한 동의와 합의 부재[13]나 시민사회가 보수로부터 진보에 이르기까지 다양하게 분화된 상황과 합의도출 방식의 부재가 체제의 위기와 갈등을 유발하는 주요한 원인[14]이라는 것이다.

NOTE [11] 신광영, 「시민사회 개념과 시민사회 형성」, 『시민사회와 시민운동』, 한울, 1995.

NOTE [12] 시민사회를 이와 같이 이해하는 입장들에 대한 지형적 분석으로는 다음을 참조하라. 김세균, 「'시민사회론'의 이데올로기적 함의 비판」, 『시민사회와 시민운동』, 한울, 1995.

NOTE [13] 조희연, 「'87년체제'와 민주개혁운동의 전환적 위기 : 그 원인과 대안의 탐색」, 『시민과 세계』(제8호/상반기), 당대, 2006.

NOTE [14] 윤상철, 「87년체제의 정치지형과 과제」, 『창작과 비평』(통권 130호/겨울), 창작과비평사, 2005년.

기존의 시민사회론은 국가에 대한 시민사회의 자율성, 혹은 국가와 시민사회의 일정한 긴장을 강조한다. 그리고 이 자율성과 긴장이 시민사회의 진보적 가능성을 담보하고 있다고 파악한다. 시민사회를 장악하고 그 힘으로 제도를 개혁하는 것, 다시 말해 소위 '개혁입법'과 같은 것을 통해서 민주주의를 실제적으로 심화시킬 수 있다고 생각하는 것이다. 87년체제의 극복을 주장하는 이들 역시 시민사회에 대한 이와 같은 이해에 기반하고 있다. 이들은 87년체제의 위기상황을 87년운동의 기획이 미완상태로 남아 있기 때문이라고 파악하며, 87년운동의 기획을 완결하기 위해서는 시민사회의 심층적 민주화와 이를 통한 권력구조의 합리화를 수행해야 한다고 본다. 시민사회를 87년체제의 한계를 극복하고 87년운동을 완수하기 위한 장으로 이해하는 것이다.

그러나 87년체제 하에서 권력이 작동하는 방식은 시민사회의 기능을 다른 각도에서 파악할 필요성을 제기한다. 시민사회 안에 자리잡거나 시민운동의 형태로 전환되면서 사회운동은 국가 내부에 존재하는 시민사회의 일원이 되었다. 사회운동이 시민권을 획득한 것이다. 서구에서 시민권의 역사가 보여주듯이 시민권의 주체는 곧 법적 주체이다. 즉, 법적 권리를 적극적으로 행사할 수 있는 주체이자 법에 의해 규정되는 주체이다. 시민사회는 바로 이 맥락에 위치하고 있다. 변혁적 벡터를 띠던 대중의 힘을 체제 내부로 흡수하고 그 힘에 시민으로서의 정체성을 부여함으로써 체제에 기능적으로 작동하도록 만드는 것이 시민사회의 주요한 역할이다. 즉 시민사회운동은 대중의 힘이 체제에 기능적으로 포획되는 방식인 것이다.

더욱이 한국에서 시민사회의 확장과정이 한국사회의 신자유주의적 재편과정과 맞물려 이루어졌음을 감안해볼 때 시민사회의 자율성이라는 관념은 그 타당성이 의심스럽다. 조정환은 이러한 산업재구조화의 과정이 시민사회의 형성에 중요한 역할을 하였다고 평가한다.[15] 한국경제는 1980년대 이래로 기계, 중화학공업 중심의 산업구조를 정보화와 지식기반경제로 특징지워지는 고도기술산업 중심으로 재구조화해왔다. 정보와 지식이 산업에서 차지하는 비중이 확대됨에 따라 연구직·사무직·교육직·관리직 등의 노동자층에 대한 수요가 늘어났으며, 이는 고등교육의 대중화로 이어졌다.[16] 교육받은 대중들의 증대가 시민사회의 성장으로 이어졌음은 물론이다. 또한 87년체제의 성립 이후 임금의 상승과 장시간 노동체제의 이완은 소비를 활성화시켰고, 이는 유통업이나 문화산업을 중심으로 한 서비스업의 성장을 촉진했다. 이 역시 대중의 욕망이 표출될 수 있는 공간을 확대시켰으며 시민사회가 활성화되는 계기가 되었다. 결국 이러한 과정은 "시민사회의 형성이란 실제로는 노동의 전 사회적 산포과정이자 공장이 시민사회의 한 구성영역으로 포섭되는 과정"[17]이었다는 것이다.

NOTE [15] 조정환, 『제국기계 비판』, 갈무리, 2005, 327-329쪽.

NOTE [16] 1980년대에 대학생 인구가 확대된 것이 군부독재체제에 저항하는 학생운동을 양적으로 성장시킨 것은 주지의 사실이다. 이들이 1987년 민주화 투쟁에서 선도적 역할을 하였고 그 이후 성장한 시민운동의 실무역량을 감당한 것 또한 이들이었다.

NOTE [17] 조정환, 『제국기계 비판』, 332쪽.

87년체제의 성립과 더불어 본격적으로 작동하기 시작한 한국의 시민사회는 국가에 대항하고 국가를 통제하는 역할을 한 것이 아니다. 오히려 시민사회는 대중의 힘이 반체제적 벡터를 띠는 것을 방지하고 그 힘을 체제 안으로 흡수하고 통제가 실행되는 장으로 기능했다. 변혁운동의 성격을 강하게 견지하였던 87년운동이 시민운동의 형태로 체제내화되었고, 반자본주의적 성향의 운동을 이끌던 민주노조운동이 코포라티즘체제에 흡수되고 있는 양상은 시민사회의 그와 같은 성격을 분명하게 보여주고 있는 것이다. 시민사회의 제도화된 운동이라는 형태로 전개되어온 대중운동들은 체제의 유지와 관리의 한 축을 담당하는 거버넌스의 구성요소가 되었다. 결국 87년체제와 더불어 시작된 시민운동이 도달한 지점은 한국사회의 효율적 통치를 위한 거버넌스의 일원이 되는 것이다.

사법-기계는 이 맥락에서 작동하고 있다. 87년체제의 수립 이후 권력 테크놀로지의 변화라는 맥락에서 말이다. 87년체제의 권력은 대중의 힘을 감시하고 폭력적으로 억압하는 방식으로 행사되지 않는다. 오히려 그 힘을 양성하고 관리하는 방식으로 작동한다. 다양한 양태로, 때로는 이질적이며 상호대립적으로 표출되는 대중의 힘을 체제에 기능적으로 조절(REGULATION)하는 기술로서 권력의 성격은 변화되었다. 우리는 오늘날 실행되고 있는 사법-기계를 권력의 새로운 테크놀로지라는 차원에서 이해해야 한다. 대중의 힘을 흡수하고, 그 힘에 대한 관리가 실행되는 장으로서 시민사회는 기능하며, 사법은 그러한 흡수와 관리를 구체적으로 작동시키는 장치이자 기계이다. 대중의 힘이 넘어서지 말아야 할 체제의 한계는 법에 의해서 규정되는 것이다. 시민사회의 진보세력이 체제의 지배세력과 갈등하게 되는 경우가 발생하더라도 그 갈등이 표출될 수 있는 극한은 법의 테두리 안에 설정되어 있다. 군부독재체제를 전복시켰던 대중운동이 시민사회 내부의 운동이 됨으로써 시민권을 획득하게 된 것은 그 운동이 시민권의 주체, 법적 주체가 되었음을 의미하며, 대중의 힘은 법을 통하여, 법의 형식 내부에서 표출될 수밖에 없게 되었음을 뜻하는 것이다.

# 5. 사법-기계와 대중의 힘

그러나 반체제적 대중운동이 시민운동화되면서 법을 운동의 중요한 수단으로 사용하고, 법의 테두리를 운동의 한계로 설정하게 된 것은 강권적 탄압의 결과가 아니다. 강권적 탄압에 의해 대중의 힘을 실정법으로 구속하는 형태는 군부독재체제의 권력 작동방식인 독재-기계에 부합하는 것이다. 87년체제에서는 오히려 대중 스스로 법의 한계를 운동의 한계로 받아들인 성격이 강하다. 그렇지 않다면 새만금 투쟁이나 천성산 투쟁, 혹은 이라크파병 반대운동의 경우처럼 법정의 판결로 인해 운동의 강밀도가 현저하게 해소되는 사태는 일어나지 않았을 것이다. 군부독재체제에서 법정의 판결이 대중운동의 강밀도를 억압하였을지언정 해소시킨 경우는 극히 드물었지 않았던가. 그렇다면 대중은 왜 사법을 갈등을 해결하는 중심적 수단으로 받아들이며, 사법의 한계를 넘어서지 못하는 것일까? 왜 대중의 운동이 사법의 한계 내에서 활동하게 되었을까? 다시 말해 대중의 힘은 어떻게 하여 법의 힘 안으로 포섭되는 것일까? 대중의 힘이 사법 안으로 포섭되는 것은 다음과 세 가지 양상으로 나타난다.

첫번째는 사법의 초월적 척도화이다. 사법이 권력의 정당성을 보증하는 초월적 척도로 자리잡는 것이다. 군부독재체제 하에서 권력은 초법적으로 작동하였다. 권력의 이와 같은 초법적 성격은 권력의 정당성에 대한 대중적 승인을 획득하지 못했으며, 정당성 없는 권력은 지속적으로 대중의 저항에 직면해야 했다. 그리고 결국 1987년 대중의 힘은 이 정당성 없는 권력을 전복시켰다. 87년체제의 성립 이후 권력에게 정당성의 확보는 사활이 걸린 문제였다. 이 맥락에서 법은 구체제와는 다른 위상을 얻게 되었다. 권력의 정당성을 보증하는 초월적 척도가 되는 것이다. 군부독재체제에서도 법은 권력을 정당화하는 역할을 하였다. 그러나 이 경우에서 권력은 법으로부터 분리되어 있었으며, 법은 권력에 종속되어 있었다. 반면 87년체제처럼 권력이 법에 의해 정당화되는 경우에서는 권력이 법으로부터 분리되어 있지 않다. 권력의 실행은 오로지 법의 형식을 통해서만 가능해지며, 법의 형식으로 집행되는 권력만이 정당한 것이 된다. 법에 의해 정당성을 확보한 권력은 87년운동에서 대중의 요구이기도 했다. 호헌철폐에 대한 요구, 다시 말해 헌법개정에 대한 요구는 권력을 법으로 규제할 것에 대한 요구였으며, 권력이 법에 의해서 작동되어야 한다는 요구이기도 하였다. 그렇게 권력의 성격은 소위 인치에서 법치로 변화되었다. 즉, 법이 권력의 정당성을 보증하는 척도가 되는 것이다.[18]



군부독재체제의 초법적 권력에 의해 억압받았던 대중들은 권력의 정당성이 법에 기초해야 한다는 법치주의의 관념에 쉽게 합의할 수 있었다. 법이 권력에 대해서 그것의 정당성을 규정하는 초월적인 것이 되는 것이다. 법이 권력의 정당성을 보증하는 실질적인 척도가 되었을 때, 이는 대항권력의 성격을 가지는 대중의 정치적 힘 역시 법에 의해 그 정당성을 확보해야 하는 것을 뜻하는 것이기도 했다. 이제 사회운동 역시 법질서의 한계 내에서 전개되어야 했다. 시민운동이라는 명칭을 공식적으로 사용하는 사회운동은 말할 것도 없고, 1980년대 변혁운동의 연장선상에 서 있던 사회운동들 역시 법을 통해서 자신들의 요구를 쟁취하고자 하는 경향을 급속하게 보이기 시작했다. 새만금 투쟁, 천성산 투쟁, 이라크파병 반대투쟁, 비정규직 철폐운동, 양심에 따른 병역거부운동, 호주제 폐지운동 등 수많은 사회운동들이 법을 투쟁의 주요한 수단으로 사용하는 것은 바로 이러한 맥락에서인 것이다. 그리고 운동이 법질서 밖으로 나가게 될 때 그 운동들은 대중적인 비난의 대상이 되었다. 이제 법은 권력의 정당성을 보증하는 척도일 뿐만이 아니라 사회운동의 대항권력의 정당성을 보증하는 척도이기도 한 것이다.

두번째 양상은 사회운동이 사법에 의존하는 경향의 심화이다. 다시 말해 사법을 통해 자신의 요구를 쟁취하고자 하는 경향이 사회운동에 뚜렷해지는 것이다. 87년체제의 성립은 대중적 민주화운동으로 가능했다. 비록 완전한 것은 아니지만 민주적 체제를 형성하는 데 가장 중요한 동력이 되었던 사회운동은 더 이상 체제 외부에 존재하는 것이 아니라 체제 내부에서 활동하게 되었다. 다시 말해 대중의 정치적 힘이 시민사회운동의 형태로 시민권을 획득하게 된 것이다. 시민권을 획득한 사회운동은 체제가 보장하는 권리들을 적극적으로 요구할 수 있는 권리 주체가 되었다. 체제 내부에서 활동하게 된 사회운동에 있어서 법이란 자신의 요구를 실현하기 위해 시민적 권리 주체로서 적극적으로 활용해야 할 수단이며 제도가 되었다.

시민사회운동이 본격화되면서 법은 운동의 핵심적 수단 가운데 하나가 되었다. 다양한 소송들이 시민사회단체를 통해서 제기되고 있고, 변호사를 비롯한 법률전문가들이 시민사회운동의 핵심적 인적자원이 되고 있다. 공익변호사그룹 공감의 한 보고서는 이러한 현상에 대해서 "시민운동에서 법을 활용하는 것은 이제 거스를 수 없는 대세가 되고 있는데, 시민운동이 법을 활용하는 장점으로는 소송이나 입법을 통한 구체적인 문제해결이나 대안을 제시할 수 있다는 점, 소송이나 고발 및 입법청원을 통하여 시민이나 정부 등에 시민운동이 제기하는 이슈를 분명하게 설명하는 수단이 될 수 있다는 점, 소송이나 고발 등의 법적 수단이 결과가 나오기까지 상당한 시일이 걸린다는 점에서 운동을 지속시킬 수 있는 계기가 된다는 점, 경우에 따라서는 그 자체가 문제해결의 수단으로 작용한다는 점 등을 들 수 있다"[19]고 평가한다. 이러한 평가가 보여주는 것처럼 시민사회단체는 법을 운동을 위한 유용한 수단으로 판단하고 있다. 같은 보고서에 의하면 시민사회단체 실무자들은 시간이 갈수록 법률전문가의 지원이 자신들의 운동에 필요할 것이라고 예측하고 있다. 이는 시민사회단체가 운동의 수단으로 법을 더욱 적극적으로 활용하고자 함을 보여준다. 법에 대한 사회운동의 의존도가 갈수록 증대되는 것이다.

NOTE [19] 공익변호사그룹공감, 「NGO의 법률수요 실태 및 로펌의 프로보노활동에 관한 조사」, 각주 1. 공익변호사그룹공감 홈페이지 자료실(WWW.KPIL.ORG/DATA/DATA_01.ASP?BOARD_NO=6).

세번째 양상은 더 좋은 법에 대한 욕망의 증식이다. 더 민주적이고 합리적인 법에 대한 욕망이 운동 내부에 깊숙하게 자리잡는 것이다. 권력과 대항권력의 정당성을 보증하는 척도가 법이고 법이 운동의 핵심적 수단이 되었다면, 그 법을 더욱 좋은 것으로 만드는 것은 당연히 매우 중차대한 문제가 된다. 더욱이 87년체제가 군부독재체제와 타협한 산물이라는 점에서, 이 체제의 법들 가운데 아직도 구체제의 유제들이 적지 않게 남아 있다는 사실은 87년운동 세력에게는 운동의 중요한 목표를 설정하게 한다. 구체제의 법들을 개폐하고 더 좋은 법을 만들어 미완의 상태로 남아 있는 87년운동의 기획을 완결해야 한다는 것이다. 더 좋은 법에 대한 진보진영의 이러한 요구는 시민사회운동이 법을 통한 투쟁에서 일정한 성공과 실패를

동시에 경험하면서 한층 더 강화된 것으로 보인다.[20]

NOTE [20] 2006년 8월 참여연대 사법감시센터는 2000년 9월~2006년 9월 헌법재판소가 신고한 결정 가운데 인권신장과 민주주의 확장, 사회적 약자와 소수자 보호 등에 걸림돌이 된 10가지 결정과 디딤돌이 된 10가지 결정을 제시하였다. ●디딤돌 결정 10가지는 다음과 같다. 1-알몸수색 등 유치장 수용과정에서의 신체과잉수색 위헌결정(02.07.18), 2-교도소 수용자에 대한 과도한 수갑 등 계구사용 위헌결정(03.12.18), 3-수사과정에 변호인 참관을 허용치 않은 검찰 처분 위헌결정(04.09.23), 4-국회의원 선거 1인1표제 한정 위헌결정(01.07.19), 5-영상물등급위원회의 등급분류보류제도 위헌결정(01.08.30), 6-미성년자보호법의 불량·음란만화 정의규정 위헌결정(02.02.28), 7-'불온통신'에 관한 전기통신사업법 규정 위헌결정(02.06.27), 8-호주제 헌법불합치 결정(05.02.03), 9-자녀의 성은 아버지의 성만을 따르도록 한 민법 헌법불합치 결정(05.12.22), 10-대학교육기관의 교원에 대한 기간임용제 헌법불합치 결정(03.02.27). ●걸림돌 결정 10가지는 다음과 같다. 1-낙선운동 등 유권자운동을 금지한 선거법 합헌결정(01.08.31), 2-국가보안법상 찬양고무, 이적표현물 소지죄 합헌결정(04.08.26), 3-양심적 병역거부권을 부인한 병역법 합헌결정(04.08.26), 4-소위 공안사범에 대한 준법서약제 합헌결정(02.04.25), 5-이라크 파병결정 등 헌법소원 각하 결정(03.12.18), 6-열 손가락 지문채취와 그 원본의 경찰청 보관 관련 주민등록법 등 합헌결정(05.05.26), 7-검사 작성 피의자 신문조서의 증거능력을 인정한 결정(05.05.26), 8-시각장애인의 안마사 독점을 규정한 안마사규칙 위헌결정(06.05.26), 9-필수공익사업장 노동쟁의 노동위원회 위원장 직권중재 회부 합헌결정(03.05.15), 10-신행정수도건설 특별법 위헌결정(04.10.21) 등이다.

시민사회운동의 요구가 법정의 결정에 의해서 성취되는 경우에는 이러한 진보적 결정을 상시화할 수 있기 위한 더 좋은 법을, 반대의 경우에는 그와 같은 결정이 앞으로 내려지지 않도록 더 좋은 법을 도입할 필요를 강하게 느끼도록 만든다. 더 좋은 법에 대한 시민사회운동의 요구는 결국 운동이 법과 긴밀하게 결부되고, 법이 운동의 과정에 깊숙이 침투하게 된 필연적 결과라고 할 것이다.

법이 권력의 정당성을 보증하는 척도로 자리잡고, 사회운동이 법에 의존하게 되며, 더 좋은 법에 대한 욕망이 사회운동 내부에 심화되는 과정을 통해서 사법-기계는 대중의 정치적 힘을 시민사회라는 체제 내부의 특정한 공간으로 포획하게 되었다. 이제 법이 사회적 갈등을 조절하는 일반적 원리가 된 것이다.

# 6. 87년체제에서 소수정치로

그렇다면 이제 법의 한계, 다시 말해 체제의 한계를 넘어서는 대중의 운동은 불가능한 것일까? 오늘날 진보진영이 주장하듯이 미완의 상태로 남아 있는 87년운동의 기획을 완결하는 것, 즉 보다 심화된 민주주의, 그에 대한 시민사회의 광범위한 합의, 그리고 그것을 보장할 더 좋은 법을 쟁취하는 것이 87년체제의 한계를 극복하는 길일까? 어쩌면 이러한 생각이 현실적으로 가능한 대안일 수도 있을지 모른다. 그러나 이러한 해결방식은 여전히 사법-기계가 실행되는 게임의 규칙 안에 있다. 더 좋은 법에 대한 요구는 결국 법이라는 초월적 기제가 대중의 힘을 통제하는 메커니즘을 결코 빠져나가지 못한다. 그저 사법-기계를 좀더 합리화하는 것일 뿐이다. 87년체제론자들의 주장은 결국 87년체제 이후 등장한 새로운 권력의 테크놀로지를 넘어설 수 없는 한계를 가지고 있다.

87년체제론의 이러한 한계는 그것이 전형적인 다수정치의 틀 안에 머물러 있기 때문이다. 다수적인 것이란 수의 많고 적음이 아니다. 그것은 차이를 통제하고 통합하는 척도의 문제이다. 척도를 아무리 합리적이고 민주적인 것으로 개혁하더라도 척도는 여전히 존재하며 그 척도에 의존할 수밖에 없다. 척도를 중심으로 형성된 권력관계와 질서 자체를 해체하는 것은 불가능하게 된다. 법이라는 척도가 민주적으로 개혁되고 합리화된다고 하더라도 대중의 힘은 그 척도를 중심으로 형성되어 있는 질서에 포획될 수밖에 없는 것이다.

87년체제를 넘어서기 위해서는 다수정치적 기획이 아니라 소수정치적 기획이 필요하다. 소수정치란 척도로부터 벗어나는 것이다. 그 어떤 초월적 척도도 거부하며, 척도를 중심으로 형성된 권력관계와 질서로부터 벗어나 소수적인 것들의 내재적 질서를 구성하는 정치가 필요한 것이다. 그렇다면 87년체제를 넘어서는 대중의 소수정치, 사법-기계라는 권력의 새로운 테크놀로지에 의해 포획되지 않고 그로부터 탈주하는 대중의 소수정치는 어떤 것일까? 물론 이는 결코 답변하기 쉬운 질문이 아니다. 하지만 우리는 그 추방된 자리에서 시작되고 있는 대중들의 탈주[21]에서 이 문제를 풀기 위한 단초를 발견할 수 있다.

NOTE **21** 고병권, 「주변화 대 소수화 : 국가의 추방과 대중의 탈주」, 본지 11~36쪽.

우리는 대추리의 투쟁에서, 이주노동자들의 싸움에서, 장애인들의 활동에서, KTX 여승무원들의 농성에서 대중의 힘이 소수정치적으로 표출되는 것을 목격할 수 있다. 법원은 대추리의 주민들에게 이주명령을 내렸지만, 대추리의 주민들은 법의 명령을 거부하며 자신들의 공동체적 삶의 방식을 지키기 위해서 싸우고 있다. 이 싸움은 단순히 기존의 것을 보수하겠다는 것에 그치는 것이 아니라, 법이 규정하는 삶의 방식과는 다른 삶의 방식을 창출하기 위한 구성적 활동이다. 이들의 싸움에서 법은 더 이상 삶의 방식을 규정하는 초월적 척도가 되지 못한다. 초월적 척도가 아니라 내재적 질서를 구축하기 위한 소수정치를 대추리 투쟁은 수행하고 있다. 대한민국의 시민이 아니기 때문에 시민사회의 일원이 될 수 없지만 한국사회의 중요한 정치적 문제들에 개입하고 있는 이주노동자들의 투쟁 역시 소수정치적으로 표출되는 대중의 힘을 보여주고 있다. 국민과 시민이라는 근대적 정치 주체를 규정하는 척도를 이들은 거부한다. 법이 그 권리를 보장하는 합법적 정치 주체가 아니지만 이주노동자들은 한국사회의 중요한 정치적 주체로 등장하고 있는 것이다. 법에 의한 케어 대상에서 스스로 법을 구성하는 주체로서 투쟁에 나선 중증장애인들, 투쟁을 막으려는 그 어떤 법적 명령에도 아랑곳없이 계속되는 KTX 비정규직 여승무원들의 투쟁 등은 법이라는 척도로 포획할 수 없는 대중의 힘을 보여주고 있다. 그리고 이들의 투쟁뿐만이 아니라 사법적 질서가 규정하고 명령하는 삶의 방식을 거부하고 새로운 삶의 방식을 창출하려는 다양한 싸움들이 현재 한국사회 곳곳에서 전개되고 있다.

오늘날 우리는 제도화된 시민단체들과 노동조합이 아니라 이들의 투쟁 속에서 대중의 힘을 표현하는 새로운 양태들을 발견해야 하는 것이 아닐까? 주변화가 아니라 소수화를 감행하는 대중들의 형상 속에서 우리는 이제 '운동'을 다시 사고해야 하는 것이 아닐까? 자신들이 원하는 삶의 형태를 초월적 법이 아닌 자신들의 연합된 힘을 통해서 스스로 결정하고자 하는 대중들의 투쟁, 법의 판단에 삶의 방식, 삶의 권리를 내맡기는 것이 아니라 법의 명령으로부터 얼굴을 돌리는 대중들의 집합적 탈주에서 우리는 사법-기계와 투쟁하는 소수정치의 가능성을 발견할 수 있지 않을까? 삶의 형태가 어떠한 것이어야 하고, 삶의 권리가 어디까지 확장될 수 있을지에 대한 판단을 초월적 법의 결정에 맡겨두지 않는 것. 대중들의 공통적 활동이 만들어내는 내재적 힘이 삶의 형태와 삶의 권리에 대한 규정의 근거가 되도록 하는 것. 그런 힘을 통해 운동을 다시 새로운 삶의 형태와 권리에 대한 실험으로 만들어가는 것. 그것이 대중의 힘을 흡수하고 관리하는 새로운 권력의 테크놀로지, 사법-기계에 대항하여 대중의 힘이 소수정치적으로 표현되게 하는 출발점일 것이다. R <sub>NO.1</sub>

박경석과 고병권의 대담



"WE ARE ALL MINORITY"
CONVERSATION WITH PARK, KYEONG-SEOK BY GOH, BYEONG-GWON

"우리는 모두 소수자이다"

"우리는 모두 소수자이다" 고병권과 박경석의 대담

# "We Are All Minority": Conversation with Park, Kyeong-seok

by Goh, Byeong-gwon

## "우리는 모두 소수자이다"
### 박경석과 고병권의 대담

대담정리 고병권(高秉權) ▮▮ '연구공간 수유+너머' 추장 UNZEIT@GMAIL.COM

# 박경석은 누구인가? : 박경석과의 만남

박경석은 현재 전국장애인차별철폐연대(준) 집행위원장이며 노들야학의 교장이다. 1983년 불의의 행글라이딩 사고로 하반신 마비의 중도장애인이 되었다. 그의 표현을 빌리자면 "5년 동안 집구석에서 박혀" 괴로워하다가 1988년경 "세상에 나왔다". 서울장애인종합복지관의 직업훈련생으로 입학한 후 그곳에서 몇몇 장애운동가들을 만나, 고분고분했던 '착한 장애인'에서 현실 변혁을 꿈꾸는 '나쁜 장애인'으로 거듭났다. 1980년대 후반부터 지금까지 자신이 '희망의 물리적 근거'라고 부른, 장애인운동조직을 건설하기 위해 혼신의 힘을 다해왔다. 그와 동료들이 벌인 장애인 이동권 싸움과 활동보조인제도 싸움은 장애인운동만이 아니라 민중운동 전반에 커다란 영감을 제공했다. 우리는 한국 사회운동의 최전선에서 언제나 그를 만날 수 있다.

부커진 『R』의 편집진은 이번 창간호에서 우리가 만날 사람으로 일찌감치 박경석을 꼽았다. 그는 창간호 특집에 우리가 담고자 했던 내용을 가장 생생한 목소리로 말해줄 수 있는 사람이었다. 하지만 그는 '장애인차별금지법'과 '활동보조인제도' 등을 얻어내기 위한 싸움 때문에 서울과 지방 곳곳을 오가며 시간을 그야말로 쪼개 쓰고 있었다. 그는 한국사회 어느 운동가보다도 빨리, 그리고 바삐 움직이는 운동가였다.

투쟁 중에 있는 박경석과 인터뷰 약속을 잡는 것은 물리적으로도, 도덕적으로도 어려운 일이었다. 우리의 인터뷰 자체가 또 다른 방해물이 되지 않을까 하는 생각을 해야 할 정도로 그는 열심히 싸우고 있었다. 다행히 그가 흔쾌히 허락을 해주었고, 몇 번 시간을 변경한 뒤 지난 3월 8일 오후 인터뷰가 진행되었다. 공교롭게도 우리가 만나기 불과 이틀 전 그가 지난 5년간 제정을 위해 열심히 싸워왔던 '장애인차별금지법'이 국회를 통과했다. 대화는 여기서 시작되었다.

# 1. 추상적 권리가 구체적 차별을 막을 수 있을까?

고병권(이하 고) : 그제 통과된 '장애인차별금지법'은 어
떤 법입니까?

박경석(이하 박) : 두 가지 법이 통과됐지요. 하나는 인권법이라고 할 수 있는 '장애인차별
금지법'의 제정이고요, 다른 하나는 서비스관련법이라고 할 수 있는 '장애인복지법'의 개
정이지요. 제가 바라보는 입장, 제가 속한 조직이 바라보는 입장, 장애인계가 바라보는 입
장이 다 다릅니다. 장애인계 전체적으로는 굉장히 환영하고 있고, 480만의 염원이라는 말
까지 쓰고 있죠. 장애인의 사회적 위치가 너무나 열악했기에, 너무나 개차반이라고 해야
하나, 어떻든 굉장히 밑바닥이었기에 이 법이 만들어지면 상대적으로 좋아지지 않을까 하
는 기대가 있다고 생각하거든요. 그것도 누가 줘서, 만들라고 해서 만든 게 아니라, 싸워서
얻어낸 것이기 때문에, 일차적으로는 성과가 있다, 저도 그렇고 사람들도 그렇게들 생각합
니다. 근데 실질적인 내용들을 따지면 굉장히 후퇴한 것들이 많이 있죠. 가령 이번 법에 포
함되지 못한 징벌적 손해배상이라는 게 있는데요. 잘못을 적발해서 형사처벌까지 받는 게
맞냐, 그리고 장애인 문제와는 조금 차원이 다릅니다만, 국가인권위원회가 사법적 권한까
지 가져야 하는가 등의 문제가 우리나라에서는 아직 정리가 안 되었습니다.

고 : 장애인차별금지가 실질적 의미를 갖기 위해서는 형
사처벌로 뒷받침되어야 하는 거 아닌가요?

박 : 우리는 시정명령이나 징벌적 손해배상 같은 것에 권한을 갖는 장애인차별금지위원회
를 독립적으로 만들자는 입장인데요. 개인이 아니라 국가 지방자치단체 같은 데서 일어나
는 차별들이 굉장히 많거든요. 예를 들어 충북에서 일어난 보건소장 일[1] 있잖아요. 인권
위에서 시정권고를 했는데, 충북 도청에서 다 쌩까버리니까 ……. 그냥 권고니까 권고. 시
정은커녕 오히려 피해자인 사람이 공직사회에서 왕따 되어버리는 거고 거기서 못 견디다
보니 강원도로 가버렸어요. 자기가 살아왔던 근거집단에서 왕따 당하는 문제는 실질적으
로 개선이 안 된 거죠. 지금 대선후보 중 1위를 달리고 있는 이명박 씨, 그 사람이 서울시
장으로 있을 때 발산역 리프트 사고에 대한 투쟁이 있었어요. 그때도 관리책임을 지고 있

NOTE [1] 2001년 11월 충북 제천 보건소장 임용에 장애인이라는 이유로 탈락한 이희원
씨 사건을 말한다. 인권위는 2002년 4월 제천시가 "신체조건을 이유로 평등권을 침해한
차별행위"를 했다고 판결하고, 제천시장에게 "장애를 이유로 한 차별적 제도와 정책이
있는지 조사해 시정할 것과 신체적 장애를 이유로 한 차별행위를 하지 않을 것을 권고"
했다.

는 서울시가 책임을 인정하고 안전대책을 마련하라는 인권위의 권고가 있었거든요. 서울 시장 자기는 법적으로 정해진 것들에 따라서 한 것밖에 없으니 책임 없다고 시치미를 딱 뗐죠. 안전대책 마련하라는 거에 대해서는, 그럼 누가 그것 안 한다고 하겠습니까? 다 한다고 하죠. 중요한 건 그 안전대책이 뭐냐는 거죠. 결국 우리가 변호사 사서 사법부에 민사소송해 이긴 사건이 된 거죠. 인권위 권고가 장애인 차별의 영역, 즉 사회적인·물리적인 환경을 바꾸는 것, 그리고 또 국가 책임을 강제하는 것에 대해 얼마나 힘을 가질지, 권고해 가지고 얼마나 아름답게 될지 ……

고 : 시정명령이나 징벌적 손해배상 같은 것이 불비하다 는 점에서 이번에 통과된 법들이 얼마나 실효성을 가질 수 있을지 의문이라는 말씀이군요.

박 : 제한적으로 시정명령이 들어갔습니다. 그러나 장애인 문제에서 인권의 많은 부분은 결국 다 돈 들어가는 문제거든요. 장애인 이동의 권리만 해도 그래요. 2001년부터 막 싸워 가지고 그나마 서울에 저상버스 몇 백 대, 그런데 지방 가보면 더 열악하거든요. 지방 같은 경우는 두 대, 세 대, 다섯 대, 이런 걸 가지고 이동권 보장했다고 말하기가 부끄러운 거죠. 그거는 차별인데 인권위에서 지방정부에 차별이라는 권고를 해도 생까버리면 그만이거든요. 합리적 차별이냐 불합리한 차별이냐를 측정하는 데 돈 문제가 중요해요. 경제를 중요하다고 생각하니까, 일단은 잘 살아야지 하니까, 돈 많이 드는 저상버스 도입 같은 건 늦춰도 그런 차별은 합리적인 것이라고들 생각해버려요. 아마 이번 법이 돈 별로 안 들어가는 것들, 인권에서 자유권에 해당하는 것들, 립서비스 수준에서 할 수 있는 것들은 일정하게 개선시킬 수 있을 거라고 봅니다. 가령 이번에 활동보조인 싸움하다가 90명이 떼거지로 잡혀갔거든요. 근데 저상버스로 잡아간 게 아니라 그냥 트럭 갖고 와서 싣고 갔는데 그거 인권위에 제소하니까 장애인을 체포할 때 이러이러한 배려를 해야 한다고 권고했거든요. 글쎄요. 앞으로는 전경들이 우리 잡아갈 때 저상버스를 가져오거나 아니면 안 잡아가거나 하겠지요(웃음). 이런 약간의 변화는 일어날 수 있겠지요. 하지만 실질적인 사회적·물리적 환경의 변화에 대해서는 권고 가지고 택도 없지요. 차별 중 특히 악질적이고 고의적인 것은 국가가 하는데, 아마 예산 핑계 대겠죠. 인권 영역은 아마 추상적으로 보편타당하게 나아갈 겁니다. 하지만 추상적인 것들이 아니라 (구체적인) 계급적 문제들은 은폐될지도

모릅니다. 오히려 "이제 다 됐다"거나 "이 정도의 아름다운 사회"를 만들었다는 식으로, 체제 공고화에 기여하지 않을까 하는 개인적 우려도 갖습니다.

고 : 인권 문제를 말씀하셨으니 말인데, 선생님은 장애인 투쟁에서 자주 근거가 되는 '인권'이라는 것에 대해서는 어떻게 생각하십니까? 인권은 어찌 보면 권리 이전의 권리, 단지 인간이기만 하면 가지고 있다고 가정된 권리입니다. 하지만 정말로 '인간이기만 한 사람', 즉 자신을 보호해줄 어떤 법적·제도적 기반도 갖지 못한 사람, 그래서 인권이라는 말이 가장 필요한 사람에게는 인권이 보장되기 어렵습니다. 자기 권리를 사회에서 관철시킬 수 있기 위해서는, 그저 인간이기만 해서는 안 되는 것이지요. 아무런 힘도 없는 인간의 호소는 기껏해야 인권위의 '권고'를 끌어내는 수준에 머물며, 결국 실질적 권리를 보호받을 수 없습니다. 인권위를 찾고 인권에 호소하는 것은 한편으로 불가피해 보입니다만, 다른 한편으로 투쟁이 추상적이고 보편적인 인권에 기대는 것은 어떤 문제를 안고 있는 것처럼 보이기도 합니다.

박 : 저는 그것을 괜찮다거나 좋다기보다는, 그게 바로 우리의 한계, 장애인운동에 대한 한계이기도 하다는 생각을 합니다. 일단 인권위 가면 편안하지 않습니까? 농담입니다(웃음). 장애인들의 투쟁에는 관심들이 없죠. 관심이 없어 언제 어떻게 죽어 나가는지도 모르고. 어떤 시설에서 성폭력이 났다거나 몇 억씩 떼먹었다고 해도 잠깐 시선을 주는 정도죠. 그런데 인권위로 가는 문제들, 인권위 권고를 끌어낸 것들은 언론이 제법 잘 받아주죠. 그런 측면에서 인권위 활용은 유용한 측면이 있다고 생각합니다. 그렇지만 또 한계가 있어요. 어떤 문제들이 사회적 문제가 되면, 가령 한미FTA 같은 것 말이에요. 그런 것에 대해선 진지한 토론을 하지 않습니까. 저는 장애 문제에 대해서 「100분 토론」이나 이런 데서 한번이라도 본질적으로 제대로 토론된 것들을 보지 못했어요. 그냥 4월 20일 장애인 날 되면, 장애인들 모아놓고 연예인들 쭉 해가지고 체험 한번 하고 "어떻습니까" 인터뷰 듣고, "힘드네요", 그러면 "정말 힘듭니다, 열심히 도와줍시다", 이 정도의 아름다운 토론을 많이 하

죠. 이 정도의 관심은 있지만 본질적인 부분이나 과제에 대해서는 주류 언론에서 받아들이지 않습니다. 그런 부분을 활용하는 데 있어서 인권위에 들어갔던 것, 그리고 인권을 활용하는 것이고요. 인권위원장이 다음에 들어오지 말라고 하지만 우린 다음에 또 들어간다고 이야기하고(웃음). 인권위 나무는 피를 먹고 자란다고 그러면서, 또 왜 그러냐고 말도 하고요. 투쟁과정 속에서 전술적으로 활용하는 측면이지요. 그런데 인권에 호소하는 것과 인권위의 권고가 그것들을 다 해결해줄 수 있다고 생각하진 않아요.

고 : 제 생각에 선생님이나 투쟁하는 사람들이 인권을 활용하는 것과 별개로 우리 사회가 '장애인 차별 문제'를 인권의 문제로 몰아가는 것은 생각해볼 대목이 있다고 봅니다. 도대체 '인간의 권리'라고 하는데, '인간답게 산다는 것'을 어떻게 이해하느냐는 아주 정치적이고 계급적인 부분이 있지 않습니까? 기본적 인권인 자유나 평등에 대해서도, 시장자본주의에서는 "내가 공정하게 기회를 줬다, 네가 버스를 못 타고 택시를 이용해야 하는 것은 네 개별 처지 때문이고 너만 특별히 차별한 게 아니다"는 식으로 말할 수 있습니다. 자유나 평등의 의미, 장애의 의미, 차별의 의미 등이 모두 현실적 세력 다툼에서 자유롭지 않은데, 추상적 인권 문제로 흡수하게 되면, 통념상으로 "이 정도면 인간적인 대우다"라고 말하게 됩니다. 문제는 그 통념이라는 게 가장 차별적인 것인데도요.

박 : 자꾸 추상적 인권으로 몰아가는 것, 계급성도 없는 보편적 인권은 아마 자본주의 테두리 안에 있는 자신들의 정치 안에 문제들을 집어넣으려고 하는 것이겠지요.

장애인차별금지법의 제정은 보편적이고 추상적인 장애인들의 권리 측면에서는 상당한 개선을 가져올 것이다. 게다가 그것은 비장애인 정치인들이 내놓은 떡고물이라기보다는 장애인들이 직접 싸워 얻어낸 성과물이기에 더 큰 의미를 갖는다. 그러나 모든 차별은 추상적이지 않고 구체적이다. 차별은 보편적

인류가 겪는 게 아니라 구체적 집단이 겪는다. 그래서 '모두가 평등한 아름다운 사회'라는 이미지를 얻는 것보다, 돈과 계급으로 묶여 있는 '지저분한 구체적 현실'을 타파하는 게 훨씬 중요하다.

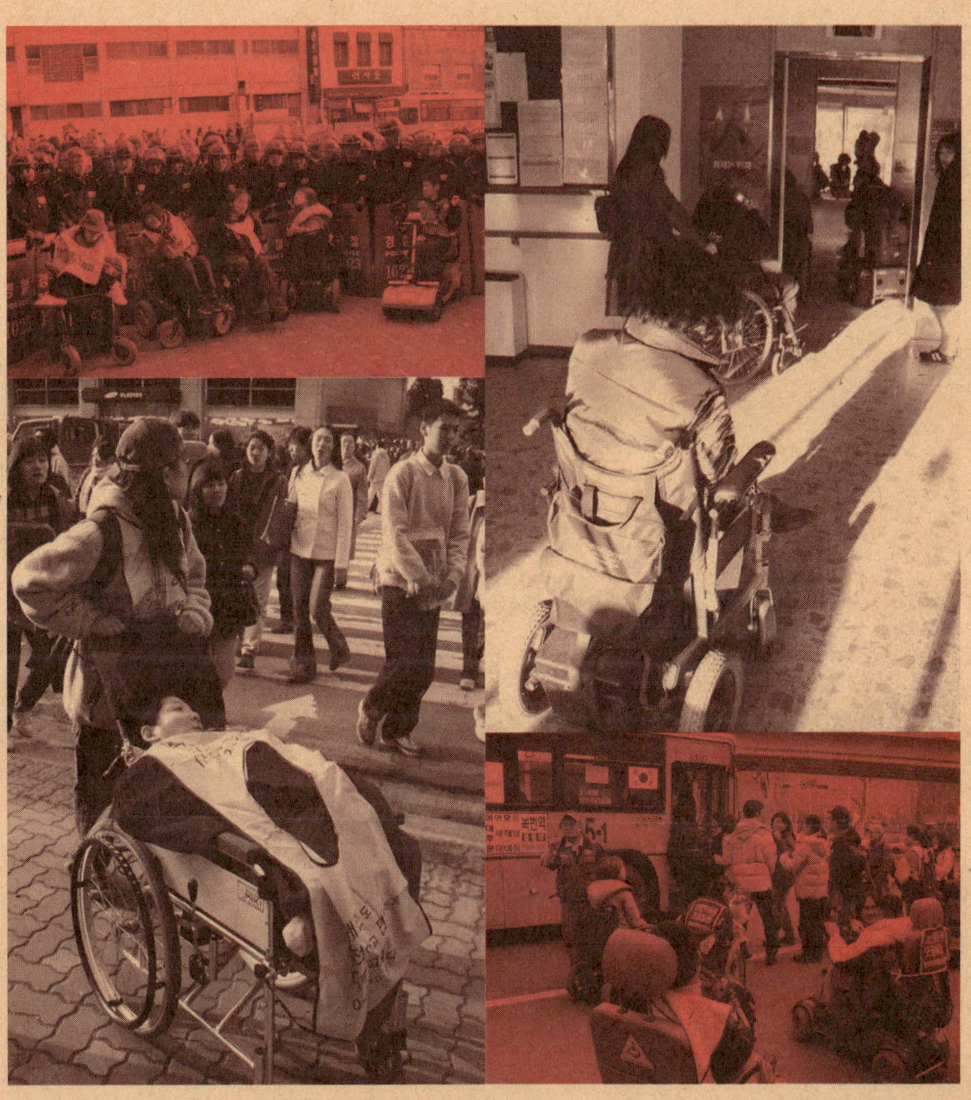

R
NO.1
INTER-VIEW
"우리는 모두 소수자이다" 고춘청과 박경석의 대담

## 2. 장애란 극복되어야 할 무엇인가?

고 : 장애인 투쟁은 오랫동안 비가시적 영역에 방치되어
왔습니다. 언론도, 정치인도, 학자들도 그것을 보지 않았
습니다. 저도 예외는 아닌데요. 선생님 개인적으로만 봐
도 벌써 20년 가까이 운동을 하셨는데요, 제가 장애인 투
쟁 집회에 직접 참석해본 것은 지난 해 시청 앞에서 벌인
'활동보조인제도'를 요구하는 집회에서였습니다. 거기서
중증장애인의 삶에 대해 듣게 되었습니다. 집에서 방치
되다 시설로 보내지고, 시설에서는 하루 종일 기도하고
고정된 채널의 방송을 보고, 나이 들면 다른 시설로 옮겨
져 관리된 뒤, 그곳 묘지에 묻힌다고 하시더군요. 사회에
한 번도 들어오지 못한 채 바깥을 맴돌다 사라지는 삶이
라고 할까요. 그 이야기를 듣고는 한편으로 참 서글펐습
니다만, 또 한편으로는 이것이 오늘날 한국사회 대중들
의 어떤 자화상이 아닐까 하는 생각도 했습니다. 점점 체
제 바깥으로 내몰리고 방치되는 삶, 그 잔혹한 삶의 전형
이 중증장애인의 삶에서 나타났던 것은 아닌가 싶기도
합니다. 한국사회에서 중증장애인으로 산다는 것은 어떤
의미를 갖습니까?

박 : 철학적인 질문입니다(웃음). "점점 체제 바깥으로 내몰린다"는 표현은 맞는 말이 아닙
니다. 그건 그나마 중심부에 있었던 사람들에게나 맞는 말이겠죠. 그러니 내몰려 나갔다
는 말도 가능한 것 아닙니까? 장애인들의 경우 내몰려 나간 게 아니죠. 아예 인간 취급을
못 받았죠. 장애인이라는 자체, 특히 중증장애를 가지고 산다는 것은 뭐, 그냥 인간사회에
서의 배제라고 전 생각합니다. 경계선 안으로 들어오려고 하는 상황이지요. 물론 꼭 들어
와야 하는가라는 문제가 있긴 합니다만. 즉, 경계선 저쪽에서 이쪽으로 들어와야 하는 게
아니라, 이 자체를 확장시켜야 하는 것 아닌가 싶습니다. 장애 문제를 바라볼 때, 우리 부
모님들이 보통 보는 입장은, 이들을 치료시켜서 비장애인화시키는 게 제일 좋죠. 장애 문
제를 깨끗하게 해결하니까요. 비장애인시키는 거, 안 아프게 만들면 되는 거고. 저 같은 사
람은 빨리, 황우석이 열심히 또 연구 잘해서, 한 방에 주사면 뭐, 끝나 버리는 건데, 그죠.

비장애인화시켜버리면 …….

고 : 일반적으로는 장애인을 비장애인으로 만드는 게 장애 문제의 해결이라고 봅니다만, 장애란 정말 극복되어야 할 어떤 결핍이나 결함입니까? 한 5년 전쯤인가, '전국에바다대학생 연대회의'라는 단체에서 나눠준 유인물에 이 질문이 있었습니다. "장애는 극복되어야 할 무엇인가?" 정말 공감이 가는 질문이었습니다. 장애인들의 투쟁에 결합하고 장애인을 돕는다고 말하는 사람들조차 '장애를 딛고 선 승리'라든가, '장애를 함께 극복하자'는 말을 서슴없이 합니다만, 장애를 빠져나와야 할 어떤 것, 극복되어야 할 어떤 것으로 정의하면, 장애인은 자기 존재를 도저히 긍정할 수가 없을 것 같습니다. 선생님은 장애인을 어떤 존재라고 보십니까?

박 : 장애인은 장애인이죠(웃음). 장애인이 장애인으로 불리기를 싫어했던 것은 일단 이데올로기적으로 낙인찍혀 있기 때문이지요. 장애인으로 스스로가 그렇게 불리기를 힘들어하는 것이고, 가족들이 인정하지 않는 것이고, 스스로의 문제도 있고, 이 사회의 문제도 있고. 그런데 장애 문제를 해결하는 방식이 '장애를 극복하는 것'으로 지금까지 이야기되어 온 겁니다. 그것이 주류의 생각이었죠. 장애인 너희들이 열심히 비장애인의 삶을 살아야 된다, 그 기준에 맞춰야 된다, 라는 식으로. 장애 문제를 그렇게 규정하는 겁니다.

고 : 이는 단지 이론적인 문제만이 아니라 현실적으로도 매우 중요한 문제라고 생각합니다. 황우석을 빨리 키워낼 것인가, 전동휠체어를 더 많이 공급할 것인가는 장애와 장애인을 어떻게 바라보느냐와 밀접히 관련되어 있다고 봅니다. 좀 심하게 말하자면, 장애인을 바퀴 달린 인간으로서 새로운 존재로 바라볼 것인가, 아니면 두 발을 잃은 사람, '덜 인간'인 존재로 볼 것인가.

박 : 황우석을 원하는 사람들은 장애인 문제나 이런 것들을 치료의 문제로 보는 것이지요. 치료해서 잘 해야 하는 문제, 그래야지 행복한 삶을 살 수 있다고 보는 것이고요. 다른 시

각도 분명히 있습니다. 저는 대중이 자신의 정체성을 찾아가는 거라고 생각을 하는데요, 장애면 장애 그대로를 나타내야 되는 것임을 저는 인정합니다. 그걸 인정한다는 것은, 내가 장애인이기 때문에 이렇게 살아야 돼, 이런 게 아닙니다. 여성이 남성에게 차별받았기 때문에 내가 남성이 돼야 돼, 그렇게 운동하진 않지 않습니까. 남자가 되기 위해서 여자들이 열심히 운동을 하진 않잖아요. 장애인운동도 마찬가지여야 된다고 생각합니다. 여자로 태어난 게 부끄럽지 않듯이 장애인도 부끄럽지 않아야 된다는 거죠. 자기 스스로도 그렇고 사회적으로도 그렇고. 그런데 장애인의 경우 스스로 느끼는 부끄러움이나 낙인화가 더 심하고, 사회적으로도 그렇고, 가족 간에도 그렇고. 울 어머니 욕하려는 건 아니고, 제가 주례를 한 번 봤거든요. 그런데 어머니 말이 "니 같은 게 왜 주례를 하느냐, 거 나오는 사람들도 있는데, 남의 집 잔치에 가서 그렇게 하냐". 그 날이 장애인차별금지법 제정이 통과되는 날이었는데, 우리 어머니를 1호로 장애인차별금지법에 고발해야 할지(웃음). 장애인이 뭐냐, 장애인은 장애인인데, 지금까지는 장애인이 아니기를, 장애를 극복해서 비장애인화시키기를 위한 과정이었던 것입니다.

고 : 장애인으로서 자신을 긍정한다는 말이 장애를 이유로 장애인을 차별하는 사회를 정당화하는 것은 아닐 겁니다. 어찌 보면 식상한 말이지만, '사회가 장애를 생산한다'는 것은 추호의 틀림도 없는 사실이지요. 장애인이 장애인으로서 자신을 긍정하는 것은 오히려 사회적 장애를 철폐하는 투쟁을 통해서라는 생각도 듭니다.

박 : 사회적 장애와 관련된 것은 이제 차별을 해소해가는 방식으로 철폐되는 것이구요. 그렇다고 장애인이 다 없어지는 건 아니죠. 민주노총, 민주노동당에 우리 유명한 의원님들도 급하게 막 이야기하다가 '장애인 차별 철폐투쟁'이라고 해야 하는데 '장애인 철폐투쟁', 뭐 이렇게 이야기해요. 어우, 씨(웃음). 이거는 진짜로 인식이 그렇다는 게 아니고 말 속에서 뭔가 녹아 있는 겁니다. 또 어떤 분은 "진짜 장애인들은 전두환 같은 놈이다"고 말하면서, "여러분들은 정말 착한 사람"이라고 말하죠. 어휴, 장애인은 착한 사람들이 아니거든요. 장애인 중에 독재자도 있고. 그런데 진짜 장애인은 전두환 같은 놈들이라고 얘기를 하니, 전두환을 싫어하긴 하는데, 욕을 해야 되는데, '장애인'이라는 정체성을 '나쁜 놈'으로 연결해놓으니, 즉 욕하는 단어가 되었으니. 바로 그런 부분에서 장애인 정체성이 사라질

수밖에 없는 거죠. 선의로 이야기하면서 우리 사회를 바꿔보려고 하는 사람들 중에도 그런 인식을 갖고 있는 사람이 있습니다. 보수냐 진보냐를 떠나서 말입니다.

고 : 장애인을 장애인으로서 긍정할 수 있는가의 여부는 보통 장애 문제를 재활의 문제로 볼 것인가, 자립의 문제로 볼 것인가와도 긴밀히 연관되어 있는 것 같습니다.

박 : 우리 대화 처음에 장애인복지법 이야기를 했는데요. 지금까지는 재활이라는 말만 쓰다가 요번에 개정하면서 자립생활이라는 게 처음으로 들어갔죠. 저는 재활과 자립이 적대적 관계라고는 생각하지 않습니다. 재활이 필요 없는 건 아니죠. 저 같은 경우도 중도장애인인데 재활하기 위해서 휠체어를 타는 것, 이렇게 장애인생활에 적응해가는 과정이 또 재활의 과정이기도 하죠. 그런데 문제는 장애 문제와 관련된 구조적 변화를 이끌어내는 데 재활과정은 택도 안 된다는 거죠. 저는 재활을 그냥 기능적인 문제라고 생각해요. 기능적인 방식, 기술적인 방식이라는 거죠. 솔직히 말해 비장애인으로 살다가 어느 날 갑자기 장애를 입었을 때, '아, 이제 나는 당당한 장애인으로 태어났다'고 말하진 않을 거 아닙니까? '아이 씨발 인생 조졌다', 그런 거죠. 안 그래요? 아무리 자립생활을 이야기하고, 장애인도 주체가 있다고 하고 당당하다, 이런 이야기하면 콧방귀 뀌죠. 치료의 꿈을 당연히 갖는 겁니다. 그런데 저는 이것이 기술적 문제라고 생각하는 겁니다. 이걸로 사회구조 변화를 가져올 거라는 생각은 안 해요. 비장애인들, 가령 우리 어머니도 그렇고, 하느님께 막 열심히 기도해서 빨리 걸어야 한다, 베드로가 앉은뱅이 일으키고 그랬듯이 기도 한 방이면 끝난다, 그래가지고 그 날 산 속에 보내고 왔던 기억이 있는데 ……. 지금까지 장애를 모두 이 기술적 문제에 매달리게 한 부분이 있지요.

> **장애를 극복**되어야 할 것으로, 장애인을 결핍된 인간으로 본다는 점에서는 장애인을 차별하는 자나 장애인을 동정하는 자나 차이가 없다. 차별하는 자와 동정하는 자는 그 이유를 공유하고 있다. 그러나 장애인은 부족한 존재가 아니라 그 자체로 완전한 존재이다. 장애인들은 의학적·공학적·정치적 기술을 간절히 원하지만, 그것은 어떤 '구렁텅이'에서 빠져나오기 위해서가 아니라, 지금 그 자리에서 자유롭고 건강하게 살기 위해서다.

# 3. 대리주의와 당사자주의를 넘어

고 : 재활 담론에는 아주 심각한 문제가 들어 있는 것 같
습니다. 재활 담론은 재활에 실질적 도움이 되기보다는
사회를 재활 쪽으로 몰아가면서 그것에 뒤쳐지거나 모자
란 사람들을 분별해내는 기능을 합니다. 재활이란 이른
바 '정상인'으로 돌아가는 것인데, 재활을 강조하는 것은
사실상 '비정상인'을 골라내는 역할을 한다는 겁니다. 장
애인을 장애인으로 낙인찍는 일은, '정상인 되기'에 대한
사회적 강조 속에서 훨씬 강화되는 면이 있습니다.

박 : 예, 그렇죠. 제가 치료를 해서 빨리 걷게 하는 것이 재활의 궁극적인 목표죠. 장애인들
이 복지관 같은 곳에 가면, 저도 서울장애인종합복지관에서 직업훈련을 받았는데, 재활의
지를 다져야 된다고 강조합니다. 보통 '재, 활, 의, 지', 써놓고 외치고 하지요. '장애 입었기
때문에, 즉 기준에선 떨어졌으니까 떨어진 것을 더 열심히 해서 재활의지로 이 기준까지
채워야 된다'는 식이죠. 이런 게 재활 담론입니다. 과거엔 이런 일이 수도 없이 많았어요.
제가 졸업한 복지관에서 수없이 발생한 일인데, 장애여성이 수공예 기술을 배워 취업해서
6개월 이상씩 5~6만 원도 되지 않는 돈을 받으며 수련이라는 이름으로 장시간 노동을 착
취당하다가, 돈 좀 올려달라고 이야기한다거나 너무 힘겨워 그만두게 되면 사장이나 복지
관 상담선생님은 니가 장애인인데 니 꼬라지를 알아라, 이 세상 살아가기 힘든데 그런 것
도 못 참고 나오면 의지가 박약하다, 뭐 이런 식이죠.

고 : 재활의지라는 게 참 무섭군요?(웃음) 실제로 재활이
라는 명목으로 장애인들에게 무리한 훈련을 많이 시켜
척추 같은 곳에 심각한 문제가 생긴다는 이야기도 많이
들었습니다.

박 : 그렇습니다. 그런데 또 하나의 심각한 문제는 재활 담론에 기초한 치료가 장애인을 하
나의 대상으로 만들었다는 겁니다. 전문가나 의료사들에 의해 치료의 대상화가 일어났죠.
장애인은 치료의 대상일 뿐 자기 주체적 의지나 사유를 갖는 하나의 주체가 아니죠. 재활
과 자립이 적대적인 것은 아닌데, 재활 쪽으로 모든 것들이 과잉되어 있으니 문제에 부딪
히는 거죠. 장애인계 내에서 사회복지서비스 관련 문제가 있어요. 장애인 종합복지관이라
는 게 2백 몇 개 있는데, 거기서 주로 하는 서비스가 재활치료, 물리치료, 심리치료, 아동치

료 같은 것이죠. 자립을 이야기하기 시작하면서 이제 장애인이 서비스에서 주체가 되는 부분을 말하거든요. 예를 들어 종합복지관의 의사결정기구에도 장애인이 과반수 넘어야 한다, 이때까지 전문가들이 다 차지하고 있었는데, 종합복지관 꼭대기의 이사회에 51%를 장애인이 장악해야 한다, 그러니까 이 새끼들, 기득권 가진 쪽에서 보기엔 기가 찬 것이고, 경계심을 가지게 되는 거죠. 치료 대상이 주체로 이야기하려 하니. 이런 영역에서 많이 부딪힙니다.

고 : 재활 담론에 대한 비판은 문제 해결의 당사자로서 장애인을 부각시키는 면이 있군요?

박 : 재활이나 자립 모두 필요합니다. 적대적 관계로 풀어야 할 문제는 아니라고 봅니다. 본질적인 문제는 그것이 아니라 계급의 문제와 민주주의의 문제라 생각합니다. 자립생활 이야기할 때, 꼭대기에 있는 장애인 관리자들은 그럼 진보적이냐 하면, 비민주적 행태나 이런 것들은 마찬가지라고 저는 생각해요. 장애인이 장애인을 짓밟을 수도 있습니다. 재활 영역이 주체 형성에 있어, 누군가 대신해 주는 대리주의였다면 자립생활은 당사자주의라는 측면이 있지요. 근데 여성 문제의 해결에 있어서 박근혜가 대통령이 된다고 더 나아지는 건 아니거든요. 생물학적 당사자일 수는 있어도 말이죠.

고 : 정립회관 문제가 그런 것들을 잘 보여주는 사례라고 생각했습니다.

박 : 정립회관, 그거는 핵심적인 거죠. 정립회관을 지배하는 소아마비협회 이사들은 거의 다 소아마비장애인들이에요. 그들 중에 일부 핵심적이었던 사람들은 1970~80년, 그리고 1990년대를 거치면서 그 당시 장애인운동이라는 것을 했었고, 지금은 장애인계 내에서, 특히 장애인주의를 외치는 국제장애인연맹(Disabled People's International, DPI) 내에서 거의 권력화·기득권화되어 있는 거죠. 즉 DPI에서 그들이 패거리화되어 권력을 장악하고 있는 것이 문제입니다. 중증장애인들이 주체가 되어 정립회관 내에서 민주주의 문제를 들고 일어나 투쟁을 하니 그들이 중증장애인들을 철저하게 짓밟았죠. 그게 정립회관 투쟁의 본질적인 문제예요.

고 : 당사자주의의 함정 같은 게 있는 것 같네요. '장애인 문제는 장애인이 결정해야 한다'는 것은 한편으로는 장애인을 대상에서 주체로 만들어주지만, 다른 한편으로는

장애인 스스로를 고립적 주체로 만드는 면이 있는 듯합
니다. 이렇게 보면 장애인을 대상화한 대리주의나, 장애
인을 주체화한 당사자주의 모두 장애인과 비장애인 사이
에 강력한 홈을 파는 것 같습니다. 전자가 장애인을 고립
시켜 치료 혹은 교정의 대상으로 만든다면, 후자는 문제
의 당사자로서, 주체로서 고립되게 만드는 것 아닌가 합
니다. 지금 선생님은 혹시 대리주의와 당사자주의 모두
를 넘어선 어떤 것을 생각하고 계십니까?

박 : 당사자주의가 대리주의보다는 진일보했다고 생각합니다. 대리주의에서 재활과 관련
된 어떤 유익한 부분, 기술적 측면을 활용해야 하는 게 있지요. 그러나 그것이 권력관계에
서 나타날 때 새로운 문제가 나타납니다. 그 점에서 당사자주의는 조금 진일보한 면이 있
습니다. 그런데 당사자주의로서 장애인운동이 꽃을 피우고 이것으로 해결할 수 있느냐,
저는 대리주의보다 더 위험한 게 당사자주의라고 생각합니다. 당사자주의는 장애인에게
아주 잘 먹힙니다. 왜냐하면 그동안 차별받은 시간과 배제당한 시간이 너무나 많았기 때
문입니다. 지금까지는 모든 일상들을 누군가가 대신 해줘왔던 거죠. 밥 먹는 것부터 시작
해서, 똥 누는 거, 뭐 이 일상의 모든 것이 다 대리주의였죠. 자기가 먹고 싶을 때 먹는 게
아닙니다. 나는 이거 먹고 싶은데 팔을 못 움직이는데. 바쁜 사람이니, 막 먹여놓고 가버리
는 겁니다(웃음).

고 : 서비스 받는 사람이 서비스 하는 사람의 눈치를 봐
야 하는 거네요. 식당엘 가도 보통은 서비스 하는 사람이
서비스 받는 사람 눈치를 보는 것인데.

박 : 혹시 기억하십니까, 저기 공익광고에서 가장 아름다운 광고라고 상 받은 게 있는데,
뇌성마비장애인이 무슨 치킨인가 맥도날든가 갔는데, 아르바이트하는 여학생이 딱 해서
빵 먹여주는 아름다운 모습을 보여주는 거. 참~ 아름답죠. 음악까지 쫙~ 흐르면 굉장히 아
름답지 않습니까, 그죠? 아름다운 여성이 이상하게 생긴 장애인들한테 먹여주는 그게 얼
마나 아름답게 보입니까. 언젠가 정동영이 표 하나 얻기 위해 시설에 찾아가, 언론들 다 데
려다놓고는 성인 남자 발가벗기고 목욕시키는 일을 했습니다. 얼마나 아름답습니까?

고 : 그 장애인으로서는 정말 치욕스런 경험이었겠군요?

박 : 뭐 치욕스러운지는 잘 모르겠어요. 하라고 하니까 그렇게 길들여져 있고. 그런 식으로 수용소에서 살았으니까, 뭐. 처박아두었다고 한 번씩 촥~ 해서 씻어주고, 이게 일상적인 중중장애인의 삶이죠. 자기 진로에 대해서 결정을 합니까, 밥 먹는 것부터 결정을 합니까. 아주 낮게는 일상생활, 자기 신체적 생활부터 시작해서 모든 교육과 인생의 진로, 그리고 권력의 문제까지 자기가 결정한 적이 없어요. 자기가 결정했다면 자기가 결정당하도록 한 일, 그것이겠죠(웃음). 수많은 중중장애인들이 가족을 위해 하는 수 없이 수용시설에 가는 것처럼 말이에요. 당사자주의는 이 점을 문제삼는 거고, 자기 주체성을 형성하기 위해서 그런 강조가 필요하다고 봅니다. 또한 운동에서 주체는 매우 중요한 것이지요. 그래서 "Nothing About Us Without Us"라는 구호는 장애인운동에서 기본적인 구호예요. 하지만 여기서 어떤 진보적 부분을 고려하지 않으면 그런 강조는 금세 권력화되고 악질적으로 변하죠. 해먹은 놈들이 더 잘 해 먹는다고. 당사자주의의 함정이죠. 계급적인 실천적 싸움을 해내지 않으면 장애운동 자체가 망할 거라고 보고 있기 때문에, 저는 당사자주의를 재활보다 더 위험한 것으로 봐요. 재활 문제야 저는 기능적인 것으로 보기 때문에, 어차피 저희 게임 상대도 안 되는 것이고 언제든 극복할 수 있다고 봅니다. 그러나 진보적 지향이 없이 권력만을 쟁취하기 위한 엘리트 중심의 당사자주의는 극복하기 쉽지 않은 문제예요. 당사자주의를 주창하는 DPI의 경우, 처음에 국제재활협회(Rehabilitation International, RI)라는 그룹이 있었는데 그게 전문가들·의사들·간호사들 중심이니까, 장애인들이 따로 만든 거였지요.. 그런데 여기에는 원칙이 있는데, 가령 모든 부분들의 의사결정에 장애인이 51%를 차지해야 한다는 겁니다. 하지만 장애인 정책에서 장애인이 다 차지한다고 해서 그 정책을 제대로 푸느냐, 저는 그런 건 계급적 관점을 가지고 있는가에 따라 달라질 수밖에 없다고 봅니다. 제가 여기에서 계급을 이야기하는 것은 노동자와 자본가의 계급만을 이야기하는 것은 아닙니다. 계급적 관점은 소수자운동에까지 확장되어야 하며, 그것은 주체의 확장과 실천적 연대의 확장이라고도 생각합니다.

    **'장애인의 자기긍정'**, 재활과 자립, 대리주의와 당사자주의 등은 장애인운동만이 아니라 소수적 운동 대부분이 대면하는 문제이다. 물론 이는 소수자들이 주류 사회에 편입됨으로써 풀릴 수 있는 문제들이 아니다. 오히려 소수자들의 자기긍정이야말로 소수적 투쟁의 출발이자 귀결이다. 그리고 이런 자기긍정은 그것을 불가능하게 해온 다수자의 차별과 폭력에 대한 투쟁을 요구한다. 게다가 소수자의 자기긍정은 다른 소수자들의 긍정을 함께 요구한다. 소수자의 '자립'이란 '혼자' 서는 게 아니라, 모두 소수자인 채 '함께' 서는 것이다.

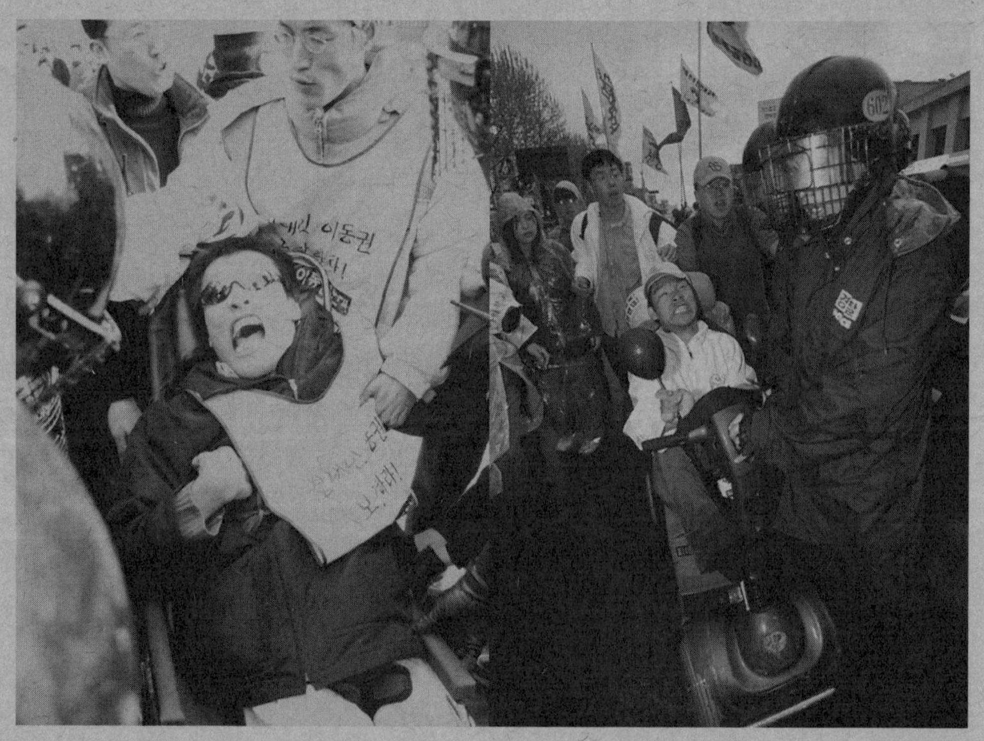

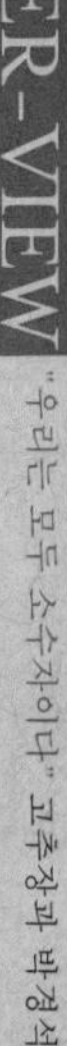
R
NO.1
INTER-VIEW
"우리는 모두 소수자이다" 고종석과 박경석의 대담

# 4. 운동의 하부구조는 물리력이다

고 : 제가 아까 선생님께 대리주의와 당사자주의를 넘어선 어떤 것을 생각하시느냐고 물었습니다만, 어찌 보면 선생님은 대리주의와 당사자주의 이전의 어떤 것을 생각하신다는 느낌이 듭니다. 선생님께선 글이나 인터뷰에서 '현실의 물리적 근거', '운동의 물리적 근거'라는 말을 자주 하시더군요. 정책을 대의하거나 결정하는 사람이 장애인이냐 비장애인이냐 보다 더 중요한 것은 어떤 결정을 강제하는 현장의 투쟁력, 현실의 물리력이라는 인식을 갖고 계신 듯한데요. 지난 총선 때 민주노동당의 많은 당원들로부터 비례대표 출마를 권유받으셨을 때 선생님께서 내놓은 답변이 아주 인상적이었습니다. 선생님은 그 답변에서 '장애 민중들의 투쟁으로' 만들어지지 않은 국회의원의 취약성을 언급하시면서, '더 낮은 현장에서 장애 대중을 조직하고 투쟁해야 할 절실함'을 이야기하셨습니다. 선생님께서 말씀하시는 물리력, 물리적 근거는 어떤 것입니까?

박 : 저는 진보정당이 필요하다는 걸 인정하고, 이 보수가 판치는 속에서 민주노동당 같은 진보정당이 소중하다고 생각하는 사람입니다. 또 장애 문제에 있어 정치인 한 명, 국회의원 한 명도 굉장히 중요하다고 봅니다. 이것은 맞다 안 맞다의 문제도, 중요하다 덜 중요하다의 문제도 아닙니다. 다만 지금의 장애운동 속에서 제가 선택해왔던 방식이 대중의 물리적 근거인데, 이거는 숫자의 문제도 있지만 장애운동을 표현하는 방식과 관련이 있습니다. 지금까지는 장애 문제를 풀려는 시도들 모두가 아름다운 자선이고 봉사죠. 뭐 이런 게 주류가, 이 사회가 문제를 풀어가는 방식이지 않습니까. 장애투쟁의 방식이 이제는 더 이상 순종이나 자선이나 희생이나 뭐, 아름다움으로 자신을 치장해야 하는 문제가 아니라, 투쟁하고 불복종하는 것, 이것이 새로운 장애운동의 물리적 근거이죠. 그래서 저야 제 주종목인 점거나 뭐 이런 것들을 하는 거죠. 그럼으로 해서 대중현장에 있는 사람들이 투쟁하고 더욱 자기 권리를 쟁취해 나가는 쪽으로 인식을 확장하는 것. 물리적 근거를 가지고 나감으로써 쪽수도 열심히 확보하고 이런 게 전국화되고, 이것들이 사회 담론화, 아니 이

야깃거리라도 돼야지, 대표나 그런 것 만들어서 뭐라도 실현하지. 또 그런 대표들이 잘못하면 끌어내 주는 것도 필요하고. 또 희망이 아래로 향해야 하는 것이지 위로 가면, 진짜 뻔데기였잖아요, 뻔데기. 솔직히 활동가들이 몇 십 년 활동하다, 십 년 이십 년 활동했는데 정치인 한 명 못 되어가지고, 아이고, 헛살았다고 이야기하면 안 되는 거 아닙니까.

고 : 1980년대 이후 한국의 민주화운동은 '좋은 대의제'에 대한 꿈에 사로잡혀 있었던 게 아닌가 싶습니다. 우리의 '진정한 대표'를 청와대와 국회에 앉히는 게 민주주의라고 생각했던 게 아닌가, 그래서 군인을 민간인으로, 다음에는 그 자리를 다시 진보인사로 채우면 뭔가 달라지겠지 하는 생각. 우리는 우리 이해를 진정으로 대변해줄 대표를 찾아왔는지도 모릅니다. 하지만 '좋은 지도자', '좋은 대표'에 대한 환상 속에서 대중의 정치적 능력, 선생님 표현을 빌자면 대중의 현실적 물리력은 더 쇠퇴했던 게 아닐까요. 주인을 찾으면서 사람들은 스스로를 노예로 만들어온 게 아닐까요. 대중이 스스로 운동을 표현하는 데 대의제 환상은 큰 장애가 아니었나 생각합니다. 선생님께서 국회에 가서 장애인을 대변하는 길을 택하기보다 현장의 운동가로 남은 이유는 무엇입니까?

박 : 대의적 문제에 대해서는 너무 정치적인 문제라 어떻게 제가 고민해야 하는지 잘 모르겠습니다. 저는 이렇게 생각합니다. 장애인의 현실을 봤을 때 살 만한 세상이냐, 여전히 수용시설에서 죽어가는 장애인이 있고, 자신의 일상생활에서조차도 누군가의 도움에 의존하고 그걸 기다려야만 하는 사람들이 있고 ……. 활동보조 문제가 바로 그런 거고. 또 수용시설 인권 비리가 여전히 있고, 아직도 지방의 중증장애인 같은 경우엔 한 번 외출하기 위해 일주일 동안 예약을 해야 한 번이나 나올까말까 하고 있으니. 게다가 장애인운동을 한다는 장애인단체나 자립생활센터들은 정부로부터 사업권 하나 따내면 자기 나와바리를 얻은 거니까, 지자체에서 한마디 하면 사업비 떨어질까봐 깨갱하고, 뭐 이런 게 현실이죠. 정치적 영역도 마찬가집니다. 어떻게 그것들을 극복하고 보편적 권리 확장 속에서 그것을 강제해내느냐에 달린 겁니다. 그런데 장애인운동은 현실적으로 그런 조건이 안 되는 거

고, 제가 하는 건 이런 현실에서의 싸움이죠. 아래로부터 대중투쟁을 통해 장애인의 사회적 권리를 확장하는 것, 그것이 중요하다고 생각해요.

소수자운동은 한국사회에서 민주주의의 위기가 대의불충분성이 아닌 대의불가능성의 문제에 직면해 있음을 보여준다. 직접민주주의가 아닌 이상 대의는 불충분할 수밖에 없다고 말하는 것은 여기서 아무런 의미도 없다. 소수자들은 대의할 수 없는 자들에 의해 대의되는 사람들, 다시 말해 대의가 불가능한 사람들이기 때문이다. 비장애인이 장애인을, 한국 노동기구가 이주노동자를, 남성이 여성을, 장년이 청년 실업을, 제조업자가 농민을 대의할 수 있는가. 대의제는 대의불충분성 때문이 아니라 대의불가능성 때문에 점점 한계에 내몰리고 있다. 그리고 이 한계는 소수자운동이 절망하는 지점이 아니라 새로운 가능성을 발견하는 지점이 될 수 있다. 대중운동은 훌륭한 대표를 찾는 운동에서, 그들 스스로의 힘과 능력을 표현하는 운동으로 변해가고 있다.

# 5. 권리의 창안이 권리의 쟁취다

고 : 최근 장애인들의 가장 중요한 투쟁 중의 하나가 '활
동보조인제도'에 대한 것이었습니다. 방금 선생님 말씀
중에도 언급되었습니다만, 이 제도가 어떤 것인지 간략
히 말씀해주시겠습니까?

박 : 활동보조인이란 자원봉사자라고 생각하기 쉬운데 중요한 다른 점이 있습니다. 사실
우리 사회는 아름다운 자원봉사를 많이 권장하는 사회잖아요. 어떤 측면에서는 자원봉사
도 필요한데, 사실 자본주의체제에서는 이 자본주의를 아름답게 좀 잘 치장하려고 그런 것
같아요, 좀 극단적인지 모르겠지만. 물론 우리처럼 돈 없는 사람한테는 자원봉사도 좋죠
(웃음). 중증장애인들은 일상생활 자체가 불가능하니, 이걸 먹여 달라, 밥을 먹여 달라, 이
런 식으로 할 수밖에 없죠. 그럼 누군가 도와줘야 되는데 지금까지는 가족이 안 되면 수용
시설에 보내고 그랬죠. 안 그러면 해결방식은 자원봉사 친구들을 잘 사귀는 거죠. 그렇게
마음씨 좋은 장애인은 그나마 좀 좋고 재능 있는 봉사자를 얻죠.

고 : 문제를 개인의 심성으로 풀어야 하는군요?(웃음)

박 : 인간성 좋은 사람들은 자원봉사자를 많이 확보하니까, 인간성 나쁜 놈들 다 드러나요.
사실 진짜 많아요. 한 번 도와주면 그냥 날로 먹으려고. 그런 사람들은 자원봉사자를 확보
하기 힘들죠. 여기는 비굴해지지 않으면 참 살아남기 힘든 게 있어요. 자원봉사 왔는데 성
질이 난다고 "이 새끼야" 그랬다가는, 친하면 몰라도, 그런 욕을 하면 끝장이겠죠?(웃음)
한 번 생각해보세요. 봉사를 끊임없이 1년 내내 받아야 한다고 생각해보세요. 얼마나 눈치
를 봐야 되겠습니까. 활동보조인제도는 이 관계를 근본적으로 바꾸는 것입니다. 제일 밑
바닥 똥 누는 것부터 사회생활하는 것까지 국가가 지원하라는 것, 그 돈을 국가가 주라는
거죠. 자원봉사자를 노동자로, 그들의 활동보조활동을 일자리로 인정하라는 겁니다. 우리
도 세금 내고 모두가 세금 내는데 국가가 당연히 이것을 보장해야 하고, 국가가 지급하는
활동보조금을 난 당당하게 쓰는 거죠. 권리의 문제에서 완전히 달라집니다. 질적인 변화
가 있어요.

고 : 실제 싸움은 어떻게 시작되었습니까?

박 : 자립생활 이야기하면서 보건복지부에서 시범사업을 한 게 시작이었습니다. 사회복지
공동모금에서 자원 좀 마련해가지고 몇 개 센터에 지원했고, 우리가 막 싸워서 보건복지부
가 2004년부터 활동보조지원을 하기 위해 15억을 열 개 센터에 지원하게 됐지요. 한 센터

에 1억 5천만 원을 지원해 주기 시작했지요. 처음에 이런 제도를 아예 몰랐을 때는 상관이 없었겠지만, 이 제도를 한 번 맛 본 사람은 그 중요성을 알게 되지요. 또 이것이 자기 권리라는 걸 인식하는 과정이 있었습니다. 그런데 2006년에 예산이 안 늘어난 상태에서, 그 이전에 6개월 쓰던 걸 11개월 동안 쓰게 하니까 당연히 지원금이 떨어졌죠. 거기다 2005년 말에 함안에서 중증장애인이 집에서 얼어 죽었어요.

고 : 활동보조인이 없었기에 문제가 생겨도 집에서 나오
는 게 불가능했겠군요.

박 : 그렇죠. 이 사건은 이 제도가 얼마나 절실한가를 보여줬어요. 점차 활동보조 이용시간은 줄어들고 이런 문제가 생기니 투쟁이 일어난 거죠. 기금을 받았던 센터의 꼭대기에서 반란이 일어난 게 아니라, 그 서비스를 이용했던 사람들이 반란을 일으킨 겁니다. 임금 투쟁하고 비슷하죠. 뭐 1백만 원 받다가 50만 원으로 떨어지니, 이거는 생활·생존의 문제인데. 그래서 작년 3월 12일엔가 서울시청 앞에서 자리를 깔고 43일 동안 농성했고, 중증장애인 39명이 삭발 투쟁을 했습니다. 저도 그때 머리 깎여가지고, 아이고 이 아까운 머리를(웃음). 그리고 또 한강대교 기어가고 하면서 한강을 열 몇 시간 묶어놨나? 그랬더니 신나더라고요(웃음). 신났다고 그러면 맞아죽는 거 아닌지 모르겠습니다만, 아마 저희 장애인들의 싸움이 그렇게 언론을 많이 탄 적도 없을 겁니다. 교통방송에서 실시간 중계를 해주는데, 5분마다 한 번씩 말해주니 신나더라구요(웃음).

고 : 결국 서울시와 정부가 일정 정도 백기를 들지 않았
습니까?

박 : 활동보조인 문제가 이렇게 불거지니까, 이명박 시장이 말년에 몸조심하느라 권리로 인정하겠다고 했죠(웃음). 서울만이 아니라 인천, 경기, 대구에서도 싸움을 했어요. 보건복지부 장관도 압박을 했구요. 유시민 장관 면담하는 데, "이게 보건복지부가 해야 될 사안인데 지방정부부터 쳐 주니까 한편으론 좋았는데 굉장히 부담이 됐다"고 말하더군요. 그래서 2007년 전체 지방예산해서 410억을 만들었죠.

고 : 보건복지부의 처음 안을 보면 시간이나 대상 제한이
상당히 많은 것 같던데요. 활동보조가 필요한 사람의 입
장에서 사안을 보는 게 아니라, 돈을 얼마나 어떻게 쓰느
냐로 제도 자체가 설계된 느낌을 받습니다.

박 : 그래서 싸움이 계속되었습니다. 나이 같은 걸로 대상을 제한한다든지, 일률적으로 이용시간을 할당하는 것은 말도 안 됩니다. 24시간까지 필요한 장애인 있으면 24시간까지 줘야 된다는 게 원칙인데 아직 그렇게 못 가고 있죠. 게다가 정부는 비용의 자부담 원칙을 강제하려 합니다. 신자유주의 복지정책의 기본 마인드죠. 도덕적 해의니 뭐니 하면서 말이죠. 사실 도덕적 해이는 지들이 더 많으면서, 그죠? 신자유주의 복지정책을 추진하면서 활동보조 문제뿐만 아니라 수급급여 복지정책에 전부 그런 게 추진되고 있습니다.

고 : 유시민 장관이 어떤 식으로든 단돈 1만 원이라도 부담을 시키겠다고 말하는 데는 어떤 시선이 녹아 있는 것 같네요.

박 : 철학의 문제죠. 유시민 장관 하는 말이 그건 자신의 철학이랍니다. 우린 그럼 "그건 당신의 철학이다"고 말하죠. 철학과 철학이 맞부딪히는 문제, 어떤 놈이 죽느냐의 문제죠 (웃음). 그 사람은 이게 잘못되면 자기가 다 책임지겠대요, 하지만 자기가 책임질 게 뭐 있습니까, 물러나는 것 밖에. 나중에는 피해당하는 사람들이 다 뒤집어쓰는데.

고 : 실제로 제가 작년에 강의를 하는데 장애인 한 분이 활동보조인과 같이 강의를 들었어요. 선생님께선 아름다운 것의 허실에 대해 많은 말씀을 하셨지만, 어떻든 제 눈에는 참 아름다워 보이더군요. 그 분들은 한 분이기도 하고 두 분이기도 했죠. 저는 이렇게 생각합니다. 세상 누구도 사회에 등장할 때 혼자서 나오는 게 아닙니다. 장애인이든 비장애인이든 말이죠. 사회란 말 자체가 그런 뜻을 담고 있습니다. 제가 사회 속에서 등장할 때, 옆에 이미 다른 사람, 두 사람, 세 사람이 함께 있는 것이지요. 저는 활동보조인이 사회에 중요한 메시지를 담고 있다고 봅니다. 어떤 의미에서 우리 모두는 서로를 이미 활동보조인으로 삼고 있습니다.

박 : 저, 배웠습니다. 그 활동보조인제도 이야기할 때 꼭 그렇게 이야기할게요(웃음).

고 : 장애인이동권연대에서 이동권 문제를 제기했을 때도 비슷한 느낌을 받았습니다. 장애인 이동권에 대해 '지

R No.1 INTER-VIEW "우리는 모두 소수자이다" 고추장과 박경석의 대담

가 이동하는 데 왜 우리가 부담해야 하나'라는 시각이 우리 사회엔 많습니다. 그런데 생각해보면 활동보조인만큼이나 이동권도, 우리 사회 전체에 중요한 메시지를 던지는 것 같습니다. 이동권을 영어로는 'RIGHT TO ACCESS'라고 쓰신 것 같던데요. 어디로든지 갈 수 있는 권리, 어떤 것에도 접근할 수 있는 권리. 이동권에 대한 제기는 우리 민중들의 삶이 통제되는 방식에 대한 중요한 이의제기라는 생각이 듭니다. 가난하면 좋은 교육에 접근할 수 없고, 아프면 어디 못 가고, 지방대 출신이면 회사에 못 들어가고. 우리 사회에서 권력이 작동하는 중요한 방식이 바로 민중들의 이동, 접근을 통제하는 것이라고 생각합니다. 좋은 교육, 좋은 의료, 좋은 일자리, 좋은 땅, 좋은 정보에 대한 이동과 접근이 통제되어 있습니다. 이동권을 구성하고 있는 개개의 권리들은 어찌 보면 오랫동안 우리 사회에서 제기된 것들인데, 그것들을 모두 묶어 '이동권'이라고 부르자마자 우리 사회의 권력 성격과 투쟁 방향이 선명하게 드러난 느낌이었습니다. 장애인 민중은 거의 모든 곳에서 이동을 박탈당하고 있지만 비장애인 민중들 역시 다양한 형태로 이동을 통제받습니다. 달리 말하면 비장애인 민중들이 어떤 곳에서 이동과 접근을 통제받을 때, 그들은 그 순간 장애인 민중이 된다고 생각합니다.

박 : 저보다 해석을 더 잘 해주시네요(웃음).

장애인들의 투쟁은 권리라는 것에 대해 많은 생각을 하게
만든다. 언뜻 보기엔 '우리들에게도 당신들이 누리는 권리를 달
라'는 것처럼 보이지만, 실제로는 '있는 권리'의 획득보다는 '새
로운 권리의 창안'이라는 느낌을 받는다. 이동권이 그렇고 활동
보조인제도가 그렇다. 이들의 투쟁은 권리의 쟁취 이전에 권리
의 창안이 있다는 사실을, 권리를 창안함으로써 권리를 쟁취한
다는 중요한 사실을 보여준다.

활동보조인 쟁취투쟁(2006년 4월 한강대교 )

## 6. 비폭력 과격투쟁?

고 : 최근 장애인들의 투쟁은 그 내용만이 아니라 형식에
있어서도 시사하는 바가 아주 많습니다. 아까 말씀하신
한강대교 투쟁에는 저희 연구실 동료들도 참여했는데요.
보통 사람이 10여 분이면 족할 거리를 몇 시간에 걸려 정
말 목숨을 걸고 기어가셨죠. 그 중 몇 분은 도중에 병원
에 실려 갈 정도로 위험한 행진이었습니다. 경찰을 포함
해서 많은 사람들이 그 '속도'를 견딜 수 없어 했습니다.
아마도 그 '속도'의 차이는 장애인들이 받은 차별을 잘 보
여주었을 뿐 아니라, 우리 사회의 단일한 속도를 해체하
는 중요한 공격이기도 한 것 같습니다. 이처럼 장애인들
의 투쟁은 과거 우리에게 익숙한 투쟁과는 다른, 매우 독
특한 내용과 형식을 담고 있습니다.

박 : 사실 할 수 있는 게 별로 없지 않습니까. 하지만 생각을 한 측면도 있습니다. 저는 '자
신의 몸으로 표현하는 것이 제일 맞다'고 생각합니다. 장애인 속도는 늦잖아요. 사람들은
거리를 막았다고 생각하는데, 저는 거리가 당연히 막혔으면 좋겠다고 생각하기도 해요.
빨리빨리 가는 세상이니까. 그 빨리빨리 때문에 장애인이 20년, 30년, 집구석에 처박혀 있
는 것들도 못 느끼는 사회거든요. 그것을 표현하는 방식이죠. 그건 지금까지 기어왔던 자
신의 삶을 표현하는 거고요. 우리 삶의 모습을 잘 나타낼 수 있는 게 뭐냐는 생각에서 나온
거죠.

고 : 어떨 때 장애인들의 시위는 아주 과격해 보입니다.
쇠사슬 같은 걸로 철로나 육교, 사다리에 자기 몸을 묶을
때 그런 느낌이 확 오죠. 그런데 또 어떻게 보면 경찰한
테는 가장 안전한 시위방식입니다. 경찰은 거의 다치지
않고, 주로 병원에 실려 가고 기절하는 건 장애인분들입
니다. 과거 화염병이나 쇠파이프를 생각해보면 경찰도
많이 다칩니다. 물론 시위대는 경찰폭력으로 더 큰 부상
을 입습니다만. 그런데 선생님의 투쟁을 보면 비폭력 투
쟁처럼 보입니다만 또 그다지 평화스럽게 보이지는 않습

니다. 글쎄요, 이런 표현이 가능할지 모르겠지만 '비폭력
과격투쟁'의 느낌을 받습니다.

박 : 아, 물론 화염병 들고 죽창 들어라 하면 우리는 할 수가 없죠(웃음). 저는 저희 싸움이
자신들이 표현할 수 있는 방식, 특히 장애인이 주체가 되어 표현하는 방식, 삶의 모습을 표
현하는 방식이었다고 생각합니다. 남들 보는데 기어가는 게 '부끄럽다'부터 시작해서 이런
게 맞느냐까지 우리 안에 논쟁이 굉장히 많아요. 과격하다는 사람들도 있고요. '장애인 이
동권 쟁취를 위한 연대회의'를 꾸릴 때에도 '쟁취'란 말을 쓰느냐 '확보'를 쓰느냐 때문에
몇 시간을 싸웠어요. 1980년대도 아니고 지금이 2000년대인데, '쟁취'라는 단어가 비장애
인한테 너무 과격한 용어로 들릴 수 있다는 거죠. 대신 '확보'는 좀더 시민적이고 아름답게
다가갈 수 있는 것 아니냐, 보편적으로 거부감 없이 다가갈 수 있는 것 아니냐, 그런 이야
기가 있었어요. 그런데 장애인 삶이 엿 같은데 무슨 욕먹어, 내가 지금 인생이 엿 같은데
다른 사람한테 잘 보여서 뭐 할 게 있는데, 이때까지 잘 보였으면 됐지. 사실 장애인 누구
의 아름다운 삶, 이런 거 다들 말하죠. 장애인 문제를 말할 때는 눈물 뚝뚝 짜게들 만들려
고 하죠. 그러나 그런 걸 '또 해야 하나'라는 생각이 듭니다. 결국 3시간 논쟁하다 가위바
위보로 정해서 '쟁취'했죠(웃음).

고 : 선생님은 '아름답다', '착하다'는 말을 자주 역설로
사용하시는데요. 우리 사회가 착한 장애인 이미지를 유
포하고, 장애인들에게 착한 모습을 보일 것을 암묵적으
로 강제한 것을 비꼬기 위한 것이죠? 과거 장애인운동이
라는 것도 더 착한 모습, 더 슬픈 모습을 보임으로써 반
대급부를 조금이라도 얻고자 하는 몸부림이 아니었나 싶
습니다. 이 점에서 선생님의 나쁜 장애인론은 아주 독특
합니다. '나쁘다'는 건 뭘 의미합니까?

박 : 성질이 나쁜 걸 수도 있고(웃음). 사실 이런 건 사람 문제가 아니에요. '착하다'는 거는
제가 생각하기에 사람의 성격 문제라기보다는 굉장히 이데올로기적인 것이에요. 이 체제
에 순종하게 만드는 것이라고 생각하는 것이죠. 자기의 고통과 절망들, 이 사회가 부과한
것에 대해 종교적인, 글쎄요, 이런 말하면 욕먹겠네요(웃음). 여하튼 굉장히 순응적이고
자각 없는 형태로 길들이는 것이지요. 나쁘다는 거는 이 길들임에 저항하는 것이고요. 기

R no.1 INTER-VIEW "우리는 모두 소수자이다" 고충섭과 박경석의 대담

존 사회의 가진 자들이나 기득권화된 사람들, 길들여진 사람들이 보기에는 굉장히 나쁘게 보이죠. 예.

고 : 사실 모든 운동이나 혁명은 나쁜 거 아닙니까?(웃음)

투쟁은 삶의 중단이 아니라 삶의 지속이다. 오랫동안, 아니 지금도 많은 시위대들이 자기 일상의 삶에서는 한 번도 사용해 본 적 없는 무기들을 든다. 하지만 장애인들의 투쟁, 기어가고, 쇠사슬로 묶고 하는 일은 그들 삶의 표현이다. 작년 대추리 주민들의 싸움이 그랬다. "올해도 농사짓자"가 그들의 투쟁이었다. 철조망 너머로 씨를 뿌리고, 더 이상의 삶이 금지된 곳에서 그들은 계속 살아가려고 싸웠다. 투쟁이 삶의 지속이라면, 혹은 삶이 투쟁의 지속이라면 투쟁의 무기, 투쟁의 형식들은 우리 삶의 표현이어야 한다.

INTER-VIEW "We Are All Minority" : Conversation with Park, Kyeong-seok 231

# 7. 소수적 운동의 연대

고 : 제게 장애인들의 투쟁이 크게 와닿은 계기는 최옥란 열사의 죽음, 아니 그 분의 삶이었습니다. 다른 중중장애인분들도 비슷하실 것 같은데요, 신문기사에 따르면 그 분이 학교를 실제로 다닌 것은 초등학교뿐이었고, 또 이혼녀였고, 기초수급권을 받아야 할 정도로 가난한 분이었고, 이 사회에서 나쁜 조건은 다 가지신 분 같았어요. 중중장애인, 저학력자, 여성, 이혼녀, 빈민. 언뜻 보면 이렇게 운이 없을 수 있을까, 이렇게 타고난 운명이 가혹할까 하는 생각을 품을 수 있지만, 조금만 따져보면 이것들이 다 연결되어 있어요. 하나의 소수성을 가지면 다른 소수성을 가질 가능성이 매우 크죠. 중중장애인이면 학교 가기가 힘드실 거고, 학교를 못 가면 직업을 구하기 힘드실 거고, 직업을 못 구하면 경제가 안 좋아지는 게 너무 당연하고. 그게 안 좋아지면 당연히 이혼소송에서 아이를 찾을 수 없고. 그 분은 재수가 없었던 게 아닙니다. 우리 사회의 지배논리가 그에게 완전하게 관철된 것이죠.

박 : 사실 그런 조건들까지도 다가가기 힘들죠, 장애인은. 그만큼 투쟁하기도 힘들고. 일단 많은 중중장애인들은 결혼 영역에서 막힙니다. 최옥란 그 친구가 결혼한 것도 소위 남자를 휘어잡는 힘이랄까 그런 게 있었어요. 사실 여성, 장애여성에게는 쉽지 않은 일이죠. 보통 장애인은 결혼하고 가정을 꾸리는 것까지 가지도 못하죠.

고 : 제 개인 생각으로는 1970년대의 차별과 배제를 압축한 인물이 전태일 열사였다면, 지금 이 시대에는 최옥란 열사의 삶과 죽음이 거기에 해당하는 게 아닌가 합니다. 혼자 싸워나가셨지만 사실 가난한 사람들, 못 배운 사람들, 장애인들, 여성들, 이들의 모든 저항의 목소리가 그 분의 목소리에 담겨 있다는 생각입니다. 실제로 선생님께서 이동권 투쟁이나 활동보조인 투쟁 말고도 사회의 여러 소수자들의 투쟁에 결합하신 것을 보았습니다. 우

리 사회에서 하나의 소수성은 다른 소수성과 긴밀히 연
관되어 있다는 점에서 보면, 이런 운동의 결합이 자연스
러워 보이기도 합니다만. 중증장애인의 삶이 바로 그것
을 증언하고 있고요. 소수자들의 연대 내지 동맹에 대해
서는 어떻게 생각하십니까?

박 : 잘해야 되겠죠. 사회적 연대, 말은 뭐 거창합니다. 철도 문제도 그렇고 비정규직,
KTX 투쟁도 그렇고 다른 투쟁들도 다 연관되어 있다는 건데, 저는 연관이라는 문제는 당
위적인 문제라고 생각을 합니다. 장애운동을 하는 입장에서만 보면 저는 장애운동의 시급
함, 현실의 처절함 이런 것들이 많다고 생각해요. 하지만 그것은 또한 자본주의체제나 가
치가 강요하는 지점의 최전선에 장애인이 소수자로 서 있기 때문이기도 하지요. 그렇기
때문에 아주 쉽게 녹고 포섭될 수도 있지요. 복지라는 게 일정 정도 경제성장이 되면 기만
적인 선전물이 되지요. 미국이 장애인 편의시설이 잘 되어 있다, 아까 말한 자유권적 측면
에서 장애 문제가 해소되어 있다고들 하지만, 경제적 평등에선 아닙니다. 미국에서도 극
빈곤층 대다수를 장애인이 차지하고 있더라구요. 뭐 일부 똑똑한 장애인들이 장애극복 신
화를 갖고, 그런 걸로 장애운동을 주도하지만 대다수는 극빈층을 형성하고 있지요. 그런
걸 생각해보면 이제 연대, 그것도 아래로부터의 연대전선이 확장되어야 합니다. 그것은
또한 그동안 우리가 자족적으로 해왔던 것에 너무 익숙해져 있기 때문에 더 필요하기도 합
니다. 또 말씀하신 것처럼 비정규직 문제, 소수자 문제, 장애여성 문제, 이런 문제가 본질
적으로 맞닿아 있습니다. 가령 비정규직 문제만 하더라도, 장애인 대다수가 그렇게 살거
든요. 노동 영역 내에서 비정규직으로. 여성 문제도 있지만 여성 내 장애여성 문제도 있구
요. 이것을 극복하는 방식은 아래로부터의 연대일 수밖에 없다고 생각합니다.

고 : 사실 모두가 연대해야 한다는 말은 정말 맞는 말이
긴 하지만 현실적으로는 힘이 없기도 합니다. 모든 것이
연결되어 있음을 우리 모두가 쉽게 인정하지만, 막상 부
딪혀보면 저 사람과 만나서 무슨 말을 할 것이고 무슨 일
을 함께 할 수 있는가라는 아주 구체적인 문제와 대면합
니다. 공자님 말씀의 힘은 싹 사라지고 정말로 투쟁의 기
예랄까 기술이랄까가 발휘되지 않으면 안 되는 상황에

빠져듭니다.

박 : 네, 지금 그것이 굉장히 부족하다고 생각해요. 우리 내에서도 부족하고 전체 운동에서도 부족하고. 연대를 실질적으로 행동하지 않으면 립서비스만 하게 되지요. 저도 바쁘니까 막 립서비스합니다만(웃음). 저는 이야기하는 것보다 행동하고 조직해서 가보는 것이, 물리적 근거를 확보하는 데 제일 좋은 방식이라고 생각해요.

고 : 선생님과의 인터뷰를 준비하면서 저는 선생님의 운동과 어떻게 결합할 수 있을까 이런 생각을 짧게나마 했습니다. 제가 속해 있는 연구실은 인문사회과학, 최근에는 범위를 한정할 수도 없는 다양한 분야를 연구하는 젊은 연구자들의 코뮌인데, 어떤 연대가 가능하지 않을까를 생각하다 선생님이 교장으로 계시는 노들야학을 찾아보게 되었습니다. 노들야학 홈페이지를 살펴보며 선생님에게, 그리고 장애인운동에서 그 학교가 갖는 의미를 다소 짐작했습니다. 특히 저로서는 놀라운 통계를 그 홈페이지에서 접했는데요. 전국 장애인 450만 명 중 최종학력이 초등학교 이하인 경우가 60%라는 것이었습니다. 현실적으로 학력 문제가 장애인들에게 큰 고통을 주기도 하지만, 또 지식과 교육으로부터의 소외는 장애인들의 투쟁에서도 큰 질곡이겠다는 생각을 했습니다. 노들야학 운동을 하신 계기는 어떤 것입니까?

박 : 노들야학 운동을 한 거는 개인적인 차원에서는 단순히 못 배운 문제를 풀려는 게 아니었습니다. 제가 1993년 당시 전국장애인한가족협회 운동을 하다가 보니까 운동도 쪽수가 있어야 하는 겁니다. 활동가 몇 명이, 맨 날 대여섯 명 모여가지고 피켓을 하나 들어도 때깔도 안 나고 봐주지도 않고. 대여섯 명 모인 걸 대중운동이라고 할 순 없잖아요?(웃음) 그래서 그런 고민을 하고 있었는데, 때마침 정립회관의 정립전자에서 일하는 장애인들에게 설문조사를 했는데 90%가 초등교육도 못 받은 걸 알게 되었습니다. 진급에 문제도 있고 글이라도 좀 써봤으면 좋겠다는 사람들, '이들을 조직하자, 가르치자' 해서, 장애운동을 생각하며 시작한 게 노들야학이죠. 물론 순수한 가르침과 배움의 열망, 그리고 이에 대한 자

원봉사, 이런 측면도 있기는 하지요. 그리고 그런 과정이 매우 소중한 것도 맞구요.

고 : 노들야학은 선생님 운동의 또 하나의 물리적 근거이
기도 한 셈이네요. 아주 인상적이었던 게, 노들야학 홈페
이지에 '여기는 저항정신을 가르친다'고 쓰여 있는 겁니
다. 노들야학은 검정고시반을 주로 운영하고 일반 학과
들을 가르치지만, 더 중요한 것은 저항정신을 가르치는
거라는 뜻일 텐데요. 바로 그 점이 검정고시반을 운영하
는 봉사단체 성격의 다른 야학들과 확연히 달라보이게
합니다.

박 : 그렇습니다. 형식적으로 보면 노들야학은 지금 초등학교·중학교 과정의 검정고시,
그리고 우리반이라고 해서 문예교육을 하고 있습니다. 장애인이 배우지 못했던 현실에 대
한 안타까움에서 순수하게 '가르치겠다'는 사람들도 많고, 학생들도 '배우러 왔지 데모하
러 온 사람 없다'는 식이어서 갈등도 있었습니다. 그런데 어느 날 갑자기 학생들 중에 지는
배우려고 왔는데, 마침 교장선생님이 이동권 투쟁을 하다 잡혀갔대, 경찰에. 그래서 수업
마치자마자 전부 다 나온 겁니다. '항방'(항의방문)이라는 말을 그 때 처음 들어봤을 겁니
다. 내가 여기 공부하러 왔나 데모하러 왔나, 그런 갈등들은 계속 나타나요(웃음). 하지만
그 방향성이 어디 있느냐에 따라서 저는 이 야학의 성격이 굉장히 달라질 것이라고 생각합
니다.

고 : 그리고 보면 노들야학이 선생님께는 든든한 물리적
근거인 셈이네요.

박 : 노들야학은 학생들을, 장애인 대중들을 일상적으로 만나는 공간입니다. 장애인 대중
들을 만나는 데, 그들을 조직하고 운동하는 데, 그렇게 많은 시간 동안 만날 수 있는 곳이
없어요. 일종의 제도교육이니까 일주일에 보통 6시 반부터 밤 10시까지 5일을 만나니까.
한 20~30명을 집중적으로 만나니까. 얼마나 조직하기 좋겠습니까(웃음). 그래서 장애인운
동, 지금 현장운동을 하는 사람들 중 많은 사람이 노들야학 출신입니다. 물론 그렇다고 검
정고시에 충실하지 않은 건 아니에요. 학생 30명, 교사 17명 정도. 노들야학이 어떤 일을
해야 되는지, 이 문제는 여전히 현재진행형입니다.

고 : 저희 '연구공간 수유+너머'도 비슷한 고민을 하고 있

습니다. 우리의 공부가 어떤 방향을 취하게 될 것인가, 현재진행형의 문제를 안고 있지요. 요즘 들어 특히 고민하게 되는 것은 우리 지식이 어떤 곳에서 어떤 형태로 생산되고 전달되어야 하는가입니다. 이른바 제도권, 즉 대학의 인문학은 고사 직전이라고들 합니다. 인문학을 공부하려는 사람도 줄어들고 돈도 줄어들고, 무엇보다 대학의 연구성과들이 사회에 어떤 자극도 주지 못하고 있지요. 학교 바깥에서는 인문학이 주로 문화센터 같은 곳에서 소비됩니다. 삶의 여유를 어느 정도 찾은 사람들이 필요로 하는 정신적 소품으로 전락한 면이 있습니다. 인문학이 삶에 대한 인식, 나와 세계에 대한 인식이라고 할 때, 그것을 바꾼다는 것은 큰 의미가 있습니다. 어찌 보면 아주 위험한 학문, 급진적 학문이 인문학이기도 하지요. 무엇보다 세상을 바꿀 이유를 갖고 있는 사람들에게 인문학은 강력한 무기가 될 수 있습니다. 정신적 치장물이 아니라 운동의 무기가 될 수 있다는 겁니다. 노들야학, 혹은 투쟁하는 장애인들과 인문학의 만남은 서로에게 매우 중요한 의미를 갖지 않을까 생각해봅니다. 앞으로 하나의 과제로 삼아보겠습니다.

박 : 야학 말고 활동하는 사람들, 그들에게 철학이 정말 필요합니다. 전국장애인차별철폐연대의 올해 목표가 '학습하자'입니다. 우리는 몸으로 실천하는 건 하는데, 철학, 이런 것 잘 모릅니다. 이동권 투쟁이 어떻게 시작되었느냐, 노들야학에서 시작했어요. 노들야학 학생들이 이동권 투쟁 주체인데, 학생 한 명이 공부 안 하고 대학로에 나갔다 리프트 타다 다쳤어요. 공부 안 하다가(웃음). 밉지만은 다쳐서 열심히 투쟁했죠. 왜 학생들이 열심히 투쟁했느냐, 모두가 그 문제를 자기 몸으로 느끼고 있었기 때문이죠. 물론 몸으로 보여주는 것, 매우 소중한 겁니다. 하지만 이제 그것을 뛰어넘는 부분이 필요한데, 알아야지 가르치죠. 우리 식으로 가르치는 건 만날 상담치료하고, 술 먹으며 약물치료하고, 안 되면 두들겨 패서라도 물리치료하고(웃음). 그런 게 매우 소중해요. 이제 이동권 이야기해도 거부하

진 않아요. 보편적인 권리로 많이 나아갔죠. 하지만 다음에는 그것을 뛰어넘는 것이 필요
합니다. 그리고 그걸 하기 위해서는 인제 그런 물리력만으로는, 몸만으로는 부족한 게 있
지요.

고 : 뭔가 서로 접속할 수 있는 부분이 있는 것 같습니다. 이후에 조금 더 결합이 가능한 방안을 찾아보도록 하겠습니다. 너무 오랜 시간, 힘드셨을 텐데도 귀한 말씀 나눠주셔서 감사합니다. 인터뷰는 이걸로 마치겠습니다.

박 : 예, 수고하셨습니다.

"만약 당신이 나를 도우러 여기 오셨다면, 당신은 시간을 낭비
하고 있는 겁니다. 그러나 만약 당신이 여기에 온 이유가 당신
의 해방이 나의 해방과 긴밀하게 결합되어 있기 때문이라면,
그렇다면 함께 일해 봅시다"(멕시코 치아파스 원주민의 글).
— 노들야학 홈페이지에서 R NO.1

R

ESSAY



MINORITY AND THE ANTI-HISTORICAL BURST :
IS IT POSSIBLE TO WRITE A MINOR HISTORY? BY YI, JIN-KYUNG

AFTER AVANT-GARDENING BY IWASABURO KOSO

# 소수자와 반역사적 돌발
## 소수적인 역사는 어떻게 가능한가?

이진경(李珍景) ‖ 서울산업대학교 교양학부 교수. solaris0@snut.ac.kr.

# Minority and the Anti-Historical Burst :
## Is It Possible to Write a Minor History?

by Yi, Jin-kyung

근대적 개념으로서 역사는 다양한 국지적 사건들이나 '이야기'들을 국민이라는 차원에서 하나로 통합하여 만들어진 인위적 기억이다. 따라서 그것은 국민적 통일성에 포함될 수 없는 것들을 지우거나 배제한다. 혹은 적절하게 변형시켜 포섭한다. 그 결과 소수자들의 '역사'는 언제나 '다수적인' 역사의 일부가 되거나 다수적인 형태로 포섭된다. 그러나 그러한 역사의 안정적 지반을 뚫고 출현하는 돌발적 사건들이 있다. 역사가 쉽사리 봉합할 수 없는 균열을 야기하는 사건들이. 이러한 사건들을 이 논문에서는 '반역사적 돌발'이라고 개념화하고자 한다. 그러나 이러한 사건들 역시 지워지지 않게 하려는 순간, 다시 말해 역사화하려는 순간 다수적 역사 속에 포획되는 역설에 당면하게 된다. 그렇다면 소수적인 역사는 불가능한가? 소수적인 잠재성을 거세하지 않는 역사는 어떻게 가능한가? 이 글에서는 자이니치와 사파티스타의 경우를 통해서 이러한 가능성을 탐색하고자 하며, 이를 통해 역사의 관념 자체를 변형시킬 가능성을 모색하고자 한다.

## 1. 소수자란 어떤 존재인가?

소수자에 대한 정치학 내지 윤리학은 두 가지 통상적인 형태로 나타난다. 하나는 '고통받는 얼굴'로 표상되는 '고통과 동정의 윤리학'이고, 다른 하나는 '비장한 얼굴'로 표상되는 '정체성(IDENTITY, 동일성!)의 윤리학' 내지 '정체성의 정치학'이다. 이 모두에 공통된 것은 소수자란 '고통받는 자'이고 무언가 '결여된 자'이며, 따라서 동정과 연민이 필요한 존재라는 표상이다. 소수자와 역사의 관계를 다루기 이전에 우리는 먼저 이러한 소수자의 표상에 대해 말해야 한다.

소수자는 고통받는 존재인가? 아마도 그럴 것이다. 그래서 아주 빈번하게 레비나스 식의 이미지로, 다시 말해 '고통받는 얼굴'의 타자로서 표상된다. 이런 존재로서 소수자는 동정과 연민의 대상이다. 아마도 레비나스의 윤리학은 '다수자'(MAJORITY)의 양심을 향해, 고통받는 타자들의 얼굴을 잊지 말라고, 그게 윤리학의 제1명제라고 말할 것이다. 이런 이유에서 극단적인 고통의 얼굴인 프리모 레비는 레비나스 윤리학의 가장 긴밀한 짝으로 동원된다.[1] 그러나 이 윤리학은 '누구'의 윤리학일까? 그 윤리학적 시선이 자리잡고 있는 '입장'은 대체 어디일까? 명확하게 그것은 고통받는 타자를 보는 존재의 윤리학, 즉 다수자의 윤리학이다. 이러한 윤리학 안에서 그 '타자'는 무엇을 해야 할까? 즉 이 윤리학에 상응하는 소수자의 윤리학은 어떤 것인가? 다수자의 동정을 구하는 윤리학? 그래서 얼굴에 고통스런 표정을 잘 지어서 결코 잊지 못할 존재임을 상기시키는 윤리학? 이런 윤리학 속에서라면 소수자는 있는 자의 동정을 구걸하는 거지가 되고 마는 거 아닐까?

바로 이것이 레비나스 식의 윤리학, 혹은 '고통받는 타자'의 정치학에 함축된 소수자의 이미지다. 그것은 주위를 둘러볼 줄 아는 양심적 다수자의 시선 속에 있는 타자이고, 그가 표상하는 소수자,

NOTE [1] 서경식·다카하시 데쓰야, 김경윤 옮김, 『단절의 세기, 증언의 시대』, 삼인, 2002, 35, 104쪽.

그가 대신 말해주는 소수자다. 결여와 고통으로 시달리는 불쌍한 존재, 혹은 말하지 못하는 존재. 소수자를 고통받는 존재로 표상한다는 것은 정확하게 이를 의미한다. 덧붙이면, 서발턴(SUBALTERN)을 '말할 수 없는 존재'로 표상하게 하는 스피박의 주장[2]에 대해서 동의할 수 없는 것 역시 동일한 이유에서다. 그는 자신이 말하기 위해, 서발턴 전체를 벙어리로 만들고 있는 것이다. 이 정치학은 서발턴에게 무엇을 하라고, 어떻게 살라고 말하는가? 이 정치학에 따르면, 말할 수 없음을 반복해서 상기시키는 것 말고, 누군가 "이게 문제지?" 하고 말하면 그게 아니라며 고개를 젓는 벙어리의 행동 말고, 이 말 못하는 서발턴들이 할 수 있는 게 대체 뭐가 있을까?

좀더 밀고 가서 말하자. 레비나스에게 고통받는 타자 없는 윤리학이 가능할까? 불가능하다. 그의 윤리학이 가능하기 위해선 고통받는 타자가 있어야 한다. 신의 능력은 그가 제압하는 악의 존재에 의해서만 증명되듯이, 타자를 배려하는 양심의 존재는 그가 배려하는 고통의 존재에 의해서만 증명되기 때문이다. 따라서 그의 윤리학은 타자들이 근본적으로 고통 속에 머물러 있을 것을, 그리고 자주(자신들이 잊지 않도록) 고통받는 얼굴을 지어주기를 요구하는 것이다. 스피박이 계속 대신 말하기 위해선 서발턴들이 계속해서 침묵 속에 갇혀 있어야 하는 것이다. 그 고통스런 얼굴에다 레비나스처럼 '신'이라는 거룩한 이름을 붙여준들 무엇이 달라질까?

나는 이런 식의 윤리학에 전혀 동의하지 않으며, 이런 식으로 소수자나 타자, 서발턴을 정의하는 것에 전혀 동의하지 않는다. 나는 소수자란 고통이나 결여에 의해 정의되는 존재가 아니라 충만과 과잉에 의해 정의되는 존재라고 믿는다. 물론 고통을 피할 순 없었지만, 오히려 그 고통으로 인해 그게 없었다면 볼 수 없었을 것을 보고 들을 수 없었을 것을 듣는 존재, 그 고통으로 인해 자신의 고통만이 아니라 다른 타자들의 고통에 마음을 열고 이해하려는 존재, 또한 그 기쁨도 이해할 수 있게 된 존재, 자신 아닌 수많은 타자들을 향해 손을 내밀 수 있게 된 존재, 자신과 다른 타자들에게

NOTE [2] Gayatri Spivak, "Can The Subaltern Speak?", Marxism and the Interpretation of Culture, ed. Cary Nelson and Lawrence Grossberg, Urbana: University of Illinois Press, 1988.

새로운 삶을 촉발할 수 있게 된 존재라고 믿는다. 그렇기에 편안하게 살고 있는 '다수자'(MAJORITY)에게 그들이 잊고 있는 것, 보지 못하는 것을 보고 듣고 생각하게 촉발하는 존재라고 믿는다. 소수자가 중요한 것은 그들이 무력하고 도움이 필요한 존재가 아니라, 다른 종류의 능력을 갖고 있는 존재, 자기 아닌 타자들에게 도움을 줄 수 있는 존재기 때문이라고 믿는다.

그러나 소수자가 언제나 그런 것은 아니며, 또한 권력을 가진 자나 다수자 또한 그들이 계속 그럴 수 있도록 그냥 두지 않는다. 이제 이러한 관계의 역학을 '역사'라는 개념을 가로지르며 좀더 구체적으로 살펴볼 것이다.

## 2. 역사와 기억

우리가 '역사'라는 말을 할 때, 아주 다른 두 가지 용법이 있음을 미리 지적하며 시작하자. 하나는 어떤 사실도 그것을 둘러싼 '역사적 조건'에 따라 그 의미나 효과가 달라진다고 말할 때의 역사다. 통상 '역사성'이라는 말로도 지칭되는 이런 역사의 개념에서 역사는 과거 사건들의 집합으로 저기 따로 존재하는 어떤 것도 아니고, 어떤 사실의 의미나 가치를 항상-이미 특정한 양상으로 규정할 준비가 되어 있는 준거틀도 아니다. 그것은 차라리 어떤 하나의 사실이 특정한 의미를 갖는 사건이 되도록 만드는, 그 사실의 의미나 본성을 끊임없이 다르게 만드는 '외부'의 다른 이름일 뿐이다. 맑스가 어떤 한 사람을 노예로 만드는 것은 그를 둘러싸고 있는 '특정한 관계'라고 하면서 '역사유물론'을 정립했을 때, 거기서 사용되는 '역사'라는 개념이 정확하게 이런 의미를 갖는다.

반면 우리가 통상적으로 접하는 '역사'라는 말은 어떤 하나의 연속적 흐름에 통합된 지나간 사실들의 집합을 의미하며, 현재에 부단히 의미를 부여하고 그것에 미래적인 방향을 부여한다고 믿어지는 사실들의 연속체를 의미한다. 그래서 그것은 누구도 자의적으로 바꿀 수 없는, 저기 따로 존재하는 것으로, '실증성'을 갖는 사실들의 집합으로 다루어진다. 그리고 그러한 사실들은 대개 어떤 위대한 기원에서 시작하여 고난과 파란을 거치면서 결국은 다시 어떤 위대한 미래로, 위대한 종착점으로 향해 가는 하나의 서사로 구성된다. 그것이 민족의 위대한 과거와 희망찬 미래를 의미하는 것이든, 아니면 누구도 피할 수 없는, 해방된 사회를 향한 보편적인 발전과정을 의미하는 것이든 간에 말이다.

우리의 역사 관념이 많든 적든 후자의 역사 개념에 크게 기대고 있다는 것을 길게 말할 필요는 없을 것이다. 이런 한에서 역사란 다양한 사실들, 사건들을 연결하여 만들어지는 하나의 이야기(HIS-TOIRE)요, 하나의 서사(NARRATIVE)다. 역사는 사실들의 서사적 구성물이고, 따라서 그것은 실재적 사실들로 만들어지지만 그저 실재적인 것만은 아니고, 구성적이지만 그저 허구적인 구성물만은 아니다. 역사는 실재와 허구 사이에 있다.

그러나 이러한 서사나 이야기를 이해하는 방식 또한 역사적으로(!) 달라져 왔다. 우리에게 익숙한 역사 관념은 18세기 말 이래 만들어지고 발전되어온 서구의 근대적 역사 관념이다. 먼저, 아리에스에 따르면 17세기 역사가들에게 기사적인 영웅담과 구별되는 '진정한 역사'란 두 가지 종류가 있었다. 하나는 '오래된 역사'로서 성서적인 고대나 고전적인 고대를 다루는 '고대사'였다. 다른 하나는 당시의 관심과 결부되어 교양으로 읽혀진 역사를 뜻하는 '근대사'였다.[3] 하지만 거기서 그들이 역사를 이용하는 방식은 "과거로부터 현재적인 교훈을 얻는 것"이란 점에서 동일했다. 심지어 이러한 교훈을 강조하기 위해 종종 역사적 사실을 변형하거나 반대로 말하는 경우도 있었다.[4] 중요한 것은 "역사란 삶의 스승"이었기에, 교훈을 주는 스승의 역할을 위해 역사는 때론 그렇게 변형되

NOTE [3] フイリップ・アリエス (Philippe Ariès), 杉山光信 譯, 『歴史の時間』, 東京: みすず書房, pp. 193, 202.

NOTE [4] 라인하르트 코젤렉, 한철 옮김, 『지나간 미래』, 문학동네, 1998, 43~44쪽.

거나 왜곡되어도 좋았던 셈이다. 역사란 일반화될 수 없는 것이라고 보았던 몽테뉴나 역사에서 보편법칙을 찾고자 했던 보댕 모두에게 역사란 교훈을 주는 삶의 범례들이었다.[5] 이러한 역사 관념 속에서 역사가 '하나'라는 게 가능했을까? 역사가 발전한다는 관념이 가능했을까?

NOTE [5] 코젤렉, 『지나간 미래』, 43~45쪽.

역사가 '이야기'가 아니라 과거에 발생한 사실 자체를 의미하게 되고, 연대기적 순서가 아니라 그 속에 숨은 내적인 논리나 질서를 의미하게 되는 것은 길게 잡아도 18세기 후반이다. 복수의 역사들과 구별되는 하나의 단수로서 역사(HISTORY), 이런저런 역사들을 포괄하고 통합하는 하나의 역사로서 역사 자체 내지 역사 일반이 등장하게 되는 것 역시 마찬가지다. 역사가 그 자체로 독립하여 실재성을 획득하게 되고, 어떤 교훈을 위한 '이야기'가 아니라 역사 자체를 위한 역사가 되며, 역사적 사건의 전개가 역사 내부에 존재하는 어떤 논리와 질서를 갖는 어떤 것이 된 것은 이처럼 근대에 이르러 새로이 탄생한 역사라는 관념, 코젤렉의 표현을 빌리면 '즉자대자적인 역사'(HISTORY AN-UND-FÜR-SICH)라는 관념을 통해서였다.[6]

NOTE [6] 코젤렉, 『지나간 미래』, 57쪽.

다양한 역사들/이야기들을 하나의 역사로 통합하려는 이러한 발상은, 그것이 출현한 시기에 진행되던 국민국가의 형성과 무관하지 않을 것이다. 그것은 일차적으로 국민 내지 민족이란 이름으로 다양한 지방적 영토들을 하나의 국가적 영토로 통합하는 것이었지만, 그러기 위해선 상이한 지역에서 상이한 경험과 기억을 갖고 있는 사람들을 하나의 국민으로 통합해야 했다. 그런데 르낭이 말했듯이 다양한 인민들을 하나의 국민으로 통합하는 것은 상이한 인민들이 갖고 있는 기억들을 하나의 역사로 통합하는 것을 통해서만 가능했다.[7]

NOTE [7] 에르네스트 르낭, 신행선 옮김, 『민족이란 무엇인가』, 책세상, 2002, 61~62, 80~81쪽.

서로를 적대하게 하는 국지적인 충돌과 상처들을 지우고 하나의 '국민'이란 이름으로 하나의 역사를 공통의 기억으로 공유케 하는 것, 그것은 이질적 언어를 하나의 언어로 통합하는 것만큼이나 근대의 국민적 통일성을 형성하는 데 결정적인 요인이었다. 역사와 국어가 19세기 후반에 본격화된 근대적 '국민교육'의 가장 중요한 과목이었다는 것은 이런 사태의 징표라고 할 것이다.

따라서 역사는 그러한 단일성, 통일성에 포함될 수 없는 것들을 지우거나 배제하며 씌어진다. 혹은 하나의 역사 속에 포함될 수 있는 형태로 해석하거나 변형시킨다. 변증법은 서로 대립하고 투쟁하는 것들을 하나의 역사로 포섭하는 철학적 기술을 제공했다. 그것이 아니었다면, 그토록 이질적이고 충돌하고 대립하는 사실들을 어떻게 하나의 역사 안에 담을 수 있었을 것인가? 더구나 '이성의 간교한 지혜'(LIST DER VERNUNFT)는 사건 당사자들의 의도나 목적과 무관하게 그것들을 역사라는 전체 안에 담는 만능의 해결사가 되게 된다.

## 3. 돌발과 포획

그러나 언제나 역사의 평탄한 선을 뚫고 나오는 돌발적인 사건들이 있게 마련이다. 그것은 안정적인 역사의 지반을 흔들며 출현하고, 항상 자랑스런 표정을 짓고 있는 역사의 얼굴에 침을 뱉으며, 아니 피를 튀기며 나타난다. 이런 돌발적 사건들은 당시의 역사로선 매끄럽게 싸안을 수도 없고 적당하게 한 자리를 주어 잠재울 수 없는 것으로서 역사 안에 출현한다. 이런 점에서 그것은 역사가 쉽사리 봉합할 수 없는 균열의 지점이다. 그래서 대개는 배제해버리거나 지워버려서 소리 나지 않게 하려고 하지만, 그로 인해 지워진 소리가 끊이지 않고 발생하는 진원지가 된다. 즉 그것은 역사가 담을 수 없는 사건이지만 그렇다고 지워버릴 수도 없는 사건이란 의미에서 '역사적 이성'의 무능력의 지대를 형성한다. 그것은 역사화할 수 없는 사건이다. 이를 '반(反)역사적 돌발'이라고 부르자. 우리는 이러한 사례를 멀지 않은 곳에서 빈번하게 찾을 수 있다.

가령 1970년 청계천에서 발생한 노동자 전태일의 분신이라는 사건이 그런 경우다. 이는 사실의 규모만으로 본다면, 얼마 안 되는 시간 동안 일어난 '조그만' 사건이고, 언론에 거의 보도되지도 않았으며, 그래서 당시에는 아는 사람도 별로 없는 사건에 불과했다. 더구나 그는 사회주의나 공산주의 같은 어떤 이념도 알지 못했고, '대학생 친구 하나' 갖지 못했던 재단사에 불과했고, 그가 스스로의 몸에 불을 지르며 외친 구호는 "근로기준법을 지켜라" 등의 소박한 요구에 불과했다.[8] 분신 이후 10년 가까이 지나도록 직접적인 투쟁을 야기한 것도 아니었다. 그런 점에서 정말로 아주 작은 사건에 불과했다.

NOTE [8] 조영래, 『전태일 평전』, 돌베개, 1991. 이 책 자체가 바로 이 사건을 반역사적 돌발이 되게 만들었을 뿐 아니라, 저자 자신이 그것을 통해 또 다른 반역사적 돌발의 단속적 흐름 속으로 들어갔다는 점에서(이 책의 저자가 누구인가가 드러날 수 있었던 것은 그로부터 20여 년이 지나고 나서였다) '반역사적 돌발'의 상징적인 사례라고 하겠다.

그러나 그것은 '조국 근대화'로 치장된 역사로서는 결코 담을 수 없었던 돌발적 사건이었고, 그 역사 전체를 뒤집는 반역사적 돌발이었다. 가리고 지워서 배제하려 했지만, 결코 그렇게 하지 못했던 돌발적 사건이었다. 이로 인해 정치적 민주화로만 달려가던 저항적 투쟁의 흐름이 블랙홀에 빨려들 듯 노동자들의 삶으로 갈라져 흘러가기 시작했고, 이후 한국의 양심적 지식인 전체로 하여금 노동자의 삶에 주목하게 만들었으며, 한국 노동운동, 아니 한국 혁명운동의 기점으로 작용하게 된다. '전태일'이란 이름은 한국 노동운동의 환유적 이름이 되어, 1970년대 이후 현대 한국의 역사 전체를 뒤집어놓는 거대한 사건으로 반복하여 출몰하게 된다. 그러나 그것은 강박증처럼 반복되는 과거의 기억(TRAUMA)이 아니라, 현존하는 착취와 억압에 저항하려는 현재적 투쟁에 의한 것이었다. 그것은 역사라는 과거의 기억에 반하는 투쟁이었고, 따라서 그것을 기억이라고 말하고자 한다면 정확하게 기억에 반하는 기억이었다고, 대항-기억(COUNTER-MEMORY)이었다고 말해야 한다.

물론 지금은 노동운동 내지 사회운동 전반의 '대항-기념'으로 인하여, 그리고 그러한 운동의 역사를 '민주화운동'이란 이름으로 국민의 역사 안에 밀리듯 담을 수밖에 없게 되었다는 점에서, 배제할 수 없는 사건의 위상을 갖게 되었지만, 여전히 국민의 이름으로 기념되고 기억되는 역사적 사건의 자리를 부여받고 있다고는 말하기 어렵다.

그러나 역사이성의 능력을 과소평가하는 것은 금물이다. 변증법은 이러한 반역사적 돌발조차 역사로 내부화하는 효과적인 방법을 제공하기 때문이다. 그러나 그 이성의 능력은 역시 헤겔이 스스로 잘 말해두었듯이 "밤이 이슥해진 이후에야 비로소 날개를 편다". 많은 시간이 흐른 뒤, 그리고 역사를 쓰는 담당자(국가적 통합의 담당자, 그 통합적 권력의 담당자)가 바뀌어 책임의 화살을 피할 수 있게 된 연후에야 그 이성의 지혜는 작동하기 시작한다. 돌발적 사건을 역사 안으로 포획하려는 국가이성의 작동이 시작된다.

1980년의 광주항쟁은 이러한 경우의 대표적인 사례를 제공한다. 알다시피 광주항쟁은 전태일의 분신과 달리 한 도시 전체를 대중이 장악하여 국가의 군대와 싸우던, 한 달 넘게 지속되었고 죽어간 사람만 수백 명에 이르는 거대한 사건이었다. 그것은 국가의 군대가 자국 '국민'들을 향해 총을 쏘며 학살했던 비극적 사건이었다는 점에서 그 국가의 역사 안에 담을 수 없는 거대한 반역사적 돌발이었다. 그렇기에 국가이성은 이 지역을 폐쇄시키고 그 안에서 벌어진 어떠한 사건도 보도되지 못하게 지워버렸다. 그 봉쇄의 망을 뚫고 퍼져가는 소문에 대해서는 '유언비어'라고 비난하고, 그걸 전하는 사람은 체포했다. 그토록 거대한 규모로 벌어졌던 사건이 그토록 기이한 침묵 속에 갇히는 것은 참으로 생각하기 힘든 일이다. 기억의 표면으로 떠오르는 것을 지운다는 것이 거대한 폭력의 힘에 의해 진행되는 것임을 이보다 잘 보여줄 순 없다. 국민적 기억을 유지하기 위한 이 폭력을 기억의 폭력이라고 할 수 있다면, 정확하게 동일한 의미에서 이는 국민적 동일성/정체성(IDENTITY)을 유지하기 위한 역사의 폭력이라고 말할 수 있을 것이다.[9]

그러나 전태일의 경우와 달리 광주항쟁은 지금 국민적 역사의 한 장에 확고히 자리잡았다. 뒤늦게 날개를 편 역사의 이성은 광주항

NOTE[9] 1980년대 내내 광주 비디오나 '광주 백서'를 본다는 것은 한편으로는 체포의 위험을 무릅써야 하는 것이었지만, 또 한편으로는 역사에 의한 망각과 투쟁하는 삶을 선택하는 것을 뜻하는 것이기도 했다. 1980년대 내내, 그리고 그 이후로도 얼마 동안 "5월 그날이 다시 오면 / 우리 가슴에 붉은 피"라고 노래하며 외치던 수많은 사람들의 함성은, 국가적 기억에서 지워진 그 사건이 그 기억에 반하여 외치던 소리였고, 거대한 침묵 속에 묻힌 사람들이 강요된 침묵 속에서 말하던 소리였다.

쟁이 민주화운동이었음을 인정해주었고, 피해자들에게 국가적 보상을 해주었으며, 광주항쟁의 상징이었던 망월동 묘지는 '국립' 묘지가 되었다. 물론 그것은 오랜 시간의 격렬한 투쟁 때문이었고, 결코 지우곤 넘어갈 수 없는 거대한 규모였기 때문이었을 것이다. 또 한편으론 광주항쟁과 어떤 식으로든 연루되어 있었고 광주 및 호남지역 인민들의 꿈이 실려 있던 김대중이라는 인물이 있었기에, 그리고 그가 국가적 권력을 장악한 대통령이 되었기에, 광주항쟁은 쉽게 국가의 민주화를 위한 역사적 사건이 될 수 있었을 것이다.

어쨌건 광주항쟁이 역사 안에 자리잡게 됨에 따라, 이제 광주항쟁은 일 년 중 가장 높은 긴장을 만들어내던 대중운동의 사안의 자리에서 빠져나갔고, 더 이상 운동의 동인도, 목표도 제공하지 않게 되었다. 그리하여 운동하는 대중의 '기억'에서 점점 사라지게 된 것처럼 보인다. 대신 해마다 5월 18일이 되면 정치인들, 심지어 광주항쟁을 비난하던 보수 정치인들마저 망월동 묘지에 참배를 하고 기념식을 행한다. 그것은 이제 광주항쟁이란 사건이 자리를 잡게 된 기억의 위치가 어디인가를 보여준다. 즉 그것은 이제 역사라는 이름의 망각, 국민적 기억의 망각에 대해 투쟁하는 민중의 대항-기억이 아니라 국가적 기억 속으로 들어가 그 국가의 민주화에 기여한 역사적 사건이 된 것이다.[10]

**NOTE** [10] 이런 점에서 '기억의 치환'이란 단지 그 기억된 내용의 치환만이 아니라 기억의 형식 자체, 혹은 기억의 위상이나 기억되는 방식의 치환을 의미한다는 것에 주목할 필요가 있다. 그리고 그러한 기억의 형식이나 위상의 치환은 당연하게도 기억되는 내용의 치환을, 그것의 표현방식의 치환을 수반하게 된다.

이런 식으로 역사의 이성은 반역사적 돌발을 역사화하고, 국민의 기억에 반하는 기억을 국민의 기억으로 포획하며, 역사의 외부를 역사의 새로운 내부로 포섭한다. 역사의 내부에서 이탈하며 그것을 균열시키는 사건을 '반역사적 돌발'이라고 한다면, 그것을 역사의 내부로 끌어들여 역사의 일부로 만드는 것을 역사에 의한 포획이라고, '역사적 포획'이라고 명명하자. 이러한 포획은 역사의 폭력에 의해 상처입고 억압되어온 피해자가, 국민의 바깥으로 배제되어 있던 피해자가 국민의 이름으로 보상받고 국민적 기억 안에 정당한 지위를 획득하게 되었음을 의미할 것이다. 그리고 그것은 불행한 상처들이 부분적으로라도 치유되는 과정이 시작되었음을 의미하는 것이기도 할 것이다. 그렇지만 그것은 동시에 그 돌발적 사건이 역사와 가졌던 고유한 긴장을 잃고 역사 안에 갇히는 것을 뜻하는 것이기도 하며, 국민적 동일성을 해체하고 변용시키려던 사건이 국민적 동일성으로 통합되는 것을 뜻하는 것이기도 하다. 이전에 광주 인민들이 국민적 동일성의 척도에서 벗어나 있다는 점에서 '소수자'였다고 한다면, 이제 그들은 국민이라는 '다수자' 의 내부에 들어가게 된 것이다.

이는 역사의 척도에서 벗어나는 소수자들의 돌발이 역사화되는 순간 발생하는 아포리아를 잘 보여준다. 그들의 돌발이 역사화되는 순간 다수적 역사의 일부가 된다는 아포리아. 그것은 소수자들의 돌발이 역사화되는 것은 소수자 자신의 역사를 만드는 게 아니라, 다수적 역사의 일부가 되는 것을 뜻한다는 역설이다. 그것은 반역 사적 돌발이 역사화되는 순간, 반역사적 본성이, 역사 안에 균열을 만들고 역사를 동요시키는 힘이 소멸되고 만다는 역설이기도 하 다. 그 결과 이제 그 사건은 그러한 다수자의 역사 안에서, 그 역사 의 정해진 방향 안에서 해석되고 의미가 부여되게 될 것이다. 그럼 으로써 광주항쟁이 갖는 다양한 의미들은 국민적 역사가 허용하는 범위 안에서 그 모든 잠재성을 박탈당하고 순치될지도 모른다.

이 역사의 역설 앞에서 우리는 이렇게 질문해야 한다. 다수적 역사 의 일부가 되지 않는 소수자들의 역사, 소수적 역사는 불가능한 가? 반역사적 돌발이라는 사건의 일회성을 넘어서 그 돌발적 사건 의 힘이 다른 사건들과 접속하며 만들어지는 다른 종류의 '역사'는 불가능한가? 그 돌발적 사건의, 여러 방향으로 열린 잠재성이 거 세되지 않는 '역사'는 불가능한가? 돌발이 돌발로서 지속되는 것 은 불가능한가?

그러나 이 질문을 유효하게 만들기 위해선 먼저 '소수자 자신의 역 사'에 대한 통상적인 관념에 대해서 간단히나마 언급해야 할 것이 다. 왜냐하면 소수자들의 역사, 소수자들이 걸어온 역사, 투쟁해온 역사가 있고, 그런 사실들을 통해 구성된 '역사/이야기'(histoire) 가 많이 있기 때문이다. 흑인들의 역사, 식민지 민족의 역사, '재일 조선인'의 역사, 여성들의 역사 등등. 이런 방식으로 씌어진 '역사'는 대부분 반역사적 돌발을 다루기보다는 소수자 자신들의 지나온 과거를 하나의 연속적 서사로 만든다는 점에서 앞서 말한 근대적 역사 관념 안에서 씌어진다. 그것은 대개 두 개의 양상을 갖고 있다. 하나는 다수자들, 다수적 역사의 폭력과 억압을 고발하고 그것에 의해 감내해야 했던 피해의 '역사'로 나타난다. 이는 소수자들에게 가해진 억압과 피해, 수탈과 착취의 고발이고, 그에 대한 저항으로 씌어지는 것이란 점에서, 다수자들의 역사 뒤편에 존재하는 폭력과 그늘을 드러낸다는 점에서 나름의 이유와 의미를 갖는 것은 분명하다. 그리고 그것이 다수자들의 역사로부터 분리된 거리로 인해 소수적 역사인 것처럼 보이기도 한다.

그러나 그런 식으로 구성되는 역사 속에서 소수자들이 만들어낸 돌발적 사건들은 그 피해와 억압의 역사라는 연속적 서사의 선 안에 평이하게 자리잡게 되고, 그것이 함축하는 고유한 잠재력은 피해와 억압의 증거라는 일반성 속에 묻히게 되는 게 아닐까? 이런 식의 '소수자의 역사'에서 좀더 근본적인 난점은 다수자의 악덕에 대한 고발이 소수자의 미덕의 증명이 될 순 없으며,[11] 피해와 억압의 부정적 역사가 소수자의 긍정적 잠재력을 보증해줄 수도 없다는 것이다.[12] 물론 레비나스의 생각처럼 고통받는 '타자'(소수자)의 고발이 그 고통받는 얼굴을 직시하는 양심(물론 다수자 속에 있는)의 호응을 야기할 수는 있겠지만, 거기에 머문다면 일종의 '고통과 양심의 공모관계'로 귀착될 수 있는 게 아닐까? 즉 그것은 의도와 무관하게 고통받는 자는 계속 고통받는 자로서 지속되게 만들 것이고(그렇지 않으면 양심은 자신을 증명할 수 없기에), 역으로 양심적인 자로서는 소수자에 대한 관심과 애정을 양심 이상으로 밀고 나가기 어렵게 될 수 있지 않을까? 서로가 적절하게 필요로 하게 되는 지점에서 관계가 안주하게 되지 않을까?

다른 하나는 다수자들의 억압에 대한 저항과 투쟁의 역사, 그것을 통해 다수자와 구별되는 고유한 정체성(IDENTITY)이 형성되어온 역사를 구성하는 방식으로 나타난다. 이는 소수자를 피해자가 아니

NOTE [11] 니체라면 이러한 관점을 '노예의 도덕'이라고 정의할 것이다. 프리드리히 니체, 김정현 옮김, 『선악의 저편/도덕의 계보』, 책세상, 2002, 367쪽.

NOTE [12] 피해와 억압의 사실을 다수자의 역사가 수용할 수 없는 것으로 변형시키는 저항이 있을 수 있으며, 이런 저항을 통해 지나간 어떤 특정한 사실이 새로운 반역사적 돌발의 지점이 될 수 있음을 지적해두자. 정신대 문제가 아마도 그런 사례일 것이다. 여기서도 중요한 것은 그런 피해를 입었다는 사실이 아니라, 그런 피해를 다수자의 역사로서는 봉합하기 힘든 사건으로 변환시키는 저항이요 투쟁이다.

라 저항하고 투쟁하는 존재로서 정의한다는 점에서 긍정적이고, 독자적인 정체성을 통해서 다수자의 역사에서 스스로를 분리하여 그것과 대항하는 대결의 지점을 확보하려는 것이라는 점에서 적극적인 의미를 갖는다. 그러나 그 분리된 소수자의 역사에 다수자의 역사와 맞먹는 위상을 부여하기 위해 대개는 다수자의 역사와 대칭적인 방식으로 씌어진다. 하나의 인종에 반하는 또 하나의 인종, 하나의 민족에 반하는 또 하나의 민족……. 역사는 그 소수자의 정체성을 공고히 해가는 서사를 그리게 되고, 그 정체성은 다수자와 대칭적인 자긍과 영광의 색깔로 채색된다.

여기서도 돌발적 사건은 그 역사의 선 안에서 투쟁의 일반화된 연속성 안에 자리잡게 되며, 결국은 '민족'이나 '인종', '성'과 같은 또 다른 범주로 재영토화된다. 좀더 근본적인 것은, 이럼으로써 소수자 안에 존재하는 충만한 잠재성, 돌발가능성, 그리고 다른 소수자와의 접속가능성이 정체성의 경계 안에서 하나의 동일성으로 귀착되고 만다는 것이다. 그 정체성/동일성 안으로 포섭될 수 없는 돌발은 자신의 역사에서 배제하는 방식으로 밀쳐내게 된다. 그들만의 정체성/동일성은 자신들의 내부에서조차 이질적인 행동이나 변형을 재단하는 또 하나의 척도가 된다.[13] 그리고 그 투쟁과 역사는 다른 누구도 넘보아선 안 될, 자신들만의 투쟁과 역사로 내부화된다. 역사는 그들만의 소유물이 된다. 그것은 소수자가 쓰는 다수적 역사지 돌발을 돌발로서 지속케 하는 소수적인 역사가 결코 아니다. 그러나 그렇기에 그것은 또한 자신들의 역사 안에서 발생하는 또 다른 반역사적 돌발을 피할 수 없을 것이다.[14]

이러한 반역사적 돌발을 개념화하기 위해 우리는 반역사적 돌발의 지대를 만들고 작동시켜온 두 가지 사례를 간단히 살펴볼 것이다. 하나는 일본의 역사 안에서 그 돌발의 지대를 창안했던 '자이니치' 혹은 '재일 조선인'의 경우이고, 다른 하나는 백인들의 역사 안에서 봉합불가능한 돌발의 지대를 창안했던 '사파티스타'의 경우다.

NOTE [13] 백인들과 대항하며 만들어진 흑인들의 공동체가 이런 식으로 변형되는 양상에 대해서 토니 모리슨은 자신의 소설에서 탁월하게 비판하고 있다. 토니 모리슨, 김선형 옮김, 『파라다이스』, 들녘, 2001.

NOTE [14] 가령 디트로이트의 흑인 빈민가에 사는, 흑인들보다 더 못살고 흑인보다 더 흑인적인 삶을 살던 백인 래퍼의 이야기를 다룬 커티스 핸슨의 영화 「8마일」은 '소수자' 개념의 안정성과 '정체성'을 뒤흔드는 반역사적 돌발의 사례를 보여준다. 즉 흔히들 다수자라고 생각하는 백인 빈민이 흑인들 사이에서 '소수자의 소수자'가 되는 '소수적 돌발'을 통해 특정한 특징이나 성질, 상태에 의해 소수자를 정의하고 그 정체성을 유지하려는 태도를 크게 동요시킨다. 또 흑인 여성을 '흑인 중의 흑인'(Niger of the Niger)이라고 함으로써 소수자 안에 그들에 의해 다시 소수자가 만들어지는 역설을 드러낸 존 레넌의 노래 역시 이런 맥락에서 이해할 수 있을 것이다.

## 4. '자이니치', 혹은 역사의 틈새

일제의 식민지 병합 이후 조선인들이 때로는 자의에 의해, 때로는 타의에 의해 일본으로 이동함에 따라 형성되기 시작한 재일 조선인은 일제의 착취와 억압에 더해 민족적 차별에 대항하면서 자신의 고유한 '역사'를 만들어왔다. 종전 이전부터 지속된 투쟁과 저항은 종전 이후의 일본에서도 지속되었다. 식민지 시기의 불령선인(不逞鮮人)은 냉전 시기가 되면서 '빨갱이'와 동일한 존재로 간주되었다. 포섭하려는 일본정부의 조치나 정책이 있었던 것도 아니지만, 그렇다고 쫓아낼 수도 없었고, 게다가 포섭이나 순치는커녕 일관되게 저항과 항쟁의 길을 선택한 이들 재일 조선인은 분명히 일본 안에 살고 있었지만 일본인 바깥에, 일본의 역사 바깥에 존재하는 곤혹스런 외부였을 것이다. 일본에 살지만 결코 일본인이 되지 않았던, 일본인 속에 숨는 안이함을 거부한 존재다. 그들은 일본의 차별과 착취의 피해자였지만, 단지 피해자에 그치지 않는, 저항과 투쟁을 통해 다수자 일본인과의 거리를 확보한 적극적 의미에서의 소수자였다.

저항이나 투쟁을 통해 만들어지는 이 거리가 '재일'(자이니치)과 '조선인' 사이의 근친성을 만들어냈을 것이다. 일본 안에 존재하는 다른 민족들이 다수 있었음에도, 재일이 언제나 재일 조선인을 의미하게 되었던 것은 이로 인해서였을 것이다. 거기서 '재일'은 민족의 이름이 아니라는 점에서 복수화될 가능성을 가지는 말이기도 했다. 그러나 그것은 단지 '일본이라는 땅에 산다'는 어의적인 의미만으로 사용될 수 있는 그런 일반성은 아니었다. 오키나와인이 '재일'이라는 말에 가까워졌다가 멀어지는 과정은 이를 잘 보여준다.

종전 이전, 강요되는 군사적 규율과 '생활 개선'을 통한 지위 상승, 그리하여 생활상의 필요라는 목적합리성과 문명인으로서의 일본인이라는 가치합리성의 결합 속에서 일본인이 되기를 선택했던 오키나와인들은[15] 자신을 식민지인과 구별하기 위해 조선인이나 대만인 등과 차별화하는 데 나서게 된다.[16] 즉 일본인과의 거리를 최소화하고 식민지인들과의 거리를 최대화하는 것이 그들의 전략이었다. 그러나 전쟁이 끝나고 미점령군의 통치가 시작되자 오키나와의 고도의 자치를 꿈꾸면서, 해방의 계기로서 '비일본인'임을 수용하게 되었고, 이런 과정에서 자신들과 일본인과의 거리를 표시하기 위해 '재일 오키나와인'이란 표현을 사용한다. 그러나 자치의 전망이 어두워지는 한편, 구식민지 출신자처럼 일본 국민으로서의 지위가 부정될 것을 두려워하게 되면서 '재일'이라는 표현은 사라진다. 그것은 또한 '조선인=공산주의자=위험한 집단'이라는 등식이 부상하는 것과 동시에 진행되었다.[17]

요컨대 오키나와인은 일본인과의 거리를 확보하려고 할 때에는 '재일'이라는 말을 사용했지만, 반대로 그 거리를 제거하고자 하게 되었을 때는 '재일'이라는 말을 버렸다는 것이다. 이는 '재일'이라는 말이 일본인과의 거리를, 일본인에 대한 저항을 표시하는 단어임을 명확하게 보여준다. 일본인 역시 모두 일본에 살지만 '재일'이라고 하지 않으며, 미국이나 중국에도 조선인들이 살지만 그 나라와의 이런 거리를 표시하는 의미로 '재미'나 '재중'이 사용되지는 않는다는 사실은, 이 '재일'이라는 말에 담긴 역사성을, 그 말이 작동시키는 정치적 의미를 방증하는 것이다.

오키나와인의 사례가 이미 보여주듯이, 이런 점에서 '재일'은 일본인과 동일화되는 것에 대해 저항하고 일본인의 이름으로 서술되는 역사로부터 거리를 만들어내고자 하는 태도를 표시하는 개념이라고 할 수 있다. 그것은 무엇보다 먼저 재일 조선인들에 의해 만들어진 거리와 균열을 표시하지만, 조선인뿐만 아니라 다른 어떤 소수자도 그러한 태도를 취하며 일본의 외부로서 일본에 사는 것을 선택하는 경우 누구나 영유할 수 있는 개념이다. 이런 점에서 '재일' 아니 '자이니치'는 재일 조선인으로 하여금 일본인과 대립되는 하나의 민족의 명칭에서 탈영토화되어, 일본인이 되는 것을

NOTE [15] 도미야마 이치로, 임성모 옮김, 『전장의 기억』, 이산, 2002, 2장.

NOTE [16] 도베 히데아키, 「'재일 오키나와인', 그 이름이 드러내는 것」, 연구공간 수유+너머 엮음, 『동아시아의 역사와 주체를 생각한다』(동경 워크숍 자료집), 2006 .

NOTE [17] 히데아키, 「재일 오키나와인, 그 이름이 드러내는 것」 ; 「복수의 '재일'과 포스트 동아시아」, 연구공간 수유+너머 엮음, 『동아시아의 역사와 주체를 생각한다』(동경 워크숍 자료집), 2006.

거부하고 일본의 역사 안에 포섭되는 것을 거부하도록 하는 저항의 징표라고 할 수 있지 않을까? 다수자이길 거부하고 기꺼이 소수자가 되고자 하는 소수-화의 징표가 아닐까? 비민족적인, 즉 어떤 민족의 이름으로 환원되지 않는 저항의 지대, 그렇기에 여러 '민족'이나 소수자들의 돌발적인 만남이 발생가능한 지대의 이름이라고 해도 좋지 않을까?

가령 김시종이 '자이니치'라는 틈새에서, 일본으로도 조선으로도 회수될 수 없는 그 균열된 틈새에서 살고 사유하고자 할 때 그가 하고자 했던 것이 바로 이런 것이었을 것이다. 그는 일본은 물론이고 남한으로도 북한으로도 회수될 수 없는 고유한 정치와 삶의 장으로서, 그의 말을 그대로 빌리면 '또 하나의 조선'으로서 '자이니치'를 정의하며, 그리하여 자신들이 '조선인'도 아니고 '한국인'도 아닌 '자이니치인'임을 선언한다.[18] 따라서 그는 '자이니치'를 '조국'과 격리되어 사는 존재의 약점(195쪽)으로 생각하지 않는다. 가령 생활어가 일본어이기 때문에 발생하는 '모국어'와의 괴리에서 그는 어느 하나의 언어에 갇힌 것과 다른 '미지의 가능성'을 본다. 그것을 창조하는 것이 자이니치의 과제 중 하나라고 말한다(199쪽). 좀더 분명하게 그는 두 개의 국적에서 자유로운 자이니치의 '특권'에서 "한국인이자 한국인이 아닌 한국인이 될 존재성"을 발견한다. 조국 없는 존재, 그렇기에 의식·발상·언어에서 혼성적인 감각을 갖고 사는 존재로서의 이 자이니치에겐 '민족차별'조차 절망이나 모욕이 아니라 다수자인 일본인 자신의 서글픈 치부로 보인다(201쪽).

그래서 그는 자이니치에게 연대의 손을 내미는 일본인의 양심이, 강요된 불행을 동정하고 원조하려는 것 이상 나가지 못하는 것에 대해 불만을 표시한다. 이런 관계에서 자이니치의 존재는, 그 고통의 존재는 일본인의 양심을 비추는 거울에 지나지 않는다고, 그들의 양심의 존재 증명에 지나지 않기 때문이다.[19] "지원을 받는 것만으로는 결코 연대가 아니다"(207쪽). 오히려 일본인은 조선인과의 관계를 통해서 무엇을 얻을 것인가를 고민하라고 말한다(207

NOTE [18] 金時鐘, 「連帶ということについて」, 『'在日'のはざまで』, 東京: 平凡社, 2001, P.197(이후 본문에 쪽수만 표시). 이런 이유에서 그는 "우리가 지향하는, 우리가 매달릴 수 있는 나라가 없음에도 불구하고, 매달릴 수 없는 그 나라가 우리 '자이니치'에 앞서 왜 이리도 존중받아야 하는지" 물으면서 자이니치의 근거는 '조선'이나 한국 어느 하나가 아닌 '자이니치' 자체임을, 차별과 편견에도 불구하고 계속 체류하고자 하는 '자이니치' 자체에 있음을 말한다(198~199쪽).

NOTE [19] 金時鐘, 「連帶ということについて」, P.202. 여기서 우리는 앞서 말한 레비나스 식의 타자 개념에 대한 아주 적절하고 예리한 비판을 발견할 수 있다.

쪽). 주는 자와 받는 자의 일방적인 관계에서 벗어나, 자이니치를 통해서 일본인 자신이 새로운 주체적 의지를 찾으라고, 그것을 주고 싶다고. 그때에만 비로소 '연대'라는 말이 그 이름에 값하는 것이 될 거라고 말한다(204쪽).

원래의 '조국'과 자신이 현재 살고 있는 '일본'(혹은 다른 나라)과의 사이, 그 틈새에서 '재일'을 살며 어디로도 회수될 수 없는 고유한 삶의 방식을 창안하려 한다면, 상이한 삶이 섞이는 혼성의 지대를 창안하고자 한다면, 더 나아가 그것을 통해 일본인이라는 다수자의 삶에 대해서도 무언가를 주고자 한다면, 그 존재가 '자이니치인'인 것이다. 그렇다면 그와 같은 방식으로 살려는 누군가가 있다면 그의 '조국', 그의 '국적'이 무엇이든, 마찬가지로 '자이니치를 사는 자'라고 말할 수 있는 게 아닐까? 그런 존재들이 만나고 혼성되며 연대하는 긍정적 창조의 지대, 그것이 바로 '자이니치'라고 선언하고 있는 게 아닐까?

물론 이와 반대로 재일 조선인이 투쟁을 통해 만들어낸 그 거리를 '조선인'으로, 하나의 민족의 이름으로 귀속시키려는 태도가 사실은 훨씬 더 일반적일 것이다. 그것은 분명히 역사적인 이유를 갖고 있는 것이기도 하다. 조선인의 저항과 투쟁이 없었다면, 그리고 그 저항과 결부된 억압과 폭력이 없었다면 '재일'이란 말은 그런 의미를 가질 수 없었을 것이기 때문이다. 그렇지만 그 경우 '재일 조선인'에 새겨진 그 역사성은 너무도 쉽사리 '민족의 역사'의 일부로, 혹은 '민족사'의 한 형태로 귀착되고 만다. 다시 말해 그 저항의 기표는 일본인과 조선인의 대립에 국한된 의미에 갇히게 되고, '재일'은 '조선인'이 아니고는 영유할 수 없는 독점적 소유물이 되어버린다. '재일'이란 이름의 항쟁의 역사성은 '일본에 사는' 다른 소수자, 다른 타자들과 공유할 수 없는 조선인만의 고유한 역사에 귀속되고 만다.[20] 그 저항의 명칭에 대해 공감하는 일본인들의 접근은 물론, 다른 타자들의 접근 또한 '자이니치를 소비'하는 것으로 간주되고, '자이니치'는 단지 조선인의 저항과 고통을 표상하는, 조선인에 부가되는 관형어에 머물게 된다. '조선인'이, 그것과



R NO.1 ESSAY 01

NOTE [20] 이는 "재일 조선인의 고통은 겪은 사람이 아니면 모른다"라는 방식으로 자신의 체험을 특권화하는 태도와 밀접히 결부되어 있다. 그러나 그것은 말더듬이의 고통은 당해 보지 않은 사람은 모른다는 식의, 또 다른 고통의 체험을 특권화하는 것을 막을 수 없으며(김학영, 하유상 옮김, 『얼어붙는 입』, 화동출판사, 1992), 결국 각자의 고통은 자기 말고는 누구도 모른다는 식의 실존주의적 태도로 귀착되는 것을 피할 수 없다(竹田靑嗣, 『在日という根據』, 東京:筑摩書房, 1995). 그것은 연대 내지 접합을 불가능하게 하는 체험이다(이치로, 『전장의 기억』, 100쪽).

의 근접성이 고통과 저항을 표상하는 그 자랑스런 역사에 접근하는 유일한 척도가 된다. [21]

이것이 앞서 말했던 '소수자가 쓰는 다수적 역사'의 일종이란 것을 굳이 다시 말할 필요가 있을까? 그러나 이 경우에는 좀더 안타깝고도 난감한 사태가 그 역사 뒤에서 기다리고 있는 게 아닐까? 즉 민족으로서 '조선인'을 척도로 삼게 되었을 때, 스스로가 '재일 조선인'이라는 사실을 '약점'으로 느끼게 된다는 사태가. 고통을 감내하며 그토록 저항했지만 그래도 조선말보다는 일본어가 더 익숙하고, 조선의 습속보다는 일본의 습속에 더 익숙한 자신을, 그래서 스스로 '조국'과 분리된 '재일'이란 조건을 '약점'으로 느끼는 사태가. 이런 식으로 '조선' 내지 '조선인'을 기준으로 "'재일'의 실존을 측량"하려고 할 때, 이러한 발상으로부터는 '재일'을 주동적으로 살아가는 사상이 생겨날 리 없다. 왜냐하면 그것은 "본국과 비슷하게 살아가려는 의태"로서 '재일'을 위치짓는 것이기 때문이다. [22]

자신들의 고통, 자신들의 저항마저도 자신만의 것으로 하는 게 아니라, 다른 모든 타자들이 공유할 수 있는 것으로 변환시키는 것, 이를 통해 다수자들과 거리를 느끼고 간극을 만들기 시작한 모든 이들을 자신들이 창안한 저항과 돌발의 지대로 유인하는 것, 그리하여 "우리는 모두 자이니치다!"라고 말할 수 있게 하는 것. 이를 위해서라면 일부에 의해 '자이니치'가 소비되는 것 정도야 뭐가 그리 큰 문제일 것인가! 어떤 저항과 투쟁이 사람들의 공감을 얻고 그 공감이 공명되며 확대되어갈 때, 그리하여 또 다른 커다란 돌발의 흐름이 만들어질 때, 그것을 소비하는 속물들이 출현하는 일이야 어디서나 피할 수 없는 '조그만 불행' 아닌가. 그 조그만 불행을 피하기 위해 자기들만의 순수한 세계로 되돌아가는 것, 그것이야말로 그 조그만 불행을 큰 불행으로 만드는 것이 아닐까?

## 5. 사파티스타, 미래시제의 역사

아메리카의 역사란 알다시피 '인디언'들의 미개하고 야만적인 삶이 백인들의 현명한 신의 인도를 받아, 그리스와 로마의 고전적 '휴머니즘'의 세례를 받아 문명으로 거듭나는 과정이었다. 그 과정에서 수많은 사람들이 죽고 노예가 된 것이 유감스럽게도 사실이지만 그거야 어쩔 수 없는, 일부 악덕 모리배 때문에 발생한 사고일 뿐이다. 덕분에 '인디언'은 문명화되었지만, 대신 90% 가까운 인민이 죽어야 했고, 그들이 살던 땅과 그들의 삶 자체마저 탈취당해야 했다. 그리고 이들은 역사 속에서 지워졌다. 지울 수 없는 것은 역사의 한쪽 구석에 보이지 않게 처박아두었다.

이런 점에서 '인디언'들에게 역사란 기억이 아니라 정확하게 기억의 반대물이다. 그것은 지배자들의 기억 아래 망각되는 것이고 지워지는 것이다. "죽는다는 것은 어쩔 수 없다고 해도 잊혀진다는 것은 참으로 가슴 아픈 일이었습니다."[23] 이처럼 강요된 망각은 분명한 현실적 이유를 갖는다. 그것은 그들이 존재한다는 사실 자체가 역사를 장악한 자들을 불편하고 난감하게 만들기 때문이다. "저들에게 문제가 되는 것은, 저들을 골치 아프게 하는 것은 단지 그들[원주민들]이 존재한다는 사실, 그들이 말하고 사람들이 그들의 말에 귀를 기울이는 순간 그들이 당혹스럽게도 신자유주의가 빠뜨린 것을 생각나게 한다는 사실입니다"(519~520쪽).

사파티스타는 이 죽음과도 같은 삶을 떨쳐버리기 위해, 역사라는 망각 속에서 벗어나기 위해 봉기한다. 그러나 그들이 망각에 대항해서 투쟁한다고 할 때, 그것은 역사 속에 자신들의 이름을 다시 새겨 넣기 위한 것이 아니며, 기억을 위해 투쟁한다고 할 때, 그것은 또 하나의 '역사'를 쓰기 위한 것이 아니다. 그들이 말하는 '기억을 위한 투쟁'이란 차라리 역사라는 이름으로 기록된 기억에 반하는 투쟁이고, 그 매끈한 역사의 흐름에 거친 "틈새를 내기 위한

NOTE [23] 마르코스 지음, 윤길순 옮김, 『우리의 말이 우리의 무기입니다』, 해냄, 2002, 486쪽(이후 본문에 쪽수만 표기. 또한 모든 강조는 인용자의 것이다).

것"(433쪽)이며, 정연하게 배열된 기억들 사이에 난데없고 '반시대
적인 것'(DIE UNZEITGEMÄẞEN ; 때 아닌 것, 반시간적인 것)을 끼워 넣
는 것이다. 그것은 정확하게 '반역사적 돌발'이라고 명명되어 마땅
한 투쟁이다.

그것은 기억을 둘러싸고 벌어지는 투쟁이란 점에서 과거에 관한
투쟁처럼 보이지만 사실은 현실을 둘러싼 투쟁이고, 새로운 현실
을 만들려는 투쟁이란 점에서 정확하게 현재의 시제를 갖는 투쟁
이고, 좀더 나은 삶, 좀더 나은 현실을 만들고자 하는 투쟁이란 점
에서 미래의 시제를 갖는 투쟁이다. "우리가 과거를 지키고 있는
것처럼 보여도, 실은 라레알리닷에서 우리는 내일을 지키기로 했
답니다"(561쪽). 이런 점에서 그들이 '얻고자' 하는 기억은 비참하
고 가슴 아픈 어제의 기억이 아니라 즐겁고 기쁜 내일의 기억이고,
그들이 쓰고자 하는 역사(그런 걸 쓰고자 한다면 말이지만)는 과거
의 역사가 아니라 내일의 역사, 도래할 역사(HISTOIRE À VENIR)다.
"우리는 …… 더 나은 내일의 기억을 만들 것입니다"(472쪽).

망각에 대항하는 그들의 투쟁이 "우리를 기억해 달라"고 요구하는
게 아니라 '존엄'(DIGNITY)을 선언하는 것으로 나아가는 것은 정확
하게 이런 이유에서다. 그것은 다른 누군가에게 기억해줄 것을 요
구하는 투쟁이 아니라 가장 먼저 무능력을 강요받고 살아왔던 원
주민 스스로 자신의 힘과 능력을 신뢰하고 그 힘과 능력을 증대시
키기 위한 투쟁이기 때문이다. 따라서 그것은 자신들만을 위한 자
신들만의 투쟁이 아니다. 전세계의 타자들, 망각의 위협 속에서 살
며, 근대 문명의 지배적인 가치척도에 부합하지 못하는 모든 타자
들의 존엄성을 위한 투쟁이다.

여기서 사파티스타가 말하는 '존엄'이란 단지 추상적이고 보편적
인 인간의 존엄성도 아니며, 그렇다고 구체적으로 원주민 자신들
만의 존엄성도 아니다. 그것은 지배적인 가치척도에 의해 배제되
고 망각되며 억압당하는 모든 타자들, 모든 소수자들과 관련된 좀
더 적극적이고 긍정적인 개념이다. 즉 존엄이란 "우리에게는 우리

의 고유한 자리가 있다는 것, 즉 다른 피부색, 다른 말, 다른 문화를 갖고 있는 척하지 않고 우리 모습 그대로 존재할 권리가 있다는 것"(423쪽)을 표현하는 개념이다. 존엄성이라는 요구는 모든 인간이 똑같이 '존엄하게' 대우받아야 한다는 보편적 평등주의가 아니라, 망각의 위협 속에서 다수자의 척도로 환원불가능한 소수자의 고유한 위치를 만들어내는 것을, 그러한 과정에서 창출되는 소수자들의 연대와 동맹을 의미한다.

이처럼 망각의 위협에 맞서 함께 투쟁하고 함께 살고자 하는 사람들은 피부색이 달라도 모두 '원주민'이며 '사파티스타'다. 왜냐하면 원주민을 정의하는 것은 피부색이 아니라 존엄을 위해 함께 하는 투쟁이기 때문이다. "함께 투쟁하는 사람들은 피부색이 달라도, 어려서 배운 언어가 달라도 모두 형제자매입니다"(218쪽). 백인인 마르코스가 어떤 유보도 없이 원주민을 자처하는 것은 정확하게 이런 이유에서다. 원주민-되기가 원주민을 정의하는 것이며, 소수자-되기가 소수자를 정의하는 것이다. 이런 방식으로 존엄을 위한 존엄한 투쟁을 통해 원주민 자신이 변한다. 이제 "우리는 더욱 많은 색깔로 이루어지고, 우리가 말하는 언어는 더욱 많아졌습니다"(219쪽). 이처럼 존엄을 위한 투쟁을 통해서 비원주민은 원주민이 되고(devenir), 원주민 또한 다른 타자가 된다. 그리고 원주민이든 백인이든, 아메리카인이든 아시아인이든 함께 외치게 한다. "우리는 모두 사파티스타다!" 이렇게 서로 다른 것이 되며 하나로 엮인 타자들의 집합을 우리는 새로이 '도래할 민중'이라고 부를 수 있을 것이다.

요컨대 사파티스타는 아메리카의 역사 전체에 메울 수 없는 근본적 균열을, 역사에 반하는 돌발을 만들어낸다. 그 역사의 이성이 무능력을 드러내는 지대를 봉기의 형태로 창안한다. 또 하나의 대안적 서사를 만드는 방식으로 씌어지는 역사가 아니라 저항으로서, 행동으로서, 내러티브 바깥에서 벌어지는 사건으로서, 다수적 역사를 전복하는 돌발적 사건을 만들어낸다. 이를 통해 그들은 백인이라는 다수자와의 사이에 메울 수 없는 거리를 만들어낸다. 그리고 그 거리를 통해 다른 소수자들과 만나는 연대의 공간을 구축하며, 그 만남을 통해 다수자와 대결하려는 모든 타자들이 하나임을 선언하면서 동시에 자신 스스로 그 만남 속에서 변이된다. '사파티스타'라는 명칭은 이제 봉기한 마야 제국의 잊혀진 후손을 지칭하는, 그들만의 배타적 소유물이 아니라, 수많은 타자들이, 수많은 차이들이 만들어지고 공존하는 공동의 세계를 표시하는 징표고, 그 세계에 들어가고자 하는 자라면 누구나 공유할 수 있는 공동의 이름이 된다.

## 6. 소수적인 역사

역사에서 벗어나는 이러한 돌발이 역사적 의미의 결여나 부재가 아니라 반대로 그것의 과잉 내지 범람으로 특징지어진다는 것을 강조할 필요가 있다. 그것은 멕시코의 정부나 백인 지주들과 마야인들의 직접적인 충돌 속에서 시작된 돌발이지만, 아메리카 역사 전체와 대결하는 돌발이었고 신자유주의로 명명되는 자본의 권력과 대결하는 돌발이기도 하며, 그렇기에 서구 문명과 대결하려는 모든 이들의 새로운 돌발을 촉발하는 사건이고, 지배적 척도에 의해 억압받던 모든 소수자들이 모여들게 만드는 사건이기도 했다. 뿐만 아니라 그것은 그 돌발로 인해 야기되는 또 다른 만남들을 통해 증식되는 의미들의 발원지이기도 하다. 원주민과 백인 게릴라의 만남, 무장 투쟁과 인터넷의 만남, 사파티스타와 멕시코 '시민사회'의 만남, 사파티스타와 전세계 인민의 만남 등등.

만약 이 거대한 돌발을 역사 속에서 지울 수 없는 의미를 갖는다는 점에서 '역사적 사건'으로 기록하고자 한다면, 굳이 그것에 '역사'라는 이름을 부여하고자 한다면, 그것은 하나의 기원에서 목적에 이르는 단일하고 연속적인 통합적 역사가 아니라, 상이한 종류의 역사성을 갖는 인민들이 만나고 모이고 분기하면서 변이되며 전염되는 방식으로 증식되는 양상을 표시하는 지도(地圖), 결코 하나의 경계로 담을 수 없는 돌발적 선들의 만남과 분기를 표시하는 지도라는 새로운 종류의 역사 개념을 전제해야 한다.

그렇다면 여기서 소수적 역사의 가능성을 볼 수도 있지 않을까? 반역사적 돌발을 역사의 매끈하고 연속적인 통합의 선 안에 끌어들이고 그 안에 어떤 한 자리를 할당하는 식의 역사가 아니라, 돌발의 지점에서 발생하는 만남과 변이의 양상을, 그것을 통해 만들어지는 새로운 분기의 양상을 표시하는 역사, 돌발적 사건의 범람하는 다의성을 통해 이미 '역사' 안에 자리잡고 있는 사건들이나 침묵 속에 갇힌 사건들과 새로이 접속하면서 그것들을 '역사'의 바깥으로 불러내는 역사, 그리하여 모든 사건을 하나의 방향으로 통합하려는 다수적 '역사'를 발산시키며 그 '역사'와 다른 수많은 역사의 선들이 존재함을 보여주는 역사, 그렇지만 그 스스로를 다양한 방향으로 분기되고 발산될 가능성에 대해 열어두고 다른 역사의 선들과 만나고 교차하며 스스로 방향을 바꾸는 역사.

소수자의 역사, 소수적인 역사는 그 '역사'를 거쳐온 특정 소수자의 역사가 아니라 그 돌발의 지점에서 만나는 모든 소수자들의 역사가 된다. 사파티스타의 돌발을 통해 우리 자신이 사파티스타가 되듯이. 돌발이 함축하는 의미의 과잉은 이처럼 주어진 소수자의 정체성/동일성을 범람하며 그것을 함께 공유하고 나누어 갖는 만남과 연대에 의해 현재화되는 것이다. 따라서 다수적 역사는 누구의 역사도 아니지만, 소수적 역사는 거기서 만나는 우리 모두의 역사인 것이다.

소수적인 역사란 소수자들이 역사 속에서 올바른 가치를 인정받고 제대로 된 지위를 할당받게 만드는 양심적 역사가 아니라, '역사' 속에서 역사화될 수 없는 사건을 역사로부터 돌발하게 하고 이로써 역사 안에서 다른 돌발의 지점들이 만들어지도록 촉발하는 역사다. 그리고 그러한 이탈을 통해서 만들어지는 '반역사적' 민중이 역사 속에 출현하게 하고, 침묵 속에 매장된 민중의 힘이, 그것의 창조적 능력이 드러나게 한다. 그 이탈의 성분들, 이탈하게 만든 창조적 능력과 힘을 찾아서, 그것으로써 현재의 조건 속에서 새로이 작동하게 한다. 그리고 어떤 소수자의 문제가 그 소수자만의 문제가 아니라 투쟁하려는 인민 모두의 문제임을 보여줌으로써, 그리고 그것을 통해 다른 인민들이 이탈하게 촉발함으로써 새로이 '도래할 민중'을 구성한다. 이런 의미에서 소수적 역사란 그 도래의 시간을 구성하는 방식으로 현재를 구성하는 것이다. 따라서 소수적 역사는 과거의 시제를 갖는 게 아니라(그게 아무리 수정된 과거라 해도) 현재의 시제, 아니 미래의 시제를 갖는다.

아마도 그것은 필경, 특히나 투쟁과 구성이 성공적일수록, 다시 '역사'에 의해 포섭되고 영유될 가능성을 갖는다. 그러나 그 경우에도 그것은 적어도 기존의 '역사'에 동요와 변형을 가하면서 포섭되고 영유될 것이다. 하지만 좀더 중요한 것은 그렇게 반복해서 포섭된다고 해도 새로운 이탈의 지점, 그 역사의 외부는 또 다시 발생할 수밖에 없다는 사실이다. 혹은 또 다시 '역사'로 회수될 수 없는 역사의 외부를 창안해야 한다는 사실이다.

소수적 역사 내지 반역사는 역설적인 성공에 안주하는 게 아니라, 그 '성공'의 순간에 "그럼 또 다시" 하면서 끊임없이 새로 시작해야 한다. 역사의 외부는 영원히 계속되어야 할 혁명의 운명을 갖고 있으며, 소수적 역사는 그 '영원회귀' 내지 '영구혁명'의 시간성 속에 존재하는 것이다. **R** NO.1

# 뜰-운동 이후

고소 이와사부로(高祖岩三郎) ‖ 그래픽 디자이너. 번역자. 도시문화 운동가.

번역 : 후지이 다케시(藤井豪) ‖ 한국현대사 연구자

## AFTER AVANT-GARDENING

BY IWASABURO KOSO

NO
CAP
NO
CAP
NO
CA

02 문·군·운동 이후 고소 이외사부문
R No.1 ESSAY 02

PEDICAB
FREE RIDES
for LOVERS
PLEASE HELP SUPPORT URBAN-FRIENDLY
NYC BIKES AND TRIKES AGAINST ATTACK

We the undersigned agree that:

We must maximize human-powered and human-scale vehicle use here and do it as
soon as possible. Nothing should be done to slow the transformation of our unfriendly
roadways into safer, cleaner and quieter spaces through the widest use of self-
propelled mobility. The proposed, upcoming, severe limits on group bike riding,
ordered by the NYPD and anti-pedicab legislation by the NYC Council, due to be
instituted in late February 2007, are providing new insurmountable barriers to the
rapid spread of this vital activity.

It is imperative that the relevant authorities suspend these proposed moves and
instead begin a comprehensive program, including infrastructure improvements and
increased enforcement of motor-vehicle laws, to create conditions that will enhance
the safety and comfort of all cyclists and pedestrians in this city.

Name:

Email address:

I want to participate at a City Hall rally 2/13 and I will help publicize this issue and
circulate a request to send emails to Speaker Quinn, Councilman Comrie, Mayor
Bloomberg and NYPD's Ray Kelly, by going to www.PedicabNews.com or signing on to:
Petition@PedicabNews.com    49 E. Houston Street NYC 10012        212 431 0600

Lets celebrate cycling not strangulate it

OP
NO
CAP
NO
CAP
NO

그들은 나를 그들의 것이라고 불렀다,
그렇게 나를 통제했다
그러나 누구나 다
머물렀다가, 떠났다,
어찌 내가 그들의 것이 될 수 있으랴,
그들이 나를 껴안지 못해,
내가 그들을 껴안고 있는데?
—랠프 왈도 에머슨[1]

## '뜰-운동'과 불법점거운동

'뜰-운동'(AVANT-GARDENING)이란 무엇인가? 그것은 독립된 커뮤니티운동의 형태를 띠지만 동시에 넓은 의미에서 '불법점거(SQUATTING)운동'의 '시'(詩)이자 '선언'이다. 즉, '불법점거운동'과 '뜰-운동'은 떼려야 뗄 수 없는 끈으로 맺어져 있다. 역사를 통해 세계 각지에서 민중은 극한적인 삶의 필요성에 따라 '사는 것'과 '생산하는 것'에 대한 권리를 직접행동으로 주장해왔다. 그러나 그 절실한 운동이 '불법점거'라고 잘못 불리게 되었다. '뜰-운동'의 관점에서 보면, 그것이 일부의 규칙위반이 아니라 '이 세계'에서 얼마나 보편적인 것인지 분명해진다. '뜰-운동'은 우리에게 '공통적인 것'(THE COMMON)인 '대지'와 '스콰'을 이어줌으로써 그 '시'를 읊는다.

내가 소년 시절을 보낸 30여 년 전의 일본 도쿄도 고마에(狛江)시의 다마(多摩) 강변 도처에서 사람들은 아무도 쓰지 않는 빈터에 꽃을 심고 채소를 길렀다. 그리고 그것을 이웃들에게 나누어주었다. 그것은 토지분배와 사유화로 나아가는 농업이 아니라, 순간적인 유목적 채소밭이었다(또 당시에는 그것을 규탄하는 방송국이 없

NOTE [1] RALPH WALDO EMERSON, "HAMATREYA", *RALPH WALDO EMERSON : SELECTED ESSAYS, LECTURES, AND POEMS*, ED. ROBERT D. RICHARDSON JR., NEW YORK: BANTAM BOOKS, 1990, P.368.

Garden Workday Today
Save the Magical Children's Garden
Please! Come in and sign the petition to save this garden!

ERIC NG
22 YEARS OLD
KILLED BY
DRUNK DRIVER
DECEMBER 1, 2006
LOVE & RAGE


YIELD
ONE LESS CAR

었다). 그리고 20여 년 전 미국 뉴욕시 이스트빌리지 동남부와 로워이스트사이드의 도처에서 주민들은 황폐해진 빈터를 정비해 자신들의 주변 공간을 살기 좋은 공간으로 만들고 있었다. 그것은 주민들이 국가에서 독립해 쟁취한 '공공 공간'이었다. 그동안 세계 남부에서는 토지 없는 농민들이 소유자가 분명하지 않은(즉, 투자 가치가 없는) 토지에 들어가서 살기 위해 항상 채소를 길렀다. 이 일들은 각각 다른 맥락에서 생긴 사건들이지만 모두 (만약에 다른 호칭이 없다면) 동일한 '불법점거'이며 그 핵심에는 '뜰-운동'이 있었다.

재작년(2004년) 말, 당시 뉴욕시에서 최대 규모를 자랑하던 브롱크스 남부의 스콰트 건물 '태양의 집'(Casa Del Sol)은 때마침 야부 시로(矢部史郎), 히라사와 고(平澤剛), 사카이 다카시(酒井隆史) 등이 방문한 직후, 시의 폭력적인 개입에 의해 폐쇄되었다. 그 후 뉴욕시는 이 건물의 개발 권한을, 원래 스콰터 옹호조직으로 출발하여 저소득자용 장기임대주택 공급을 해온 비영리단체 ACORN(Association of Community Organization for Reform Now)에 양도했다. 이것이 뉴욕시에서 전투적 스콰트의 마지막이었다.

아직까지 뉴욕시에는 이스트빌리지를 중심으로 스콰터에 의해 관리되는 거주 건물이 있다. 또 스콰트으로 시작된 문화조직 'ABC 노리오'(ABC No Rio)는 현재 그 존속을 위해 자금조달에 분주하며 시와 협상을 거듭하고 있다. 현재 살아남은 커뮤니티 가든으로는 '그린섬'(Green Thumb, 뉴욕시의 도심 원예프로그램)에 의해 인증받은 것밖에 없으며, 살아남은 스콰트 건물도 모두 시의 건축물 규정에 맞게 자기 자금으로 개축한다는 조건으로 주거권을 인정받은 것들이다. 그것은 뉴욕시의 조건을 받아들여야 했다는 의미에서는 타협이었지만, 주거권을 쟁취했다는 의미에서는 승리였다. 지금도 개발에 대한 지역주민들의 저항운동은 도처에서 벌어지고 있다. 그 중 성공사례는 계획을 철회시키는 것을 목적으로 하지 않고 오히려 시나 개발업자를 끝없는 분쟁에 말려들게 해서 계획을 좌초시키고 있다.

'뜰-운동 이후'라는 이 글의 제목은 뉴욕시에서의 위와 같은 상황을 말한다. 이제 이 거리에서는 민중들이 아무도 쓰지 않는 빈터나 가옥을 점거/사용하는 것을 행정권력과 자본이 한순간도 묵인하지 않을 것이다. 즉, 새로이 '토지를 물리적으로 점거하는' 운동이 성공할 가능성은 거의 없다. 또한 운동의 결과는 꼭 가시적으로 드러나지 않으며, 도시 공간의 개발/변용의 속도를 늦춘다는 얼핏 보기에 소극적인 방법론을 취하고 있다. 그러나 그것은 뉴욕시에서 '뜰-운동'/'스콰'이 '끝났다'는 것을 의미하지 않으며 그 추세는 지속되고 있다. 하지만 이곳에서 과거 '뜰-운동'의 동력이 되었던 위와 같은 추세는 이제 고정된 토지를 거점으로 하지 않는 유동적인 운동이 되어가고 있다. 혹은 고정된 토지에 대해 물리적으로가 아니라 가상적으로(VIRTUALLY) 관여하는 운동으로 되어가고 있다. 아래서는 그 차이와 동일성을 따라가면서 '불법점거운동'이라는 개념의 전환을 꾀할 것이다.

## 뉴욕시 '뜰-운동'의 약사

영국 스콰터에 관한 흥미로운 역사서 『농부들과 불법점거자들』[2]을 쓴 콜린 워드는 그 책의 서문에서 '하룻밤에 지은 집'(ONE NIGHT-HOUSE)이라는 현상을 언급했다. 그것은 '하룻밤 사이에 집을 지을 수 있다면' 그 집은 그 사람 '개인 소유'가 된다는 약속을 의미한다. '집짓기'의 기준은 '지붕을 올리면'이라는 경우, '굴뚝을 설치하면'이라는 경우, '뜰의 담이 생기면'이라는 경우 등 여러 가지이다. 이 작업은 친구, 친척, 커뮤니티 전체의 협력을 얻어 이루어진다. 하룻밤 사이에 집을 짓기에는 꽤 조직화된 협업체제가 필수적이기 때문에 이는 커뮤니티의 강한 상호부조적 관계성을 전제로 한다. 사실 이것은 세계에 널리 존재하는 '민간전승'임과 동

**NOTE** [2] COLIN WARD, *COTTERS AND SQUATTERS*, NOTTINGHAM: FIVE LEAVES PRESS, 2005.

시에 지역에 따라서는 '관습법'으로, 또는 (라틴아메리카 국가들의 교외 빈민가 등지에서는) '성문법'으로도 남아 있다. 역사적 과거에 서는 이러한 집의 부지는 커뮤니티 공유지였다. 커뮤니티는 젊은 커플의 새 생활을 위한 부주(축하선물)로 이것을 허락했다. 현대의 사례로는 위에서 말한 빈민가에서 소유자가 명확치 않은 (즉, 국유) 토지에 이와 유사한 규칙에 따라 오두막이 지어지는 경우가 있다.

이 일화는 과거부터 현재까지 일관되게 보편적인 정서로 흐르는 '집 가지기'(SHELTER)의 원리를 보여준다. 살기를 허락받는 것은 토 지와 건물의 소유자만이 아니다. 거기서 노동하며 생산하는 사람 의 주거권을 부정할 수는 없다. 특히 그것이 인근 커뮤니티 구성원 의 상호부조적 협력체제에 의해 이루어질 경우, 개개인의 '살기에 대한 권리 요구'가 거대한 '힘'으로 나타난다. 말하자면, 협업에 의 한 직접행동인 '하룻밤에 지은 집'이 주장하는 것은 토지의 소유라 는 상태야말로 비정상적인 사태라는 것이다. 이미 존재했던 토지 와 거기서 노동하며 생산하던 사람과의 관계를 '이례/범죄'로 만들 어버리는 일은 나중에 와서야 일어났다. 이 사태를 '역사이야기'로 거슬러 가보면, 먼저 소유라는 관념이 통하지 않는 '대지'가 있었 다. 그러나 거기에 왕권이 개입해 그때까지 공유지였던 토지를 '영 지'로 바꾸었다. 인클로저이다. 그 후 그것을 계승하는 근대국가가 사적 소유 자체를 관리하게 되었다. 우리가 지금 알고 있는 '공공 공간'도, '사유 공간'도 거기서 파생된 것이다.

궁극적으로 '지구'는 우리에게 '공통적인 것' 이상도 이하도 아니 다. 그러나 그것이 국가들에 의해 분단되어 있다. 이는 근본적으 로 불합리한 것인데, 국가들은 어쨌든 간에 그 부조리를 강요하면 서 '영토라는 사상'으로 모든 생산을 통제하려 한다. 그리고 그 결 과 '영토' 여기저기에서 (대지와 노동의) 결합이 깨지기 시작한다. 국가는 그것을 이어 붙이기 위해 (경제/사회 상황에 따라 때때로 일 시적으로) 소유자가 명확하지 않은 토지를 민중의 노동과 생산의 이름 아래 그들의 통제에 맡긴다. 미국의 '홈스티드법'(HOMESTEAD ACT)이 그런 경우인데, 여기서는 분명히 '하룻밤에 지은 집'과 같은 주장을 엿볼 수 있다. 그리고 '불법점거자'란 그 권한을 인정받기 전의 민중이며, 또한 경기동향으로 더 큰 영리를 위해 투자와 개발을 하려고 할 때 권한을 박탈당하게 된 후의 민중을 지칭한다.

우리가 살펴볼 뉴욕시에서는 1970년대 재정위기의 영향 아래, '반투자'(DISINVESTMENT)라고 불리는 방치정책이 저소득자 지역(슬럼)을 황폐화시켰다. 그리고 이것이 (주로 재산을 방기한 집주인이 저지른) 보험금을 목적으로 한 건물 방화로 이어졌다. 뉴욕시는 그러한 건물들을 압수하고 경매에 붙였다. 그것을 구매한 투자가들은 경기동향을 가늠하기 위해서, 또는 자금책을 위해 종종 건물을 방치했다. 방치된 건물들은 마약 밀매업자들의 거래 장소, 슈팅 갤러리[사격 오락실], 성매매의 아성, 쓰레기더미가 되었다. 1970년대 후반 뉴욕시 자체가 몇 백 채나 되는 건물들을 구입했다. 그러나 그 건물들을 집 없는 민중에게 정비를 맡겨 거주를 허락하는 대신에 오히려 (공유지법을 적용해) 그들이 살지 못하도록 화장실 배관에 시멘트를 붓고 지붕에 구멍을 뚫어 건축소재들이 부식되게 만들었다. 나아가 1980년대에는 3백여 채의 건물들을 해체해 시가지의 몇 개나 되는 블록을 철조망으로 둘러싸인 빈터로 만들고 방치했다. '창고수용'(WAREHOUSING)이라고 불리는 이 정책은 한편에서 인위적으로 주택 부족을 낳아 부동산업자와 지주가 돈을 벌 수 있는 호기가 되었으며, 다른 한편에서 시의 재정을 보강하는 장사가 되었다. 이것은 역사적으로 축적되어온 뉴욕시의 건축/가옥이라는 자산을 파괴하고, 그 민중에게서 '주거할 권리'(THE RIGHT TO SHELTER)라는 '생득권'을 빼앗았다. 이에 반해 커뮤니티의 공간을 되살리면서 도시 공간의 물리적·문화적 활성화를 담당해온 것은 스스로의 존속을 건 '스콰터'와 '뜰-활동가'들이었다.

시와 자본이 반투자 정책을 취한 시대에는 '주거 없는 민중'이 폐가를 정비하고 들어가서 사는 행위가 크게 문제되지 않았다. 또 푸에르토리코계, 도미니카계가 많은 로워이스트사이드의 주민들은 허물어져가는 건물들을 수리하고 주거지로 바꾸는 스콰터들이나 주변 공간을 미화하고 커뮤니티를 재구축하는 '뜰-운동가'들을 매우 반겼다. 그러나 1980년대 고급주택지 지향의 재개발 추세 속에서 부동산 자본이 탐욕을 드러내자 비로소 '스쾃의 불법성'이 논의되기 시작한다. 시는 주인이 버린 땅이나 건물들을 모두 경매에 붙이려 했지만 강력한 반대운동에 부딪쳤다. 그 후 주민과 시·개발업자의 대립은 격화되어갔다. 1987년 시는 새로운 해결책, 즉 지역의 주민조직과 부동산업자의 대립을 '반반씩 벌충(CROSS SUB-SIDIARY) 계획'이라는 것으로 해결하는 방안을 고안했다. 그것은 간단히 말해 시가 그 소유물의 절반을 부동산업자에게 매각하고, 그 매출로 주택연합을 지원함으로써 땅과 빈터를 양자에게 반반씩 분배한다는 것이다. 이것은 사실상 주로 중산계급용으로 개발하려는 공간에 저소득·중소득자용 주거를 분산시켜 무원칙적인 재개발을 불가능하게 하려는 것이었다. 그런 의미에서는 개발업자 측의 부분적 패배라고 이야기할 수 있다. 하지만 동시에 폭넓은 민중의 공동투쟁이 해체되고 말았다. 그 후 지역주민의 조직들과 보다 급진적인 커뮤니티운동이나 스쾃터 조직들, 홈리스 조직들 사이의 균열이 격화되어간다.

이러한 상황이 빚어진 후 1980년대 후반 톰킨즈 공원(TOMPKINS SQUARE PARK)에서 경찰이 급진적 그룹들의 연합체를 습격하는 사건이 일어났다. 이 사건은 결과적으로 공원거주자들을 쫓아내고 공원을 울타리 쳐진 관리/통제 공간으로 바꾸는 정책의 발단이 되었다. 그리고 1990년대에는 스쾃을 축으로 형성된 많은 주거 공간, 커뮤니티 가든, 문화조직 등이 모두 쫓겨나는 시대가 되었다.

'커뮤니티 가든' 또는 '뜰-운동'이란 간단히 말해, 표면상 시가 소유하지만 사실상 버려진 조그마한 땅을 지역 주민들이 협력해서 정비하고 일구어 식물을 심는 운동이다. 이 운동은 긴급사태(전쟁이나 경제불황) 하에서 국가 주도로 고안된 제도와는 달리, 지역민중들이 스스로 자율적 행동으로 '공공 공간'을 다시 세우고 먹거리를 생산하는 것이다. 이는 최근에 시작된 실천이 아니다. 많은 도시에서 늘상 일어나는 경기부침에 따라 성쇠를 거듭해온 '보편적 운동'이다. 경기가 침체해 지가가 떨어지면 많이 생겨났고, 부동산 가격이 급상승함에 따라 소멸하곤 했다.

뉴욕시에서는 1930년대 경제공황 당시, 시 복지정책국과 정부 공공사업추진국이 후원해서 5천 개의 '구원 가든'을 빈터나 시립공원에 설치했다. 여기서는 주변 아이들 1명당 4평방 피트의 땅이 주어졌고, 거기서 채소를 재배해 근처 주민들에게 분배했다. 그러나 1937년에 공공사업추진국은 주민참여로 이루어진 이 지원책을 폐지한다. 대신 국가농업국이 개입해서 잉여농산물을 기반으로 하는 (식권에 의한) 음식물 배급을 시작한다. 그러나 그 전에도 그 후에도 주로 이민가족들에 의해 '빈터-뜰'은 비공식적으로 계승되었다. 제2차 세계대전 중 시에서는 시가 소유하는 모든 빈터를 '승리의 뜰'(VICTORY GARDEN)로서 공적으로 이용할 것을 장려했지만 전후에 이러한 뜰들은 버려졌다. 그리고 1970년 이후, 이제는 정부 원조가 아니라 오히려 정부에 의한 유기에 의해, 어디까지나 주민들의 자주적 계획으로 8백 개 이상의 커뮤니티 가든이 꽃피게 된다. 1977년경 시에는 2만5천 곳이나 되는 빈터가 있었는데 그곳들은 앞에서 살펴보았듯, '창고수용'됨에 따라 황폐해졌다. 이에 주민들이 일어나 자신들의 주변 공간을 개선하기 위해서 커뮤니티를 재구성하는 산 공간 만들기를 시도했다.

1973년, 리즈 크리스티를 중심으로 한 그린게릴라(GREEN GUERIL-LAS)[WWW.GREENGUERILLAS.ORG]가 커다란 철근절단기와 곡괭이를 들고 바워리와 하우스턴 교차점에서 가까운 봉쇄된 빈터에 침입해 뜰을 만들기 시작했다. 이 동네는 알코올중독 홈리스들로 북적거리는 지구로, 이 빈터에서는 겨울이 되면 얼어 죽는 사람이 속출했다. 그린게릴라는 스스로를 '풍경의 해방군'이라고 규정하고 그런 나쁜 장소를 '뜰-운동'의 출발점으로 삼았다. 그들은 이 빈터를 정비할 수 있는 허가를 시에 신청했지만 오히려 '불법침입'으로 간주되어 퇴거 권고를 받았다. 이에 이들은 신문과 텔레비전 등 미디어를 끌어들여 폐허로부터 뜰로의 전환을 대중들에게 생생하게 보여준다는 홍보전술로 반격을 가했다. 그 결과, 시는 자세를 바꾸어 1974년 이 땅을 빌려주는 데 합의한다.

이 승리가 다른 '뜰-운동'들의 발흥을 촉발시켰다. 그린게릴라는 '뜰-운동'의 훈련코스를 마련하고 전화상담을 받기 시작했다. 그들은 뉴욕시 5개 구 전체의 봉쇄된 빈터, 고속도로 주변, 도로와 도로 사이의 빈터 등에 '녹색 파종-지원 물자'(Seed Green Aids), 즉 초탄(草炭), 비료, 야생꽃 씨앗 등이 든 풍선이나 크리스마스용 장식공 등을 던져 넣으면서 다녔다.

1970년대 후반에는 '뜰-운동'이 다양한 커뮤니티운동의 촉매가 되었다. 이것을 시작으로 활동가들은 지역의 주거 공간이나 학교를 수리하고 이벤트 공간을 만들며 자율 공간을 구축해 나갔다. 특히 로워이스트사이드에서는 '뜰-운동'이 발흥과정에 있던 '스쾃운동'을 조직화하면서 동시에 발전했다. 1970년대 초 남부에서는 민권운동을 했던 활동가 사라 팔리가 LAND(Local Action for Neighborhood Development)를 설립해 자력갱생에 의한 주거와 커뮤니티 공간의 생산을 지향했다. 그의 모토는 "먼저 뜰을 만들고 그 다음에 건물을 개축해라!"였다. 이 운동이 수많은 스쾃 건물(1995~96년에 다 쫓겨났다)을 키워냈다. 그것에 관여한 활동가이자 '태양의 집'을 지탱한 비영리 원예조직 '벚꽃나무협회'(Cherry Tree Association)의 고참멤버인 데이비드 보일에 의히면 "뜰 제작이야말로 좋은 자력 개축가(homesteader)가 될 수 있는지의 여부를 판정하는 자연스러운 등용문이었다".

1996년, 뉴욕시의 주택·보관·개발국은 다음 5년 내에 시내에 산재하는 8백 개 뜰의 절반이 되는 토지를 개발하기로 했다고 발표한다. 그 구실은 원래 주택지였던 토지에 생긴 뜰을 제거하고 주민들에게 '적당한' 주택을 건설해 준다는 것이었다. 이것은 '문화적 벌채'(cultural clear-cutting)라는 행위, 즉 해당 지역에 살고 있는 주민을 보다 잘 사는 주민으로 대체하는 것이다. 다시 말해 한 계급을 다른 계급으로 대체하는 것, 더 직설적으로 말하자면 라틴계 주민을 백인 주민으로 대체하는 계획에 다름 아니었다. 1997년 12월 30일, 수많은 뜰이 철거되었다. 그에 맞서 로워이스트사이드 연합이 결성되어 숱한 항의시위나 시와 개발업자에 대한 팩스공격을 했다. 1998년 1월, '뜰-활동가' 그룹이 루돌프 줄리아니 시장의 2기 취임식에 잠입해 식전 방해를 기도했다. 1998년 6월에는 몇몇 '집 마당'식 커뮤니티 가든을 팔려는 경매장에 귀뚜라미 몇만 마리를 풀어놓기도 했다. 정원사다운 시민불복종 행동이었다. 1999년 당시 시내에는 아직 7백여 개의 뜰이 남아 있었다. 그 후 이 가운데 60개 정도는 '그린섬' 프로그램에 의해 공인되었지만 나머지는 차츰 토지 사유화에 의해 파괴되어갔다.

이리하여 뉴욕의 '스쾃' 및 '뜰-운동'은 '그 자체'로서 활발한 활동 시기를 마쳤다. 그 '활동형태'는 20세기 후반 뉴욕시에서 '도시 공간에서 자율을 지향하는 민중 투쟁'의 굳건하고 풍요로운 모델이 되었다. 바로 '하룻밤에 지은 집' 전설을 계승하는 것으로서 그것은 '상호부조적 공동작업'의 모델을 제공했다. 거기서는 '아름다움의 생산', '먹거리의 생산', '거주 공간의 생산', '커뮤니티 공간의 생산' 등 모든 것이 '공동작업'이자 '직접행동'으로 실천되었다. 또 '뜰-운동'은 인종과 민족성에 의해 분단된 주변 공간에서 복수민족적인(MULTI-ETHNIC) 교류를 형성하는 계기가 되었다. 그런 의미에서 그것은 이스트빌리지의 문화를 밑바닥에서부터 뒷받침하고 있었다.[3]

**NOTE** [3] Sarah Ferguson, "A Brief History of Grassroots Greening on the Lower east side", *Avant-Gardening*, ed. Peter Lamborn Wilson and Bill Weinberg, New York: Autonomedia, 1999, p.83.

## '뜰-운동' 이후, 혹은 일시적인 것의 투쟁

'뜰-운동' 이후 뉴욕시에서는 '물리적인 장소를 점거하는 운동'이 거의 불가능해졌다. 그것은 이 메트로폴리스의 고급주택지 지향 재개발, 특히 맨해튼 내부의 재개발이 어떤 한계에 다다랐음을 보여준다. 그것은 도시 공간의 물질적 구성의 변용과 권력에 의한 통제 강화로 인한 것이다. 동시에 그것은 도시 공간에 대한 또 다른 관계방식을 민중의 집합적 신체(MASS CORPOREALITY)에게 강요했다. 고급주택지 지향의 재개발은 민중의 집합적 신체를 극단적으로 '일시적인 것'(EPHEMERAL)으로 만들었다. 그러나 동시에 그로 인해서 '일시적인 것'이 지닌 존재의 힘이 불가피하게 전면적으로 부각되었다.

건축가 렘 쿨하스는 『정신착란증의 뉴욕』에서 유럽의 메트로폴리스와 대조적인 맨해튼의 혁신성을 강조했다.[14] 그는 토지의 부동산 매매/개발을 위해 가장 효과적인 방법으로 1811년 법제화된 격자형 블록이, 오히려 유럽적인 도시와 같은 서열화·중심화를 피해가는 공간을 형성했다고 주장했다. 아무리 오만한 '정치가·자본가·건축가'가 시도하는 전체주의적 기획도 한 블록이라는 한도를 넘어갈 수 없다. 맨해튼에서는 각각 균등한 한 블록이 중심이 되기 때문에 결과적으로 복수의 에피소드들이 경합하는 떠들썩한 메트로폴리스가 형성된다. 그에 더해 이민 물결이 몰아닥쳐 뉴욕은 '과밀문화'를 형성하게 되었다. 이를 두고 안토니오 네그리는 과거의 '도시 중심'(URBAN CENTRE)보다 강력한 '도시적 공존'(URBAN CO-HABITATION)의 공간을 제공해 주는 것이자 사회적 노동자로서의 다중(MULTITUDE)에 존재론적으로 상응하는 공간이라고 정의했다.[15] 이것은 어느 시기까지는 맞았다. 다만 최근의 '초-고급주택지 지향 재개발'에서 이 격자형 블록의 기능 또한 일종의 한계를 넘어선 것 같다. 과거 그 내부에 (용도, 계급, 인종 등 몇 가지나 되는) 불균형을 안고 있던 각 격자형 블록들이 총체적으로 균질화되었다. 맨해튼에서는 거의 모든 블록이 기업 본부나 쇼핑센터, 또는 고급콘도로 변해가는 경향을 보인다. 그에 따라서 거기에 사는 주민들의 다양성 또한 균질화되어가고 있다.

그렇다면 '메트로폴리스적 다중'은 어디로 갔는가? 사라져버린 것인가?

이 질문에 대한 대답은 아마도 두 가지가 될 것이다. 첫째는 '지리적인' 어디에 관한 것이고, 둘째는 '잠재적인' 어디에 관한 것이다.

NOTE [14] REM KOOLHAAS, *DELIRIOUS NEW YORK*, NEW YORK: OXFORD UNIVERSITY PRESS, 1978.

NOTE [15] ANTONIO NEGRI, "THE MULTITUDE AND THE METROPOLIS", TRANS. ARIANNA BOVE, MULTITUDES-INFOS@SAMIZDAT.NET, NOV. 20, 2002.

도시적 공존을 준비하는 공간, 혹은 오래된 표현을 쓰자면 '보헤미아'는 차츰 (다운타운을 포함한) 맨해튼을 떠나서 브루클린 동부로, 또 브롱크스 북부로, 그리고 뉴욕 주 북방으로 옮겨가고 있다. 맨해튼에 살지 못하게 되어 빠져나가는 민중의 움직임을 대항문화가 뒤따라가는 형태이다. 이것이 첫째 대답이다.

둘째 대답은 이것이다. 맨해튼에서 정주할 장소를 잃은 민중은 거기에 '일시적으로' 혹은 '회귀적'(RECURRENT)으로 존재할 수밖에 없게 되었다. 현재 뉴욕시의 도시 공간을 둘러싸고 가장 절박하게 이의신청하는 전선(戰線)을 보면 그 모습을 알 수 있을 것이다. 그것은 가령 다음과 같다. 다시 늘어가고 있는 홈리스를 지원하는 홈리스연합(COALITION FOR THE HOMELESS), 뉴욕시 전통의 일부임에도 시당국과 경찰이 가장 소외시키는 노점상조합(FOOD VENDORS' UNION)과 노점상 프로젝트(STREET VENDOR PROJECT), 멕시코계 이민 노동자들, 각지의 공원에서 쫓겨나기 시작한 스케이트보더들, 아게마쓰 유지(上松ゆうじ)가 사진에 담은 밤중에 42번가로 모여드는 각지의 젊은이들, 그리고 자전거에 의한 직접행동으로 자동차에 의한 전제(專制)에서 도시 공간을 해방시키려는 타임스업.[6]

(1) 21세기에 들어서 지난 5년 동안 뉴욕시의 '주거 없는 민중'의 수는 계속 늘어나기만 했다. 오늘날 평균 3만2천6백9명이 매일 수용시설에서 밤을 보낸다(1980년대에는 평균 2만3천2백95명이었다). 또 2005년 현재 7천6백40세대의 가족들이 거리를 헤매고 있다(1980년대에는 3천9백47세대였다). 그리고 1만3천6백16명의 아이들이 수용시설에서 살고 있다. 이것은 21세기에 들어서면서 55% 증가한 셈이다. 홈리스연합에 의하면 마이클 R. 블룸버그 현 뉴욕 시장의 정책, 즉 거리를 헤매는 가족들에게 주거를 공급하는 프로그램인 주거안정플러스(HOUSING STABILITY PLUS)에는 근본적인 결함이 있다. ●집세보조금에서 실질적으로 매년 20%가 떼이는데 그 보조를 받는 사람은 취업할 수 없다. ●거주가옥의 위험한 상황이 개선되지 않는다. ●집주인이 부당하게 집세 떼는 것을 묵인하고 있다. 즉, 이런 상황이 방치된다면 홈리스가 급증하는 것은

NOTE [6] 지난 1992년 9월 25일, 일군의 사람들이 자동차 중심의 도로정책에 항의해 자전거를 탄 채 샌프란시스코를 집단 주행한 적이 있다. 그때 이래로 이들을 '크리티컬매스'(CRITICAL MASS)라고 불렀는데 이들은 지역별로 단체를 결성하기도 하고 안 하기도 했다. '타임스업'(TIME'S UP)은 1992년경 뉴욕시에서 결성된 비영리 직접행동 환경그룹으로서 크리티컬매스의 조직화에 앞장서고 있다.

당연하다. 이러한 사람들뿐 아니라 수용시설에 들어가기를 거부하는 사람들 또한 늘어나고 있다. 올해(2006년 2월 현재) 겨울은 기온변동이 심해서 이미 사망자가 몇 명이나 생겼다.

(2) 뉴욕시의 노점상은 1860년대 로워이스트사이드에서 시작된 전통을 갖고 있다. 현재 면허등록을 한, 약 1만여 명이 노점상으로 생계를 유지하고 있다. 그들은 대부분 유색인종 이민자다. 시는 항상 그들을 범죄자 취급했다. 가령 '안전'이라는 모토 아래 노점상의 규약을 최소한 열 개나 되는 과의 관할로 분배했는데, 그것들이 많은 경우 서로 모순되어 취업을 어렵게 만들고 있다. 사소한 규칙위반에 대한 벌칙은 과중한 경우가 많아, 상당수 노점상은 일을 포기할 수밖에 없게 된다. 1995년 줄리아니 시당국은 노점상심사패널(Street Vendor Review Panel)이라는 위원회를 설치했는데, 이 위원회는 노점상을 할 수 있는 많은 거리를 없앴다. 공원에서 장사를 할 수 있는 허가증은 (웬디스 같은) 대기업이 낙찰받기 때문에 개인 상인은 이윤이 많은 장소를 얻을 수가 없다. 9.11 이후 음식물을 파는 사람은 프로판 가스를 갖춘 포장마차를 끌고 다리를 건널 수 없게 되었다. 그런 장비들은 창고에 보관해둘 수밖에 없는데, 고급주택지 지향의 재개발로 거의 대부분의 포장마차 보관소는 맨해튼 바깥으로 나가버렸다. 또한 그들은 늘 경찰의 심문을 받는데 그때그때 심문 내용에 일관성이 없다. 즉, 이 직종 자체가 행정권력에 의해 차별받고 있으며 그 노동자들은 오늘날 뉴욕시에서 점차 반동화되고 있는 '길거리의 정치'에 가장 심하게 영향을 받고 있다.

(3) 현재 뉴욕에서 가장 많이 늘고 있는 이민노동자는 멕시코계이다. 그들은 청과물상이나 슈퍼마켓의 잡일부터 레스토랑의 웨이터 조수까지 도시 서비스산업의 토대로 시내에 편재하고 있다. 동시에 그들은 언어를 갖지 못한 가장 존재감이 희박한 존재가 되어 있다. 그들 대부분은 비자 없는 불법이민으로 10대 젊은이들이 많다. 다른 이민자들과 달리 특정한 거주 지역에 커뮤니티를 형성할 기반도 없다. 따라서 조직화가 매우 어렵고 가장 취약한 그룹인 셈

NOTE [7] 놀랍게도 CNN의 주요 앵커 중 한 사람인 돕스(Lou Dobbs)는 이 극우인종차별집단을 긍정적으로 평가하고 있다.

이다. 더욱이 2005년 애리조나 주의 멕시코 국경을 넘어오는 이민들을 무력으로 유린하는 것으로 활동을 시작한 인종차별극우조직인 미니트맨[정식 명칭은 '미니트맨민병대'(Minuteman Civil Defense Corps)이다]은 전국적인 조직화를 시작해 그들에 대한 공격을 강화하고 있다.[7] 나아가 2005년 12월 6일, 공화당 의원 제임스 센센브레너와 피터 T. 킹의 발의로 '2005년 국경보호, 반테러리즘, 불법이민 통제법안'이 제대로 토론도 되지 않은 채 하원을 통과했다. 분명히 애국자법 통과의 연장선상에서 일어난 일인데, 이 법은 특히 비자 없는 1천1백만 명 상당의 멕시코계 이민들을 표적으로 삼아 그들을 '흉악범'으로 규정하고 그들을 고용하는 사람들을 '외국인 밀수업자'로 고소할 수 있도록 했다. 물론 이것은 우리 모든 이민과 관련되는 중대한 문제이지만 누구보다 먼저 멕시코계 노동자들에게 영향을 끼칠 것이 틀림없다.

(4) 뉴욕의 공원 이용규약이 까다로워졌다. 가령 그 한 사례로서 '허가 없이 20명 이상 모이는 것'이 금지되었다. 이것은 공원이 역사적으로 지니던 의미를 많은 공원 이용자들에게서 빼앗는 것이다. 이런 경향에 대해 가장 민감하게 반응하는 그룹 중 하나가 스케이트보더들이다.

(5) 줄리아니 시장이 내놓은 정책의 상징이라고도 할 수 있는 고급주택지 지향 재개발 정책의 아성은 42번가와 브로드웨이 교차점 주변에서 볼 수 있다. 역사적으로 대중적 번화가로 발전한 이곳은 나중에 포르노극장, 음란쇼 등 성산업의 전당이 되었다. 1990년대 줄리아니와 개발업자들은 지구제(zoning) 법을 변경해서 이런 산업들을 쫓아내고 전통을 자랑하던 극장 건축을 해체해 이 지역을 주로 관광객용 극장과 선물가게를 중심으로 한 디즈니상가로 변용시켜버렸다. 그에 따라 주변의 오래된 주거 지역도 고급콘도 지역으로 변해가고 있다. 그러나 아이러니컬하게도 하필이면 이 고급주택지 지향 재개발의 아성인 42번가 대로에는 매일 밤 브롱크스나 브루클린에서 주로 유색인종의 젊은이들이 모여들어 '일시적 자율지대'를 구축하고 있다.

(6) 타임스업의 주된 행사는 매달 마지막 금요일의 집단 주행이다. 이 주행은 자동차 교통에 맞서, 즉 신호등도 자동차 흐름도 무시해서 이루어진다. 이것은 그 시간적 회귀성을 통해 일시적 자율지대를 메트로폴리스에 수립하는 운동이다. 2004년 여름 공화당 대회에 맞춘 항의행동의 일환으로 이루어진 집단 주행에는 수천 명이 참여해 많은 체포자를 내면서도 맨해튼의 교통을 각지에서 몇 시간에 걸쳐 마비시켰다. 이 일이 있고 나서 뉴욕시와 뉴욕시 경찰은 이 그룹을 표적으로 삼았고, 격렬한 투쟁이 시작됐다. 매달 주행 중에 생긴 체포자를 둘러싼 법정에서의 투쟁, 실제 주행 중의 여러 가지 (고도의 정보전을 포함한) 투쟁, 그리고 이 기회를 이용해 시가 실시하려고 하는 자전거 주행을 둘러싼 법 개악에 대한 항의이다.[8] 그리고 동시에 이 그룹은 앞에서 언급한 뉴욕 공공 공간의 정치를 둘러싼 투쟁(예를 들어 노점상조합이나 스케이트보더를 중심으로 하는 공원 이용자들의 연합을 포함한 전선) 연합의 모체이기도 하다.[9]

여기서 다시 네그리/쿨하스의 논의로 돌아가자. 네그리가 죄종적으로 중요시하는 것은 당연히 쿨하스가 중요시하는 계획된 투기로서의 건축 공간(격자형 가로)이라는 기능이 아니다. 오히려 그것을 만들고 거기에 사는 민중의 집합적 신체가 형성하는 전지구적 네트워크이다. 그에게 '메트로폴리스'란 무엇보다도 '일반의지'에 의해서가 아니라 '공통적 무작위성'(COMMON ALEATORINESS)에 의해 구성된 다중의 힘이다. 그것은 물질적인 도시 공간 자체가 아니라, 오히려 그것을 만들면서도 거기서는 오직 일시적으로만 존재하는 '힘의 실체'라는 뉘앙스가 강하다.

'뜰-운동' 이후 뉴욕시는 그 '힘'이, 그것이 만든 물질적 조성에서 극단적으로 소외되기 시작한 공간이다. 이와 같은 경향은 '그 힘-민중-메트로폴리스'에서 살아가는 생활 공간을 자율적으로 생산할 기회를 뿌리째 빼앗아갔다. 또한 그럼으로써 '스스로를 지탱하는 힘'을 약화시키고 주변의 외지로 추방했다. 이것은 최종적으로는 '맨해튼 자체의 폐허화'로 이어질지도 모르는 위험한 사태이다.

NOTE [8] 이것은 동시에 (또 하나의 억압된 노동자 그룹인) 자전거 메신저의 취업을 어렵게 만든다.

NOTE [9] 자세한 내용에 대해서는 이들의 홈페이지(WWW.TIMES-UP.ORG)를 참조하라.

맨해튼은 민중이 없는 '건축-비지니스만' 존재하는 고스트타운이 될 가능성에 길을 열어주었다. 시의 지도자들은 이에 대해 거의 무감각·무관심하다. 그것에 대해 위에서 본 여섯 가지 전선이 그 '일시적인' 힘의 한계에서, 또는 그 '최대의 가능성'에서 이의신청을 하고 있다. 그러나 이러한 전선들이 어떠한 연합을 실현하고 그것이 어떠한 새로운 투쟁형태를 낳을지 분명한 것은 없다.

## 맺음말 : 스콰터국가에 부과되어야 할 윤리적 지침

**NOTE** [10] Robert Neuwirth, *Shadow Cities: A Billion Squatters, A New Urban World*, London: Routledge, 2004. 또한 그가 WNYC(AM820) 라디오의 정오 프로그램인 「레너드 로페이트 쇼」(Leonard Lopate Show)에서 2005년 1월 4일에 한 발언을 참조하라.

**NOTE** [11] Lawrence M. Friedman, *A History of American Law*, New York: Touchstone Book, 1973, p.412.

도시 저널리스트 로버트 뉴워스가 말했듯이 "미국이란 기본적으로 유럽인 스콰터들에 의해 만들어진 나라이다."[10] 유럽에서 온 이민들은 자신이 개척한 땅을 먼저 '영유'하고, 미국 헌법 형성과 더불어 차츰 '사적 소유물'로 분배해갔다. 이 과정은 바로 '스콰터'가 합법화되고 가옥 소유자가 되어가는 과정과 유사하다. 즉, 초기에 '불법점거'를 제도화/합법화해가는 시도 속에서 미국 헌법의 토지법이 확립되었다. 그런 의미에서 스콰이란 미국의 형성을 그 기원에서부터 계속 반복하는 행위이다.

미국 헌법에서 토지법은 기본적으로 주인이 없는 이 거대한 토지의 매매를 용이하게 하고 개발 속도를 올리기 위해 영국의 토지법을 고친 것이다.[11] 그때 개척자들의 입식(入植)과 사업 발전을 위해 환영받았던 조항이, 현대 스콰터들이 근거로 삼아 주장하고 싸워온 두 가지 조항이기도 하다. 첫째는 1861년 제정된 토지(소유)법의 제12조 5항 '당사자 영유권'이다. 이것은 어떤 사람이 다른 어떤 사람이 소유하는 토지를 '공개적'으로 '누가 보더라도 분명히' 일정한 시기에 점유한 경우 그 권리는 점유자에게 옮겨지며 원래 소유자는 그 권리를 상실한다는 것이다. 이것은 서부 개척자들에게 많은 호기를 제공했는데, 동시에 권리 획득 후 과중한 세금 부담 때문에 몰락했다. 둘째는 1862년의 '홈스티드법'이었다. 이것은 5년 이상 정주한 입식자에게 국가가 토지를 싸게 불하한다는 것이다. 이것 역시 농민개척자들에게 환영받은 법이지만 1880년 이후 점차 유력자나 기업이 이 법규의 금전지불에 의한 환산을 이용해 토지의 권리를 독점해갔다.

모든 미국인이 스콰터의 자손이라는 사실은, 유럽 이민이 아메리카 땅에서 한 것을 바로 같은 곳에서 '세계의 만인'이 (영원히) 되풀이할 권리를 가진다는 것을 보여준다. 그러나 거기에는 예외가 있다. 선주민과 그들의 자손이다. 입식 이전에 그들은 종족마다 스스로의 특권을 행사할 수 있는 고유한 지역이라는 것을 주장했지만 토지 소유라는 사상을 가지지는 않았다. 그것은 유럽인이 총과 교환해 이식시킨 것이다. 잘 알려져 있듯이 그 후 유럽 이민들은 선주민들에게서 이 땅을 포함한 '그들의 모든 것'을 빼앗아갔다. 그리고 그 후로도 아메리카에 건너온 모든 이민이 (즉, 모든 미국인이) 그 역사적 토양 위에서 새로운 생활의 기회를 잡고 이 땅에 뿌리를 내렸다. 다른 한편, 모든 것을 빼앗긴 선주민의 자손들 또한 그 역사의 귀결로서 그들 고유의 전통과 문화를 빼앗긴 삶의 형태를 받아들이면서 이 땅에서 살아왔다. 따라서 이 수탈은 '과거의 역사'이면서 '역사적 현재', '지금의 역사'(역사의 현전[現前])이기도 하다. 그것은 과거의 일화일 뿐만 아니라 여전히 사람들이 그렇게 살아가고 있는 현재진행형인 사건이다. 즉, 우리 모든 이민들은 아직까지도 나날이 선주민들에게서 그들의 땅을 빼앗고 있는 것이다.

미국의 형성에는 무엇으로도 정당화할 수 없는 경위가 있다. 이것들을 모두 처음으로 되돌리는 것은 불가능하고, 즉시 이런 죄에 대한 보상을 요구하는 것도 공상에 그칠지 모른다. 하지만 거기서 오는 윤리적 원칙은 미래를 위한 지침으로 확보해두어야 한다. 첫째, 이 나라에서는 모든 선주민의 특권이 어떤 형태로든 제도화되어야 한다. 둘째, 백인 기독교인을 중심으로 한 이 나라의 지배계급은 도저히 숨길 수 없는 불법점거자(스콰터)로서의 조상들의 행태를 인지하고 모든 민족, 종교, 정치사상을 가진 이민의 유입을 (한정적으로라도 계획적으로) 승인해야 한다.

지금 이스트빌리지를 걸어 다니고 커뮤니티 가든을 방문하는 일에는 일말의 슬픔이 따른다. 그것은 앞으로 이러한 상호부조에 의한 훌륭한 생산이 이 거리에 정착하는 일이 없을지도 모른다는 우울한 예상 때문이다. 그러나 동시에 이런 것들이 이 거리에 남는 한, 지워버리려고 해도 지워지지 않는 '민중의 힘'을 계속 호소할 것이다. 최종적으로 이런 뜰들은 '스콰터'라고 불린 사람들이야말로 이 메트로폴리스에서 '대지의 회복자'(RECUPERACIÒES DE TIERRA)였음을 우리 방문자들에게 가르쳐준다.|12 R NO.1

NOTE |12 사파티스타 봉기 때 토지 없는 농민들이 스스로를 이렇게 불렀다고 한다.

R NO.1 CRITIQUE
Les Enfants de Don Quichotte :
Toward Minor Politics BY YANG, CHANG-YOL
There's No Sexual Majority,
So I'm a Minority BY HAHN, CHAE-YUN
Dogville, Or a Doggish Nation
Extorting the Immigrants BY YI, JIN-KYUNG
R
CRITIQUE

# 돈키호테의 아이들 :
# 소수적인 정치를 위하여
# Les Enfants de Don Quichotte :
# Toward Minor Politics

by Yang, Chang-yol

양창렬(梁蒼烈) ‖ 파리1대학 철학과 박사과정. nomade02@hanmail.net

소수자의 정치라는 용어는 소수자라는 실체 혹은 범주를 규정하고(가령, 그들은 누구인가, 어디까지 소수자인가?), 그들의 속성 중 하나로서 그들의 정치활동을 논하도록 만들 위험이 있다. 때문에 우리는 '소수적으로 되어가는 과정의 정치성'을 지칭하기 위해 '소수적인 정치'라는 표현을 선호한다. 이와 관련하여, 들뢰즈와 가타리의 『카프카』는 우리에게 중요한 통찰을 제공한다. 그들은 그 책에서 소수적인 문학이 언어의 탈영토화, 개인적인 것과 정치적인 직접성의 연결, 언표행위의 집합적 배치라는 세 가지 특징을 갖는다고 말한다.[1] 우리는 이를 변주하여 소수적인 정치의 세 가지 특징을 전용(轉用), 독특한 보편성, 집단적 주체화로 들 수 있을 것이다. 이것들을 최근 프랑스에서 '돈키호테의 아이들'이라는 단체의 주도 하에 전개된 노숙자운동 속에서 검토해보고자 한다.

**NOTE** [1] Gilles Deleuze et Félix Guattari, *Kafka. Pour une littérature mineure*, Paris: Minuit, 1975, p.33 ; 질 들뢰즈·펠릭스 가타리, 이진경 옮김, 『카프카: 소수적인 문학을 위하여』, 동문선, 2001, 48쪽.

지난 노숙자 시위에서 가장 눈에 띈 것은 파리의 생마르탱 운하 가장자리에 일렬로 늘어선 붉은 텐트들이었다. 산책로로 사용되던 길이 어느새 노숙자 텐트촌, 나아가 시위의 현장이 된 것이다. 1월 초에는 '주거권'(Droit au logement, DAL), '검은 목요일'(Jeudi noir), '구역 활성화를 위한

예술·문화운동'(Movement d'animation cultuelle et artistique de quartier, Macaq) 같은 여러 민간단체들이 공동으로 증권거래소 옆의 빈 사무실 빌딩을 점거하고는 '주택위기 해결 본부'라는 간판을 내걸었다. 이러한 점거운동 방식은 공적 공간을 해체하고 전용하는 노숙자의 삶의 형태의 연장선상에 있다. 공적 공간은 '멈춰서지 말라!'(Circulez!)를 모토로 한다. 그곳에서는 자본, 의견, 사람 그 어느 것 할 것 없이 쉬지 않고 회전해야 하며, 이러한 순환은 어느 누구도 그 공간을 사사로이 점유해서는 안 된다는 것을 전제로 한다. 그러나 지하철역에서 자리를 깔고 누운 노숙자는 즉각적으로 이 원칙을 위반한다. 우리는 노숙자들에게는 고정된 집이 없는 대신, 도처가 그의 침실이 된다는 식의 장밋빛 묘사에는 관심이 없다. 길거리의 노숙자들은 무차별적인 폭력(지하철 안전요원과의 마찰, 혹은 노숙자들에게 폭력을 가하는 행인들)에 노출된 채, 불안에 시달려야 하는 것이 현실이다. 다시 말해 지배와 규준에서 빗겨나가며, 기존의 용법과 다른 방식으로 행동하거나, 공간을 전용하는 것은 소수자들이 극한 상황에서 찾아내는 삶의 형태인 것이다.

노숙자들이 그러한 삶 속에서 길어낸 구호는 무엇이었던가? '고정된 주거지가 없는 자'(sans domicile fixe)라고 정의되는 그들은 고정된 주소가 없으면 일자리를 구할 수

없고, 일자리를 구할 수 없으면 집을 구할 수 없는 악순환이 존재함을 분명히 폭로하였다. 그리고 이로부터 '주거권'을 제기하였다. 이것은 소수적인 정치가 전개되는 방식을 전형적으로 보여준다. 하나의 정치 공간의 약한 고리는 주변인들에게서 그것의 직접적인 효과를 발휘하기에, 바로 이 가장자리에서 제기되는 요구와 주장들은 즉각적으로 그 사회 전체를 소환한다. 마찬가지로 개별 노숙자들의 그 무수하고 독특한 상황은 동시에 보편적 상황이 된다. 소수문학이 고립된 언표행위 주체의 행위가 아니듯이, 소수정치 역시 집단적 언표행위를 거쳐야 하며, 이 과정에 참여한 자들은 주체화 과정을 겪는다. 예를 들어 이번 시위 중에 돈키호테의 아이들은 단순히 노숙 체험을 한 것에 그치는 것이 아니라, 노숙자들과 함께 인터뷰를 하면서 생마르탱 헌장을 작성하고, 그들의 일상을 영상에 담아 상영하면서 노숙자들과 함께 '노숙자-되기'를 실천했다. 더욱이 소수정치는 그것을 시작한 자들의 주체화에 멈추는 것이 아니라, '결핍되어 있는 도래할 민중'을 호출한다는 데 그 특징이 있다. 이번 시위에 폭넓은 지지를 보여준 대중들이 결핍되었던 민중인지 아닌지는 더 두고 볼 일이지만, 많은 이들이 거주의 권리를 자신들의 문제로 생각했다는 것은 이론의 여지가 없다.

이처럼 2006~07년 겨울 프랑스의 노숙자 시위는 소수적인 정치의 세 특징을 어느 정도 만족시키는 듯이 보인다. 그러나 최근의 소수적인 정치의 주요한 한 경향인 '과잉노출'(SUR-EXPOSÉ)과 그 한계에 대해 언급할 필요가 있다. 우리는 과잉노출이라는 말을 '과다'하고 과장된 방식으로 미디어에 노출됨, 정치무대 아래에 있던 것을 '위로' 끌어 올려 보여줌, '과잉'결정된 사회 문제를 드러냄이라는 복합적인 의미로 사용한다. 이번 시위는 결성된 지 몇 달도 안 된 소규모 단체에 의해 시작되었으나 불과 3주 만에 정부의 입법안을 끌어냈다. 운하 양 옆의 텐트들과 돈키호테의 아이들의 대표는 연일 저녁 뉴스를 장식했다. 그들의 능력은 분명 언론과 정치판을 잘 파악한 '연출력'에 있다. 그러나 과잉노출은 우리의 시선을 끌긴 하지만, 언제나 '과소노출'(SOUS-EXPOSÉ)되는 부분을 남길 뿐 아니라, 과잉노출된 바로 그것 역시 원래 전송하고자 했던 형상을 왜곡시킬 위험이 있다. 정말 돈키호테의 아이들은 붉은 텐트라는 스펙터클한 기념물을 통해 '추잡함을 연출'함으로써, 시청자들을 부끄럽게 만들고, 노숙자의 비인간적 조건을 보였던 것일까?[2] 이는 부분적으로만 옳다. 프랑스 대중의 지지는 오히려 그들 자신이 노숙자가 될 수 있다는 우려에서 비롯된 것이다.[3] 이는 이미 1970년대 이후부터 점차 시작된 완전고용, 정규직 계약의 위기, 즉 실업 불안에서 비롯된 것이다. 경제적 불안이야말로 유럽 통합헌법에

**NOTE** [2] Sébastien Thiery, "SDF: Mettre en scène l'obscène", *Liberation*, 25 Décembre 2006.

**NOTE** |**3** 2006년 12월 7일자 『뤼마니테』(*L'Humanite*)에 게재된, BVA-에모스(Emmaus)의 여론 조사에 따르면, 프랑스인들의 48%가 그들이 언젠가 노숙자가 될 가능성이 있다고 생각했고, 특히 이 수치는 35~49세 사이에서는 62%로 올라간다.

대한 반대, 반-CPE운동, 노숙자 시위에 일관되게 나타나는 대중들의 정서인 것이다.

그렇다면 무엇이 문제인가? 이에 답하기 위해 우리는 과잉 노출과 관련된 몇 가지 다른 사례를 대조할 필요가 있다. 이미 여러 해 전부터 '세계의 의사들'(Médecins du monde)이라는 단체에서 노숙자들이 동사하지 않도록 텐트를 나누어준 바 있으나, 당시에 우후죽순처럼 거리에 들어선 텐트는 '비가시적인 것을 가시적인 것으로 만들었다'는 바로 그 이유로 비난과 혐오의 대상이 되었던 것이다. 왜 그럴까? 노숙자들에게 텐트를 배분하는 것은 노숙자의 생존을 보장하기 위한 조치로서, 대중에게 그것은 '노숙자들'의 문제였다. 반면, 주거의 권리를 '우리 대중의' 문제로 전이시키는 가운데, 갑자기 사라진 것 역시 바로 노숙자들이다. 당시 내무장관 니콜라 사르코지는 '대항력 있는 주거권'은 노동자와 퇴직자에게 우선권이 있다고 말하면서, 이를 징후적으로 보여주었다.

과잉노출의 다른 예는 2005년 방리유 소요다. 소요에 대한 비난과 노숙자 시위에 대한

긍정. 이 둘을 가르는 것은 '국민'이다. 방리유의 아이들은 프랑스 국적을 가졌음에도 불구하고, 끊임없이 외국인 혹은 이민자로 표상되면서 이방인화되었던 반면, 돈키호테의 아이들은 자신들의 요구를 1946년 공화국 헌법 전문(前文)에 언급된 '적합한 실존 수단을 공공 단체로부터 받을 수 있는 권리'를 통해 정당화할 수 있었다. 이러한 차이는 방리유의 아이들의 과잉노출이 그저 폭력, 경찰과의 대치, 자동차 방화에 머물렀기 때문이 아니라, 우리를 불편하게 하는 그 영상에 곧바로 눈을 감아버리는 대중들의 문제에서 비롯된 것이기도 하다. 다시 말해 과잉노출의 한계는 그것을 보는 이들이 관심이 있는 부분에만 집중하게 하거나, 아예 고개를 돌리게 하는 극단적인 효과를 낳는 데 있다. 반대로, 이번 주거권 시위에서 과소노출된 것은 무엇인가? 그것은 바로 꾸준히 늘어나고 있는 동유럽 출신 외국인 노숙자들의 문제였다. 주거권은 국적=공화국 시민권의 원리 속에서만 제기되었던 것이다.

비록 이번 시위에서는 주거권이 쟁점이기는 했지만, 그것이 소수적인 정치로 거듭나기 위해 보다 중요하게 제기했어야 하는 것은 바로 '일하는 빈곤층'(WORKING POOR)의 문제다. 노숙자에 대한 우리의 표상은 게으르고, 무책임하며, 지저분하고, 불쾌감을 준다는 것이다. 로베르 카스텔이 잘 보여주었듯이, 부랑자들은 이미 14세기 이후부터

**NOTE** [4] Robert Castel, *Les metamorphoses de la question sociale*, Paris: Fayard, 1995.

'세상에서 무용한'(Inutiles au monde) 자들로 간주됐다.[4] 그러나 그들은 카스텔이 생각하듯이 생산활동에 참여하지 않는 동시에 사회적 유대로부터 끊어져나간 남아도는 자들일까? 심지어 그들은 사회적 가치로 전환할 수 있는 능력을 갖고 있지 않기에 착취할 것도 없는 자들일까? 노숙자들에게 필요한 것은 결국 그들을 다시 노동시장에 포함시켜 사회적 자리를 내주는 사회보장 국가일 뿐일까? 하지만 대중의 표상을 분석하는 것과 소수자들이 처한 물질적 상황을 혼동해서는 안 된다. 노숙자의 30%는 꾸준히 일을 하고 있고, 그밖의 상당수 역시 '무주거지⇌무직'의 사슬에서 벗어나기 위해 일자리를 찾고 있다. 오늘날 우리가 주목해야 하는 것은 일해도 기초생활 보장이 안 되는 빈곤층이 확대되고 있다는 것, 실업자와 노숙자를 더 이상 구분하기 어려워지고 있다는 사실이다. 그리고 실업자든 노숙자든 그들은 외견상 현실화된 형태의 부가가치 및 이윤을 만들어내지 않는 듯이 보이지만, 사실상 이 사회의 잠재적 역량을 구성하고 있을 뿐 아니라, 기존 노동가치의 틀을 벗어난 가치를 생산하고 있다는 사실이다. 이것은 외국인 노동자 및 체류자에게도 마찬가지로 해당된다.

시민권이나 국적에서 도출되는 거주권(이것은 역으로 국가의 생명권력을 강화하는 방향으로 향한다)이 아니라, 이 사회의 구성의 지평에 참여하고 있는, 지금 이곳의 모든 이들에 대한 '보편적 보장소득'(나이, 성별, 출신에 무관하게, 한 개인이 위엄 있게 살아갈 수 있도록 모두에게 공통되게 무조건적이고 자동적으로 주어지는 소득)이 의제화되어야 한다.[5] 이것은 단순히 부의 '사후적' 재분배 차원에서 기초생활 수급자에게 주는 보조금을 높이는 문제가 아니다. 부(富)라는 것은 고립된 개인 활동의 결과물이 아니라 사회적 부라는 것, 다시 말해 한 사회를 구성하는 모든 구성원의 역량(일반지성)의 결집이라는 인식의 전환이 필요하다.[6] 당장 이 글을 작성하는 데에만도 몇 권의 책과 인터넷의 정보들, 그리고 그 정보의 생산을 촉발시켰던 노숙자들의 활동 자체를 참조해야 했던 것이다. 요컨대 생산활동 이전에 '공통적인 것'의 지평이 존재하는 것이며, 그 공통적인 것의 구성에 참여하는 모든 이들에게 그들의 특이성을 발전시킬 수 있는 공통재(le service commun)가 제기될 수 있는 것이다.[7] 오늘날 노동의 개념 자체가 변화하고 있다는 것. 비물질노동 혹은 인지노동이 노동 조직화의 헤게모니를 장악했느냐 마느냐라는 쟁점보다는, 이처럼 오늘날 극심한 노동시장의 불안정성 속에서도 생산, 보다 정확히는 구성의 지평이 달라지고 있으며, 그로부터 어떤 소수적인 정치를 이룰 수 있는지 고민해야 한다. **R**<sup>no.1</sup>

**Note** [5] 사회보장소득(revenu social garanti)에 대해서는 『다중』(multitudes.samizdat.net)의 여러 글을 참조하라.

**Note** [6] 이처럼 노동가치 체계의 변화 및 일반지성의 공통성에 근거하여 보편적 보장소득을 정당화하는 것이 '삶에 대한 권리'(droit á la vie)를 주장함으로써 국가의 생명권력을 다시 소환하는 방식보다 더 효과적인 듯이 보인다. 이런 맥락에서, 노숙자도 살 권리가 있다고 말하는 것이 아니라, 그들 역시 끊임없이 이 사회를 구성하고 있다고 말하는 것이 중요한 것이다.

**Note** [7] 이에 대해서는 다음을 참조하라. Antonio Negri, Fabrique de porcelaine. Pour une nouvelle grammaire du politique, Paris : Stock, 2006. 특히 4번째 강의("사적인 것과 공적인 것을 넘어 : 공통적인 것")을 참조할 것.

한채윤(潤砦昀) 한국성적소수자문화인권센터 대표. DURIBE@DREAMWIZ.COM

# 성적다수자란 없다
# 고로 나는 소수자다
# There's No Sexual Majority,
# So I'm a Minority

by Hahn, Chae-yun

## 성적소수자의 의미

성적소수자란 단어는 한국사회에서 꽤나 성공한 단어다. 성적소수자의 정의에 대한 탐구가 생략되어도 모를 만큼 문화적으로나 정치적으로나 유행어가 되었다. 물론 이것은 성적소수자 자체의 위력이라기보단 IMF 이후 한국사회의 변화와 맞닿아 있다. 확실히 신자유주의의 득세로 인해 더욱 짙어진 그늘을 설명하기에 '마이너리티' 혹은 '소수자'란 용어는 유용한 면이 있다.[1] 사회적 소수자, 문화적 소수자, 정치적 소수자, 인종적 소수자 등의 표현은 이전과는 다르게 한국사회를 읽어낼 수 있게 하였고, 성적소수자 역시 홍석천의 커밍아웃(2000년), 하리수 신드롬(2001년)을 거쳐 2002년도 이후 본격적으로 쓰이게 되었다.[2]

사실 성적소수자란 용어의 사용은 동성애자 인권운동에 있어서는 전략적인 선택이다.[3] 즉, 성적소수자란 용어는 동성애(자)가 다소 개인적 심리상태나 도덕성의 문제로 비춰

**NOTE [1]** 그늘을 지운 자나 그늘에 가리운 자 양쪽 모두에게 유용했다고 생각된다. 이 용어는 이전에는 묶어세우기 어려웠던 이들을 '소수적 주체'로 가시화할 수 있었다. 하지만 동시에 소수 대 다수라는 다소 모호한 틀로 쉽게 환원되어 그늘을 만드는 자의 실체는 오히려 분명히 드러나지 않는 효과가 생긴다. 그런 탓에 사회적 소수자의 인권보호에 대한 책임은 국가인권위원회에다 떠넘기고 언론을 비롯한 사회 기득권자들은 더 많은 배려와 시혜를 베풀어야 한다고 태평스레 외치고 있다. 마치 그동안의 문제발생 원인이 국민들의 속좁음에 있었던 것처럼 말이다.

**NOTE [2]** 성적소수자는 동성애자 커뮤니티 내에서 1990년대 중반 이후부터 쓰였지만 단체명으로는 '끼리끼리'가 단체의 공식명칭을 '한국여성성적소수자인권운동모임'으로 정한 것이 처음이었다. 그 뒤부터 2002년 한국성적소수자문화인권센터, 2003년 부산여성성적소수자인권센터, 2004년 민주노동당 성소수자위원회 등이 생겨났다.

NOTE [3] 성적소수자운동이 한국사회에 안착되는 과정에 대해서는 서동진이 이미 자세히 밝힌 바 있다. 그 분석에 대체로 동감하는 바이며 관심이 있으신 분들은 다음을 참고하기 바란다. 서동진, 「인권, 시민권 그리고 섹슈얼리티: 한국의 성적소수자운동과 정치학」, 『경제와 사회』(통권 제67호/가을), 한울, 2005.

지던 것을 뛰어넘어 정치적·사회적 영역으로 차별의 문제를 환기시키는 효과가 있다. 다시 말하자면, 동성애는 도덕적 타락이며 질환의 일종이므로 정신치료를 받고 회개를 하면 해결된다는 비난과 동성애는 이성애와 다를 바 없이 자연스런 인간의 사랑이라는 반박이 그간의 쟁점이었다면 성적소수자란 개념은 그 싸움을 생략시킨다. 왜냐하면 이미 그들은 '존재'하기 때문이다. 한 명의 인간으로서, 국민으로서, 시민으로서 존재하고 있다는 사실은 너무 명백하고, 또한 존재하는 그들이 지난 시간 동안 부정당하고 무시당하고 억압당해왔다는 사실 또한 명백하기 때문이다.

물론 성적소수자란 용어를 거부하는 이들도 있다. 사실 성적소수자는 '소수'라는 말 자체에 뒷발을 종종 잡히곤 한다. 즉, 성적소수자에서 그 '소수'가 수적으로 적다는 의미가 아님을 거듭 강조해야 하는 부담감에 시달린다. 여성, 어린이, 이주노동자, 장애인, 노숙인을 설명할 때처럼 '소수자'가 주류에서의 배제나 권력과의 '거리'라는 정의가 잘 '먹히지' 않는다. 사람들은 동성애자나 트랜스젠더는 정말 수적으로 적다고 믿고 있고, 그것이야말로 그들이 비정상임을 드러내는 결정적 증거라고 생각한다. 이성애와 다를 바 없는 자연스러운 정상이라면 왜 그토록 수적인 열세를 보이겠는가 하고 말이다. 또 다른 약점은 수간이나 근친상간을 하는 사람들까지 용인할 것이냐는 식의 공격에 노출된다는 점이다. 성적소수자에 '누구까지' 포함되느냐는 것은 매우 우스운 논쟁이다. 성적소수자를 다시 한번 양적 차원으로 분류하고자 하는 시도이고, 또한 이성애중심적인 질서를 기준으로 누가 '그나마' 정상에 가까운지 재고 순위를 매기는 것에 다름아니기 때문이다. 하지만 이런 걱정들로 2000년대 이전 동성애자 인권운동 진영에서는 성적소수자란 단어를 조심스러워했던 것도 사실이다.

내가 속해 있는 한국성적소수자문화인권센터(이하 센터) 역시 2002년에 설립준비를 하면서 단체명에 더 널리 쓰이는 '동성애자'를 넣을 것인가 다소 생소한 '성적소수자'를 넣을 것인가로 매우 긴 토의를 했었다. 하지만 최종적으로 성적소수자(Sexual Minority)를 선택한 것은 앞으로 활용가치가 높을 것이란 예상과 우리의 외연 확장과 운동 목표를 보다 분명히 할 수 있을 것이란 점에서였다. 가령, "나는 동성애자야"라고 할 때 동성애자는 그의 정체성을 나타내는 단어가 된다. 그러나 "나는 성적소수자야"라고 하는 건 다소 어색하다. 풀어쓰자면 "나는 성적소수자 중의 한 명이야"가 된다. 성적소수자는 한 집단의 멤버십을 담아내는 개념이다. 또한 인권 보호를 주장할 때도 '동성애자의 인권'이 다소 온정적 휴머니즘에 기대어 배려와 허용을 구하는 면이 있다면 성적소수자는 권리 신장을 '시민권'의 영역으로 끌고 갈 수 있다.[14]

NOTE [14] 이 부분은 토의 당시 이후소 부대표가 낸 의견 중의 일부를 재인용한 것이다.

센터는 이런 유연성을 담아내고자 했다. 센터가 정의내린 성적소수자의 정의는 아주 넓다. 결코 양적인 차원에서 수적으로 적은 사람들을 의미하는 것이 아님을 분명히 하며, 이성애중심적인 '다수'라는 논리 하에서 심리적·사회적·정치적 편견과 차별, 억압에 대상화된 모든 이들을 포함한다. 즉, 한국의 동성애자, 이반, 양성애자, 성전환자, 양성생식기 소유자, 레즈비언, 게이, 바이섹슈얼, 트랜스젠더, 인터섹슈얼, 퀴어, 그리고 나아가 자신의 섹슈얼리티, 젠더에 대해서 궁금증을 가지고 있는 모든 이들이 포함된다. 소수의 섹슈얼리티/젠더 정체성을 말하고 지지하기 때문에 차별받는 이성애자들도 역시 포함된다. 성정체성을 경계로 동성애자 대 이성애자로 나누는 적대적 이분법에 빠지는 것을 경계하고, 차별이 만들어지는 보다 근본적인 구조에 관심을 가지고 문제제기를 하기 위함이다.

## 성적소수자운동의 한계와 극복

센터의 의지와는 달리 현실적 싸움은 아슬아슬한 줄타기를 하고 있다. 평등과 차별금지를 외치는 성적소수자 인권운동은 자칫 '이성애주의'의 질서 안으로 재편되어 버릴 위험성을 항상 안고 있다. 가령, 동성애자의 결혼합법화 요구는 이성애적 결혼을 더욱 우월하게 해주거나 혹은 국가가 제시하는 특정 체계 안으로 들어오는 사람들에게만 혜택을 주고도 그것이 전혀 불평등으로 보이지 않게 하는 음모에 가담하는 결과를 낳을 수도 있다. 동성애자가 이성애자와 다를 바 없이 평등하게 결혼할 수 있다는 이상향은 동성애자 커플이 관공서에 커플관계를 등록하고 세금면제를 받는 것으로 실현되지 않는다. 사실 그것은 단지 배제의 방식을 달리하는 것뿐이다.

또, 소수자운동의 함정은 소수자는 계속 소수자로 머물러야 한다는 점이다. 소수자가 사회적 소수자라는 포지션으로 인해 오히려 어느 정도 사회적 발언권이 생기면 그나마의 힘이라도 유지하기 위해 계속 자신의 소수성을 유지하려 하게 된다. 그 소수성이 피해자화와 약자화에 기대어 있다면 아무리 시간이 흘러도 결코 '위치'의 변화는 일어나지 않는다. 그러므로 소수자운동은 얼마나 많은 법적 보호와 사회적 배려와 문화적 존중을 받느냐를 그 목표로 할 수 없다. 더 많은 보호와 배려와 존중을 받아낼수록, 성공한 소수자 집단이 될수록 주류 사회에 길들여지는 것일 수 있다.

예를 들어, '성전환자 성별 변경 및 개명에 관한 특별법' 제정은 몇 년 동안 성적소수자 운동진영의 주요한 과제였다. 호적이라는 공부(公簿)에 잘못 기록된 성별 표식을 그 당사자에 맞게 변경한다는 매우 단순명료한 취지에도 불구하고 우리 사회는 이를 매우 복잡하게 풀어나가려 한다. 2006년 9월 6일자로 대법원이 내린 사무지침을 보면 신체의 어느 부분까지 수술해야 할지, 나이는 몇 살 이상이어야 할지, 혼인은 한 적이 없어야 할지 여부 등을 세세하게 지정한 뒤 부모동의서 첨부까지 명시하고 있다. 반인권적이고 위헌 요소까지 있다는 비판에도 불구하고 대법원은 이것이 사회질서를 유지하기 위한 최소한의 조치라고 말한다. 더 이상의 양보는 공익을 해치게 된다는 식의 논리 앞에서 트랜스젠더들의 심각한 생존권 위협이나 존엄성에 대한 절규는 기껏해야 떡고물을 분배할 협상거리에 불과하다.

'성'을 1과 2로 나눈다는 것, 태어날 때 제3자가 판단한 성별을 공부에 기재한다는 것, 그리고 다시 그 성별을 세상 모든 사람들이 인식할 수 있도록 증명서를 가지고 다녀야 하고, 그것이 외모와 일치해야 한다는 믿음에 대한 근본적인 문제제기가 있어야 한다. 물론, 어쩌면 성별변경특별법 제정운동은 그 궁극적 성과에 도달하기 전에 어느 정도 타협을 할지도 모른다. 성별의 변경에 목숨을 걸고 있는 트랜스젠더들을 위해 어떤 식으로든 변경의 가능성을 터놓는 것이 현실적 대안임을 외면할 수는 없기 때문이다. 그런 까닭에, 소수자운동은 결과가 아니라 과정이 더 중요하다. 결코 눈에 보이는 변화나 승리가 성과일 수 없다. 성적소수자운동은 기준, 표준, 다수, 정상이란 개념에 대한 저항이며 그것을 해체시키고 허상을 밝히는 과정이어야 한다. 끊임없이 전제를 의심하고 해답을 고민하고 소수성을 발전시키는 과정이어야 한다.

## 벽장 비우기, 전제를 의심하라

흔히 성적소수자가 자신을 밝히는 것을 커밍아웃이라고 한다. 커밍아웃은 벽장 밖으로 나오다는 뜻이다. 그러므로, 동성애자 인권운동은 커밍아웃을 해도 차별받지 않는 세상을 만드는 것이다. 그러나 여기서 다시 전제에 의심을 던져본다. 과연 밝혀도 안전할 권리를 획득하면 살기 좋아질까? 이성애주의 사회에선 자신을 이성애자로 밝힌다는 것은 불가능한 일이다.[5] 간혹 동성애자들 모임에 참석해 "여기선 제가 소수자네요. 하지만 용기내어 이성애자로 커밍아웃하겠습니다"라고 말하는 이들도 있다. 하지만 이것은 그들의 의도대로 정말 우스갯소리 나누는 것이거나 「체험, 삶의 현장」일 뿐이다. 커밍아웃은 자신이 벽장 안에 있다는 사실을 아는 것에서부터 시작된다. 하지만

NOTE[5] 동성애자임을 밝히는 것이 가능한 것은 그것이 상대가 모르던 정보, 혹은 잘못 알고 있던 것이나 막연히 그러할 것이라고 생각하는 것을 알려주는 것이 가능하기 때문이다. 결국 동성애자임을 밝힐 수 있는 것이나 없는 것이나 커밍아웃 후 차별의 정도는 다를지라도 근본적으론 같은 억압에 놓여 있는 것이다.

과연 이성애자란 누구인가? 무엇인가? 벽장 안의 이성애자와 벽장 밖의 이성애자는 어떻게 다른가? 나는 정말 이성애자인가? 나는 어쩌다 이성애자인가와 같은 질문을 스스로 던져야 한다. 같은 차원에서 성적다수자라는 말도 불가능하다. 다수자란 실체는 없다. 그것은 단지 성적소수자는 아니라는 말의 변주에 지나지 않는다. 그럼에도 불구하고 별 고민도 없이 성적소수자와 관련해 성적다수자의 관용이 필요하니 어쩌니 하는 말들을 아무렇지도 않게 한다.[6] 나는 그들에게 자신이 성적소수자가 아님을 어떻게 증명할 것인지 질문을 던지고 싶다.

동성애자가 숨은 벽장은 자신을 이성애자로 가장(假裝)할 수 있는 공간이므로 실제로 벽장 안은 비겁한 동성애자들이 모인 곳이 아니라 모든 이들이 바글바글 모인 공간이다. 그러므로 자신이 갇혀 있다는 사실을 깨닫고 벽장 밖으로 나서야 하는 것은 동성애자만이 아니다. 우리는 벽장을 비워야 한다.[7] 이 글의 제목을 '성적다수자란 없다. 고로 나는 소수자다'라고 붙인 것은 싱거운 언어유희이긴 하지만, 이제는 있시도 않은 실체의 상대적 개념으로 소수자가 쓰이는 것에 좀더 분명한 반대와 저항이 필요하지 않을까 싶다. 그때까지 좀더 이런 언어유희를 많이 즐기고 싶다. **R** NO.1

**NOTE**[6] 성적다수자란 말이 참 웃긴다는 생각을 하면서도 늘 그랬던 것처럼 '정상' 혹은 '사회 주류'와 같은 표현을 선택하지 않았다는 건 좀 겸손해보고자 노력한다는 차원에서 일견 기특하기도 하다. 물론 수적인 우위를 정상, 기준, 표준과 연결시키는 버릇은 여전히 깔아두었기에 나온 여유겠지만, 그들 역시 하나의 '그룹'에 불과할 수 있다는 자각도 있었길 기대해본다.

**NOTE**[7] 한채윤, 「벽장 비우기: 레즈비언 섹슈얼리티와 이성애주의」, 『섹슈얼리티 강의, 두번째』, 동녘, 2005.

이진경(李珍景) 서울산업대학교 교양학부 교수. SOLARIS0@SNUT.AC.KR

# 도그빌,
# 혹은 이주자들을 갈취하는 개 같은 나라

## DOGVILLE, OR A DOGGISH NATION
## EXTORTING THE IMMIGRANTS

BY YI, JIN-KYUNG

오늘 신문(2007년 3월 6일자)을 보니 경찰이 여수 '외국인보호소' 화재참사에 대해 '방화'라는 결론을 내렸다고 발표했단다. 확실한 증거는 없단다. "증거는 없지만 방화임에 틀림없다." 이 얼마나 놀라운 문장인가! 있지도 않은 작가의 있지도 않은 책을 인용하며 천연덕스레 그럴 듯하게 말하는 보르헤스의 소설에 버금가는 놀라운 문장이다. 사실 이를 누가 반박할 수 있으랴! 화재현장도 감추어놓고, 감시카메라 테이프도 공개하지 않으며 하는 말이니, 우리는 그저 믿을 수밖에 없다. 피해자가 바로 가해자였다는 이 놀라운 역설은, 미리 알려지지 않아 반전의 묘미를 살릴 수만 있었다면, 정말 훌륭한 보르헤스 풍의 소설이 될 뻔했다.

그런데 그는 왜 방화했을까? 왜 자신의 죽음을 야기할 사태를 '저질렀을까?' '그는 원래 또라이였다'는 식의, 훌륭한 소설을 망칠 발상을 끌어들이긴 말자. '그는 왜 범죄자가 되었나? 범죄자가 될 성질을 갖고 있었기 때문이다'라는 동어반복적인 답은 맹구 같은 봉숭아학당의 학생들에게나 어울릴 것이기 때문이다.

물론 나는 혐의를 받고 있는 고인에 대해 잘 모르며, 따라서 불을 지른 그의 심정 역시 신문이나 경찰, 수용소 측이 알고 있는 이상으로 알기 어렵다. 혐의를 그에게 돌리긴 했지만, 그들 역시 그가 불을 지를 만한 이유가 있었다는 것은 모두 잘 알고 있는 듯하다. '보호받던' 수용자가 불을 지른 게 이번이 처음도 아니고, 사실 불을 지른 사람이 아니어도 불을 지르기라도 하고 싶은 사람이 한둘이 아니란 것도 모두 잘 알고 있는 것이다. 정말 오죽했으면 불을 질렀을까?

이런 생각을 하다가 문득 라스 폰 트리에가 미국을 모델로 만들었다는 영화 「도그빌」이 떠올랐다. 개(DOG)들의 도시(VILLE), 혹은 개 같은 도시 이야기와 불로 징치(懲治)되는 그 도시의 종말이. 천사처럼 착하지만 갱들에게 쫓기고, 나중엔 경찰에게도 쫓기는 그레이스는 '순박한'(아마도 스스로들 그렇게 믿는 것이겠지만) 도그빌 주민들에겐 낯설고 위험한(뭐, 특별한 이유가 있다기보단 쫓기는 사람이니까) 이주자, 혹은 외부자일 뿐이다. 한국인들에게 어두운 피부의 낯선 얼굴을 한 이주노동자들이 그렇듯이. 오랜 토론 끝에 그들은 그레이스를 받아들이기로 한다. 대신 자신들이 '위험'을 감수해야 하는 대가로 일을 시키기로 한다. 물론 약간(!)의 임금을 지불하기로 하고. 정말 오랜 '토론' 끝에 이주노동자들을 받아들이기로 했던 한국처럼.

처음엔 일거리도 안 주려던 사람들이, 그레이스가 일을 잘 한다는 것을 알고는 이 일 저 일을 맡기기, 아니 마구 맡기기 시작한다. 그는 그 얼마 안 되는 임금을 모아 너무 비싼 가격을 붙여 안 팔린다는 인형들을 하나씩 사 모은다. 그래서 사태는 잘 풀려가는 듯했다. 그는 임금에 대해서도, 엉큼하게 몸을 더듬는 노인네나 정말 싸가지 없이 괴롭히는 애들에 대해서도 한마디 불평하지 않았고, 그저 받아들여 주고 그나마 먹고 살 돈을 벌게 해주는 그들에게 고마워했을 뿐이다. 한국에서도 그렇지 않았던가. 혹시 그들이 한국의 노동자들 일자리를 뺏으면 어쩌나 하는 생각에, 그들을 받아들이길 주저하지 않았던가? 그래도 그들은 한국 사람들이 하려고 하지 않는 위험한 일, 더러운 일, 힘든 일을 열심히 맡아 하려 했기에, 그들 없인 한국의 공장들이 돌아갈 수 없을 정도가 되지 않았던가? 그레이스 없는 도그빌을 생각할 수 없게 된 것처럼. 그래서 사태는 잘 풀려가는 듯이 보이지 않았던가? 비록 임금은 턱없이 낮았지만 그나마 주면 다행이라 여겼고, 서로 비슷한 처지지만 옆에서 일하는 한국인들이 "개새끼 씨팔놈" 싸가지 없이 욕을 해대도 자신들을 받아들여 주고 먹고 살 수 있게 해준다고 고마워하며 한마디 불평 없이 묵묵히 일하던 그들이 아닌가?

그런데 사태는 갑자기 달라지기 시작한다. 어느 날 경찰이 와서 그레이스의 얼굴이 그려진 수배자 포스터를 붙이곤, 이 여자를 보면 신고하라고 하며 간다. 도그빌 주민들은 다시 회의를 열어 더욱 위험해진 대가로 임금을 더 낮추고, 일하는 시간을 더 연장하기로 한다. 불법이라는 딱지가 붙은 이주노동자들을 한국의 싸장님덜이 턱도 없이 싼 임금을 주기로 하고 좀더 격하게 욕을 하며 노동시간을 연장시켰듯이. 아니, 도그빌은 약과다. 한국의 싸장님들은 그들의 신분이 경찰이나 단속반에 쫓기는 신세라는 걸 이용하여 그나마 낮은 임금도 주지 않거나 떼먹기 일쑤고, 일하다 다치면 치료해주는 게 아니라 내쫓아버리기 일쑤니까 말이다.

그러나 사태는 여기서 그치지 않는다. 수배자가 된 이후 이제 도그빌 주민들은 그레이스를 더욱 박대하기 시작했고, 쫓기는 신세란 걸 이용해 자신의 더러운 욕심을 노골적으로 드러내기 시작하며, 급기야 경찰이 닥치자 그걸 이용해 그를 겁탈한다. 애새끼들도 더 싸가지 없이 굴기 시작하고. 그렇게 그레이스를 번번이 범하던 남자는 그 장면을 목격당하자 그레이스가 유혹해서 그랬다고 거짓말을 한다. 그레이스는 사실을 말하지만, 그 여편네도 그 옆의 누구도 불법적 신분인 이 불행한 외부자의 말을 믿어주지 않는다. 최대의 피해자가 거꾸로 가해자로 바뀌어버린 것이다. 그리곤 그레이스에게 자신이 유혹했음을 '자백'하라고 요구하며, 부인할 때마다 그레이스가 사 모았던 인형들을 하나씩 깨부순다. 하나하나 깨져나갈 때마다 그레이스의 삶의 희망도 하나씩 깨져나간다. 이 얼마나 잔인한 형벌인가!

우리도 그러지 않았던가? 싸장님덜께서 이런저런 이유로 해고하거나 쫓아내고선 "그가 적응을 못해서"라고 신고해버리면, 그게 아니라고 아무리 말해도 들어주지 않으며, 이동횟수가 3회를 넘었다고 불법이라고 딱지를 붙여 '보호소'에 가두는 게 한국의 경찰이나 법무부 관리덜 아니신가? 임금을 떼여 신고를 하면 임금을 안 준 날강도 같은 싸장님들은 그냥 둔 채 임금을 못 받은 이주노동자를 잡아 가두거나 내쫓아버리는 게 한국의 공무원들 아니신가? 심지어 사기를 당해서 당사자를 잡아 경찰에 끌고 가니

거꾸로 이주노동자를 불법혐의가 있다고 잡아 가두는 게 한국의 경찰 아닌가? 그러면서 그 모든 잘못이 불법체류에 있다고 하여 피해자를 모두 무슨 쫓기는 범죄자나 가해자로 만들어버리지 않았던가? 그리곤 '보호소'랍시고 만들어놓은 수용소에서 빚지고 들어온 그들에게 밀린 임금을 받게 해준다고 하고선 사실은 아무것도 하지 않은 채 그저 그 임금 받기를 포기하기를 기다려 강제로 출국시켜버리지 않았던가? 그들이 싼 임금과 개 같은 욕설, 갖은 수모와 신체적 고통, 거기다 쫓기는 신세의 고통마저 감내하며 삶을 지속하게 했던 희망에 대해 단 한마디의 질문도, 한 번의 사려 있는 배려도 하지 않은 채, 그 모든 것을 그 잘난 '법'의 이름으로 깨버리고 있지 않았던가? 법이 희망 아닌 절망의 상징이 되어버린 곳, 그게 바로 '외국인보호소' 아니던가?

그러나 사실 「도그빌」에서 더 섬뜩하게 느껴지는 것은, 그 모든 끔찍한 만행이 경찰이 아니라 경찰의 시선을 이용해 일반 주민들에 의해 행해진다는 사실이다. 우리라고 이보다 나으리라고 생각할 수 있을까? 불법신분임을 이용해 임금을 깎고, 불법신분임을 이용해 임금을 떼먹고, 불법신분임을 이용해 손목이 잘라져도 병원이 아니라 경찰서로 데려가는 끔찍한 주민들. 혹은 불법신분임을 알기에 쉽사리 욕하고 때리며, 가난한 나라에서 온 이주자임을 알기에 함께 일하면서도 쉽게 욕하고 쉽게 때리는 이 끔찍한 주민들. 그게 바로 그들이 만나는 대다수 한국인들 아닌가? 아니, 턱없는 조건임을 알면서도 공장을 옮길 수 없게 해놓고(지금은 이동횟수가 늘어서 3번은 된다고 하니, 정말 마음이 넓어지신 셈이다!), 일이나 말에 익숙해질 만하면 한국을 떠나게 강제하여 불법신분을 양산하곤, 다른 쪽에선 고용브로커 역할을 해서 강도 같이 돈을 버는 게 우리 한국인들 아닌가? 사정이 이런 줄 알면서도, 혹시라도 그들이 우리 임금을 낮추게 할까 최대한 모른 척 눈감고 외면하는 게 한국의 노동자들 아닌가?

더 이상은 견딜 수 없다고 생각한 그레이스는 이제 도그빌을 떠나고자 결심한다. 그러나 그렇게 싼 임금에 부려먹고 쉽게 겁탈하고 내키는 대로 화풀이할 수 있는 이 '편리한' 타자, 이 만만한 외지인을 어찌 쉽게 놓아줄 것인가? 탈출하려던 도중 트럭운전수에 속아 돈 뜯기고 겁탈당한 채 다시 마을로 돌아온 그레이스를 붙잡아 놓기 위해 이제 도그빌의 저 개 같은(개들이여, 이 통상적 은유의 무례와 무지를 용서하시길!) 주민들은 쇠사슬과 말뚝으로 그레이스를 묶어놓는다. '보호'를 자처했던 도그빌보다 결코 덜하지 않은 외국인'보호소'에서도 그러지 않았던가? '보호'를 위해 쇠창살을 둘러치고 도망갈까 싶어 감시카메라로 24시간 감시하며, 심지어 화재가 나서 병원에 실려온 사람들마저 병상에 수갑을 채워 묶어놓은 저 보호소의 관리들이 저 개 같은 도그빌의 주민보다 낫다고 말할 수 있을까? 개인적인 욕심을 위한 건 아니었지 않느냐고 변명할 건가? 그럼 왜 그 끔찍한 짓을 하는 걸까? 돈 벌려고? 그게 개인적 욕심 아니면 뭘까? 도그빌에서도 누군가를 돈을 주고 고용해서 그런 짓을 했다면, 고용당해 그런 일을 한 사람들은 그 모든 만행에서 책임을 면할 수 있는 걸까?

결국 마지막 남은 연인에게서마저 배신을 당한 그레이스가, 연인의 신고로 찾아온 마피아, 아니 아버지의 힘을 빌려 선택한 것은 도그빌에 불을 지르고 한 사람도 남김없이 다 죽이는 것이었다. 새로 시작한 삶에 걸었던 자신의 희망을 하나씩 깨부쉈던 여편네의 싸가지 없는 아이들도 자신의 아이 같은 인형들이 부서졌던 것과 같은 방식으로 처형한다.

불살라지며 끝나는 라스트신까지 우리는 「도그빌」을 닮았다. 다만 다른 것은 도그빌에선 불이 개 같은 주민들이나 개 같은 마을(DOG-VILLE)을 태우며 징치하는 것으로 끝나는 데 반해, 한국에서는 그 불마저 절망 직전의 이주노동자들을 덮쳤다는 점이다. 그리고 이번에도 그들은 "증거는 없지만" '보호소'를 불지른 범죄자로, 가해자로 다시 둔갑해야 했다. 어떤 말할 권리도 얻지 못한 채. 삶에 대한 처절한 절망을 불사르는 극적인 역전은 역시 영화에서나 가능한 것일까? 그리하여 도그빌은 징치되고, 절망은 불살라져 새로운 희망에 거름이 될 수 있었을지 모르지만, 여기서는 어떤 끔찍한 만행도 징치되지 않았다. 절망은 노인의 얼굴을 덮어가는 검버섯처럼 어두운 이주노동자의 얼굴에 더욱더 넓게 퍼져갈 것이며, 희망은 절망의 땅을 가리는 허구의 형태로 살아남아 또 다른 이주노동자들을 유혹하는, '절망의 다른 이름'이 될 것이다. 그리고 우리의 도그빌은 계속 도그빌로 존속할 것이며, 우리는 이 도그빌의 개 같은 주민으로서 이주민들을 계속 착취하며 살아갈 것이다. 다행일까, 불행일까?

마지막에 그레이스는 모두가 불탄 그 자리 한 편에 살아남은 모세라는 이름의 개에게 손을 내민다. 보이면 보이는 대로, 들리면 들리는 대로 짖었던 그 솔직함이 차라리 법과 도덕으로 자신을 은폐한 채 갈취하고 강탈했던 인간들보다 나았다고 생각해서였을까? 개 같은 도시의 개 같은 인간들 사이에 개 같지 않은 오직 하나의 존재는 개였던 것이다. 내가 이 끔찍한 개들의 나라에 살면서도 희망을 아직 잃지 않는 것은, 눈에 잘 보이지 않지만 저런 존재, 저런 뜻밖의 배역이 있다고 믿기 때문이다. 도그빌 같은, 아니 도그빌보다 더한 이 땅에서 내가 개 같지 않게 살 수 있을 거라는 희망을 갖는 것은, 차라리 도그빌의 외부자로 살았던 저 개처럼, 자신이 태어난 이 땅을 낯설게 여기는 외부자로 살아갈 가능성마저 사라진 건 아니라는 믿음 때문이다. **R** No.1

# 소수자, 우리는 어디에서 그들과 마주치는가?
진은영(陳恩英) ‖ 시인 DICHT1@HANMAIL.NET

# MINORITY,
# WHERE CAN WE ENCOUNTER THEM?
BY JIN, EUN-YOUNG

탐정 샘, 의심스러운 상대 조엘을 캐묻다.
존 휴스턴의 영화, 「말타의 매」(1941)에서 피터 로르(왼쪽)와 험프리 보거트.

들뢰즈와 가타리는 『천의 고원』에서 다수성에 대해 이렇게 정의한다. "다수는 상대적으로 큰 양을 의미하는 것이 아니라 …… 표준의 결정을 의미한다. 백인, 성인, 남성 등 다수성이 지배의 상태를 전제하는 것이 아니라 지배의 상태가 다수성을 뜻한다." 이런 정의는 우리를 혼란스럽게 한다. 우리는 다수자가 수적으로 우세한 존재들을 의미하며 소수자는 이에 비해 수적 열세에 놓인 사람들이라고 쉽게 생각하기 때문이다. 그래서 어디엔가 숨어 있는 듯 드물고 낯선 소수자를 만나기 위해서는 남다른 관심과 특별한 노력을 기울여야만 한다고 믿는다.
그러나 소수성을 강조하는 이 철학자들에 따르면 다수성이라는 "추상적 유형은 세계를 하나의 모델로 고정시키는 것일 뿐 구체적 형식 속에서 충만하게 실존할 수 없다. …… 소수는 모든 사람(EVERYBODY)이다." 소수가 만인이라니? 이 이상스런 철학적 정의가 진실임을 보여주는 사례 하나.

「말타의 매」에 이어 「카사블랑카」(1942)에 출연해 전성기를 구가하던
1946년경의 피터 로르.

헝가리 태생의 코미디 배우 피터 로르(1904~1964)는 멋진 연기로 1930~40년대 할리우드에서 가장 많은 사랑을 받은 배우 중 한 사람이었다. 찰리 채플린은 피터 로르를 "생존하는 가장 위대한 배우"라고 극찬하기도 했다. 1940년대 미국 전역에서 매카시 선풍이 불어닥쳤을 때 할리우드의 영화인들 역시 큰 고역을 치뤘다. 어느 날 로르의 집에도 연방정보부 직원이 나타나 사상적으로 수상한 인물을 모두 대라고 협박했다. 그러자 그는 자기가 만난 모든 사람들의 이름을 말했다. 끝도 없이 줄줄이 나오는 이름들을 검은 수첩에 가득히 받아 적으며 그 연방정보부 직원은 어떤 기분이었을까? 그후 연방정보부는 다시는 로르를 찾지 않았다.

"누가 사상 검증이 필요한 자인가?"("누가 소수자인가?")라는 연방정보부 직원의 물음에 대해 "내가 알고 있는 모두 다!"라고 말한 로르의 유쾌한 답변이야말로 소수성의 철학적 정의에 정확히 부합한다. 연방정보부가 정한 '건전한 사상의 소유자'라는 다수적이고 표준적 모델은 그들의 서류철 속에만 존재하는 인물이다.

모든 사람에게는 의심스러운 구석이 있다. 모든 이들은 어떤 면에서든 항상 표준에서 벗어나는 실존의 독특성을 지닌다. 소수자는 우리가 특별히 만나야 할 어떤 인물, 어떤 계층이 아니다. 그는 기준에 벗어나는 모든 순간을 만들어내는 우리 자신이다. 다수자는 어디에도 존재하지 않는다. 다수자는 아무도 아닌 자(NOBODY)이다. R NO.1